威科法律译丛

荷兰、英国、德国民事诉讼中的知识产权执法

〔法〕乔治·卡明
〔荷〕米亚·弗罗伊登塔尔 著
〔德〕路德·贾纳尔

张伟君 译

2014年·北京

By
George Cumming, Mirjam Freudenthal, Ruth Janal

**Enforcement of Intellectual Property Rights in Dutch,
English and German Civil Courts**

This is a translation of Enforcement of Intellectual Property Rights in Dutch, English and German Civil Courts, by George Cumming, Mirjam Freudenthal, Ruth Janal, published and sold by The Commercial Press, by permission of Kluwer Law International BV, The Netherlands, the owner of all rights to publish and sell same.

本书根据 Kluwer Law International BV, The Netherlands 2008 年版译出

© 2008 Kluwer Law International BV, The Netherlands

出版说明

我馆历来重视迻译出版世界各国法律著作。早在1907年就出版了第一套系统介绍外国法律法规的《新译日本法规大全》81册，还出版了《汉译日本法律经济辞典》。1909年出版了中国近代启蒙思想家严复翻译的法国著名思想家孟德斯鸠的《法意》。这些作品开近代中国法治风气之先。其后，我馆翻译出版了诸多政治、法律方面的作品，对于民国时期的政治家和学人产生了重要影响。新中国成立后，我馆以译介外国哲学社会科学著作为重，特别是从1981年开始分辑出版"汉译世界学术名著丛书"，西方政治法律思想名著构成其中重要部分，在我国法学和法治建设中发挥了积极作用。

2010年开始，我馆与荷兰威科集团建立战略合作伙伴关系，联手开展法学著作中外文双向合作出版。威科集团创立于1836年，是全球最大的法律专业信息服务和出版机构之一。"威科法律译丛"是我们从威科集团出版的法律图书中挑选的精品，其中涉及当前中国学术界尚处在空白状态、亟需研究的领域，希望能够对中国的法学和法治建设有所助益。除了引进国外法律图书外，我们同时也通过威科集团将中国的法律思想和制度译介给西方社会，俾使中国学人的思想成果走向世界，中华文明的有益经验惠及异域。

商务印书馆编辑部
2011年8月

译 者 序

一、关于本书

知识产权的有效保护是欧共体内部市场成功的重要因素。虽然知识产权法已成为欧洲共同体法律的一大组成部分，但欧盟各国的知识产权执法措施仍存在很多不一致，比如，在适用临时措施尤其是证据保全的安排、损害赔偿数额的计算、申请禁令的安排等方面，成员国的差别巨大。某些成员国甚至没有诸如信息权以及由侵权人负担费用召回投放于市场的侵权产品的措施和救济。这不仅不利于实现货物在共同体内部市场自由流动的基本目标，营造健康的竞争环境，而且削弱了知识产权实体法在共同体内部的有效适用。

为了使成员国的知识产权执法制度更加一致，以便在共同体内部确立适当、均匀且高水平的知识产权保护，欧洲议会和欧洲理事会于2004年4月29日颁发了《欧共体知识产权执法指令》（即Directive 2004/48/EC）。该指令规定了成员国在执行该指令过程中所必须履行的最低标准的义务，以实现成员国在知识产权执法的救济、程序和措施方面所必需的"部分协调（partial harmonization）"。

本书详细解读了成员国在执行该指令中所必须履行的各项义务的内容，并对该指令各个条款的解释提供了有价值的指引。本书作者之一卡明认为：如果真的如欧盟委员会所指出的那样，欧盟成员国国内的诉讼规则在知识产权保护方面存在"执法缺陷（enforcement deficit）"的话，最有效的方法应该是通过法律确定性原则、全面有效原则和有效司法保护原则去解决（参见本书第一章第二节)。

　　本书的三位作者非常详细地逐条分析了该指令在荷兰、英国和德国等三个欧盟成员国的执行状况,对欧盟成员国反应共同体法的复杂方式作出了大量有价值的洞察,从而有助于我们理解欧盟法(无论是司法判例还是立法)和成员国法律之间关系的性质。作者不止一次认为,各国对该指令的执行是不够充分的,这既是由于已有的立法不够充分,也是因为该指令的规定在法律上显得不太确定。但是,根据欧洲法院判例法确立的规则,成员国国内诉讼程序规则不应该对有效司法保护产生阻碍,据此,本书作者分析了对国内法做出与该执法指令相一致的解释的可行选择方案。他们还认为,如果权利人由于该指令未得到执行或者未得到正确执行而导致其遭受损失或损害,他们可以以该成员国违反了共同体法律为由而对其提起诉讼。

　　需要说明的是,本书对于欧共体知识产权执法指令在荷兰、英国和德国国内诉讼制度中的执行是作为三个个案进行分析的,而并不是一种比较分析。因为如果要试图比较各国执行该指令的方式或者执行该指令的充分或者不充分的程度,最终将会模糊该三个国家在知识产权执法制度上各自所存在的特点。

二、关于《欧共体知识产权执法指令》及其对我国的启示

　　《欧共体知识产权执法指令》含有 32 段序言,正文分为四章共计 22 条。该指令主要规定了知识产权侵权的民事司法救济的程序和措施,但该指令序言第 28 段指出:"除本指令规定的民事和行政措施、程序和救济之外,刑事处分在适当的情形下也构成确保知识产权执法的一种手段。"该指令可以适用于"全部"知识产权,而且要求"适用范围应该尽量广泛"。

　　该指令的核心内容是第二章规定的"措施、程序和救济"。第二章分为七个部分,除了第一部分的一般规定外,第二至第七部分分别规定了知识产权执法的六个方面措施：一、证据取得方面的措施；二、信息披露方面的措施；三、临时性和预防性措施；四、纠正性措施、禁令以及替代性措施；五、损害赔偿和法律费用；六、公开措施。在我国的专利法、商标法和著作权法等知识产权法律以及民事诉讼法中，这些执法和救济措施大多都有类似的规定，但是，有一些差异之处仍然值得我们关注：

第一，关于证据取得方面的措施。确认侵犯知识产权的最重要的因素是证据，该指令要求"确保提供出示、获得和保全证据的有效手段"，因此指令不仅规定了证据保全措施，还特别规定了出示证据以及获取证据的措施，即：根据一方当事人提出的正在被证实的请求，如果该当事人已经提交了可以合理获取的足以支持其诉讼请求的证据，且详细说明了被对方当事人所控制的证据，司法机关可以裁定对方当事人提交这些证据；而且，在实施商业规模侵权的案件中，司法机关在适当的情况下可以裁定对方当事人提供其控制下的银行、财务和商务文件。在证据保全无法成功的情况下，这个措施可以帮助权利人进一步获取有关侵权证据，缓解知识产权侵权案件中权利人难以取证的困境。我国2013年新修订的《商标法》第63条第3款增加了与《欧共体知识产权执法指令》第6条的规定类似的"责令提交证据"的措施：首先，在权利人已经尽力举证，而与侵权行为相关的账簿、资料主要由侵权人掌握的情况下，人民法院为确定赔偿数额，可以责令侵权人提供与侵权行为相关的账簿、资料；其次，侵权人不提供或者提供虚假的账簿、资料的，人民法院可以参考权利人的主张和提供的证据判定赔偿数额。也就是说，如果侵权人拒不提供证据，法院可以根据原告提供的证据来推定被告的侵权获利数额。在中国法院的判决中，已经有了这样的实践。但是，根据最高人民法院的要求：被告无正当理由拒不提供所持证据的，根据权利人的主张推定侵权获利的数额，要有合理的根据或者理由，所确定的数额要合情合理,具有充分的说服力。

第二,关于信息披露方面的措施。该指令的一个亮点是关于信息权的规定:在实施商业规模侵权的案件中,允许权利人可以要求侵权人甚至第三人提供涉及侵权的原始商品或服务、销售渠道以及第三方身份的精确信息。这个执法措施本来只在一些知识产权保护水平较高的成员国存在,而该指令要求所有成员国提供该措施。TRIPS协议第47条也就权利人"获得信息的权利"作了规定:各缔约方可以(may)规定,除非与侵权的严重程度不相称,司法机关有权责令侵权人将涉及生产和销售侵权货物或提供侵权服务的第三方的身份及其销售渠道告知权利持有人。中国的知识产权法以及民事诉讼法中,虽然有证据保全的规定,但并没有规定在侵权案件中权利人可以请求侵权人(尤其是第三人)提供侵权信息。而责令侵权人提供侵权信息制度与证据保全制度无论在制度的目的、机制和作用上都不尽一致,不可混为一谈。不过,这并不意味着在中国发生的知识产权侵权案件中,侵权人可以任意回避或者抗拒提供有关侵权信息。根据现行《商标法》以及《专利法》的规定,如果假冒商标商品的销售商要免于承担损害赔偿责任,就需要说明假冒商品的合法来源(提供者);如果专利侵权产品的使用者、销售商以及许诺销售者要免于承担损害赔偿责任,也需要证明该产品的合法来源。这些规定虽然大体上可以满足TRIPS协议规定的侵权人披露侵权信息的要求,但与欧盟的信息权相比,还是存在明显的差距。

第三,关于临时性和预防性措施。该指令规定的临时措施和预防措施,类似于我国的诉前禁令和财产保全。该指令对于采取临时措施和预防措施的态度也是非常谨慎的。指令明确要求采取这些措施的同时也要尊重抗辩权,确保临时措施是比例适当的、符合争议案件特性的,而且如果被控侵权行为人提供了足够的担保,司法机关可以不再颁发中间禁令;另外,采取预防性措施的前提是侵权行为要具备商业规模。需要指出的是，中国知识产权法关于颁发诉前禁令规定了一个前提要件：不及时制止侵权将会使权利人的合法权益受到"难以弥补的损害"。在什么样的情况下"迟延"会造成"难以弥补的损害"呢？中国的法律没有明确的规定。一般来说，首先，如果这种损害难以用金钱弥补的话，比如非财产性的商誉损害等，就可以认为是难以弥补的；其次，如果预期的损害将远远超过被申请人的赔偿能力或者以后难以执行的话，也可以认为是不可弥补的。由于侵权一般都是可以用金钱赔偿来弥补的，权利人也不太容易证明损害赔偿以后难以执行——所以，在司法实践中，人民法院很可能根据这个理由而驳回了诉前禁令的申请。而欧盟的这个指令并没有规定"难以弥补的损害"是颁发诉前禁令的必要条件——虽然该指令第9条第4款确实也提到了"难以弥补的损害"的情形，但只是规定：在这种情形下法院可以在没有被告参与的情况下采取临时或预防措施，或者如 TRIPS 所规定的可以不听取被申请人的意见（inaudita altera parte）就采取临时措施。这就是说，"难以弥补的损害"的情形是一种少见的非常紧急的情形，而不是所有诉前禁令措施都必须是在存在"难以弥补的损害"的情形下采取的。因此，从这一点来看，中国知识产权法对颁发诉前禁令所设定的前提要件更为严格一些。另外，就采取临时性措施而言，该指令除了规定"临时禁令"这个消极性措施之外，还规定了"裁定没收或交付涉嫌侵犯知识产权的货物"这个更具有积极性的措施，以有效阻止货物进入商业渠道或者在商业渠道流通。这样双管齐下，将更有利于及时制止即将发生的侵权行为；该指令还规定可以针对其服务被第三人用于侵犯知识产权的中间人颁发禁令，这将特别有利于制止网络服务提供者提供帮助侵权的行为。就采取预防性措施而言，该指令还特别规定：为实现该目标，主管机关可以责令提供银行、财务或商业文件或者适当获得相关信息。这对于财产保全的顺利进行是非常重要的，因为无法获取侵权人的财产信息，也就无法有效采取财产保全措施。

第四，关于纠正性措施、禁令以及替代性措施。这些措施都是"根据判决结果而采取的措施"。

首先，纠正性措施就是由侵权人承担费用，召回和从商业渠道明确清除或者销毁侵权商品，以及销毁主要被用于生产和制造这些商品的材料和工具。"召回和从商业渠道明确清除侵权商品"措施的作用和"（禁令）停止侵害"有所不同，从理论上讲，后者只能消极地禁止被告实施某一行为，却无法要求被告积极地去实施某个行为，因此，"召回和清除"措施是对禁令措施的有益补充，值得我国借鉴。至于"销毁"措施，我国《著作权法》第 48 条也允许著作权行政管理部门在处理侵权案件时，"没收、销毁侵权复制品"，但第 52 条仅允许人民法院"没收侵权复制品以及进行违法活动的财物"，却没有规定可以销毁。《商标法》第 53 条也允许工商行政管理部门处理侵权案件时，"没收、销毁侵权商品和专门用于制造侵权商品、伪造注册商标标识的工具"，但并没有规定人民法院在民事侵权诉讼程序中可以对假冒商品采取没收、销毁的措施。上述规定一方面说明我国有关行政机关在知识产权行政执法中所采取的"销毁"措施已经完全和欧盟相一致，然而，在知识产权的民事执法程序中，却与欧盟有明显的差距。出现这种奇怪的现象，很大程度上是因为我国法学界通常把"没收"、"销毁"措施当作一个行政处罚措施，最多是一种民事制裁措施而不是一种民事侵权救济措施来看待，因此，我国《民法通则》以及《侵权责任法》中都没有规定"没收"、"销毁"侵权物品以及侵权工具的救济方式。但是，这并不意味着我国人民法院在司法实践中不能采取或者没有采取销毁侵权物品或侵权工具的措施。首先，因为"停止侵权"是制止侵犯知识产权的必要救济措施，而在很多时候，不销毁盗版物或假冒商品，是不足以制止侵权的，因此，为了达到停止侵权的目标,就需要采取销毁侵权物品的措施;而在有的时候,某个生产工具是专门用于生产制造侵权产品的,这时,不销毁该侵权工具也不足以制止进一步的侵权,所以,也就有了销毁侵权工具的必要。事实上,我国司法实践中,已经有不少法院支持权利人提出的销毁侵权产品或者侵权工具的诉讼请求。其次,从法律依据上看,虽然我国民事法律以及知识产权法律中并没有规定"销毁侵权产品"等类似的民事责任方式,但是,我国加入的 TRIPS 协议已经明确规定司法机关有权责令销毁侵权物品以及将制造侵权产品的工具和原料清除出商业渠道(比如,没收),因此,人民法院起码在没收、销毁侵权物品以及没收侵权工具上拥有国际条约的法律依据。总之,虽然我国法律没有明确规定在民事司法审判程序中可以没收、销毁侵权物品以及没收、销毁制造侵权产品的工具和原料,但是,这并不妨碍人民法院在必要的情况下采取没收、销毁措施。

其次,就禁令这个普遍采用的知识产权侵权救济措施而言,该指令序言第 23 段特别强调:权利人应该有申请针对第三方利用其服务去侵犯知识产权的中间人的禁令的可能。当然,这一禁令的条件和程序应该由成员国国内法决定(但就侵犯著作权和相关权而言,欧共体第 2001/29/EC 号指令第 8(3)条不应受本指令的影响)。中国知识产权法没有规定可以对第三人采取禁令的法律措施。虽然我国现行《商标法实施条例》第 50 条规定:故意为侵犯他人注册商标专用权行为提供仓储、运输、邮寄、隐匿等便利条件的行为,属于商标法第 52 条第(五)项所称侵犯注册商标专用权的行为,似乎可以直接对侵权商品的仓储、运输、邮寄、隐匿等人采取法律措施,但是,这仅仅限于"故意"、"明知"的情形,而对于那些善意的第三人(仓储、运输、邮寄等人)就不一定可以采取禁令措施了。因此,并不能从中得出我国知识产权法中已经规定可以对善意第三方采取禁令措施的结论。需要注意的是,《反假冒贸易协定（ACTA）》已经将"阻止侵权货物进入商业渠道"的措施泛泛适用于任何"适当情形"下的"第三方"，"第三方"可能包括侵权产品的仓储、运输方，以及侵权产品的使用者，特别是专利以外的其他知识产权的侵权产品的使用者（因为侵权专利产品的使用者本身就可以构成直接侵权而不是第三方了）。特别值得警惕的是：如何解释"阻止侵权产品进入商业渠道"？是不是消费者购买侵权产品使用都可以认为是一种进入商业渠道的行为？如果答案是肯定的，那就意味着任何一个假冒或者盗版商品的使用者，都有可能被采取禁令的法律措施，这就会将知识产权的保护彻底地延伸到侵权产品的最终用户头上。

再者，即使在知识产权侵权成立的情况下，禁令的颁发也不是必须的。《欧共体知识产权执法指令》序言第25段以及第12条都明确规定了禁令的替代性措施："当实施侵权行为不是故意和没有过错，而本指令所规定的纠正措施或禁令比例不当时，成员国应有在适当的情形下规定向受害的一方进行金钱补偿作为可以选择的措施的可能性；但是，在假冒商品的商业使用或服务的提供会构成除了知识产权法以外的法律上的侵权，或者可能损害消费者权益的情况下，这样的使用或提供仍然应该禁止。"我国司法实践中基本上把停止侵害作为知识产权侵权救济的必要手段，但是，最高人民法院的有关司法政策文件已经指出：在专利、商标或者著作权侵权纠纷案中，要求被告停止使用专利、商标或者停止销售、销毁侵权作品会导致被告遭受巨大的损失，或者危害公共利益的，可以不责令停止侵权，而通过加大赔偿等方式给予替代性救济。TRIPS协议也允许对善意取得或订购侵权商品的经营者不采取停止侵权的措施，而可以用其他救济措施替代，比如，支付适当的使用费。比如，在专利侵权案件中，对于善意取得的侵权产品的使用人，就可以不采取停止使用的措施；甚至对于善意订购了侵权商品而进行销售的进口商、销售商，如果采取停止销售的措施会导致过大的损失,也不一定必须采取停止销售的措施。在软件著作权侵权案件中,法律也允许盗版软件的使用者在支付合理使用费的情况下,继续使用该软件。至于一般的盗版物的使用者或者假冒商品的使用者,因为本身就不属于侵权行为,更谈不上对其适用停止侵权的法律措施。

  第五,关于损害赔偿和法律费用。首先,在计算损害赔偿时,该指令第 13 条区分了两种情形:对于故意或者应知而侵权的,在确定损害赔偿数额时,应该考虑所有遭受的不利经济后果,包括权利人遭受的利润损失或侵权人得到的不正当利润(没有先后顺序),而且可以考虑精神损害赔偿;而在非故意侵权或者没有合理依据知道其进行的是侵权行为,可以裁定返回利润或者赔偿损失(该损失可以是法定的或者由法院确定,但不应该高于实际损失),但不存在精神损害赔偿。这与我国不区分侵权人的主观恶意程度,只能依次选择损失或者获利来计算损害赔偿额的规则有所差异。其次,如何理解按照许可使用费来计算损害赔偿?根据该指令,在授权使用涉案的知识产权所应支付的使用费或许可费的基础上计算损害赔偿是计算经济损失的一个替代方法,且只适用于故意或者应知而侵权的情形。与我国《专利法》(2008 年修正)第 65 条和《商标法》(2013 年修正)的损害赔偿额可以参照许可使用费的"倍数"合理确定不同,《欧共体知识产权执法指令》只是要求计算"不少于此"的损害赔偿额,显然,这里并没有"倍数"的要求。因为按照许可费"倍数"的金额来支付损害赔偿会造成某种形式的惩罚性赔偿。而该指令序言第 26 段明确指出:"这一目标不是为了引进提供惩罚性赔偿的义务"。我国《商标法》(2013 年修正)在按照商标许可使用费的"倍数"确定损害赔偿额的基础上,可以再对恶意侵权处以 1—3 倍的惩罚性赔偿,再加上中国行政机关对于商标侵权行为又可以处以罚款的行政处罚,如果中国《商标法》的这些惩罚性措施真的都予以有效实施的话,会让侵权人承担过于严苛的法律责任。

第六，关于公开措施。根据该指令第 15 条的规定，司法机关可以根据申请人的请求裁定由侵权人承担费用来发布有关判决的信息，包括展示判决书以及将判决书的一部分或者全部进行发表。其目的是"起到对未来的侵权人增加威胁的作用，以及最大程度上提高公众意识"。与此类似的是，中国法院在知识产权侵权案件中也会根据当事人的请求判决被告公开赔礼道歉或者发表道歉声明，但这一般只限于侵权行为对权利人的声誉或者名誉造成不良影响或者对公众造成误导或混淆的情形，其目的主要在于消除不良影响。而欧盟公开判决信息的措施显然并没有这样的限制，也更有利于对侵权人进行威慑。

最后，《欧共体知识产权执法指令》对于采取知识产权执法措施总体上有这样几方面的原则性要求：第一，措施和救济应考虑案件具体特性。既要考虑各个不同的知识产权的具体特征，也要考虑侵权人主观上是否为恶意还是无意以及侵权行为是否具有商业规模等（序言第 17 段）。第二，措施和救济应该公正和有效。即，这些措施、程序和救济应该是公正和公平的，且不应该有不必要的复杂、花费或不应该有不合理的时间限制或无根据的延迟（第 3 条第 1 款）。第三，措施和救济应该适当和适度。即这些措施、程序和救济应该是必要的、比例适当的和劝阻性的，要避免对贸易的阻碍、防止对措施的滥用（第 3 条第 2 款）。这些原则对于我国司法机关和执法机关把握知识产权侵权救济所应采取的救济和措施来说也是有启示和借鉴意义的。

三、关于知识产权执法国际规则的发展及我国的应对

当今世界，发达国家经济不景气的同时又面临着知识产权假冒贸易的困扰，现有的 TRIPS 协议以及一系列国际规则似乎已经不再能够满足那些知识产权强国的现实需求。发达国家为了维

护自身利益，已经迫不及待地需要制定或主导新的具有世界影响力的知识产权执法规则，以遏制全球范围内的假冒和盗版。于是，《反假冒贸易协定（ACTA）》作为知识产权保护的一杆新的大旗就被扛起、摇曳和呐喊，通过双边或者区域性的自由贸易和投资协定（比如《泛太平洋伙伴关系协定（TPP）》以及《泛大西洋贸易和投资伙伴关系协定（TTIP）》等）建立新的知识产权保护国际标准的目标也正在成为现实，所谓的"TRIPS +（TRIPS Plus）"知识产权国际新秩序正在形成。发达国家再次将发展中国家引到了知识产权国际新秩序的门口。

那么，我们究竟应该如何看待国际上知识产权保护和执法体系的发展趋势？我们应该如何应对这样的发展趋势给我国知识产权保护制度带来的挑战？

首先，不要夸大中国知识产权法和这些正在形成的新的国际规则之间的差距，而要大力宣传中国知识产权制度与这些规则之间的一致性。由于中国客观存在的假冒和盗版问题，这些规则的订立或多或少有针对中国的意味；而且由于我国一开始就被排除在这些规则谈判之外（即便被邀请也不见得愿意加入），很多人自然地对这些规则产生一种排斥心理，想当然地认为这些规则会给中国的知识产权法律制度带来巨大的挑战。但是，客观地讲，这些规则并没有太多超越 TRIPS 协议的地方，而我国作为 WTO 的成员，已有的知识产权法律制度已经符合 TRIPS 协议规定的最低标准，因此，与这些新规则的要求相比，也并不存在不可跨越的鸿沟，相反，可以说，我国知识产权执法的法律制度在绝大多数方面已经符合这些规则的标准。如果我们一味突出、夸大我国知识产权制度与这些规则之间在个别执法措施规定方面的差距，反而会给公众特别是外国人造成中国知识产权执法制度与国际标准相差甚远、中国的知识产权执法和保护因此很差的印象和联想，也正好让国外那些对中国知识产权制度抱有深刻偏见和不切实际要求的政客找到指责中国政府的借口和理由。有学者对"欧盟委员会自信满满地认为其知识产权法律体系与ACTA完全相容,不存在任何需要修订的法律条文;美国、澳大利亚也不甘示弱,纷纷表示其域内法与ACTA不存在一点一滴的差距"的现象表示极不理解而"大跌眼镜",我认为这恰恰是这些国家或地区的高明之处:绝不认为自己的制度不够好。面对高标准的知识产权执法体系,如果我们一味突出我国现行法律制度与其之间的差距,强调其对我国现行制度带来的挑战,等于公开承认我国知识产权法律制度与国际标准差距甚远,而这并不是值得光荣和骄傲的事情,相反只能成为某些国家对我国施压的一个堂皇理由。而如果我们坚持认为自己的知识产权执法制度已经基本上符合这些规则的要求,那么,面对有些国家要求我们接受这样一个既定的游戏规则时,我们就更有了选择加入或者不加入的底气和理由——因为即使不加入,我们也可以依据现有的法律制度进行有效的知识产权执法。

其次,我国要不要接受这些新规则,很大程度上可以作为国际知识产权谈判中的一个筹码。我国现行知识产权法律制度虽然在某些方面与这些新的知识产权执法标准存在一定的差距,因此,如果要接受这些规则,就自然需要进一步提高执法水平,强化知识产权保护,可能会影响一些依靠假冒、盗版为生的企业和个人的生存;但是,我们也应该认识到,假冒、盗版的大量存在确实是不利于建立公平竞争的市场经济体系的,也是与我国建设创新型国家的战略目标相悖的,提高知识产权保护水平,加大打击侵犯知识产权的力度,也是我国经济社会良性发展的必然要求和趋势。而且,实事求是地讲,一个国家的知识产权保护是好是坏,知识产权执法水平或高或低,并不简单地取决于知识产权制度的法律文本,而更为关键的是整个社会的法治水平和尊重知识产权的意识的提升,即使我们接受这些规则,也不见得可以使我国的知识产权执法和保护水平产生急剧的质的变化。总之，虽然我国可以在现阶段对这些规则采取坚决抵制的态度，但是，这些规则与我国现行法律制度之间并不存在太多深刻的冲突，也与我国进一步提高知识产权保护水平的大趋势不相矛盾。因此，接受或不接受这些规则，很大程度上可以作为我国政府在国际谈判场合与其他国家进行政治博弈的一个筹码。在适当的时机加入 ACTA 以及 TTP，也可以是一个备选方案。

再者，ACTA 以及 TPP 等给我们提供了一个全面审视、评估、反思和构建我国知识产权执法制度的机会。一方面，虽然 ACTA 以及 TPP、TTIP 等主要是美国、欧盟、日本等发达国家发起达成的协议文本，可以说代表了当今世界知识产权执法的最高水准；但是，对于这些规则，我们不应抱着"为反对而反对"的态度而一概予以拒绝和否定，而应该加以客观、审慎地评估，判断其对完善我国知识产权执法制度是否有积极的意义，然后决定在以后的法律修改中是否加以补充和吸收。另一方面，我们应该充分认识到我国的知识产权执法体系和制度不仅已经和 TRIPS 协议、WCT、WPPT 等国际公约接轨，甚至在有些方面已经超越这些国际公约的要求。事实上，我们同时需要反思的是，当我们在吸收、借鉴这些国际规则的时候，是否只是简单地满足其对我们的要求，却忽视了其对当事人之间权利义务的平衡，防止权利人滥用救济措施等规定，比如，TRIPS 协议允许对善意取得或订购侵权商品的经营者不采取停止侵权的措施；TRIPS 协议针对权利人滥用执法程序，要求向被告赔偿损失并支付开支（包括适当的律师费）；TRIPS 协议规定采取"销毁"措施的前提是不得与现存宪法的要求相悖，而且在考虑此类请求时，应考虑侵权的严重程度与给予的救济以及第三方利益之间的均衡性。我国在构建知识产权执法制度时，也应该考虑这些更为精细的平衡机制。总之，只要我们自己精心构建起一个全面、有效、平衡的知识产权执法机制，那么，面对发达国家抛出的新规则,不管接受还是拒绝,我们都能更加自信和游刃有余。

四、关于本书的翻译

(一)关于欧盟(European Union)和欧共体(European Communities)

欧共体(EC,European Communities)包括欧洲煤钢共同体、欧洲原子能共同体和欧洲经济共同体(EEC),其中以欧洲经济共同体最为重要。1951年4月18日,法国、联邦德国、意大利、荷兰、比利时和卢森堡在巴黎签订了《建立欧洲煤钢共同体条约》,1952年7月25日生效。1957年3月25日,六国又在罗马签订了《建立欧洲经济共同体条约(TEEC)》和《建立欧洲原子能共同体条约》,统称《罗马条约》。1958年1月1日,条约生效,上述两个共同体正式成立。1965年4月8日,六国签订《布鲁塞尔条约》,决定将三个共同体的机构合并,统称欧共体(European Communities),但三个共同体仍各自存在,以独立的名义活动(欧洲煤钢共同体于2002年终结)。1991年12月11日欧共体首脑会议通过了以建立欧洲经济货币联盟和欧洲政治联盟为目标的《欧洲联盟条约(TEU)》(通称《马斯特里赫特条约》),并于1993年11月1日正式成立欧盟(EU),这时,欧共体(EC,European Communities)中三个共同体之一的欧洲经济共同体(EEC)也正式更名为欧洲共同体(EC,European Community),《建立欧洲经济共同体条约》也改称《建立欧洲共同体条约》[简称《欧共体条约(EC Treaty)》,1997年《阿姆斯特丹条约》对此进行了重大修改]。根据"马约"规定,作为欧盟"三翼(Three Pillars)"之一的欧共体(European Communities)负责制定经济、社会、环境政策,是欧盟的主要支柱,但在欧共体内部和国际上越来越广泛地使用"欧盟",故在1993年后"欧共体"和"欧盟"两种称谓并存使用,但法律文件仍用"欧共体",一般称"共同体法律(Community Law)"或"欧共体法律(EC Law)"。比如,本书所涉及的"知识产权执法指令"其编号就是"2004/48/EC",其中的"EC"就是指欧共体。这是本书在翻译该指令的名称时,使用"欧共体"知识产权执法指令而不是"欧盟"知识产权执法指令的原因。不过,随着《里斯本条约》于2009年生效,欧共体彻底被欧盟所整合,《欧共体条约(EC Treaty)》更名为《欧盟运行条约(TFEU)》,此后,欧盟所颁发指令的编号的后缀就从"EC"改为"EU"了。

另外需要说明的是,作为欧盟执行机构的"欧盟委员会(European Commission, the Commission)"源于1951年欧洲煤钢共同体的"高级公署(High Authority)"。随着1958年《罗马条约》的生效,欧洲经济共同体和欧洲原子能共同体设立的行政机构则叫"委员会(the Commission)"。1967年三个欧洲共同体组织通过"设立欧洲共同体单一理事会暨单一委员会条约"(简称《合并条约》),三个组织的执行机构合并成单一的"欧共体委员会(European Commission)"。1993年,随着欧盟的建立,欧共体委员会同时也成为欧盟委员会。因为从1993年到2009年,欧共体和欧盟是共存的,把"European Commission"翻译为"欧共体委员会"还是翻译成"欧盟委员会"都是没有问题的。因为本书原版出版于2008年,当时的《欧共体条约(EC Treaty)》尚未更名为《欧盟运行条约(TFEU)》,因此,译文原则上翻译为"欧共体委员会"。

(二)关于本书的书名

本书翻译中第一个遇到的难题就是对书名的翻译。首先,本书封面和封底的书名为"Enforcement of Intellectual Property Rights in Dutch, English and German Civil Courts",而内页的书名则为"Enforcement of Intellectual Property Rights in Dutch, English and German Civil Procedure"。因在威科法律国际出版社网站上列出的该书标题为后者(Civil Procedure而非Civil Courts),所以,决定

以后者为准,翻译为"民事诉讼中"而不是"民事法院中"。其次,"Enforcement"在英文中是一个具有丰富含义的法律概念,对应的中文大概可以是实施、实现等,主要是指通过法律救济、措施和程序使权利得到保护和实现,因此"Enforcement of Intellectual Property Rights"是指通过包括民事、行政、刑事等各种救济程序和执法措施来保护和实现知识产权。虽然在中国的法律概念中,立法、执法、司法有基本明确的含义,"知识产权执法"一词容易被公众误解为是指"行政执法",但是,在中国知识产权界,"Enforcement"一词已通常被翻译为"执法",而且业内人士也不至于狭隘地将"知识产权执法"理解为仅仅限于行政执法,所以这里仍从惯例,翻译为"知识产权执法"。

五、关于本书的体例结构等问题

本书的内容主要是围绕《欧共体知识产权执法指令》在荷兰、英国和德国的实施而展开的,因此,总体上,第二、三、四、五章的写作都是按照该指令条文的顺序,也就是指令中规定的几项不同的知识产权执法措施和程序来进行分析和论述的。但是,因为本书是由来自三个不同国家的作者合作撰写的,其写作方法和思路并不完全一致。特别是第四章关于英国部分的介绍中,虽然作者仍然是按照指令的规定内容逐条进行介绍和分析,但是,该章的标题却又基本脱离了指令的内容顺利,只是重点列出了英国的临时措施、损害赔偿、专家证人和诉讼费用等问题。因此,如果读者发现该章第二节下第五点和第六点的标题完全一样,而且各个标题之间的逻辑关系稍显凌乱的话,这也许是该章作者为了突出其写作重点而造成的。

六、致谢

本书翻译的艰辛程度是我始料未及的。因为内容涉及荷兰、英国、德国三个国家的知识产权执法制度和民事诉讼制度，一些程序法上的法律术语、概念、制度和原则又是该国特有的，一些引用的文献和注释甚至是荷兰语、德语、法语，要准确翻译这些内容，对我这样平时只关注知识产权，只会看点英文文献的人来说成了天大的难题。好在这些难题在众多朋友的帮助下一一逐步得到了解决。我无法一一列举你们的名字了，但是你们的无私奉献，我将铭记在心。特别要感谢互联网，感谢微博上那些相识和不相识的朋友，每当有一个疑难和困惑困扰着我的时候，只要在微博上发个求助信息，总会得到来自海内外的博友们的热烈响应和答复。微博上确实充斥着各种纷争和喧嚣，但只要有一颗真诚求知的心，谁又能说它不是一个良好的学习、交流和沟通平台呢？

感谢为本书的注释、附录、参考文献和索引等的抄录和翻译付出了辛勤劳动的邱天乙、汤盼盼、吴林博等同学。

原本打算一年内完成的任务，却拖了将近三年才完成。感谢商务印书馆政法室王兰萍主任给予我充分理解和宽容！更感谢她对本书翻译中存在问题的详细指点和耐心解答，才得以使翻译能够顺利完成！

限于学识和水平，译文中肯定存在不少疏漏和错误。交稿在即，却深感惴惴不安。期待读者的批评和指正！

张 伟 君

2014年1月15日

于马克斯—普朗克创新和竞争研究所

德国 慕尼黑

目 录

序言 ·· 1

概述 ·· 1
  一、通过欧洲法院确立的原则进行协调 ·· 2
  二、原则 ·· 3
    1. 国内法院的选择 ·· 3
    2. 平等和有效 ·· 4
    3. 欧共体法律至上 ·· 7
    4. 有效司法保护的原则 ·· 8
    5. 实体条约规则 ·· 9
  三、司法协调下的共同体权利保护的程度和水准 ·································· 10
  四、司法导向协调的优缺点 ·· 11
  五、通过共同体立法的协调 ·· 14
    1. 指令作为协调方法的好处 ·· 14
    2. 指令作为协调方法的不足 ·· 15
    3. 协调的最优水平 ·· 17
  六、执行一个不完全协调的指令所产生的问题 ···································· 29

第一章 指令的义务和结构 ·· 38
  第一节 介绍 ·· 38
  一、实质义务 ·· 38
  二、附随义务 ·· 42
  三、根据第249条第(3)款为实现某个结果而设定的义务的范围 ·············· 43
  第二节 执行 ·· 44

2 荷兰、英国、德国民事诉讼中的知识产权执法

一、执行的结构 ·· 44
二、法律确定性 ·· 47
三、全面有效 ·· 48
四、有效司法保护 ·· 48
五、条约条款和共同体法律原则 ······································ 51
六、清晰、效率和有效司法保护原则对执行过程的影响 ··················· 52
  1. 执法措施的内容 ·· 52
  2. 主体身份/诉讼资格：欧共体第 2004/48 号指令 ··················· 54
  3. 所提供的有利于请求人的诉讼权利的措施 ······················· 55
  4. 执行措施的性质：法律约束力 ································· 55
  5. 指令的执行：关于适用 ······································· 56
  6. 不正确执行或不执行指令的补救方法 ··························· 58
  7. 解释一致：不正确执行或不执行指令 ··························· 59
    a 解释一致义务的适用范围 ································· 60
    b 解释一致适用范围的限制 ································· 61
  8. 国家责任 ··· 63
    a 国家责任的条件 ··· 63

第二章　欧共体第 2004/48 号指令的结构 ····················· 68
第一节　介绍 ·· 68
第二节　成员国执行欧共体第 2004/48 号指令所规定义务的性质 ········ 71
一、结构：法律基础——《欧共体条约》第 95 条 ······················· 71
二、目标：基本法律义务 ··· 73
  第一章　目的和范围 ·· 74
  第二章　措施、程序和救济 ······································ 76
    第一部分　一般规定 ·· 76
    第二部分　证据 ·· 83

第三部分　信息权 ……………………………………………… 88
　　　第四部分　临时措施和预防措施 ………………………………… 91
　　　第五部分　根据判决结果而采取的措施 ………………………… 96
　　　第六部分　损害赔偿和法律费用 ………………………………… 99
　　　第七部分　公开措施 ……………………………………………… 101
　　第三章　成员国的制裁措施 ……………………………………………… 101
　　第四章　行为准则和行政合作 …………………………………………… 102
　　第五章　附则 ……………………………………………………………… 103

第三章　欧共体第 2004/48 号指令在荷兰 …………………………… 105
第一节　介绍 …………………………………………………………… 105
一、法律实践者关于指令执行方案的立场 ………………………………… 106
第二节　执行 …………………………………………………………… 109
一、立法程序 ………………………………………………………………… 109
二、总的执行 ………………………………………………………………… 110
三、荷兰民事诉讼法 ………………………………………………………… 112
　　1. 荷兰法院的管辖权和权限 ………………………………………… 113
　　　a 荷兰法院的管辖权 ………………………………………………… 113
　　　b 诉讼标的和地域管辖 ……………………………………………… 114
　　2. 诉前的保全 ………………………………………………………… 115
　　3. 简易程序（临时禁令）……………………………………………… 117
　　4. 证据开示 …………………………………………………………… 118
第三节　条款的执行 …………………………………………………… 119
一、介绍 ……………………………………………………………………… 119
　　1.《民事诉讼法典》第 1019 条 ……………………………………… 120
　　　a 判例法 ……………………………………………………………… 120
二、第一部分　一般规定 …………………………………………………… 121
　　1. 第 5 条　作者或所有权人的推定 ………………………………… 121

三、第二部分 证据

1. 第6条 证据 121
  - a 介绍 121
  - b《民事诉讼法典》第1019a条 123

2. 第7条 证据保全措施 125
  - a 介绍 125
  - b《民事诉讼法典》第1019b条 127
  - c《民事诉讼法典》第1019c条：证据查封的要求 130
  - d《民事诉讼法典》第1019d条：调查报告 131

四、第三部分 信息权利

1. 第8条 信息权利 135
  - a 简介 135
  - b《民事诉讼法典》第1019f条：信息权利 136

五、第四部分 临时和防范措施

1. 第9条 临时和防范措施 139
  - a 简介 139
  - b《民事诉讼法典》第1019e条 142

六、第五部分 根据案件实体判决而产生的措施 144

1. 第10条 纠正措施 144
  - a 简介 144
  - b 在知识产权法中执行 144

2. 第11条 禁令 146
  - a 简介 146
  - b 在知识产权法中执行 146

七、第六部分 损害赔偿和法律费用 146

1. 第13条 损害赔偿 146
  - a 简介 146
  - b 在知识产权法中执行 148

  2. 第 14 条 法律费用 ………………………………………… 148
    a 简介 ……………………………………………………… 148
    b《民事诉讼法典》第 1019h 条 …………………………… 149
 八、第七部分 公开措施 ……………………………………………… 152
  1. 第 15 条 法院裁决的公开 …………………………………… 152
    a 简介 ……………………………………………………… 152
    b 在知识产权法中的执行 ………………………………… 152
第四节 尚未被执行的指令条款 ………………………………… 153
 一、介绍 ……………………………………………………………… 153
  1.《民事诉讼法典》第 1019i 条：TRIPS 协议第 50 条第 1 段 … 153
    a 判例法 …………………………………………………… 153
 二、第一部分 指令第 3 条和第 4 条，一般规定 …………………… 154
 三、第 12 条 替代措施 ……………………………………………… 155

第四章 欧共体第 2004/48 号指令在英国 …………………… 156
 第一节 执行 …………………………………………………… 156
 第二节 对指令每一条款执行的审查 ………………………… 158
 一、对中间人的临时禁令 …………………………………………… 187
 二、与实体法解释一致原则的适用 ………………………………… 188
 三、提供临时禁令的背景 …………………………………………… 190
 四、解释一致：司法执行 …………………………………………… 195
 五、执行 ……………………………………………………………… 203
 六、执行 ……………………………………………………………… 204
 七、执行案件实体判决而采取的措施 ……………………………… 208
 八、专家证据的评估 ………………………………………………… 209
  1. 高等法院，衡平法庭，民事诉讼规则和法庭顾问 ………… 209
  2. 法庭顾问，民事诉讼规则第 35.15 条和实施细则第 7 段 … 212
  3. 法庭顾问的介入方法 ………………………………………… 213

九、法律职业特权、专家证人豁免权、辩护权和法官对专家证据的
   评估等问题 ·· 218
   1. 专家报告的开示 ·· 219
十、义务的性质 ·· 226
十一、指令的有效执行 ·· 227
   1. 背景:知识产权诉讼的高昂费用 ··· 227
   2. 在英国诉讼中一般存在的费用难题的性质 ··························· 230
   3. 因《民事诉讼规则》而加剧的高昂费用问题 ··························· 233
      a 附条件收费,胜诉费和赔偿规则的运用 ·························· 234
      b 司法案件的管理 ··· 238
      c 费用估算:成本限制 ·· 238
      d 英国诉讼中高昂费用问题的经济分析 ·························· 240
      e 欧共体委员会和法律费用:专业服务 ···························· 244
      f 正确实施第 48 号指令第 3 条和第 14 条的方法 ·········· 247
      g 解释一致:指令的执行:额外费用 ································· 247
      h 费用估算:费用限制 ·· 253
      i 比例原则 ·· 254
      j 成员国的义务:诉讼程序不应有不必要的花费 ·············· 255
      k 对《民事诉讼规则》的修改 ·· 256
   4. 国家损害赔偿之诉 ··· 260

第五章 欧共体第 2004/48 号指令在德国 ··································· 265
   第一节 德国对第 48 号指令的接纳 ··· 265
   第二节 在德国法中实施第 48 号指令所采取的步骤 ················· 267
   一、未能在期限内实施第 2004/48 号指令 ··································· 267
   二、改进知识产权执法的《政府议案》 ·· 268
   三、一致解释的义务 ·· 269
   第三节 德国的知识产权执法:实然法和应然法 ························· 272

一、请求指令规定的措施、程序和救济的权利 …………………… 272
二、作者或权利的推定 …………………………………………… 274
三、证据 …………………………………………………………… 277
 1. 指令第6条设定的义务 ……………………………………… 277
  a 德国民事诉讼法对"职权调查证据(Exploratory Evidence)"的禁止 …… 277
  b 出示证据的实体权利 ………………………………………… 278
  c 根据《民事诉讼法典》(ZPO)第142条、第144条出示证据 ………… 282
  d 机密信息的保护 ……………………………………………… 286
  e 获取证据的现状小结 ………………………………………… 288
  f 按照《政府议案》出示证据 …………………………………… 288
 2. 证据保全措施 ……………………………………………… 293
  a 保全证据的实然法 …………………………………………… 293
  b《政府议案》所引起的变化 …………………………………… 296
四、信息权利 ……………………………………………………… 298
 1. 要求侵权人提供信息 ……………………………………… 298
 2.《政府议案》的建议 ………………………………………… 301
  a 侵权人提供的信息 …………………………………………… 302
  b 非侵权人提供的信息 ………………………………………… 303
  c 财产权与隐私权的平衡 ……………………………………… 305
  d 补充规则 ……………………………………………………… 306
五、临时和防范措施 ……………………………………………… 306
 1. 临时禁令和临时扣押 ……………………………………… 307
 2. 防范性查封 ………………………………………………… 307
 3. 第9条第(3)至(7)款的程序要求 ………………………… 309
 4.《政府议案》的建议 ………………………………………… 311
六、纠正措施 ……………………………………………………… 312
 1. 从商业渠道召回和清除 …………………………………… 312
 2. 销毁侵权产品、材料和工具 ……………………………… 314

3.《政府议案》建议的改变 ……………………………………… 316
七、侵权的禁止 …………………………………………………… 317
八、替代召回、清除、销毁或禁令的赔偿 ……………………… 318
九、损害赔偿 ……………………………………………………… 320
十、法律费用 ……………………………………………………… 323
十一、司法判决的公布 …………………………………………… 324
第四节 附录 德国联邦议会法律事务和审议委员会报告 …… 326
一、信息权利 ……………………………………………………… 327
1."在商业活动中"v"以商业规模" ……………………… 327
2. 一个司法令状的要求 …………………………………… 328
3. 授权数据传输的规定 …………………………………… 330
二、警告函律师费的上限 ………………………………………… 331
三、下一步进展 …………………………………………………… 333

第六章 结论 …………………………………………………………… 334
第一节 概述 ………………………………………………………… 334
第二节 在荷兰的实施及其存在的问题 …………………………… 337
第三节 在英国的实施及其存在的问题 …………………………… 338
一、根据案件实体判决采取的措施 ……………………………… 343
二、法律职业特权、专家证人豁免权、辩护权和法官对专家证据的
评估等问题 …………………………………………………… 345
1. 专家报告的开示 ………………………………………… 346
第四节 在德国的实施及其存在的问题 …………………………… 350

附录 欧共体(EC)第 2004/48 号指令文本 ……………………… 352
参考文献 ………………………………………………………………… 368
参考网站 ………………………………………………………………… 378
索引 ……………………………………………………………………… 379

序　言

欧共体对于国内诉讼程序的协调表现为两种不同的形式：第一种协调是由欧洲法院引领的，在效率、公平和有效司法保护的背景下演变而来；第二种协调是通过共同体立法的方式进行的，例如，欧共体关于知识产权执法的第2004/48号指令。欧共体第2004/48号指令（以下简称"第48号指令"）的前言第7段声称：成员国之间有关知识产权执法方法方面存在的制度差异不利于发挥内部市场的正常作用，因此，本指令争取使成员国的法律制度趋同，并提升欧盟内的保护水平。本书是对上述协调领域所持续进行的学习、分析和研究的一点贡献。

经欧共体委员会的允许，本书附有欧共体第2004/48号指令的副本。但有关该指令的官方和权威文本仍以2004年4月30日第L 157/45号的纸质官方公报为准。

本书的重点是简要分析荷兰、英国的国内诉讼程序以及德国诉讼程序对于第48号指令的执行，其根本问题是指令是否在这些国家已经或者即将得到充分地执行。由于指令在英国、德国、荷兰执行的时间并不长，并不足以判断指令是否已经成功地实现其协调"实践中的法律"的目的。因此，还没有人试图采用比较法的视角去分析指令的执行。本书的基本目的是弄清一个特定国家对于指令的执行本身是否充分，并为来自其他司法管辖区域的律师审视这个新立法提供一条途径。由于德国已经通过了提交的立法草案，于是其解释就有赖于政府的改革建议，而这将影响最终的行动。

要判断一国对指令执行的充分性，显然依赖于对指令的理解，尤其取决于其措辞是清晰还是含糊。可以预见，由于这方面的不确定性，为了弄清指令中不同条款的确切适用范围和性质，必然会大量参考欧洲法院依照《欧共体条约》第234条进行的解释。尽管如此,我们真诚地希望,对于愿意了解知识产权法、欧洲法以及各个国家诉讼法的律师、学术工作者、实务工作者和学生等等的广大读者,本书将是既有价值,又有趣味的。

最后,感谢英国专利局的J.华生先生就英国执行指令的有关问题提供耐心而非常有用的答复!但对此我们当然是文责自负的。我们也非常感谢威科法律国际出版社的编辑C.罗本女士的耐心、帮助和鼓励。

乔治·卡明博士,巴黎
米亚·弗罗伊登塔尔博士,乌得勒支
路德·贾纳尔博士、法律硕士,柏林

概　　述

运用国内诉讼规则来维护共同体法律所创设权利的发展变化,至少可以从两个角度来分析:第一,从可被称为目的论的角度,即运用国内诉讼规则来维护共同体权利这样一个总体目的得以实现;第二,从行为方式的角度,即为了确保实现上述目标或者目的,可能其中有对国内规则加以改变的行为。出于一些学究式的理由[①],有人可能会认为:《欧共体条约》的根本目的是提升欧洲成员国经济、社会和(或)政治的一体化,由此,关键的任务是建立一套法律体系,该体系具有两个特性:即在所谓的共同体规范的形成和适用上的统一性和有效性。众所周知,由于欧洲法院判例法的存在,以下由杜根[②]所作的关于运用国内民事诉讼程序来实现上述目标的阐述看起来是确切的:

　　国内的救济和诉讼规则留给人们的印象是,由于其有关《欧共体条约》规范的执行标准总是不够充分,而且在每一个案件中是零碎的,因此呈现出严重的问题。解决方案就是在欧洲再造一个协调的法律保护体系——通过立法,或者如果有必要的话,通过司法的途径。

因此,在考虑以立法的途径[如,欧共体的(EC)第2004/48号指令,以下简称"48号指令"]来实现对共同体权利法律保护的协调之前,按顺序先得考虑一下所要运用的第一种方法,即司法的途径,也就是欧洲法院的干预以及在其判例法中所体现出来的原则。

[①] M.杜根:《在欧洲法院的国内救济》,牛津:哈特出版社,2004年,总的来说,在其简介,第1,2,7和389章[M. Dougan, *National Remedies before the Court of Justice* (Oxford: Hart, 2004)]。

[②] 同上。

一、通过欧洲法院确立的原则进行协调

在一系列案件中,欧洲法院一直认为,由于缺乏共同体规则,比如,在涉及诉讼和救济程序的紧急案件中缺乏诸如指令这样的二级立法,因此,在那些为有效保护共同体法律所赋予的个人权利而提起的法律诉讼案件中,只好由每一个成员国的国内法律制度来决定那些诉讼的条件。[①]

更一般地讲,我们还可用以下的方式来描述这个事情的前因后果:就是说,根据《欧共体条约》,共同体法律的实际适用和实施通常是依赖于成员国的法律制度,特别是其诉讼制度的。这个职责来自一个所谓的分工:一方面,共同体机关拥有立法权力,而另一方面,成员国拥有实施共同体法律的能力。因此,成员国的明确职责是要保护共同体法律所赋予个人的权利。而这种保护是通过国内的诉讼和救济规则来执行的,因为这方面没有可以适用的共同体立法。就是说,通常如果个人享有一个共同体法律规定的权利或者据此产生的利益,可他却需要利用国内的诉讼和救济规则来维护该权益,因为共同体法律并没有提供这样的规则。更为明显的是,对于那些寻求维护其共同体权利的个人来说,其获得司法保护的程度取决于成员国的法院、救济措施,尤其是其诉讼程序。而且,看起来似乎可以断言(至少是基于一些假设):通过国内诉讼和救济来实施共同体法律的国内制度,这样的救济和诉讼对于有效保护共同体法律规定的权利来说

[①] 雷威(Rewe)案,No. 33/76(1976),《欧洲法院公报》第 1989 页,第 5 段;可米特(Comet)案,No. 45/76(1976),《欧洲法院公报》第 2043 页,第 13 段;圣·乔治(San Giorgio)案,No. 199/82(1983),《欧洲法院公报》第 3595 页,第 12 段;埃默特(Emmott)案,No. C-208/90(1991),《欧洲法院公报》第 1 卷 4269 页,第 16 段;弗郎戈维奇等(Francovich et al.)案,No. C-6/90 和 C-9/90(1991),《欧洲法院公报》第 1 卷 5357 页,第 43 段;斯腾霍斯特-尼尔林(Stenhorst-Neerings)案,No. C-338/91(1993),《欧洲法院公报》第 1 卷 5457 页,第 15 段;约翰森(Johnson)案,No. C-410/92(1994),《欧洲法院公报》第 1 卷 5483 页,第 21 段;彼得波洛克(Peterbroeck)案,No. C-312.93(1995),《欧洲法院公报》第 1 卷 4599 页,第 12 段,和凡·席金德(van Shijindel)案,No. C-430/93 和 C-431/93(1995),《欧洲法院公报》第 1 卷 4705 页。

是足够和充分的①。可也许就是那些运用国内诉讼和救济的官司,才暴露了所谓的执法能力的缺陷。因此,为了纠正国内诉讼和救济中存在的缺陷,欧洲法院就需要进行干预②。

二、原则

很清楚,欧洲法院确立了一些原则,这些原则有助于指引和限制国内法院在运用其国内的诉讼规则来维护共同体权利时的自由裁量权,主要体现在以下几点:

1. 国内法院的选择

欧洲法院确立的第一个原则大概就是:成员国必须确保有一个法院拥有适当的管辖权来保护共同体权利。③ 简而言之,根据《欧共体条约》

---

① F. 雅各布斯:"在国内法院实施共同体权利和义务:实现平衡",载 J. 伦贝、A. 比翁迪编:《违反欧共体法律的救济》,奇切斯特:威利和索斯,1997 年,第 25 页[F. Jacobs QC, Enforcing Community Rights and Obligations in National Courts: Striking the Balance, in *Remedies for Breach of EC Law*, eds J. Lonbay & A. Biondi (Chichester: Wiley & Sons, 1997), 25]。"《欧共体条约》的作者们所作的假设是建立在法治基础上的国内法律制度可以用以提供适当层次的司法保护:这样,足以确保国内法院根据国内的诉讼规则运用国内的救济措施实施欧共体的法律。现实是,条约的起草者们没有选择——只能依赖国内的法律制度(该制度未能实现对于法院组成予以规范的法规的最终、广泛的协调),国内救济程序和诉讼时效的规定——只能由欧洲法院在成员国区域自治权与确保共同体法律适当适用的需求两者之间寻找平衡。"

② 欧洲法院同时坚持通过发展与《欧共体条约》相符合的完整而连贯的司法保护体制的概念,从而实现对于国内诉讼程序和救济途径的干预和控制。K. 莱纳尔茨:"《欧共体条约》下私人主体的法律保护:一种一致和完整的司法审查体系",见斯科里汀编:《GF 曼奇尼》第 2 卷,吉奥弗雷,1998 年,第 591 页[K. Lenaerts, The Legal Protection of Private Parties under the EC Treaty: a Coherent and Complete System of Judicial Review in Scrittin: *GF Mancini*, Vol. II, (Giudffre 1998) 591]。

③ Butter-Buying 邮轮(Butter-Buying Cruises)案,No. 158/80(1981),欧共体公报第 1805 页,似乎确立了国内法院对于欧共体法律适用并不是为了在国内法院创造新的救济和程序。然而,D. 柯廷:"指令:个体权利司法保护的有效性",载于《共同市场法律评论》,1990 年,第 709 页[D. Curtin, Directives: the Effectiveness of Judicial Protection of Individual Right, (1990) *CMLRev* 709]和 D. 柯廷、H. 切尔莫斯、T. 霍克尔斯:《欧洲一体化的制度多样性》,海牙:尼吉霍夫,1994 年,第 457 页[D. Curtin, H. Schermers & T. Heukerls, *Institutional Dynamics of Euorpean Integration*, (The Hague: Nijhoff, 1994),457]。特别涉及 Factortame 案,No. C-213/89 (1990),《欧洲法院公报》第 1 卷 2433 页,认

第10条,必须要有一个法院,且必须要有一套相应的诉讼程序,使个人可以据此来维护其共同体权利。① 这与诸如指令这类形式的共同体法律所规定的义务不同,这种义务往往要求成员国对某一种特定的共同体权利为一个特定的人或者一类人提供一种特殊的司法保护。

2. 平等和有效

可以说,欧洲法院是通过确立国内诉讼程序必须满足的两个最低要求来限制国内法院的自由裁量权的②。第一个要求可以被称作是平等性原则③。这一般是指与那些类似的国内案件相比,在维护共同体权利的个案

(接上页)

为欧洲法院卓有成效地为国内法院设立了创设一种新的救济途径的义务,从而首次发现法律制度能够提供充分的救济手段这一最初假设是错误的。同样地,从弗郎戈维奇(Francovich)案[No. C-6/90—C-9/90(1991),《欧洲法院公报》第1卷5357页],可以知道,出于国内法院通常无权为立法者犯下的违法行为支付赔偿金,因而需要创设一种新的救济途径。在任何情况下,无论是否创设新的救济途径抑或既存的救济途径得以扩张,很清楚,结果会是国内法院的权力实质地扩张了。在Unibet案[No. C-432/05(2007),《欧洲法院公报》第1卷2271页,第40段]中,欧洲法院提出以下看法,有力地阐明了在何种情况下国内法院会被要求创设新的诉讼程序和救济途径:"尽管在大量的实例中,根据《欧共体条约》,个人在适当时候有权向共同体法院直接提起诉讼,其目的并不是为了在国内法院创设那些已经被国内法所规定的救济途径以外的新的救济途径,从而确保共同体法律得以遵守[(案号158/00雷威案(Rewe)para. 44):para. 41]"。不然的话,似乎从所有受到质疑的国内法律制度中可以显而易见地甚至是间接地得出,不存在这样一种能够确保在欧共体法律框架下尊重公民个体的权利的法律救济制度(参见案号33/76,雷威案,第5段;可米特案,第16段和Factortame案,第19—23段)。"

① Foglia Novello II 案, No. 244/80(1984),《欧洲法院公报》第3045页和Dorsch Consult案, No. C-54/96(1997),《欧洲法院公报》第1卷4961页。

② K. 莱纳尔茨、D. 阿特斯、I. 马瑟利斯,载于R. 布雷编:《欧盟程序法》第2版,伦敦:斯威特和马克斯维尔,2006年,第三章[K. Lenaerts, D. Arts & I. Maselis, *Procedural Law of the European Union*, ed. R Bray, 2nd edn(London:Sweet&Maxwell 2006) Ch. 3];F. 雅各布斯:"于国内法院实践欧共体权利和义务:达到平衡",载J. 伦贝和A. 比翁迪编:《违反欧共体法律的救济》,奇切斯特:威利和索斯,1997年,第25-36页[F. Jacobs QC, Enforcing Community Rights and Obligations in National Courts: Striking the Balance, in *Remedies for Breach of EC Law*, eds J. Lonbay & A. Biondi,(Chichester:Wiley & Sons, 1997), 25-36]。

③ S. 普雷考:《欧共体法中的指令》第2版,牛津:牛津大学出版社,2006年,第137页注释第37[S. Prechal, *Directives in EC Law*, 2nd(Oxford:OUP, 2006), 137n. 37],有趣地发现诸如"非歧视"或者"同化"等其他一些术语有时也会被用到。

中所适用的实体要件和程序要件必须不得有不平等待遇。第二个原则是有效性原则。这要求所设定的要件不能导致权利人实际上不可能行使共同体权利或者过于难以行使权利。欧洲法院在雷威(Rewe)①,可米特(Comet)②和圣乔治(San Giorgio)③等案件中确立了这些原则。然而,欧洲法院在圣乔治④案中还进一步认为,上述两个原则是同时适用的而不是单独适用的:这就是说,平等原则的适用显然是不足以确保国内救济措施的一致性的。

欧洲法院设定的非歧视要求不能被理解成是对那些目的为了避免任何与共同体法律相悖的重复课税的立法措施的解释,如果纳税人因为违反一国的税法而提出类似的请求时,即便这种待遇可以扩展到纳税人,实际也是不可能适用的。

可以说,有效性原则仅仅要求正确适用共同体法律,并且对共同体权利的侵犯实行充分的救济。但是,这个原则的适用并不是没有限制的。简而言之,有效性原则或者充分救济的原则也许取决于某种意义上的比例均衡,就是它必须在诸如保持法律确定性、正确实施公平性和法院审理案件有序性等考量中保持平衡。有人可能会说,在统一的规则缺失的情况下,成员国基本上仍然需要在上述各种尚未穷尽的考量因素之间做出适当的平衡。总法务官雅各布对于适用这些原则的所谓均衡性问题进行了如下的阐述:

> 一方面,国内法院需要对在该国法院受理的有关共同体权利案件提供恰当的保护,而另一方面,对成员国法律制度所确立的诉讼程序和司法独立性给予适当的尊重也的确是很重要的,为了实现适当平衡的

---

① 雷威案,No. 158/80 (1981),《欧洲法院公报》第 1805 页。
② 可米特案,No. 45/76 (1976),《欧洲法院公报》第 2043 页。
③ 圣乔治案,No. 199/82 (1983),《欧洲法院公报》第 3595 页。
④ 圣乔治案,No. 199/82 (1983),《欧洲法院公报》第 3595 页,第 17 段;委员会诉意大利案,No. 104/86 (1988),《欧洲法院公报》第 1799 页;比安科案,No. 331, 376 和 378/85 (1988),《欧洲法院公报》第 1099 页。然而,参见:埃蒂斯案,No. C-231/96 (1998),《欧洲法院公报》第 1 卷 4951 页。

需要,我一开始就建议,可以对欧洲法院的判例法加以评估①……在规范国内法院适用共同体法律的规则缺失的情况下,欧洲法院已经努力———即便并非总是很成功———进行一项艰巨的任务:在维护国内法律制度规定的诉讼程序和司法自治权与确保共同体权利的有效保护之间实现一种适当的平衡。而当主要是涉及成员国做出的选择,且只是要求公平地对待共同体的请求时,欧洲法院有时就会干预,以保证对共同体权利的司法保护标准是充分的。②

另外,按照圣乔治(San Giorgio)案,一旦被认为有效性和平等性要求中的一个或两个都无法满足的话,判例法似乎表明:国内法院因此而被限制适用国内诉讼程序。③ 欧洲法院在圣乔治案中认为:

> 一旦课税被认为是不符合共同体法律的话,法院必须得判定:……

---

① F. 雅各布斯:"于国内法院实践欧共体权利和义务:达到平衡",载 J. 伦贝和 A. 比翁迪编:《违反欧共体法律的救济》,奇切斯特:威利和索斯,1997 年,第 25 页,第 27 段[F. Jacobs QC, Enforcing Community Rights and Obligations in National Courts: Striking the Balance, in *Remedies for Breach of EC Law*, eds J. Lonbay & A. Biondi(Chichester: Wiley & Sons,1997),25 at 27];然而,相反地,参见 R. 克劳福德·史密斯之著述,载克雷格和德·布尔卡编:《欧盟法的改革》,牛津:牛津大学出版社,1999 年[R. Crauford Smith, *The Evolution of EU Law*, eds Craig & de Burca(Oxford: OUP, 1999)]。书中认为,"在学术文献中可以发现三种截然不同的对于欧洲法院判例法的阐释:首先,从要求国内法规必须取缔对于强制性权利的直接适用到要求对于有效的司法救济条款不应给予束缚,这一过程呈现出直线性的发展趋势;其次,判例法反映了对于诸如共同体法律具有最高效力等共同体基本法律原则的颇具惯常的适用;第三,欧洲法院判例法是混乱且矛盾的。也许令人吃惊的是,以上研究表明每一种态度都有解释性的价值。"

② F. 雅各布斯:"在国内法院实施共同体权利和义务:实现平衡",载 J. 伦贝和 A. 比翁迪编:《违反欧共体法律的救济》,奇切斯特:威利和索斯,1997 年,第 36 页[F. Jacobs QC, Enforcing Community Rights and Obligations in National Courts: Striking the Blance, in *Remedies for Breach of EC Law*, eds J. Lonbay & A. Biondi(Chichester: Wiley & Sons,1997), ibid.,36]。

③ F. 雅各布斯:"在国内法院实施共同体权利和义务:实现平衡",载 J. 伦贝和 A. 比翁迪编:《违反欧共体法律的救济》,奇切斯特:威利和索斯,1997 年,第 26 页[F. Jacobs QC, Enforcing Community Rights and Obligations in National Courts: Striking the Blance, in *Remedies for Breach of EC Law*, eds J. Lonbay & A. Biondi(Chichester: Wiley & Sons,1997), ibid.,26]指出:"共同体法律具有优先效力的原则———该原则被欧洲法院认为是共同体条约所固有的———要求在任何情况下,某国的国内法院必须消除基于共同体法律的诉讼主张之上的程序障碍,这一进一步的误解会合宜地得以解决。"

其他人是否已经承担了同样的税负。①

3. 欧共体法律至上②

在西蒙泰尔(Simmenthal)③案中,就欧共体法律至上原则,欧洲法院认为一个国内法院必须:

> 在其管辖的案件中全面地适用共同体法律,并保护授予个人的权利,因此,对任何可能与此相冲突的国内法规定必须不予理会。

欧洲法院进一步认为,国内法院有义务将那些阻碍至高或至上地适用共同体法律的国内规则弃之一旁,就是说:

> 如果(依据诉讼标的)有权管辖的国内法院在适用共同体法律的时候抑制这些法律的适用,将损害这些法律的有效性,那么,在适用这些法律的时候,法院就要竭尽全力将那些可能阻碍共同体规则产生全部效力和效果的国内法规定弃之一旁,否则,就不符合共同体法律的一些最核心要求。④

---

① 圣乔治案,No. 199/82(1983),《欧洲法院公报》第3595页,第14段。
② 在F. 雅各布斯:"在国内法院实施共同体权利和义务:实现平衡",载J. 伦贝和A. 比翁迪编:《违反欧共体法律的救济》,奇切斯特:威利和索斯,1997年,第26页[F. Jacobs QC, Enforcing Community Rights and Obligations in National Courts: Striking the Blance, in Remedies for Breach of EC Law, eds J. Lonbay & A. Biondi (Chichester: Wiley & Sons, 1997), op. cit. 26]中雅各布斯把这放在首位。
③ 西蒙泰尔案,No. 106/77(1978),《欧洲法院公报》第629页,第21段。
④ 西蒙泰尔案,No. 106/77(1978),《欧洲法院公报》第269页,第22段;S. 普雷考:《欧共体法中的指令》第2版,牛津:牛津大学出版社,2006年,第140－141页[S. Prechal, Directives in EC Law, 2nd edn (Oxford: OUP, 2006), 140－141]。询问第22段中"有权管辖"的意思是:"……欧洲法院所指的管辖权仅仅是指对事的管辖权。而在这一方面,正缺乏能够适用该规定的管辖权和权力。然而,很难理解,共同体法律的直接效力和至上地位或者它的充分有效或者欧洲法院在西蒙泰尔案中第16段间接地涉及的共同体条约第10条的规定,这些规则是如何为国内法院创设之前并不存在的权力的。也许,在接下来的12年中西蒙泰尔案在这个问题上依然会是一个孤立的案件,直到Factortame案的判决被公布,并再次引发类此的问题。"

8　荷兰、英国、德国民事诉讼中的知识产权执法

4. 有效司法保护的原则

这一原则第一次可能是在约翰斯顿(Johnston)案①中确立的。这个案件是冯·科尔森(Von Colson)案②之后的一个案件。这一原则看来是一个不受共同体法律规定的直接效果所影响的原则。从根本上可以说,有效司法保护原则表明:在以法治为基础的共同体背景下,每个人必须享有在法院主张其权利的可能性。③

总法务官沙普斯通在伦敦尤尼贝特博彩公司(Unibet)案④中谈到有效司法保护原则时表明了一下态度:

>　　有效司法保护原则本身反映了一个基本法律原则——该原则蕴含在各成员国共同的宪法传统中。该原则,即获得公正裁判的权利,已经载入《欧洲人权公约》第6条第(1)款,现在又通过《欧盟条约》第6条第(2)款而成为共同体法律的一个基本原则。在控制某个特定的案件时,为了审查的目的,《欧洲人权公约》第6条第(1)款暗含着进入(access)的要求,而这体现了"获得法院保护(right to a court)"的原则,因为非绝对的进入权也是该原则的一个方面。对进入的限制只有没有损害到实质性权利时,才不会和第6条第(1)款相矛盾——如果人们是在追寻合法的目的,而且在所运用的方法和所追求实现的目的之间存在着相称的合理关系的话。

---

① 约翰斯顿案,No. 222/84(1986),《欧洲法院公报》第1651页。
② 冯·科尔森案,No. 14/83(1984),《欧洲法院公报》第1891页,其中,欧洲法院认为,一个成员国必须选择一种制裁方式,以保证真正、有效的司法保护。
③ 欧洲议会诉委员会案,No. C-70/88(1990),《欧洲法院公报》第Ⅰ卷,第2041页,第6段,波洛伊斯,"关于共同体法的两个基本原则",载《法国行政法评论》,1988年,第691页[J. Boulouis 1988 A propos de deux principes generaux du droit communautaire (1988) RFDA 691]。
④ 伦敦尤尼贝特博彩公司案,No. C-432/05(2007),《欧洲法院公报》第Ⅰ卷,第2271页,第38段观点。

欧洲法院也在伦敦尤尼贝特博彩公司案①的判决中以这样的态度界定了该原则：

  根据已经解决的案例，有效司法保护的原则是共同体法律的一个基本原则，它根植于各成员国共同的宪法传统，已经载入《欧洲人权和基本自由公约》第 6 条和第 13 条中[第 222/84 号约翰斯顿(Johnston)案，1986 年《欧洲法院公报》第 1651 页第 18—19 段；第 222/86 号海伦斯(Heylens)及其他案，1987 年《欧洲法院公报》第 4097 页 14 段；第 424/99 号委员会诉奥地利案，2001 年《欧洲法院公报》第 I 卷第 9285 页第 45 段；第 50/00 号 P Union de Peuquenos Agricultores 案，2002 年《欧洲法院公报》第 1 卷第 6677 页第 39 段以及第 C‐467/01 号 Eridrand 案，2003 年《欧洲法院公报》第 1 卷第 6471 页第 61 段]，并在于 2000 年 12 月 7 日在尼斯订立的《欧盟基本权利宪章》第 47 条中再次得到确认。

5. 实体条约规则

  应该注意到，为了保护共同体法律所赋予的权利而进行国内的诉讼和救济时，对于国内法院享有的自由裁量权还存在着额外的限制。

  在某些案件中，《欧共体条约》规定的自由或者《欧共体条约》第 12 条关于禁止歧视的一般规定，连同其他条款一起，对国内诉讼程序是会有影响的。②其他会产生影响的条款是《欧共体条约》第 28 条关于货物自由流通

---

① 伦敦尤尼贝特博彩公司案，No. C‐432/05(2007)，《欧洲法院公报》第 I 卷，第 2271 页，第 37 段。

② 达非奇案(Dafeki)，No. C‐336/94(1997)，《欧洲法院公报》第 I 卷，第 6761 页；德尔柯塔数据案(Data Delecta)，No. C‐43/95(1996)，《欧洲法院公报》第 I 卷第 4661 页；Saldanha 案，No. C‐122/96(1997)，《欧洲法院公报》第 I 卷，第 5325 页和 S. 普雷考：《欧共体法中的指令》第 2 版，牛津：牛津大学出版社，2005 年，第 146 页，注释 105 [S. Prechal, *Directives in EC Law*(2nd ed, Oxford, OUP, 2005) p. 146, note 105]。

的规定,第39条①、第43条②和第49条③关于人员自由流动的规定,以及第82条关于滥用市场支配地位的规定④。

总之,如果国内的诉讼规则违反了《欧共体条约》的某一条,该规则就不能加以适用,并应作修改。但是,在大多数情形下,国内的救济和诉讼规则并不含有任何直接违反《欧共体条约》实体规则的内容。

最后,很明显,也还发现有其他会改变国内诉讼程序规则的终极渊源,就如本书中的48号指令一样的诸如此类的指令及其解释等共同体二级立法。⑤

三、司法协调下的共同体权利保护的程度和水准

根据总法务官雅各布的说法,共同体权利的保护标准或程度应该是一种足够的保护。总法务官这样认为:

> 坦率地说,这完全是另一种方式——欧洲法院除了将案件发回重审之外——在国内法中找出统一的一套根据共同体法律在国内法院进行诉讼的救济措施、诉讼程序和时间限制;相反,欧洲法院的目标必须

---

① 委员会诉德国案,No. C-24/97(1998),《欧洲法院公报》第Ⅰ卷,第2133页;Sagulo案,No. 8/77(1977),《欧洲法院公报》第1495页。
② Skanavi案,No. C-193/94(1996),《欧洲法院公报》第Ⅰ卷,第929页;Royer案,No. 48/75(1976),《欧洲法院公报》第497页;Calfa案,No. 348/96(1999),《欧洲法院公报》第Ⅰ卷,第11页;Wijsenbeek案,No. C-378/97(1999),《欧洲法院公报》第Ⅰ卷,第6207页。
③ Reiseburo Broed案,No. C-3/95(1996),《欧洲法院公报》第Ⅰ卷,第6511页;Pfeiffer Grosshandel案,No. C-255/97(1999),《欧洲法院公报》第Ⅰ卷,第2835页和van Doren案,No. C-244/00(2003),《欧洲法院公报》第Ⅰ卷,第3051页。
④ Promedia案,No. T-111/96(1998),《欧洲法院公报》第Ⅰ卷,第2937页;Conte案,No. C-221/99(2001),《欧洲法院公报》第Ⅰ卷,第9359页;Italo Fenocchio案,No. C-412(1999),《欧洲法院公报》第Ⅰ卷,第3845页。
⑤ 以及,Oceano案,No. C-240/98和C-244/98(2000),《欧洲法院公报》第Ⅰ卷,第4941页。

是一个更加有限的目标,即确保一个足够的司法保护标准。①

范杰文②的如下探讨意见也得出了同样的结论:

(ii)在缺乏共同体规则的情况下,救济的方式和程度是成员国的事情;假如依据国内法所提供的救济已经提供了足够的(不仅仅是最小的)司法保护,例如,允许个人获得的补偿是和损害这些个人权利的性质与程度相称的。

(iii)在缺乏共同体规则的情况下,提供诉讼程序以允许个人在一个法院提起救济,同样也是成员国的事情,只要这样的诉讼程序对于提供足够的保护来说不存在实质性的不可能或极度的困难(执行共同体法律的最低有效性要求),而且对待共同体的要求并没有比对待同样的国内要求存在不够有利的地方(平等或非歧视的要求)。

后两个议题意味着,上述(iii)中所界定的最低有效性要求的适用范围仅限于诉讼程序规则方面,而救济规则方面是由上述(ii)中所阐述的足够司法保护原则来管辖的。

综上,这意味着:国内诉讼规则不应该成为提供足够司法保护的障碍。

四、司法导向协调的优缺点

有人会说,理论上讲,这样一个保护共同体权利的体系,至少有一个基本的好处是:在诸如国内司法组织这样的事务中,它只包含了一个最少量的

---

① F. 雅各布斯:"在国内法院实施共同体权利和义务:实现平衡",载 J. 伦贝和 A. 比翁迪编:《违反欧共体法律的救济》,奇切斯特:威利和索斯,1997年,第32页[F. Jacobs QC, Enforcing Community Rights and Obligations in National Courts: Striking the Blance, in *Remedies for Breach of EC Law*, eds J. Lonbay & A. Biondi (Chichester: Wiley & Sons, 1997), op. cit., 32]。

② W. V. 格文:"权利,救济和程序",载《共同市场法律评论》,2000年,第503-504页[W. Van Gerven, Of Rights, Remedies and Procedure, (2000) *CMLRev* (37) 501 at pp. 503-504]。

共同体干预,因而它尊重了程序自治的理念。① 通过运用所熟悉的国内程序和救济规则,也可以为共同体法律与国内法一体化提供便利。但值得商榷的是,也有一些不利之处:国内法律制度的迥然不同和个性差异,看来会使共同体法律的有效性受到大大的影响。于是,这些程序性的差异和不同可以导致执法的不一致。而且,还会有一些可被称为宪法性薄弱环节的东西:国内法院经常控制着有效地实施共同体法律的充分能力并能保证对共同体权利的有效的司法保护,但当一个国内法院被要求对其国内的程序和救济规则做一个改变时,它显然并不拥有这样的宪法权限——尽管对这个执法方法的限制看起来是可以实现的。在这样的情形下,为了提供必要的权力,进行共同体立法,诸如一个指令,会很有作用的。② 另外,欧洲法院所发展起来的判例法本身也导致了不确定性,并进而招来了批评,一方面是批评其过度干预,另一方面是要求立法协调。③ 在某些情形下,欧洲法院正如它所做的那样,是尊重程序自治的理念的,也是倚重有效性和/或对等性原则的。但在其他一些案件中,如在约翰斯顿(Johnston)案④中,欧洲法院则求助于有效司法保护的原则。值得商榷的是,后一个原则尤其已经成为将新的救济引入国内诉讼和救济制度中的基础,并在确立国家责任原则的弗郎戈维奇(Francovich)案⑤中达到了高潮。对于欧洲法院引导的救济所带

---

① S. 普雷考:《欧共体法中的指令》第 2 版,牛津:牛津大学出版社,2005 年,第 7 章 [S. Prechal, *Directives in EC Law*, 2nd edn (Oxford: OUP, 2005) Ch. 7]。

② S. 普雷考:"欧盟司法结构中的国内法院"(S. Prechal, National Courts in EU Judicial Structures)中指出:"法理学的发展相当于对国内法院的直接授权。当有必要的时候,他们既存的权力就会得以延伸或者仅仅基于共同体法律假设一些新的权力,这些权力在国内法中并不存在,目的是为了有效地实现欧洲法院授予给他们的任务……国内法院仍然是国内法律秩序的组成部分。他们仍然从政府手中获得权力:就像已经被观察到的一样,他们权力的正式来源是国内法;同样参见 A-GLeger 在第 C-224/01 号 Kobler 案(2003)《欧洲法院公报》第 I 卷,第 10239 页,第 66 段中的观点。"

③ M. 霍斯金斯:"打破平衡:欧共体法律至上和国内程序规则",载《欧洲法律评论》,1996 年,第 365 页 [M. Hoskins, Tilting the Balance: Supremacy and National Procedural Rules, (1996) *ELRev* 365]。

④ 约翰斯顿案,No. 222/84(1986),《欧洲法院公报》第 1651 页。

⑤ 弗郎戈维奇案,No. C-6/90 和 C-90(1991),《欧洲法院公报》第 I 卷,第 5357 页。

来的国内执法的缺陷以及存在的特殊困难,杜根①做了一些浓缩和归纳:

> 欧洲法院作为一个立法机构实际上处于一个非常真实的受限制的地位。通过诉讼过程实现的法制发展会遭致几个著名的缺陷,例如:那些提交到法院去解决的特别的和难以控制的行为;法官所阐述的较抽象法律原则对每一争议的特定实际情形所产生的不可避免的影响。在欧洲法院进行诉讼的背景下,这样的缺陷进一步加重:比如,在法官全体大会上,该机构一定会用一个声音说话,以便发现法官中必然出现的不同意见之间的可接受的共识,这可能有害于清楚和/或确信的立法。由于这样一些原因,任何救济性协调的过程是否将比委托给《欧共体条约》规定的政治机构作系统性考虑来得更好,很多评论家对此表示怀疑。
>
> 确实,有人可能最后会感到一点压力来得出这样一个结论:救济性的协调(无论是基于传统的"通过法律实现一体化",还是基于一个替代性的"部门化"模式)是欧洲法院本身并不适合的一项任务。②

值得探讨的是,对于已经提到的欧洲法院判例导向的程序协调,本书中

---

① M. 杜根:《在欧洲法院的国内救济》,牛津:哈特出版社,2004 年,第 1、2、7 章和第 389 页[M. Dougan, *National Remedies before the Court of Justice* (Oxford: Hart, 2004) Chs 1,2 and 7 and p. 389],参见赞成立法的和谐:L. 内维尔布朗:"共同体权利的国内保护:协调自主权和有效性之间的关系",载 J. 伦贝和 A. 比翁迪编:《违反欧共体法律的救济》,奇切斯特:威利和索斯,1997 年,第 25 页[L Neville-Brown, National Protection of Community Rights: Reconciling Autonomy and Effectiveness, in *Remedies for Breaches of EC Law*, eds J. Lonbay & A. Biondi (Chichester: Wiley & Sons,1997), 25];R. 克劳福德·史密斯:"国内法院对于违反欧盟法的救济:法律的变化和选择",载 P. 克雷格和 G. 德·布尔卡编:《欧盟法的变革》,牛津:牛津大学出版社,1999 年[R. Craufurd Smith, Remedies for Breaches of EU Law in National Courts: Legal Variation and Selection, in *The Evolution of EU Law*, eds P. Craig & G de Burca, (Oxford: OUP,1999)];C. 希姆斯沃斯:"事物碎片化:再次解读共同体司法程序保护的协调",载《欧洲法律评论》第 22 期,1997 年,第 291 页[C. Himsworth, Things Fall Apart: The Harmonisation of Community Judicial Procedural Protection Revisited, (1997) 22 *ELRev* 291].

② M. 杜根:《在欧洲法院的国内救济》,牛津:哈特出版社,2004 年,同前[M. Dougan, *National Remedies before the Court of Justice* (Oxford: Hart,2004, op. cit)]。

的48号指令到目前为止仍在寻求协调国内程序,以避免其明显产生某种理论性的困难,尤其是要避免国内法院为有效保护共同体权利而对诉讼程序和救济措施作出某种必要修改的授权的法律基础缺乏清晰度。但是,在确立如同现有指令一样的协调程度和协调范围的确立方面,还会产生其他的困难。

五、通过共同体立法的协调

因此,考虑到欧洲法院所发展和使用的司法协调方法,特别是其存在的缺陷,现在应该是时候来考虑第二个协调的方法,就是说,转向通过形式显著的共同体立法,就如现行的指令一样。有人也许会说:但是,起码至少有三个立法形式显然可以用来协调所使用的程序规则,这就是:条例、指令和指南。值得一提的是,在《影响评估报告》[1]以及《损害赔偿诉讼白皮书》[2]中,上述三种可能的方式都加以讨论了。在这里,似乎是有可能选择通过一个指令方式来协调的——根据《欧共体条约》第249条第(3)款,指令可以要求成员国有义务来实现该指令文本所规定的目标的——因为指令具有这样一些特点:总体上,我们可以说,相比较条例而言指令是尽最大可能来尊重成员国的主权的,尤其是尊重国内立法院的地位的。[3] 因为基于目前分析的对象是第48号指令这样一个事实,目前,在这里需要强调的是利用指令来实现协调的好处。

1. 指令作为协调方法的好处

我们通常注意到,尤其从形式上以及从为确保国内程序规则能正确执

---

[1] 欧共体委员会:《影响评估报告》(职员工作文件),2008年4月,第29页[European Commission, *Impact Assessment Report* (Staff Working Document) SEC (2008) 405, 2 Apr. 2008 p. 29, n. 70]。

[2] 欧共体委员会:《关于违反欧共体反托拉斯法规的损害赔偿诉讼白皮书》,2008年4月[European Commission, *White Paper on Damages Actions for Breach of the EC Anti-Trust Rules*, COM (2008) 125, 2. Apr. 2008europa. eu. comin par]。

[3] A. 布雷克曼:《欧洲专利》第6版,科隆:海曼恩斯出版社,1997年[A. Bleckman, *Europarecht*, 6th edn (Cologne: C Heymanns Verlag, 1997) generally]。

行第48号指令而最终可能需要的变化来看,对国内程序的影响是由该指令的内容所控制的。值得探讨的是,有关民事诉讼规则,特别是在涉及知识产权执法方面,有某种程度的差异性和可变性。因此,在作出具体决定方面,最佳的执法方法似乎应该是留给国内的有关机构、法院去做,但行动的整体一致则取决于指令中的导向。普雷考(Prechal)对此的评论是:

> 有限干预的理念和指令作为一个非集权化的方法具有一个重要的共同特征:它们应该有助于在国内法律秩序的范围内顺利实现指令所期望达到的目标。同样,由于这些特征的存在,指令看起来应该与辅助性原则进行亲密合作。[1]

成员国仅仅需要在某种程度上修改或采纳法律,就是说,只是为了实现指令和作为其法律基础的《欧共体条约》规定中所设定的目的,才是有必要的。至于说一个指令对其文本中提出的目标是具有约束力的,这只是"所要达到的目标"。根据《欧共体条约》第249条作出"形式和方法"的选择则是留给成员国自己去定夺的。因此,或者至少在原则上,这个情形允许成员国通过那些与国内法律体系接近的理念或者定义的方式将共同体规则植入进去。

2. 指令作为协调方法的不足

尽管有上述好处,指令也确实存在着问题,尤其是关于其及时性、被成

---

[1] S. 普雷考:《欧共体法中的指令》第2版,牛津:牛津大学出版社,2006年,第5页[S. Prechal, *Directives in EC Law*, 2nd edn (Oxford: OUP, 2006), op. cit., 5],特别是注释27,引用《委员会关于附属原则的公告》,Bull EC 10-1992, 123-4,以及《爱丁堡指南》(*Edinburgh Guideline*), Bull EC 12-1992, 15. 参见F. 斯奈德:"欧共体法律的有效性:制度、程序、工具和技术",载于《现代法律评论》,1993年,第19卷[F. Snyder, The Effectiveness of European Community Law: Institutions, Processes, Tools and Tecniques (1993) *MLR* 19],以及D. 西蒙:共同体法律与国家措施的预先中止,RMC杂志,1997年第19卷[D. Simon, Le Droit communautaire et la suspension proviso ire des measures nationals (1997) *RMC* 19],和D. 西蒙:《欧共体指令》,巴黎:达洛兹,1997年,第11-12页[D. Simon, *La Directive europeennne* (Paris: Dalloz, 1997), 11-12]。

员国正确执行和被国内法院实施方面。① 有点自相矛盾的是，看起来，为了防止一个指令的不执行或者不充分执行而运用一致解释的原则，实际上却产生了与司法导向的协调所带来的类似的理论上的困难：就是说，为了保证在指令的表述和那些已经或者未被执行或者不当执行的国内法之间的一致性，那么，国内法院的义务的限度或者范围是什么？简而言之，一致解释的责任——甚至当基于《欧共体条约》第 249 条第（3）款和第 10 条以及欧共体法律至上原则的时候——是否足以扩张国内法院的解释权力，并因此改变其司法功能？② 对此，普雷考认为：

> 然而，也有一些迹象表明，作为一项司法功能，一致解释原则的结果也许会走向要求国内法院来尽力扩展其国内法中所考虑的边界。③ 但是，"尽可能"在这里仍然是个有趣的概念。在某种程度上，这可能要求脱离所建构的国内规则。我觉得这可能意味着国内法院要"突破"其在国内法律体制中所存在的司法功能的限制。在任何情况下，这应该被理解为在特殊的司法确定性中"受一般法律原则限制"。换句话说，尽管什么是可能、什么是不可能，基本上是由国内法院所掌控的，但他们并非完全自由，而是在操作时处于欧洲法院的控制之下——或者也许这样说更好——处于与欧洲法院进行对话的背景之下，而欧洲法院的要求将会非常之高。④

这些考量将会在对第 48 号指令执行的分析过程中受到检验。如前所

---

① W. v. 格文："欧洲的判例法：未来能否顺应过去？"，载《欧洲私法评论》，2001 年，第 343 页［W van Gerven, A Common Law for Europe: the Future Meeting the Past?, (2001) *European Review of Private Law* 343］。

② S. 普雷考：《欧共体法中的指令》第 2 版，牛津：牛津大学出版社，2006 年，第 203 页［S. Prechal, *Directives in EC Law*, 2nd edn (Oxford: OUP, 2006), ibid., 203］。

③ S. 普雷考：《欧共体法中的指令》第 2 版，牛津：牛津大学出版社，2006 年，第 203 页以及注释 110［S. Prechal, *Directives in EC Law*, 2nd edn (Oxford: OUP, 2006), ibid., 203 and n. 110］。

④ S. 普雷考：《欧共体法中的指令》第 2 版，牛津：牛津大学出版社，2006 年，第 20c 页以及第 139 条注释［S. Prechal, *Directives in EC Law*, 2nd edn (Oxford: OUP, 2006), ibid., p. 20c and n. 139］。

述,在时限内不执行指令或者不充分执行(意指部分执行或者不正确执行)指令是指令作为共同体的一个立法工具在运用时所存在的主要问题之一。我们将会看到,第2004/48号欧共体指令也并非这种情况的例外。

3. 协调的最优水平

值得探讨的是,无论是理论上还是实践上,在为实现协调而运用指令方面最困难的一个问题是确定将要建立的协调的程度,当然,还要确定所应用的标准。对此,杜根[①]认为:

> 根据《欧共体条约》为建立单一市场而固有的"公平竞争环境"法律理念,已经不可避免地让位于一个多水平管制的复杂体系,其特征是各成员国政策多元化,其目的是为了适应那些有意义的、易受损害的但又经常变化的社会利益。尽管如此,当有人试图更清楚地界定最低限度协调试图要去解决的经济共同体和社会共同体之间的关系(并由此而产生的一体化规范和差异性规范的景象之间的关系)的时候,这个概念框架就会存在限制。

有人会想到,对司法导向协调的批评之一是它本质上是特设的,由此事实上导致了通过立法来协调的需求。

普雷考认为:

> 共同体经常是一成不变地按照所谓"整体协调"的模式来逼近国内法的……于是,可能需要比较整体协调和最低限度协调。在后一种情形,成员国被允许保持并常常制定比那些为了达到一个特别的社会或公共利益而制定的共同体立法所规定的规制标准更加严格的

---

① M.杜根:"最低限度的和谐以及国内市场",载《欧共体市场法律评论》第37期,2000年,第853页,第845—855段[M. Dougan, Minimum Harmonization and the Internal Market, (2000) *CMLRev* (37) 853 at 854–855]。

标准,如果这样的额外要求是与《欧共体条约》相符的。国家权力并没有被完全剥夺:所适用的共同体立法是地板,《欧共体条约》本身是天花板,成员国可以在这两个参数之间自由地制定一个独立的内部政策。①

关于一个指令所协调的范围,普雷考进一步阐述道:

> 成员国可以做的范围也取决于所使用的协调方法。在整体协调的情形下,相关领域已经做了穷尽式的规定,成员国已经没有独立作为的空间,除非指令本身提供了这样的空间。另一方面,如果共同体已经选择最低限度的协调,成员国仍可以自由地保持或者制定更为严格的标准。但是,后者必须和其他共同体法律尤其是《欧共体条约》相符。换句话说,成员国可以以指令为地板,以《欧共体条约》自由地保持或制定国内措施。②

对由欧洲法院引领并在其判例法中证明的协调框架的理解,和可能在某个范围内对由共同体通过立法引领的协调的理解,杜根做出了一个分析。根据杜根的分析,至少在判例法中也可能在立法中,其所表明的协调的程度

---

① S. 普雷考:《欧共体法中的指令》第 2 版,牛津:牛津大学出版社,2006 年,第 177 页[S. Prechal, *Directives in EC Law*, 2nd edn (Oxford:OUP,2006), ibid., 177]。大体上,欧洲法院所推崇的非固定的方法——不仅仅专注于抽象的规则,而且关注有关于他们之间是如何协调运作的问题——导致许多程序条款被递交到欧洲法院为进一步研究,进而深入到国内程序法特质的探索中。在一些案件中,国内法院是享有一定的自主权的。在其他情况下,欧洲法院制定出了精确的指示。作为对现状以及其在某些地域固有的弱点的反应,对国内程序法进行调和也被视为一种选择。其他观点也承认,在可以获得的经过改进的救济途径中存在分歧,从统一论观点的角度,是可悲但又无法避免的。

② S. 普雷考:《欧共体法中的指令》第 2 版,牛津:牛津大学出版社,2006 年,第 44 页[S. Prechal, *Directives in EC Law*, 2nd edn (Oxford:OUP,2006), ibid., 44]。

是根据所规定的部门的不同而发生变化的。① 某些部门——明显由于其特定的行为对象以及和国内权限相关的欧共体委员会权限的范围,可能证明那些程度较高的协调是正当的:相比较于其他部门——也是由于其特定的行为对象以及和国内权限相关的欧共体委员会权限的范围,只要求有最小限度的协调。对此,杜根分析如下:

> 如今《欧共体条约》的目标既有维护多样性,又有促进一体化。共同体法律在调和这两个目标上起着有效的作用。因此,一些至关重要的监管一致性原则的思想必须是精粹的,由此假定国内救济措施和诉讼程序必然阻挠实质性的共同体目标,并假定它们之间的协调将必然代表最适当的解决方案。有的建议则反而是一个对于执法不力的"部门化路径"。无论是在实体上还是救济水平上,一致性要求是纯粹相对的,会根据共同体所处理问题的领域而发生变化。在一些部门(诸如国家援助和竞争法),一致性依然是《欧共体条约》中的一个有价值的政策目标,国内救济措施和诉讼程序规则的协调看起来也是很合乎情理的。在另一些部门(诸如环境、消费者和雇员保护)《欧共体条约》并没有显示出其包藏着要达到任何真实程度的监管一致性的雄心,辅助性原则和比例原则要求我们应该对救济的近似值采用一个相应更加限制性的解释。尽管认识到这个"部门化路径"的限制性,但它可能意在代表一些实际的立法计划,我们就可以继续强调其作为一个重要的概念工具的优势,通过这样一个工具来分析欧洲法院在国内救济和诉

---

① M. 杜根:《在欧洲法院的国内救济》,牛津:哈特出版社,2004 年,第 1、2 和 7 章,第 389 页 [M. Dougan, *National Remedies before the Court of Justice* (Oxford: Hart, 2004), op. cit., Chs 1, 2 and 7 and p. 389]。在第 390 页指出,在共同体协调立法这一问题上,采用这个部门化的手段,存在一定的难度:"虽然认识到这个'部门化手段'的局限性,在这个范围内号称象征着立法的实践蓝图,我们仍然可以强调其作为一种重要的概念性的工具的效力和力量,借此可以基于国内救济规则和程序规则去分析欧洲法院易变的判例法。"

讼规则方面的不稳定的判例法。①

我们在此运用杜根的分析时,会从相对于国内权限的欧共体委员会的权限中明白无误地发现第 48 号指令中的部门的内容,这就是:

> 无论是在实体上还是救济水平上,一致性要求是纯粹相对的,会根据共同体所处理问题的领域而发生变化……在诸如环境、消费者和雇员保护等另一些部门,《欧共体条约》并没有显示出其包藏着要达到任何真实程度的监管一致性的雄心,辅助性原则和比例原则要求我们应该对救济的近似值采用一个相应更加限制性的解释。②

杜根还认为③:

> 最低限度协调已经逐渐成为共同体条例的一个共同特征。确实,由于《单一欧洲法案》,它已经通过在《欧共体条约》本身文本中进行表述而被"制度化"……关于在形成内部市场的法律基础之下而采取的措施,以及在它们自己无法规定的更加严格的国内标准方面的措施,《欧共体条约》第 95 条甚至还包含了一个(更加有限的)最低限度协调。

因此,根据这里所运用的杜根的分析,第 48 号指令的最低限度协调可归因于其所规定的部门的类型。规定的法律部门就是由《欧共体条约》所规定和监管的,该条约总体上确立了最低限度意义上协调而可能不是全面

---

① M. 杜根:《在欧洲法院的国内救济》,牛津:哈特出版社,2004 年,第 389-390 页[M. Dougan, *National Remedies before the Court of Justice* (Oxford: Hart, 2004), ibid., 389-390]。
② M. 杜根:《在欧洲法院的国内救济》,牛津:哈特出版社,2004 年,第 133 页[M. Dougan, *National Remedies before the Court of Justice* (Oxford: Hart, 2004), ibid., 133]。
③ M. 杜根:《在欧洲法院的国内救济》,牛津:哈特出版社,2004 年,第 133 页[M. Dougan, *National Remedies before the Court of Justice* (Oxford: Hart, 2004), ibid., 133]。

协调的程度。但是,这个分析本身不能用来详细解释实际或特定的协调程度或者使实际或特定的协调程度正当化——该协调程度显然是由立法以及第48号指令所决定的,或者什么可以确实作为评估的标准来评估一个特定的部门什么是适当的协调程度或者什么时候的协调是适当的——如果确实存在适当的时候的话。

相比较而言,查莫斯[1]认为,实际上,除了或者可能替代杜根已经阐述的那些内容——当然是与由判例法所表明的欧洲法院引领的协调有关的——之外,至少有两个其他的分析因素需要被考虑。尽管查莫斯的分析原则上是直接针对欧洲法院判例导向的协调,但为了努力理解共同体引领的协调所达到的程度,尽力将其适用于通过共同体立法引领的协调,也是有用的。查莫斯认为:

第一个,管理的路径。
某种程度上,这里要注意的是所提供的监管能力。尽管这是一个

---

[1] D.查莫斯:"书评",载《公法》,2006年,第650页[D. Chalmers, Book Review (2006) *Public Law* 650]。参见R.范·登·贝格:"调控竞争或者法律的和谐?欧洲协调者指南",载A.马尔恰诺和J.M若瑟兰编:《协调经济学》,切尔腾姆:爱德华·埃尔加,2002年,第27页[R. van den Bergh, Regulatory Competition or Harmonization of Law? Guidelines for the European Regulator, in *The Economics of Harmonziation*, eds A. Marciano & J.-M Josselin, (Cheltenam: Edward Elgar 2002), at 27]。文中认为,规范竞争的经济分析会带来三种结果:第一,法律规则的多样化会产生重要的收益;第二,当立法者之间的竞争由于处理这些经济症结的立法措施面临的市场缺陷而变得无法恰当地运作:在一些法律领域,由于法律规则之间的竞争产生了重大的成本但并没有得到任何赔偿,所以,完全的立法协调仍然作为最后的救济途径而存在;第三,必须缓和政治扭曲的风险。对于规范竞争的经济分析已经上升到一个阶段,在这个阶段中,有可能循序渐进地创造完整的用以作出决策的指南,以便对法律体制之间相互竞争的成本和收益进行合理的评估。然而,范·登·贝格在第45页最终得出结论:"……考虑到在欧盟范围内目前缺乏民主……也许会产生集体抵制协调措施的反效果"。S.M.斯密茨在"如何预测将来不同的欧洲私法领域之间在统一性方面的差异?一种改革手段",载J.M若瑟兰和A.马尔恰诺编:《协调经济学》,切尔腾姆:爱德华·埃尔加,2002年,第50页[How to predict the difference in Uniformity between Different Areas of a Future European Private law? An evolution Approach, in *The Economics of Harmonziation*, eds J-M Josselin & A Marciano (Cheltenam: Edward Elgard, 2002), 50],该文第66页中总结到:"要想预测出不同领域的私法会在多大程度上演变成某一统一的体系是非常困难的。如果还有什么是确定的话……那就是无论你想走哪条路,光有一套严谨的法律思维是不够的。"

独占权限的领域,随着《欧共体条约》第18条第(3)款而产生的豁免的工作负荷,管理和执行欧共体竞争法已经被移交回国内当局,因为欧共体委员会没有能力来对付这些事情。诚然,这些要受第1/2003号条例设立的原则的指导,但是由于执法的原则、法院程序和执法文化仍然主要是国内的,不可能说不发生部分的国内回归。这个方法的其他部分包括了部门法律修正的回弹经常影响共同体法律所寻求的干预的程度。因为惯例是凌乱的,所以在公共采购法中已经设立了特别的程序。同样,在涉及种族和性别歧视的案例中证明歧视的困难,已经导致举证责任倒置的立法。杜根简单地将这些视为是对法院判决的一个回应,但不仅仅这个观点在法律上是可疑的,而且它还无法解释为什么立法机关在这些已有的程序是充分的领域还如此明确地寻求强化救济措施。①

查莫斯的第二个原则是法律整合。

有一个法律整合的拉力,推动着,尽管是零星的,一个"法律一体化"的路径。这个路径也许不是主要的,但仍然是重要的,且仍然在继续发展着。在考博乐(Koubler)案中国家责任原则的扩展,以及在普皮诺(Pupino)案中对第三个柱子的非直接后果原则,是由司法官员完成的行为,而不是欧洲法院一个机构的行为,该法院将法律一体化看作是其常规的发展,或者看作是有一个部门例外的案例。②

尽管就这里的第48号指令而言,看起来至少最初杜根的分析对于理解

---

① D.查莫斯:"书评",载《公法》,2006年,第650-651页[D. Chalmers, Book Review (2006), Public Law ibid., 650, at 651]。

② D.查莫斯:"书评",载《公法》,2006年,第650-651页[D. Chalmers, Book Review (2006), Public Law ibid., 650, at 651],科伯勒(Koebler)案,No. 224/01,《欧洲法院公报》第I卷,第10239页;蒲平诺(Pupino)案,No. C 105/03(2005),《欧洲法院公报》第I卷,第5285页。

通过立法进行协调程序的建立是有帮助的,而查莫斯的观点在其适用于这样的立法时,可能会证明更加有用。确实,从欧洲法院的一个判决结论出发,对于执法的不充分,查莫斯的方法至少看起来在某种程度上强调了一种经验主义的方法。在下面情形中,这反过来陷入了一个程序缺陷的最后结局:"部门法律修正的回弹经常影响共同体法律所寻求的干预的程度"。①在这里,就第48号指令而言,欧共体委员会看来着手介入被认为在通过国内程序规则来保护知识产权上存在一个执法空缺的这个职位。尽管存在着《与贸易有关的知识产权协定(TRIPS)》②,可以探讨的是,根据国内程序规则进行知识产权执法的部门仍然保留对"法律修正的回弹",而根据欧共体委员会,该国内知识产权执法是明显没有效果的。有人注意到,在《打击假冒和盗版绿皮书》第20页所记载的欧共体委员会咨询意见的方向是寻求知识产权非程序性执法的存在。

为了保护知识产权,权利人在面对侵权的时候,可以诉诸于国内层面的许多临时性的和永久性的法律措施和诉讼程序。受TRIPS协议的约束,尽管在所有成员国内这些措施和程序都追求同样的目标,但不同的成员国之间,实际的做法有时会有实质的差异。尽管这些措施和程序对于所有成员国来说都是共同的,但其细节在不同的成员国有明显的差异。因此有必要评价这些措施和程序在统一市场中的有效性,并考虑可以采取什么样的改进,比如对在有些成员国已经被证明是有效的措施和程序加以推广。③

于是,欧共体委员会在其裁决概要中得出了存在执法缺陷的结论,并在

---

① D. 查莫斯:"书评",载《公法》,2006年,第650－651页[D. Chalmers, Book Review (2006), *Public Law* ibid., 650, 651]。

② 与贸易有关的知识产权协议(TRIPS),世界贸易组织,www.wto.org/english/traop_e/trips_e/trips_e.htm。

③ 欧盟委员会:《单一市场中的反假冒和反盗版》,绿皮书,编号COM (98) 0569 FINAL,1998年10月22日[European Commission, Green Paper, *Combatting Counterfeiting and Piracy in the Single Market*, COM (98) 0569 FINAL, 22 Oct. 1998, www.ec.europa.eu]。

《对假冒和盗版绿皮书的反馈报告》中说明了救济措施。① 所以,查莫斯所阐述的"法律整合的拉力所推动的'法律一体化'路径……不是主要的,但仍然是重要的,且仍然在继续发展着",看起来有可能是适用的。

概要:

1. 对在《绿皮书》中所提出问题的答复所具有的最突出特征是在成员国执法机制中存在的官僚的繁复、拖延和敷衍答复现象的不满——这种景象几乎全世界都存在。

2. 第二个最显著的特征是对共同体可能采取行动并产生对国内制度的不足实施救济的方法所寄予的一种广为流传的信赖和希望——因为欧共体委员会中有一些好官僚。

29. 结论

……期望欧共体委员会与国内和诉讼程序和方法有关的当局协力采取与协调和强化有关的行动,这是很清楚的。

9.5 欧盟建议的行动的基本要点:

9.5.1 在一些案件中,通过一个组织或单位发出的很多回应,要求欧盟整合各国的执法程序,并实现稳定的法律适用。

9.5.2 但是,在全部的回应中,最重要的是要注意到有一个未表明的愿望或假设,即对于国内执法所提出的抱怨必须被提到欧盟的层面并对其采取一个共同的措施。

9.5.5 国内收集信息和采取行动的措施的多样性经常受到抱怨,并要求有一个统一的搜查和扣押程序。很清楚,这是期望欧盟采取某种行动来解决问题。这里,很清楚,抱怨减少国内收集信息和采取行动的措施的多样性又是一个非书面表达的希望——希望欧盟对此进行协调。

---

① 欧盟委员会:《反馈报告:就欧盟委员会关于假冒与盗版绿皮书的反馈的最终报告》,1999年6月7日(European Commission, *Report on Responses*: Final Report on Responses to the European Commission Green Paper on Counterfeiting and Piracy, 7 Jun. 1999),www.ec.europa.eu。

9.5.6 很清楚,所有这些建议意味着至少欧共体委员会应该着手对成员国的诉讼程序法律规则进行协调。

而且,在《绿皮书的贯彻》的概要①第一段中,欧共体委员会指出了一个由成员国引起的执法缺陷。但是,欧共体委员会提出的救济方案却非常特殊:就是说,是一个特有的协调。值得探讨的是,在类似《对绿皮书的反馈报告》第9.5.2段中所说的"有一个未表明的愿望或假设,即对于国内执法所提出的抱怨必须被提到欧盟的层面并对其采取一个共同的措施";或者在同一个文件的第9.5.6段"很清楚,所有这些建议意味着至少欧共体委员会应该着手对成员国的诉讼程序法律规则进行协调"显然来自查莫斯所说的法律整合的张力所推动的"法律一体化"。确实,有人会注意到,在《对绿皮书的反馈报告》第9.5.1段中提到一些回应明显要求整合各国的执法程序,而这应该与国内诉讼程序的协调是不同的。因此,看起来,查莫斯所说的欧洲法院判例法中的"法律一体化"路径,作为解决至少欧共体委员会视为一个执法缺陷的这样一个问题的资源,是非常有效的。欧共体委员会虽然已经认为存在一个执法缺陷并且认为总体法律领域可能一般来说是顺从的抵制者,但是,欧共体委员会看起来并没有像在第48号指令的第4条中所规定的那样,对于比如和典型诉讼这样的程序有关的协调的程度,进行积极详细的讨论。值得探讨的是,关于查莫斯所阐述的法律修正的回弹程度的观点,本应该以一种精确和辩论的方式,对于协调问题进行详细的分析。但看来欧共体委员会反而主要是依赖于"法律一体化"路径来证明不仅仅第4条中的典型诉讼而且第48号指令中各个条款的所有内容确实都是正当的。而且,相比较而言,欧共体委员会也已经积极地对第48号指令

---

① 欧盟委员会:《欧盟委员会和理事会、欧洲议会以及经济与社会委员会就贯彻关于单一市场中的反假冒和反盗版绿皮书进行的沟通》,编号 COM 2000/0789 FINAL,2000 年 4 月 17 日(European Commission, *Communication from the Commission to the Council, the Euroepan Parliament and the Economic and Social Committee; FollowUp to the Green Paper on Comabtting Counterfeiting and Piracy in the Single Market*, COM 2000/0789 FINAL 17 Apr. 2000), www.ohim.eu.int。

尤其是涉及第4条的协调水平提出了详细意见，这和与《违反欧共体反垄断规则的损害赔偿诉讼白皮书(2008)》[①]有关的《影响评估报告》所提供的方式是类似的，都是处理同样的一个典型诉讼的程序机制，欧共体委员会努力根据成本收益分析以及其他理由来证明典型诉讼的特别形式是正当的。

简而言之，假定，并不明显，欧共体委员会已经确实在上面提到的关于第48号指令的文件中首先确认并不存在执法缺陷，其次共同体主导的通过一些诸如指令之类的手段（这是由于"法律一体化"的潮流）对国内程序规则的协调的解决方案，其实际水准或程度是未经分析的：更确切地说，欧共体委员会已经确认有一个"非成文"的共同体主导的协调的愿望，于是就以下列方式来确立《绿皮书的贯彻》[②]中所说的有关协调的干预程度：

[①] 欧盟委员会：《关于违反欧盟反托拉斯规则损害赔偿诉讼的白皮书》，编号 COM(2008) 125,2008年4月2日[European Commission, *White Paper on Damages Actions for Breach of the EC Antitrust Rules* COM(2008)125,2 Apr. 2008]；欧盟委员会：《关于违反欧盟反托拉斯规则损害赔偿诉讼的工作报告》，编号 SEC (2008) 404,2008年4月2日[European Commission, *Staff Working Paper on Damages Actions for Breach of the EC Antitrust Rules* SEC (2008) 404, 2 Apr. 2008]；欧盟委员会：《影响评估报告》(工作文件)，编号 SEC (2008) 405,2008年4月2日,第78和83段,政策选择成本表一第39页和政策选择成本表二第41页[European Commission, *Impact Assessment Report* (Staff Working Document) SEC (2008) 405, 2 Apr. 2008, at paras 78 and 83 and Table of Costs of Policy Option 1, p. 39 and Table of Costs of Policy Option 2, p. 41]；外部影响研究："使得欧盟范围内的反托拉斯损害赔偿诉讼可以更加有效：福利影响以及潜在的局面"，最终报告,伊拉斯谟欧洲政策研究中心(CEPS)、鹿特丹伊拉斯谟大学(EUR)、国际社会科学自由大学(LUISS) 以及欧盟委员会竞争总署,编号(2006) AS/012,2007年12月21日[External Impact Study, Making Antitrust Damages Actions More Effective in the EU: Welfare Impact and Potential Scenarios, Final Report, CEPS,EUR and LUISS, Contract DG COMP(2006) AS/012,21 Dec. 2007].

[②] "欧盟委员会和理事会、欧洲议会以及经济与社会委员会就贯彻关于单一市场中的反假冒和反盗版绿皮书进行的沟通"，布鲁塞尔,2000年12月17日,编号 COM 2000/789[Communication from the Commission to the Council, the Euroepan Parliament and the Economic and Social Committee: Follow Up to the Green Paper on Comabtting Counterfeiting and Piracy in the Single Market, Brussels, 17Dec. 2000 COM(2000)789],www.ohim.eu.int/en/mark/aspects/pdf/c-789-00.pdf;同时参见, "欧洲议会和理事会就有关措施和程序出台相关指令以确保知识产权执法的建议"，编号 COM (2003) 46 Final ,2003年1月20日[Proposal for a Directive of the European Parliament and of the Council on Measure and Procedures to Ensure the Enforcement of Intellectual Property Rights,COM(2003) 46 Final,20 Jan. 2003].

第1段：

在1998年欧共体委员会建议有兴趣的各方通过绿皮书的方式来打击单一市场中的假冒和盗版，以判定在单一市场中的这个现象的经济重要性，从而评估所适用法律的效果并探讨提出可以提高效率的方法。这个建议确认假冒和盗版是单一市场中的多数经济和产业部门所面临的主要问题，而且欧共体委员会和欧盟总体上应该在欧盟层面采取步骤来强化和提高打击单一市场中的假冒和盗版。

值得注意的是，然后欧共体委员会继续对有关干预的程度进行了评论：①

第13段：

在这方面，欧共体委员将会提交一份关于目的在于保证顺利运行单一市场的一个指令的建议。但是，假如TRIPS协议就适用于全部成员国的知识产权执法方法提供了一个最低限度要求的方案，那么欧共体委员会在这个领域所设想的行动将只是对于这个协定的补充式改进。

这似乎看起来表明，第48号指令的协调水平已经根据TRIPS协议进行了估计，而后者已经证明在协调的程度方面是有缺陷的或者相反，是令人满意的。但是没有提到对TRIPS协议的执行所进行的一个特定检查，也没有提到更加特殊的改进有缺陷的执法的方法——这是前面提到的《沟通函》中的国内当局所进行的。如科尼什（Cornish）、德雷克塞尔（Drexl）、希尔迪

---

① "关于违反欧盟反托拉斯规则损害赔偿诉讼的委员会职员工作文件"，2008年，SEC(2008) 4040，第27页，第46条注释[The Commission Staff Working Paper on Damages Actions for Breach of the EC Antitrust Rules: SEC(2008)4040 p. 27n. 46]指出："2004年4月29日，欧洲议会和理事会关于知识产权执法的第2004/48/EC号指令(OJ 2004 L 195/16)中所采用的有关于证据的手段来源于共同体和成员国按照1994年4月15日通过的《与贸易有关的知识产权协议》第三部分规定的对世界贸易组织所承担的义务。"

(Hilty)、库尔(Kur)[1]等一些学者认为:

> 第48号指令所涉及的领域,在TRIPS中已经有很多关于该协议中所涵括的知识产权的执法的基础性规则。成员国有义务遵守这些规范,既是因为其自己作为WTO成员以及共同体内部知识产权法律制度所及范围之内,也是因为这属于共同体法律的问题以及共同体的WTO成员身份。如果欧共体委员会努力保证每一个成员国尊重这些TRIPS义务,这本身就会成为一个可以被严格检验的目标。
>
> (脚注2:难道这不是个很好的理由来要求他们提供更多的信息以搞清楚:为遵守TRIPS协议什么是必须做的以及已经做了什么?如果结果是成员国没有遵守其义务,这确实可能使共同体强化TRIPS标准的立法正当化。如果成员国确实遵守了,但是,——看来是缺少任何相反的证据的情形下——任何协调措施应该被限定在欧共体委员会认为TRIPS所设定的标准是不够的这些领域。)

因此,有人会说,按照查莫斯的分析路线,很清楚,在上述提到的咨询文件和报告中,欧共体委员努力根据在咨询过程中就已经感觉被确认的执法缺陷的观念,使其干预正当化。透过"法律一体化"的镜片,欧共体委员会决定对这种缺陷的救济很清楚是协调国内的程序规则。即便这样一个结论是正当的,但欧共体委员会在分析中还有值得探讨的一个难题:即,在TRIPS协议所提供的基本协调之外,对于第48号指令所证明的协调的程度,欧共体委员会没有对最后的实际程度和其干预的范围进行辩论和/或实证研究。更加特殊的是,在减少执法缺陷的效果方面,也没有对协调措施的类型或者其提出的范围的正当性进行特定的辩论。基于(似乎是)"法律一

---

[1] W. 科尼什、J. 德雷克斯尔、R. 希尔蒂和 A. 库尔:"实施知识产权的程序和救济:欧共体委员会建议的指令",载《欧洲知识产权评论》,2003年,第10期,第447页[W. Cornish, J. Drexl. R. Hilty & A. Kur, Procedures and Remedies for Enforcing IPRs: the European Commission's Proposed Directive, (2003) *EIPR* (10)447]。

体化"的依据,第48号指令就简单地设定了一个非积极类型和范围的最低限度的协调。因此,由于未能阐述国内当局适用TRIPS的不足所导致的国内执法的缺陷,不清楚在什么样的程度上,第48号指令所包含的最低限度协调的程度及其所确定的方式,能够被认为是在总体上和在这里的特定情形下,提供了一个比欧洲法院主导的国内程序的协调更加理性的、清晰的和可预见的基础。所以,在这里,看起来可以得出这样的结论:和欧洲法院主导的协调相对照[1],已经为第48号指令所确定的协调方式尤其是协调水平[2],并没有把已经被视为立法协调的优点传递给它,特别是在协调的性质和范围的清晰度和论证细节方面。

六、执行一个不完全协调的指令所产生的问题

(1)如前所述,把一个指令作为通过共同体立法进行协调的方法来利用所产生的主要问题之一是国内对该指令的执行,总体上来说,既有不正确

---

[1] 欧盟委员会间接且简洁地提及了似乎是确定协调水平的评价方法,参见:"影响评估报告"(工作报告),编号SEC(2008)405,2008年4月2日,第29页,第70条注释[Impact Assessment Report (Staff Working Document), SEC(2008)405, 2 Apr. 2008 at p. 29, n. 70],可能的欧盟立法工具(例如,规则、指令或者两者结合等三者之间的选择)的最佳选择最终取决于(i)委员会建议的确切内容;(ii)提案制定时的法律、经济和政治背景;(iii)在欧盟,一个公平竞争的平台在何种程度上是必要或受到青睐的。也许这个等式最有趣的部分正是最后一点考虑因素,也就是,"在欧盟,一个公平竞争的平台在何种程度上是必要或受到青睐的。"关于委员会是如何测算出这类需求度或必要性的程度或者第1、2项因素在何种程度上真正地起到了作用,委员会并没有给出指示。

[2] M. 杜根:《在欧洲法院的国内救济》,牛津:哈特出版社,2004年,第395页[M. Dougan, National Remedies before the Court of Justice (Oxford: Hart, 2004), op. cit., 395];C. 希姆斯沃斯:"事物碎片化:再次解读共同体司法程序保护的协调",载《欧洲法律评论》,1997年,第22期,第291页[C. Himsworth, Things Fall Apart: The Harmonization of Community Judicial Procedural Protection Revisited (1997) 22 ELRev 291];L. 内维尔布朗:"共同体权利的国内保护:协调自主权和有效性之间的关系",载J. 伦贝和A. 比翁迪编:《违反欧共体法律的救济》,奇切斯特:威利和索斯,1997年,第25页71段[L. Neville-Brown, National Protection of Community Rights: Reconciling Autonomy and Effectiveness, in Remedies for Breach of EC Law, eds J. Lonbay & A. Biondi (Chichester: Wiley & Sons, 1997), 25 at 71];R. 克劳福德·史密斯:"国内法院对于违反欧盟法的救济:法律的变化和选择",载P. 克雷格和G.D. 布尔卡编:《欧盟法的变革》,牛津:牛津大学出版社,1999年,第317页[R. Craufurd Smith, Remedies for Breaches of EU Law in National Courts: Legal Variation and Selection, in The Evolution of EU Law, eds P. Craig & G de Burca (Oxford: OUP, 1999), 317]。

或者不充分执行所规定义务的问题,也有根本不执行的问题:即,更一般地讲,在本书中,会根据荷兰、英国和德国的诉讼程序,对第48号指令的执行效果①通过所谓的两个参量进行考察:第一,通过在该指令所包含的条款和序言的内容中所规定的实质的和附随的义务;第二,通过某些原则,诸如司法确定性原则,全面生效原则以及首要的有效司法保护原则。这些原则用来限制国内法院就执行一个指令所规定实质义务的方式上运用其自由裁量权时所作出的判定。这些原则在每个案件中具体适用时一般会根据指令所包含的规定的性质和国内执行措施的内容而发生变化的。更为特殊的是,在第48号指令中,其所包含的指向成员国的义务,力求达到对执行知识产权法律所必须的救济、程序和措施的所谓部分协调:即,这些义务规定了一个所谓的最低限度的标准,而成员国必须在按照《欧共体条约》第249条第(3)款和第10条的规定执行第48号指令的过程中符合这个标准。就这一点而言,应该注意到,第48号指令中包含的构成最低限度保护的实质义务的范围和性质可能是不清楚的。于是,在通常采用的请示欧洲法院的方式之外,根据《欧共体条约》第234条,当国内法院为了确定实质义务的确切含义而作出解释时,诸如司法确定性、全面生效以及有效司法保护的原则可能对其是有很大帮助的。而且,看来,在第48号指令第3条中纳入有效司法保护的原则,将会非常深远地影响到对指令中所包含的实质义务的解释的范围,也当然在任何时候都会影响到国内法院的执行。这在英国的国内诉讼程序中执行第48号指令的第4条以及第10、11和13条的某些方面时,表现得非常明显。也许,为了明确第48号指令尤其是第3和第4条所包含的实质义务的范围,可能需要根据《欧共体条约》第234条去请示欧洲法院。如果按照第48号指令第3条所规定的和欧洲法院所解释的有效司法保护原则,国内对这些条款的执行将会被证明是不充分的,按照一致解释原则的要求国内法院可能会发现自己的权力有限:就是说,为了确保和第

---

① S. 普雷考:《欧共体法中的指令》第2版,牛津:牛津大学出版社,2006年,第4-5页[S. Prechal, *Directives in EC Law*, 2nd edn (Oxford:OUP,2006), op. cit., 4-5]。

48号指令的文字表述相符,可能要求国内法院对国内诉讼程序做某种改变。这个在前面已经提到过的可以被称为合宪性限制的问题,是欧洲法院主导的协调的一个特点。很清楚,最终解决困难的办法是通过请示欧洲法院来正确解释第48号指令中的实质义务及其范围。但有可能,这个问题总的来说在某种程度上可以被弱化——如果共同体已经更加清晰地规定了某些条款,比如第48号指令第4条的话。可以说,越是清楚规定的条款,就越有助于国内法院在国内执行法律时去解释第48号指令,也可以减少其因限于宪法规定的角色,在为了确保充分执行第48号指令而对国内立法作出某种改变时所产生的麻烦。总之,对实质义务的性质和范围作出清楚的规定有助于国内法院顺利完成任务,以确保第一,清楚地发挥其宪法功能,第二,尤其是在国内执行一个指令以及这里的第2004/48号指令时符合有效司法保护的原则。而在规定不清楚的情况下,由于某个实质义务的性质和范围的不确定性,可能致使现行的第48号难以维持,因为至少从一个很实际的角度来看,除了说它应该反映TRIPS协议的要求之外,它并没有为协调的程度确定现实的正当理由。

(2)有人可能会说,从那些通过第48号指令所赋予权利中获益的人进行实际执法的观点来看,这本书将考虑以下执行不力的情况:就是第48号指令完全没有被执行的情形,不管是因为成员国相信其现行立法是足够的还是因为该指令中某些条款的文字表述并不要求进行特别立法,如英国的例子;或者是这样的情形:执行第48号指令的最适当时间即2006年4月20日已经流逝,却没有能够制定特定的法律,如德国的例子①;或者是这样的情形:这种执行是不充分的——或者是因为现行的立法并不充分,或者是按照法律确定性原则经过分析表明,那些特别制定的法律也是不充分的。有人可能会认为,那些总体上可以被认为对第48号指令执行不力或不执行该指令的情况,却容易受三种救济手段的影响,这三种救济将在下面的章节中进行更为详细的讨论:第一,直接影响的原则;第二,国内立法和第48号指

---

① 委员会诉德国案,No. C-395/07,未履行第2004/48/EC号指令,www.curia.europa.eu。

令解释一致的原则;第三,没有充分执行指令或者根本不执行的国家责任。

有人认为,第48号指令对于其各种规定没有直接的影响,比如第4条,同时也没有以一种足够清晰的方式赋予权利,以便这些权利可以被受益人直接引用。这可能是由于第48号指令所赋予的权利要求成员国在执行的过程中运用其自由裁量权,以便他们在其国内的程序规则中采用自己的方式。因此,解释一致原则①和国家责任将会得到考虑,因为他们为最后的诉讼当事人提供了一种实际的救济,这些当事人可能希望将第48号指令作为保护其知识产权的诉讼的基础。

(3)简而言之,解释一致原则适用于两种情形:第一种是,国内法院必须作出一个解释,即便该指令已经被正确执行;第二种情形是,如果该指令被不充分地执行,这种不充分的执行或者是通过已有立法,或者是通过制定特别法律。而且,我们认为执行指令不正确就相当于违反了共同体法律。但是,有一些限制:其中一个限制可在国内立法的要求中找到,尤其是存在已有立法的时候,确实必须允许一个与指令语义一致的解释。总之,必须要有这样的国内立法,如果缺少这样的立法,就不可能有一致解释。而且,不管指令是否创设了权利,甚至在某个人寻求执行该指令的内容来对抗另一个个人的情形下,都可以使用解释一致的原则。在运用解释一致原则时,除了考虑国内法院的合宪性这个统一解释的限制之外,另一个限制是除了共同体法律一般原则以外的法律确定性。② 如果解释一致的原则没有用,那么,就适合求助于国家责任原则了。但是,与解释一致原则不同,在这样的情形下,指令就有必要授予权利了。如前所述,这就是第48号指令的某些条款所存在的情形。而且,我们认为,若涉及对国内程序规则产生最后的改

---

① 冯·科尔森(*Von Colson*)案,No. (1984),《欧洲法院公报》第1891页,第28段;马立森(*Marleasing*)案,No. C-106/89(1990),《欧洲法院公报》第Ⅰ卷,第4135页,同前;S. 普雷考:《欧共体法中的指令》第2版,牛津:牛津大学出版社,2005年,第4-5页[S. Prechal, *Directives in EC Law*, 2nd edn (Oxford: OUP,2005),op. cit. ,4-5],解释一致原则参见第8章,直接效力原则参见第9章。

② 柯宾修斯案(Kolpinghuis),No. 80/86(1987),《欧洲法院公报》第3996页和S. 普雷考:《欧共体法中的指令》第2版,牛津:牛津大学出版社,2005年,第203-204页[S. Prechal, *Directives in EC Law*, 2nd edn (Oxford: OUP,2005), 203-204]。

变时,解释一致原则特别和前面所述的有效司法保护原则相结合的话,能够以一种非常积极的方式进行运用。这更加是有效司法保护原则被包含在指令中的一个例子,就如这里的第 48 号指令一样。

另外,在未执行或者未正确执行一个指令导致对个人造成损失和损害的时候,如果解释一致是可能的,那么适当的救济应当是在国内法院提起一个损害赔偿诉讼,来对抗成员国违反共同体法律的行为。① 但是,如果由于未执行指令或者未正确执行指令而使原告遭受了损失或损害,在他起诉成员国之前,需要满足三个条件(在下面的章节中还会更仔细地讨论这三个条件):第一,就一个指令而言,就如同这里的第 48 号指令一样,它必须赋予个人权利。如前所述,是否赋予特定类别的个人一个特定性质的权利,这是一个指令在其特定的条款和序言中所要确定的内容。第二个必须满足的条件是,必须是足够重大和严重的违反。为了确定这个情况,国内法院可以考虑某些因素,比如一个被违反的赋予个人权利的指令(这里,指第 48 号指令)的清晰度和准确性,以及其他可能的因素:国内当局在执行中享有的裁量权的尺度,或者该损害是自愿的还是非自愿的。第三必须满足的条件是,在不执行或者不正确执行第 48 号指令与原告所遭受的损害之间,存在一个因果关系,而该因果关系是可以根据案件事实确定的。很清楚,提供这个救济,除了受所涉及的第 48 号指令规定的文字表述约束外,很大程度上取决于个案的事实,也取决于成员国不执行或不正确执行的性质——当然也是基于事实。这些条件满足后,"对于个人权利获得救济来说是必要且足够的"。②

最后,在分析荷兰、英国和德国的民事诉讼制度执行第 48 号指令的过

---

① 弗朗科维奇案,No. C-6/90 和 C-9/90 (1991),《欧洲法院公报》第 I 卷,第 5357 页,同前。特别在 37 段:"……因为,成员国要对共同体法律负责,所以,对于因违反共同体法律给予个人公民造成的损失,成员国有义务给予赔偿和补偿,这是共同体法律规定的一项原则";S. 普雷考:《欧共体法中的指令》第 2 版,牛津:牛津大学出版社,2005 年,第 203-204 页,第 10 章[S. Prechal, *Directives in EC Law*, 2nd edn (Oxford: OUP, 2005), op. cit., 203-204, generally Ch. 10]。

② 布拉瑟里·杜·佩奇案(Brasserie du Pecheur),案号 No. C-46/93 和 C-48/93 (1996),《欧洲法院公报》第 I 卷,第 1029 页,第 66 段。

程中,在执行有缺陷的情况下,要充分考虑最有可能提供给最后的诉讼当事人的救济的形式:就这一点而言,解释一致的理念和国家责任的原则将会被首先考虑和适用于英国执行第 48 号指令的环境,以及英国和德国执行第 48 号指令的环境。

(4)总结一下,我们认为,第 48 号指令的执行至少在英国法中表明在利用一点共同体立法提供部分协调时是有一些困难的,该立法的最积极的监管原则是有效司法保护原则。普雷考认为:

> 对指令不满的主要原因可能是其不再有一个理念性的东西。毫无疑问也是有更务实的考虑(文中脚注 15:特别是与及时正确的执行有关的问题)来替代他们的建议的……在涉及其实施时所遭遇的问题,尤其是其在国内法院的执行已经有了一系列令人印象深刻的出版物。
>
> 如前所述,在国内执行层面所遭遇的某些问题,特别是英国的规则,似乎已经通过第 48 号指令中所包含的实质义务的规定,而大大地减少了。

(5)执行第 48 号指令的非比较分析

最后,对于第 48 号指令在荷兰、英国和德国国内诉讼体制中的执行方式,并没有试图去做一个比较法研究。比较诉讼法学的研究参数不同于对一个指令的分析,在国内程序中,指令是受共同体法律原则约束的。就此而言,举例来说,至少根据朱克曼[①]的一些分析,比较诉讼法的一些重要原则

---

① A. 朱克曼:"公平危机:民事诉讼程序的相对特点",载 A. 朱克曼编:《民事司法危机》,牛津:牛津大学出版社,1999 年,第 3 页[A. Zuckerman, Justice in Crisis: Comparative Dimensions of Civil Procedure, in *Civil Justice in Crisis*, eds A. Zuckerman (Oxford:OUP,1999), at p. 3]。同时参见 C. 凡·里(编):《民事诉讼程序的欧洲传统》,安特卫普:因特桑提亚,2005 年,第 5 页[C. van Rhee (ed) *European Traditions in Civil Procedure*(Antwerp: Intersentia,2005), 5],对他而言,诉讼程序的目标就是为了证实不同国家诉讼程序体制的"本质和根本的原则"。在 D. 德怀尔对 C. 凡·里所编《民事诉讼程序中的欧洲惯例》(安特卫普:因特桑提亚,2005 年)的"书评"一文,载《现代法律评

和目标可以按照以下方式贯穿起来:

> 所有诉讼制度都追求公正……显然,不同的诉讼制度采用不同的方法来实现这个目标。不管不同制度之间的差异是小还是大,必然要求进行一个比较……但如同任何其他方式的评估,这也需要一些参数,一些我们可以衡量和比较的共同点。

可以说,公正具有三个可以衡量的维度。朱克曼接着确立了这些维度,第一,裁决公正:就是在所有诉讼制度中做得公正包含着最后作出的裁决"使诉讼中的当事人都得到公正对待"。① 其他两个维度包括:所花时间和费用。

简而言之:

> 只问该制度是否产生正确的判决是不够的。我们也得问多长时间可以作出判决,因为如果一个判决太迟就会导致对公正的背叛,尽管它针对客观的事实正确地适用了法律。费用对于评估诉讼制度也是有关

(接上页)

论》2007 年第 342－344 页 [D. Dwyer, Book Review, (2007) *MLR* 342 at 344],他问道,为什么应该试图来明确有关原则,例如,规范方式:"我们到底是在寻找可以协调并最终取代成员国诉讼程序体制的东西,还是仅仅是能够弥补跨国纠纷中存在差距的制度。从欧盟法的角度,假如适用辅助性原则(《欧共体条约》第 5 条),那么这类原则并不当然被期望适用于每个民事案件,也许仅仅适用于那些涉及的国内法律条款是不恰当的或不适合的案件。这有点类似于在中世纪和现代早期欧洲民法中存在的普通法。然而,从《欧洲人权公约》第 6 章中的观点出发,我们会寻找能够普遍适用的基本的原则,把他们与国内法律条款做比较"。另外,在第 344 页,德怀尔提出,如果目标是解释性的或者是机能主义的,那么被使用的分析方法应该是什么? 是用凡·里的历史的方法,或者是在达马斯卡:《正义的威严》,新黑文,耶鲁大学出版社,1986 年 [Damaska, *Faces of Justice*, (New Haven:Yale University Press, 1986)]中用到的描述方法,并提出"不同的程序体制如何寻求实现他们的目标"。

① A. 朱克曼:"公平危机:民事诉讼程序的相对特点",载 A. 朱克曼编:《民事司法危机》,牛津:牛津大学出版社,1999 年,第 3 页[A. Zuckerman, Justice in Crisis: Comparative Dimensions of Civil Procedure, in *Civil Justice in Crisis*, eds A. Zuckerman (Oxford:OUP,1999), ibid., at p.3]。

的。该制度可用的资源将影响其公正裁决在全球的水平,费用将影响公正的实现,高昂的诉讼费用可以使富有的诉讼当事人获取诉讼中的便利来对抗其对手。

我们认为,对国内诉讼程序中执行一个指令的审查不同于对国内诉讼程序的比较分析,该国内诉讼程序是受共同体法律原则约束的,这些原则是与指令的内容有关的,该指令是处理国内诉讼程序的部分协调的。然而,我们认为,总体上,注意到这些,这可能是有用的:一方面是某些原则的再生,这些原则不寻求确立其性质或范围的特性,就如同他们和共同体法律原则一起存在于第 48 号指令内容中一样;另一方面是朱克曼所阐述的,即为了比较分析国内诉讼程序而建立的参数。在此,我们尤其注意那些费用的问题以及他们与根据共同体法律在第 48 号指令中表达的有效司法保护原则的关系,并注意至少是朱克曼所阐述的费用概念以及其对实现公正的影响,还有什么是他所定义的公正裁决。如果没有其他的了,这个明显的巧合可能证明对与第 48 号指令中的费用有关的某些可能特别重要的实质义务的更为细致审查的正当性。在那个可能的趋同之外,至少在这一点上看不出有这个可能:即那些存在于上述民事诉讼比较分析中的原则和对国内执行一个指令(就如同这里的知识产权执法和共同体法律监管一样,那个指令包含了上述民事诉讼程序的部分协调的全部特定内容)的审查之间,具有更加密切的联系。① 我们认为,仍然需要用一个上面讨论过的辩论和详细的方式,来解决如何确定一个指令的协调的程度是适当和充分的问题。因此,就荷兰、英国和德国国内诉讼程序中执行第 48 号指令的分析,已经以一种自治的方式进行:即,对于每一个国内诉讼制度,只考虑其和该指令本身有关的,以便更加清楚地确定在多大程度上该执行是充分的。可

---

① D. 德怀尔:"书评:C. H. 凡·里(编)《民事诉讼程序的欧洲传统》(安特卫普:因特桑提亚,2005 年)",载《现代法律评论》,2007 年,第 342－345 页,同前[D. Dwyer, Book Review:C H van Rhee (ed) *European Traditions in Civil Procedure* (Antwerp:Intersentia, 2005) (2007) *MLR* 342－345, op. cit]。

以说,任何试图对国内执行的方法或者其可能具有的充分或不充分程度进行的比较,将使得这三个国家中与第48号指令有关的制度的主要特点变得模糊。

第一章 指令的义务和结构

第一节 介绍

在分析第 48 号指令文本之前,有必要总体上考虑一下一个指令的内容应该是什么。特别是,根据《欧共体条约》第 249 条第(3)款,一个指令设定了实现某个结果的目标。对于这个义务的性质,至少要从两个方面来考察:一个是实质义务,另一个是附随义务。

一、实质义务

实质义务(有时被认为是核心义务)确定了一个指令的范围和目的,为了确保其正确执行,有必要服从并实现其范围和目的。即,实质义务可能常常规定成员国必须做到的法律的和/或实际的情形,以确保正确执行一个指令。而且,一个指令的实质义务或者核心规则可能既涉及实体法,也涉及程序法。除了第 48 号指令之外,另一些涉及程序规则指令的例子是欧洲经济共同体第 91/263 号指令,该指令是处理电信终端设备并规定统一评估程序的,以及欧共体第 98/27 号指令,该指令是关于保护消费者权益的禁令的。实际上,当至少为了执行的目的,该实质义务涉及实体法而不是程序法时,这些指令看起来并没有什么不同。就是说,和实体法有关的指令与和程序性内容有关的指令一样,都应该被有效地执行。一个指令实体部分的义务既针对成员国,也针对那些会牵涉到该指令执行的个人[①],这与总体上被认

[①] S. 普雷考:《欧共体法中的指令》第 2 版,牛津:牛津大学出版社,2005 年,第 42 - 43 页[S. Prechal, *Directives in EC Law*, 2nd edn (Oxford:OUP,2005), op cit. ,42 - 43]。

为是共同体的一个法律工具的指令只是面向成员国的事实截然相反。一个指令也可以包含提供成员国行使自由裁量权的规定,允许他们因而背离其内容,[①]或者给他们自己解释某些概念的权力。[②] 对此,可以看到,第 48 号指令第 4 条包含了下列表述:

4(a)"……根据适用的法律……"
4(b)—(d)"……至于适用的法律所允许的以及根据适用的法律……"

看来,第 4 条(a)—(d)中的表述可能可以被解释为有点类似于"不有损于成员国的权利"的表述方式,即,第 48 号指令授权成员国在决定什么是可能构成一个程序权利的方式时有行使其自由裁量权的可能。总之,根据这个解释,成员国方面没有义务把国内诉讼程序规则中所没有的那些内容制定为国内法。但是,我们认为,同样,按照欧共体委员会诉英国[③]一案,成员国必须以与指令的实质义务和共同体法律及其原则都相符的方式来行使其自由裁量权。在上述案件中,欧洲法院认为,英国没有规定要指定员工代表,这已经违反了欧共体第 77/187 号指令所规定的义务。英国立法中没有包含指定员工代表的机制。而且,英国用这样的话辩解说,"按照法律规定和成员国实践……"该指令把成员国规定这种代表的义务,限定于这种规定已经存在于国内立法中的那些情形。因此,按照这个解释,该指令没有对英国设定要指定这种代表的义务。欧洲法院基于两个理由驳斥了这

---

① 以下表述也许已经暗示了这一可能性,如"并不阻止成员国……或者该指令'对于成员国的权利没有影响',以及'成员国可以'或给出他们自己的解释",参见 S. 普雷考:《欧共体法中的指令》第 2 版,牛津:牛津大学出版社,2005 年,第 42 - 43 页之第 43 页[S. Prechal,*Directives in EC Law*,2nd edn(Oxford:OUP,2005),42 - 43 at 43]。
② 第 77/38/EEC 号指令第 20(4)条,或者 1974 年第 74/652/EEC 号指令第 2 条(陆路客运公司)[Directive 77/38/EEC Art. 20(4),or Art. 2 of Directive 74/652/EEC(road passenger transport operators)(1974)]。
③ 欧盟委员会诉英国案,No. 382/92(1982),《欧洲法院公报》第 2601 页[*Commission v. UK*,案号 No. 382/92(1982) ECR 2601]。

种对义务的范围所作的限制性解释:首先,这将使该指令尤其是其第6条丧失其"全部效力";①简而言之,共同体立法机关的目的并不是因此允许不同的国内法律体系接受不指定员工代表的情形发生,因为这样的指定对于确保符合该指令第6条的义务来说是必须的;②其次,欧洲法院认为,如果一个国内立法有可能阻碍该指令无条件保障的员工保护,就会违反共同体法律。③

根据这样的说理思路(这样就只有一个解释方法),对第48号指令第4条的有效执行,看来成员国要按照其字面意思尤其是其"……应该承认……"的表述,结合序言第17段,"个人有权利要求采取这些措施……应该是那些带有直接利益的……"来确保:这样一个程序性权利的地位是被有效地执行的,如果该适当程序的建立是必要的话;第二,有效司法保护原则可能要求确保第4条所规定的四类主体具有向法院起诉的法律资格,尤其是在那些不存在代表性诉讼的国家以及拒绝赋予(c)类和(d)类这种资格的国家。

此外,一个指令和其所包含的实质义务的范围存在密切关系,其所代表的协调方法就可能影响成员国所用的执行方法。就此而言,值得注意的是,第48号指令是在为内部市场进行的程序协调的背景下制定的。因此,全部或彻底的协调可能很好地排除成员国的独立行为,这不同于最低限度的协调,比如,在第48号指令中,就为成员国保留了制定更严厉措施的可能。我们认为,第48号指令第2条所规定的范围就是为了确保最低

---

① 欧盟委员会诉英国案,No. 382/92(1982),《欧洲法院公报》第2601页,第17段[Commission v. UK,案号 No. 382/92(1982) ECR 2601, ibid., at para. 17]。"英国提出的解释将允许成员国决定一些案件,在该类案件中职员代表能够被通知和联系,因为仅仅当员工代表的任命是由国内法决定时,他们才能得到通知和联系。这样,使得成员国可以废除指令第6章的全部效力。"

② 欧盟委员会诉英国案,No. 382/92(1982),《欧洲法院公报》第2601页,第18段[Commission v. UK,案号 No. 382/92(1982) ECR 2601, ibid., at para. 18]。

③ 欧盟委员会诉英国案,No. 382/92(1982),《欧洲法院公报》第2601页,第18段[Commission v. UK,案号 No. 382/92(1982) ECR 2601, ibid., at para. 18]。

限度的协调。①

无损于共同体或国内立法所规定的方法,如果这些方法对于权利人更有帮助……

但是,这个自由裁量权的行使必须和共同体法律②尤其是《欧共体条约》的各个要求③相符合,也要求与指令本身的内容相一致④。总之,我们认

---

① M. 杜根:"最低限度的协调和内部市场",载《共同市场法律评论》,2000 年,第 37 期,第 853 页[M. Dougan, Minimum Harmonization and the Internal Market, *CMLRev* 37(2000):853];F. 德·切科:"挪腾空间? 最低限度的协调和根本权利",载《共同市场法律评论》,2006 年,第 43 期,第 9 页[F. de Cecco, Room to Move? Minimum Harmonization and Fundamental Rights, *CMLRev* 43(2006):9];C. 霍奇斯:"欧洲民事审判的美国化",社会法律研究中心,牛津(C. Hodges, The Americanization of European Civil Justice, Centre for Socio-Legal Studies, Oxford, www. european justiceforum. org。相反的观点,参见:R. 卡根:"质疑欧洲法的美国化",美国政治科学协会欧洲政治与社会部的新闻简讯,2007 年秋冬卷,第 6 卷,第 1 期(R. Kagan, Questioning the "Americanization" of European Law, Newsletter of the European Politics and Society Section of the American Political Science Association, Fall-Winter 2007, Vol. 6 No. 1), www. apsant. org/nep/newsletteropsa;_v6_no1。C. 霍奇斯:"民事审判的欧洲化:趋势和主题",载《民事司法季刊》,2007 年,第 26 期,第 96 - 123 页[C. Hodges, The Europeanisation of Civil Justice: Trends and Issues, *Civil Justice Quarterly* 26 (2007):96 - 123]。

② 例如,有效司法保护原则,参见第二章。

③ S. 普雷考:《欧共体法中的指令》第 2 版,牛津:牛津大学出版社,2005 年,第 146 页[S. Prechal, *Directives in EC Law*, 2nd edn(Oxford:OUP, 2005), op. cit., 146]。M. 杜根:《在欧洲法院的国内救济》,牛津:哈特出版社,2004 年,第一章[M. Dougan, *National Remedies before the Court of Justice*(Oxford: Hart, 2004), op. cit., Ch. 1]。

④ 克雷莫宁(Cremonin)案, No. 815/79(1980),《欧洲法院公报》第 3583 页,第 6 段; VNO 案, No. 51/76(1977),《欧洲法院公报》第 113 页;委员会诉爱尔兰(Commission v. Ireland)案, No. 415/85(1988),《欧洲法院公报》第 3097 页和克拉耶维特(Kraaijevelt)案, C - 72/95(1996),《欧洲法院公报》第 I 卷,第 5403 页;格米特·爱蒙(Gemeente Emmen)案, No. C - 468/93(1996),《欧洲法院公报》第 I 卷,第 1721 页;F. de 切科:"变化的空间? 最低限度的协调和根本权利",载《共同市场法律评论》,2006 年,第 43 期,第 9 页[F. de Cecco, Room to Move? Minimum Harmonization and Fundamental Rights, *CMLRev* 43 (2006):9]。在第 29 页,用下列话语描述了在最低限度协调的情况下对于国内自主权的控制:"通过这几页的分析得出的结论是:在运用来源于最低限度的协调条款的自由裁量权时,解释一致的原则适用于灵活的立法,而且共同体的概念对国内的立法机关具有约束力。同时,也可以确认:把能够改善指令的最低标准的措施吸收到更为严格的国内立法中,将会导致后者在共同体法律制度下可以进行自动审查的。至于可以分割的更为严格的立法问题,依据《欧共体条约》第 10 条,国内法院所承担的职责不允许得出这些总是超出了共同体法律普遍原则的适用范围的结论。"

为,《欧共体条约》第 249 条第(3)款要求成员国实现的结果的内容,即执行措施的形式,是由指令所包含的实质义务的内容所决定的。第 48 号指令所包含的实质义务将在第三章详细分析。

二、附随义务

那些没有实现实质义务或核心义务的功能的义务,可以被认为是附随义务,很清楚,它们的功能是不同的。这种义务可能包含下面第 48 号指令所列举的功能:

(1)执行指令的期限:第 20 条第(1)款规定:"成员国应该在 2006 年 4 月 29 日之前实施为履行本指令所必须的法律、条例和行政规定。"

(2)成员国制定为履行第 48 号指令所必须的法律、条例和/或行政规定。成员国履行这样的义务可以被视为履行《欧共体条约》第 249 条第(3)款所规定的义务以及更为普通的《欧共体条约》第 10 条所规定的义务。第 48 号指令第 20 条第(1)款规定:"成员国应该在 2006 年 4 月 29 日之前实施为履行本指令所必须的法律、条例和行政规定。"

(3)将其为履行有关指令所制定的措施告知欧共体委员会。履行这样的义务可能是《欧共体条约》第 10 条所要求的。同样,该义务还要求成员国将执行措施的文本提交给欧共体委员会,以便对为执行所制定的国内措施的一致性进行监管。

就此而言,第 20 条第(1)款规定:"成员国应该将其所制定的本指令管辖领域的国内法律规定的文本提交给欧共体委员会。"

(4)将成员国根据所赋予的自由裁量权而制定的措施告知欧共体委员会或者和欧共体委员会磋商。对此,第 48 号指令第 18 条规定:"在第 20 条第(1)款所确定日期三年后,每一成员国应该就本指令的执行向欧共体委员会提交一份报告。"第 20 条规定:"他们应该立即告知欧共体委员会"。

(5)成员国之间或者成员国和欧共体委员会之间的合作或磋商以及交换信息。

对此,第 19 条规定:"为了促进成员国之间或者成员国和欧共体委员会之间的合作包括交换信息的目的,每一成员国应该指定一个或者一个以上国内代表来回应与本指令所规定措施的执行有关的任何问题,并应该将该国内代表的具体情况告知其他成员国和欧共体委员会。"

(6)成员国为欧共体委员会的评价承担对执行的评估研究。第 18 条第(1)款规定:"在第 20 条第(1)款所确定日期三年后,每一成员国应该就本指令的执行向欧共体委员会提交一份报告。根据这些报告,欧共体委员会应该起草一份关于本指令适用情况的报告,包括对所采取措施的效果的评估,以及其对创新和信息社会发展的影响的评价。"

(7)成员国就执行和适用指令的情况向欧共体委员会提交定期报告。特别是,第 17 条(b)项要求成员国这样去做:"成员国应该鼓励(b)向欧共体委员会提交国内或共同体层面的行为准则的草案,以及任何对这些行为准则的适用所进行的评价。"如前所述,第 20 条第(1)款要求成员国将其为履行第 48 号指令所制定的国内法律告知欧共体委员会。

可以说,这些附随义务的主要目的是允许欧共体委员会控制成员国对其享有的执行方面的自由裁量权的运用。因此,欧共体委员会根据《欧共体条约》第 211 条的规定通过其监管权力来干预执行的进程。所以,很清楚,不履行附随义务也会违反《欧共体条约》第 249 条第(3)款。总之,实质义务和附随义务一起构成了一个义务整体,这些义务构成了成员国执行和适用一个指令所要实现的目标。

三、根据第 249 条第(3)款为实现某个结果而设定的义务的范围

最后,根据《欧共体条约》第 249 条第(3)款规定的实现的结果这个概念的范围,不仅仅包括执行实质义务和附随义务,也包括适用被执行的指令。事实上,一个义务存在于成员国中,以确保被执行的指令被全面和有效地适用。这要求一个指令及其实质义务和附随义务在实践中被适用和执行。默滕·德·威尔玛斯(Mertens de Wilmars)认为:

该指令暗示了……成员国负有基于共同体目标而监督国家立法有效实施的义务。

确实，在冯·科尔森(von Colson)一案[①]中，欧洲法院认为，《欧共体条约》第249条第(3)款要求成员国采取所有对于确保指令的规定完全有效来说是必要的措施。最后，根据范·德·塔斯(van der Tas)一案[②]，一个指令的有效执行包括达到实际效果是成员国必须尽到的义务。基于此，欧共体委员会也可能实施违法的程序而导致一个指令的执行是没有效果的。[③]

第二节 执行

一、执行的结构

在讨论欧共体第2004/48号指令(简称第48号指令)在荷兰、英国和德国民事诉讼程序中的执行之前，有必要简短地总体上讨论一下一个指令执行过程的一些问题。考虑到《欧共体条约》第249条第(3)款在执行一个指令的以下两个方面存在分歧：一方面，执行措施的实际内容是由指令本身的文字所决定的；另一方面，执行的形式和方法是由成员国设定的，在此过程

---

① 冯·科尔森案，No. 14/83(1984)，《欧洲法院公报》第1891页，同前；和马歇尔Ⅱ案，No. C-271/91(1993)，《欧洲法院公报》第Ⅰ卷，第4367页。
② 范·德·塔斯案，No. C-143/91(1992)，《欧洲法院公报》第Ⅰ卷，第5045页。
③ 委员会诉德国案，No. C-361/88(1991)，《欧洲法院公报》第Ⅰ卷，第2567页；委员会诉比利时案，No. C-42/89(1990)，《欧洲法院公报》第Ⅰ卷，第2821页。

中成员国运用了其享有的自由裁量权。① 一旦一个指令对成员国设定了实现某个结果的义务,成员国采取的措施必须确保该指令全面有效以实现其所追求的目标。② 这意味着,《欧共体条约》第 249 条第(3)款所规定的义务比一个指令的实际文本以及将该文本转化为国内法走得更远。它对执法措施的性质设定了某些要求,而且,它要求这些措施在实践中应以一种有效的方式去适用和执行。但是,实际上,成员国在执行指令的方式和方法方面对自由裁量权的运用,除了指令本身内容之外,还受限于某些原则。这样,根据,欧共体委员会诉德国案③,一个指令的执行必须:

> 保证国内当局会实际上全面适用指令,并且,如果该指令意欲为个人的(他们的)法律地位创设权利……是足够准确和清楚的,有关当事人是很清楚其权利的,并且如果合适的话,有可能依靠他们在国内法院起诉。

---

① 莫滕斯·德·威尔玛:"共同体法律与国内法链接系统的反思",载达洛兹编:《欧洲和法律:让·布路易纪念文集》,巴黎:达洛兹,1991 年,第 393 页[J. Mertens de Wilmars, Reflexion sur le systeme d'articulation du droit communautaire et du droit national, in *L'Europe et le droit*: *Melanges en hommage a Jean Boulouis*,(Paris:Dalloz(Ed),1991),at 393];冯·科尔森案,No. 14/83(1984),《欧洲法院公报》第 1891 页;以及 C. 佐尼斯基:欧盟指令的方法转换:以著作权和邻接权的一项研究为例,私法博士论文,答辩日期:2005 年 12 月 9 日,巴黎阿萨斯大学,第 9 页[C. Zoylniski, Methode de transposition des directives communautaires: etude a partir de l'exemple du droit d'auteur et des droits voisins (*Doctoral Thesis in Private Law*, Date of Thesis Defence: 9 Dec. 2005, Universite de Paris-Assas) at 9],参考了共同体法和国家法条文之间的关系,人们了解了该指令条文的含义。根据《欧共体条约》第 249 条的规定,各成员国当局和专家都应领会和了解该条文的形式和方法和其要达到的结果。从《欧共体条约》第 249 条来看,一般它总是阻碍章程的实施。……该条文对各成员国来说,都是直接适用的。['La directive se definit par reference a l'articulation entre le droit communautaire et le droit national. Selon l'article 249EC' la directive lie tout Etat member destinataire quant au resultat a atteindre, tout en laissant aux instances nationals la competence quant a la forme et aux moyens'. Elles'oppose au reglement qui toujours selon l'article 249 CE 'a une porte generale', 'est obligatoire dans tous ses elements et[……]. directement applicable dans tout Etat membre']。参见 D. 西蒙:《欧共体指令》,巴黎:达洛兹,1997 年(D. Simon, *La directive europeenne*, Dalloz, 1997)。

② 冯·科尔森案,No. 14/83(1984),《欧洲法院公报》第 1891 页,第 15 段。

③ 委员会诉德国案,No. 29/84(1985),《欧洲法院公报》第 1661 页,第 11 段。

而且,为了执行的目的,一个指令的规定是否与实体法有关,或者他们是否和程序法的协调有关,看来并没有什么区别。① 在一个指令包含两方面内容的情形,该指令必须被全面纳入国内法中。我们认为,关于第48号指令的执行,在执行其对国内民事诉讼程序的部分协调的有关内容时,这种执行的方式是和其内容包含在实体法协调的方式是一样的。可以说,一个指令的执行,尤其是欧共体第2004/48号指令的实施,涉及到很多基本原则②,这些原则是用来限制或控制成员国在执行指令方面总体上享有的自由裁量权的程度的。这些原则包括:(1)法律确定性,(2)全面有效③和(3)有效的司法或法律保护④。这些原则反过来可以说影响了执行

---

① 委员会诉德国案,No. 131/88(1991),《欧洲法院公报》第 I 卷,第 825 页,第 61 段。
② 有人指出,指令用词本身会通过它的细节表述来限制成员国在执行方面的自由裁量权。参见 S. 普雷考:《欧共体法中的指令》第 2 版,牛津:牛津大学出版社,2005 年,第 74 页[S. Prechal, *Directives in EC Law*, 2nd edn(Oxford:OUP,2005), op. cit.,74]。
③ 委员会诉英国案,No. C-340/96(1999),《欧洲法院公报》第 I 卷,第 2023 页。
④ 委员会诉德国案,No. 29/84(1985),《欧洲法院公报》第 1661 页;委员会诉瑞典案,No. C-478/99(2002),《欧洲法院公报》第 I 卷,第 4147 页;D. 柯廷:"个体权利司法保护的有效性",载《共同市场法律评论》,1990 年,第 709 号[D. Curtin, The Effectiveness of Judicial Protection of Individual Rights, *CMLRev* 09(1990)];M. 罗斯:"超越宪法比例原则的欧洲法律秩序的有效性",载《共同市场法律评论》,2006 年,第 31 期,第 476 页[M. Ross, Effectiveness in the European Legal Order Beyond Supremacy to Constitutional Proportionality, *ELRev* 31(2006):476],赋予了《基本权利宪章》法律效力,并被欧共体所有成员国所采纳(但在 2008 年 6 月 13 日被爱尔兰拒绝了)的《里斯本条约》第 6 章将会在 2009 年 1 月 1 日生效;这样,根据该条约第 51 条,欧盟有关机构和成员国在执行欧盟法律时,对于英国和波兰而言,要根据《欧盟基本权利宪章适用于波兰和英国的议定书》第 1 和 2 条来适用。那也就意味着,这些条款防止《宪章》扩张任何英国或欧洲法院的权力来抑制英国国内立法并避免创设新的司法权力。然而,参见英国下议院议员 D. 格里夫关于扩张的欧共体法院最终判决的范围(该判决涉及《宪章》以及受到限制的《议定书》的最终有效性)和司法大臣在议会的反驳答复,它们都见之于下议院 2008 年 2 月 5 日的《每日议事录·争论》中。对于扩张的欧共体法院判决的关注,在由 S. 道格拉斯-斯科特(S. Douglas-Scott)提出的写给上议院宪法特别委员会(2002—2003 年任期)的备忘录中,2003 年 12 月 15 日出版,第 7 段。"但是仍然可以想象欧洲欧共体法院也许会用其自己的方式把一些原则转变成直接的有效权利……""问题仍旧是那些改变欧盟法的成员国是什么意思。"www.publications.parliament.uk/pa/con/conhansard.htm。V. 米勒和 C. 泰勒:《对于欧盟条约的修正案》,下议院研究报告,编号 08/09,2008 年 1 月 24 日(V. Miller& C. Taylor, *Amendments to the Treaty on European Union*, House of Commons Research Paper,08/09,24 Jan. 2008)。S. 道格拉斯-斯科特:"权利宪章",载《欧洲人权法律评论》,2004 年,第 1 卷,第 9 期,第 37 页[S. Douglas-Scott, The Charter of Rights,(2004) *EHRLR*(9)1,37]。与先前的看法一致,他认为,通过司法解释,欧共体法院可以提升该宪章影响成员国的能力;R. 戴维斯:"约束:联盟新的权利法案",

过程的下列方面:第一个包含一些与所采用的着眼于执行的措施的内容有关的要求;第二个与关于执行措施性质的要求有关;第三个与其有效适用有关。有必要在这样一些方面(执行措施的内容、执行措施的性质及其有效的适用),更仔细地考虑上面提到的控制执行过程的三个原则(法律确定性、全面有效和有效司法保护)的性质。正如已经阐述的那样,这些原则适用于一个指令的执行,不管其内容是否包含实体法或者程序法的协调。

二、法律确定性

法律确定性的原则必须得到尊重,特别是涉及一个指令是关于权利的创设时。那就是,执行措施的内容必须是清楚和准确的,特别是当一个指令的目标还是为个人创设权利的时候。①含糊或者不确定的规定显然会导致国内法院对一个指令的错误适用,由此会使权利保护的好处丧失殆尽。总之,为了有助于确保国内法院正确地适用指令,法律的确定性和清晰性是很有必要的。也许,为了确保充分执行指令,有必要制定特别的法律,但是,也有可能存在已有法律已经能确保充分执行一个指令,只要能以一种清楚和

(接上页)

载《欧洲人权法律评论》,2005 年,第 449 页[R. Davies, A Brake: The Union's New Bill of Rights,(2005) *EHRLR* 449]。参见相反意见:L. 歌德史密斯勋爵:"权利宪章",载《欧洲人权法律评论》,2004 年,第 474 页[Lord Goldsmith, The Charter of Rights (2004) *EHRLR* 474]。参见, A. 达什伍德:"书面证据",上议院,宪法特别委员会,2008 年,第 7 段[A. Dashwood, Written Evidence, House of Lords, Select Committee on the Constitution(2008), www. publications. parliament. uk,第 7 段]。D. 查莫斯:"书面证据",上议院,宪法特别委员会,2008 年,第 2 段[D. Chalmers, Written Evidence, House of Lords, Select Committee on the Constitution (2008), www. publications. parliament. uk, para. 2]。A. 达什伍德教授:"基本人权宪章和其议定书:虚张声势",2008 年 2 月(Prof A. Dashwood, The Charter of Fundemental Human Rights and Its Protocol:Drawing the Teeth of the Paper Tiger, Feb. 2008)。对于那些私人提供的论文,在此表示感谢。

① 委员会诉德国案, No. C – 131/88 (1991),《欧洲法院公报》第 I 卷,第 825 页;委员会诉荷兰案, No. C – 144/99(2001),《欧洲法院公报》第 I 卷,第 3541 页。

48 荷兰、英国、德国民事诉讼中的知识产权执法

准确的方式保证指令的有效适用。①

三、全面有效

不管是否创设权利,执行措施必须是有效的。确实,欧洲法院在欧共体委员会诉德国一案②中认为,一个指令的执行必须:

> 保证国内当局会实际上全面适用指令,并且,如果该指令意欲为个人的(他们的)法律地位创设权利……是足够准确和清楚的,有关当事人是很清楚其权利的,并且如果合适的话,有可能依靠他们在国内法院起诉。

由于一个指令对成员国设定了实现某种结果的义务,成员国采取的措施必须确保该指令"根据其所追求的目标是全面有效的"。③ 这意味着,《欧共体条约》第 249 条第(3)款所规定的义务比第 48 号指令的实际文本以及将该文本转化为国内法走得更远。它对执法措施的性质设定了某些要求,而且,它要求这些措施在实践中应以一种有效的方式去适用和执行。

四、有效司法保护

第三个原则,即有效司法保护原则,这是一个独立的原则,它基于共同

---

① 委员会诉德国案,No. C-131/88 (1991),《欧洲法院公报》第 I 卷,第 825 页;委员会诉荷兰案,No. C-190/90 (1992),《欧洲法院公报》第 I 卷,第 3265 页;S. 普雷考:《欧共体法中的指令》第 2 版,牛津:牛津大学出版社,2005 年,第 77 和 97 页[S. Prechal, *Directives in EC Law*, 2nd edn (Oxford:OUP, 2005), op. cit., 77 and 97]。

② 委员会诉德国案,No. 361/88(1991),《欧洲法院公报》第 I 卷,第 2567 页,第 18 段。

③ 冯·科尔森案,No. 14/83 (1984),《欧洲法院公报》第 1891 页,第 15 段;参见穆尼奥斯(Munoz)案,No. C-253/00(2002),《欧洲法院公报》第 I 卷,第 7289 页,对于该案,吉霍德股份公司(AG Geeelhoed)从贸易者或者竞争者权利的角度予以分析,但欧洲法院主要是作为一项充分有效地实施有关水果标准的规则的问题作出判决的。

体中的法治理念,即每一个人必须有机会自己主动地在法院主张其权利。①其蕴含的原理是基于这样的事实:在共同体中,基于法治精神,每人一定有机会向法院提起诉讼来主张其权利。② 通过法院来保护这个权利必须是有效的。因此,至少从这个意义上讲,它可以被认为是对在雷威(Rewe)案③和可米特(Comet)案④中确立的效率原则的一个扩展,或者是作为一个完全独立的概念,就像在维霍伦(Verholen)案⑤中一样,这两个原则是被分别提出的。我们认为,特别是在约翰斯顿(Johnston)⑥一案中,欧洲法院反对在《1976年性别歧视(北爱尔兰)法则》中包含的一个证据规则,因为它导致司法无法对北爱尔兰皇家警察局局长的一个决定进行审查,而该决定剥夺了对约翰斯顿(Johnston)女士的任何救济的复审。该判决这一部分的核心法律依据是欧洲经济共同体第76/207号指令第6条。根据这一条,欧洲法院认为:

> 那一条所规定的司法控制的要求反映了一个法的基本原则,该原则蕴藏在成员国共同的宪法传统中。该原则也在1950年11月4日的

---

① 欧洲议会诉理事会案,No. C-70/88(1990),《欧洲法院公报》第I卷,第2041页,参见van Gerven股份公司的观点。

② 在欧洲议会诉理事会案,No. 70/88,van Gerven股份公司的观点,《欧洲法院公报》1990年第I卷,第2041页,第6段。参见杜波依斯:"关于共同体法的两个基本原则",载《法国行政法评论》,1998年,第691页[L. Dubouis, A propos de deux principes generaux du droit communautaire, *RFDA* (1998) 691]。

③ 雷威案(Rewe),No. 33/76 (1976),《欧洲法院公报》第1989页。

④ 可米特案(Comet),No. 45/76 (1976),《欧洲法院公报》第2043页。

⑤ 维霍伦案(Verholen),No. 87/90 或者根据S. 普雷考:《欧共体法中的指令》第2版,牛津:牛津大学出版社,2005年,第144页,第85条注释[S. Prechal, *Directives in EC Law*, 2nd edn (Oxford: OUP,2005), op. cit., 144, n.85],鉴于在Courage案中[No. C-453/99 (2001)《欧洲法院公报》第I卷,第3757页],包含了"两种手段的混合"。参见J. 詹斯、R. 德兰格、S. 普雷查尔和R. 韦德肖恩:《公法的欧洲化》,格罗宁根:欧洲法律出版社,2007年,第7章,"司法保护"[J. Jans, R. de Lange, S. Prechal & R. Widdershoven, *Europeanisation of Public Law* (Groningen: Europa Law Publishing, 2007), Ch. VII, Judicial Protection]。

⑥ 约翰斯顿(Johnston)案,No. 222/84(1986),《欧洲法院公报》第1651页。

《欧洲保护人权和基本自由公约》第6条和第13条中做了规定。因为欧洲议会、理事会和欧共体委员会在其1977年4月5日的联合声明中对该原则予以认可,欧洲法院也在其判决中予以认可,共同体法律中必须考虑作为上述公约基础的该原则。根据欧共体第76/207号指令第6条——根据上述基本原则已经做了解释,所有人有权利在一个有管辖权的法院获得一个有效的救济,以对抗那些他们认为有违指令中规定的男女平等对待原则的措施。所以成员国要确保有效的司法控制以遵守所适用的共同体法律规定和国内立法,目的是使指令所规定的权利得以实现。

41　　总法务官沙普斯通在尤尼贝特①一案中对有效司法保护原则做了以下界定,欧洲法院接着在尤尼贝特一案中也对该原则进行了界定:

　　一开始就应该注意到,根据已结的判例法,有效司法保护原则是共同体法律的一个基本原则,它来自成员国共同的宪法传统,并已经规定在《欧洲保护人权和基本自由公约》第6条和第13条中,2000年12月7日在尼斯公布的《欧洲联盟基本权利宪章》第47中也已对此再次确认。②

---

① 尤尼贝特(Unibet)案,No. 432/05 (2007),《欧洲法院公报》第I卷,第2271页,2007年3月13日,www.curia.europa.eu。
② 尤尼贝特(Unibet)案,No. 432/05 (2007),《欧洲法院公报》第I卷,第2271页,2007年3月13日,www.curia.europa.eu,同上,第37段:欧洲法院引用了下述惯常的判例法:约翰斯顿(Johnston)案,No. 222/84 (1986),《欧洲法院公报》第1651页,第18和19段;海伦斯(Heylens)案,No. 222/86(1987),《欧洲法院公报》第4097页,第14段;委员会诉奥地利案(Commission v. Austria),No. C-424 (2001),《欧洲法院公报》第I卷,第9285页,第45段;案号C-50/00 P Union de Pequenos Agricultores v. Council,案号 No. C-50/00 P (2002),《欧洲法院公报》第I卷,第6677页,第39段。

普雷考[1]认为,有效法律保护原则的适用范围比《欧洲人权公约》(ECHR)第6条第(1)款的适用范围更广:

> 尽管为了有效司法保护原则的目的,法院可能会根据《欧洲人权公约》第6条和第13条规定的原则来确定需要保护的范围,该范围比(民事)权利的范围要宽泛得多。

缺少适当的司法程序可能会导致对《欧共体条约》第39条的违反。[2]尽管在第48号指令中并没有特别提到该原则,然而它经常作为共同体法律的一个基本原则和《欧共体条约》的条款一起适用于一个指令的执行。[3]因此,成员国必须确保能够让第48号指令中规定的个人通过司法程序来主张国内执法措施中的权利。如果没有这个程序,可能会导致执行的不充分。

五、条约条款和共同体法律原则

第四,必须强调,执行指令也要符合法律确定性、效率和有效司法保护之外的其他原则。就是说,执行的过程也必须尊重基本权利和基本的共同

---

[1] S.普雷考:《欧共体法中的指令》第2版,牛津:牛津大学出版社,2005年,第143页[S. Prechal, *Directives in EC Law* (Oxford: OUP, 2005) op. cit., p. 143]。

[2] 海伦斯(Heylens)案,No. 222/86(1987),《欧洲法院公报》第4097页,第17段。

[3] M.伊尔摩尔:"律师费和正义获取——欧共体法院的希波拉案和麦克利诺案判决"。(M. Illmer, Lawyers Fees and Access to Justice—The *Cipolla and Macrino* judgment of the ECJ),案号No. C-94/04和C-202/04,《民事司法季刊(*CJQ*)》2007年第26卷,第301页。伊尔摩尔指出,有效司法保护的原则并没有特别地包含在欧盟2006/123(OJ L376/28)号指令的第16章第(1)款(b)项中,认识到:"很难认为判例法的公正性没有受到指令的影响。仍旧值得观察的是,欧共体法院是否会通过解释指令来达到限制正当性基础的目的"。他总结:"最后的手段是……实现正义这个事实被承认是欧共体法和《基本权利宪章》第47条的一项根本原则,根据《欧共体条约》第49条的规定,此二者在享有提供服务的自由上具有同等的法律地位。"可以认为,伊尔摩尔间接地和普雷查尔和杜根得出了相同的结论:即对于指令的解释必须遵从共同体法律原则和条约的各项条款。

体法律，比如《欧共体条约》的条款①。

六、清晰、效率和有效司法保护原则对执行过程的影响

清晰、效率和有效司法保护原则以及基本权利和共同体基本法律会在三个不同的层面影响指令执行的过程：第一，执行措施的内容；第二，执行措施的形式或性质；第三，执行措施在实践中的适用和实施。②

1. 执法措施的内容

首先，执行措施的内容是由指令本身的文字表述决定的。一个指令规定成员国所要承担的实质义务，会以一种非常明确的方式描述成员国在执行过程中所要达到的法律和实际状况。确实，如前所述，一个指令的内容可能同时包含实体法或程序法，就像第48号指令一样。其他寻求对程序性问题进行协调的指令有：有关电信设备和规定统一评估程序的欧洲经济共同体第91/263号指令；或者关于家庭团聚的欧洲经济共同体第2003/86号指令的第5条，它确立了成员国关于提交和审查家庭团聚申请的程序性义务。而且，成员国可以选择通过一到两种方法来执行一个指令：即，通过逐字逐句地转化，或者通过国内法律概念或立法的方式或者把上述两种方法结合的方式。尽管没有要求将法条逐条转化③，但指令的内容在两个情形下必须清楚和准确：第一，如果一个指令意在为个人设定权利和义务④；第二，如果一个指令没有寻求创设这样的权利。国内执行措施必须清晰，这是为了

---

① 瓦豪夫案（Wachauf），No. 5/88（1989），《欧洲法院公报》第2609页，布克水产养殖公司案（Booker Aquaculture），No. C-20/00 和 C-64/00（2003），《欧洲法院公报》第Ⅰ卷，第7411页和安布来案（Ambr），No. C-410/96（1998），《欧洲法院公报》第Ⅰ卷，第7875页，参见S.普雷考：《欧共体法中的指令》第2版，牛津：牛津大学出版社，2005年，第76页，第22条注释，第146页，第105条注释[S. Prechal, *Directives in EC Law*, 2nd edn(Oxford: OUP, 2005), op cit., 76, n. 22, and 146 n. 105]。

② S.普雷考：《欧共体法中的指令》第2版，牛津：牛津大学出版社，2005年，第91—92页[S. Prechal, *Directives in EC Law*, 2nd edn(Oxford: OUP, 2005), op. cit., 91-92]。认识到，实践中权利概念的重要性体现在其通过引入清晰的标准以及法律的确定性，以影响执行的方法。

③ 委员会诉德国案，No. 131/88（1991），《欧洲法院公报》第Ⅰ卷，第825页，同上。

④ 委员会诉德国案，No. 131/88（1991），《欧洲法院公报》第Ⅰ卷，第825页，同上。

确保:第一,权利的受益人能够认识和实现这些权利;第二,当一个指令没有寻求创设这样的权利时,为了防止国内当局错误适用指令,指令的执行必须清晰。而且,虽然制定特别立法可能是必要的,但已有立法有可能也是足够的,只要它能确保一个指令以一种足够清楚和准确的方面得到全面适用。① 确实,在一些案件中,由于指令本身的文字表述不够准确和清楚,可能需要成员国能更深入地执行指令,而不仅仅限于逐字逐句的转换。利用判例法来执行指令或其特定的部分需要符合法律确定性和清晰度和要求。

如前所述,权利的创设首先有赖于一个指令的内容,还有赖于其序言中所阐述的目的。② 就是说,一个指令或者其中的一条或者几条是否创设或意欲设定个人的权利和义务,这属于指令的关键性部分,必须基于相关指令条文的文本包括指令中的序言来作出判断。一个指令可以指出权利应该在国内层面进行创设,或者也可以由指令本身来直接创设权利。③ 而且,如果声称的权利内容在一个指令中的界定是足够准确的话,那么在争议中这就可以构成一个直接的权利渊源。就是说,一个指令可以在不干预国内执行措施的情况下赋予权利。但是,即便一个指令关于受益人类别的定义和成员国义务的性质方面的文字表述不是绝对清楚,该指令仍然可以像在其序言中所规定的那样去赋予权利。实际权利的产生在后一阶段的执行中才会

---

① 委员会诉德国案,No. 131/88(1991),《欧洲法院公报》第Ⅰ卷,第825页,同上。委员会诉德国案,No. 102/97(1999),《欧洲法院公报》第Ⅰ卷,第5051页。

② S. 普雷考:《欧共体法中的指令》第2版,牛津:牛津大学出版社,2005年,第111和106页[S. Prechal, *Directives in EC Law*, 2nd edn (Oxford: OUP, 2005), op. cit., 111 and 106]。"正如已经发现的,权利的直接效力和创设也许往往会经常同时发生;尽管情况不会总是相同,该条款可以同时拥有直接效力并确定权利。在这方面最为明显的例子是弗郎戈维奇案(Francovich),C－6/90。在这个案件中,该指令被认为用于为了公民个体的利益而创设权利,但是,直接效力原则却未适用于相关的公民个体,因为有关债务人身份的条款并不是足够地清晰且绝对的。换言之,他们没有满足直接效力的典型情形。结果,由于这个原因且缺少改善措施,相关个体不能在国内法院实践共同体法律赋予他们的权利。"C. 普拉扎马丁:"深化欧共体指令的有效性和其下个人权利的司法保护",载《国际和比较法季刊》,1994年,第43期,第26页[C. Plaza Martin, Furthering the Effectiveness of EC Directives and the Judicial Protection of Individual Rights Thereunder, *ICLQ* 43 (1994): 26]。

③ S. 普雷考:《欧共体法中的指令》第2版,牛津:牛津大学出版社,2005年,第9章[S. Prechal, *Directives in EC Law*, 2nd edn (Oxford: OUP, 2005), ibid., Ch. 9]。

发生。总的来说，一个指令是否意欲这样做必须基于其文本和目的来作出判断。因此，这样的指令看来将构成个人权利和义务的一个所谓的非直接渊源，因为国内法中的权利和义务是来源于指令的。我们认为，在第 48 号指令的情形下，是通过在国内层面的执行来创设权利的，而不是直接有效的。因此，第 48 号指令看来是构成了权利的一个非直接渊源，因为事实上该指令是希望实现最小程度的协调，而把实质性的自由裁量权留给成员国去实施这些权利，但要受共同体法律原则的约束。① 就是说，第 48 号指令的序言第 18 段和第 4 条结合在一起表明，第 4 条中所包含的实质义务的目的是在于为在第 4 条中规定的一类受益人创设一个权利。

2. 主体身份/诉讼资格：欧共体第 2004/48 号指令

受益人总体上被界定为一类，它包括在序言第 18 段中享有直接利益的一些人：

> 有权请求适用这些措施、程序和救济的人应该不仅包括权利人，也包括有直接利益的人。

授予程序权利的目的是为了保护序言第 18 段所称的实体权利，这些权利属于一些特定的权利人。有必要进一步看一下序言第 32 段：

> 本指令尊重基本权利并遵守《欧盟基本权利宪章》承认的原则。本指令尤其要确保全面尊重该宪章第 17 条第(2)款规定的知识产权。

接着，第 48 号指令第 4 条规定了享有"请求适用措施、程序和救济"的程序权利的受益人的类别范围，即主体身份的权利：

---

① S. 普雷考：《欧共体法中的指令》第 2 版，牛津：牛津大学出版社，2005 年，第 313 页[S. Prechal, *Directives in EC Law*, 2nd edn (Oxford: OUP, 2005), ibid., 313]。

第 4 条:成员国应该承认下列人员有权请求适用本章规定的措施、程序和救济:

——所适用法律规定的知识产权权利人。

——所适用法律允许的或规定的所有其他被授权行使这些权利的人,特别是被许可人。

——所适用法律允许的或规定的知识产权权利集体管理组织,该组织通常被认为是有权代表知识产权权利人的。

——所适用法律允许的或规定的专门保护组织,该组织通常被认为是有权代表知识产权权利人的。

第 4 条结合序言第 18 段规定了权利的实质内容,很清楚,该权利是通过国内诉讼程序执行的,该程序通过一些方式提供了坚实的实施基础,例如,通过指定权利人的代表的方式。

3. 所提供的有利于请求人的诉讼权利的措施

我们认为,只要能满足第 6 条规定的对方请求公开文件的要求,该条在最低水平上创设了一项权利。总之,至少请求人能够有权利去申请公开。但是,我们认为,行使这个权利是国内司法机关进行的——因为其表述是"司法当局""可以命令"。第 48 号指令第 3、7、8、9、10、11、13 和 14 条也一样是如此,这些条款规定了诉讼程序中的"请求人"或者"权利人"(第 4 条中所明确提到的某一类人)可以作为一个权利人。这些会在后面关于国内执行第 48 号指令的章节中作进一步仔细的分析。

4. 执行措施的性质:法律约束力

根据欧共体委员会诉德国一案①,国内执行形式和方法的选择会受到

---

① 委员会诉德国案,No. 29/84(1985),《欧洲法院公报》第 661 页;委员会诉希腊案,No. C-306/90(1991),《欧洲法院公报》第 I 卷,第 5863 页。

指令内容的影响,尤其会受到对成员国所设定的实质义务的影响。特别是关于一个指令的目的是否是创设权利的问题,不仅在国内当局与那些直接相关的人之间还是对于第三方来说,都是非常重大的。平常,欧洲法院要求采用约束国内规则的形式去执行,而不是,比如,行政通知的方式。① 就是说,所采取的措施必须对与个人权利有关的行政机构具有约束力。② 这个要求是基于两个理由:第一,特别是在创设权利的时候,要确保受益人能够清楚地明白这些权利;第二,使受益人具有实施这些权利的法律地位。

5. 指令的执行:关于适用

如前所述,一个指令的有效执行不仅涉及法律制定还涉及国内法院对该法律的或者已有法律的适用。于是,国内当局就要决定哪一个机构有权力去执行一个指令。显然,国内机构所为必须和指令的内容一致。这个过程可以被称为一个指令的适用。这个过程要符合执行措施及其法律约束力清晰和准确的要求,以防止国内法院对指令的错误适用。就是说,这些原则适用于执行措施的内容和法律性质,将确保国内法院正确适用指令。可以说,关于执行包括适用,尤其是对一个指令的司法适用,有必要注意解释一致的义务,即国内当局有义务提供一个一致的解释,不管该执行是否有缺陷,也不管一个指令是否被完全执行。③ 总之,对一个指令的司法执行的部分过程中包含了欧洲法院在冯·科尔森一案④中确立的解释一致的观念。这方面至少有两个例子:第一个是第373/90号案件⑤,这个案件涉及将欧洲经济共同体第84/450号关于误导性广告指令转化为(法国)第73/1193号法律第44条。问题并不是法国法律没有正确地转化该指令,而是国内法

---

① 委员会诉意大利案,No.116/86(1988),《欧洲法院公报》第1323页;委员会诉意大利,No. C-145/99(2002),《欧洲法院公报》第Ⅰ卷,第2235页。
② 委员会诉德国案,No.361/88(1991),《欧洲法院公报》第Ⅰ卷,第2567页,同前引。
③ S.普雷考:《欧共体法中的指令》第2版,牛津:牛津大学出版社,2005年,第187和190页[S. Prechal, *Directives in EC Law*, 2nd edn (Oxford: OUP, 2005), 187and 190]。
④ 冯·科尔森案(Von Colson),No. 14/83 (1984),《欧洲法院公报》第1891页。
⑤ No. 373/90 X (1992),《欧洲法院公报》第Ⅰ卷,第131页。

院——它可以决定一个特定的广告是否可以被认为存在误导——如何解释"新车"的问题,即国内法院在解释与欧洲经济共同体第84/450号指令有关的国内立法方面行使自由裁量权的问题。欧洲法院认为国内法院有义务解释在上述法国法中"新车"的含义,使其和该指令的目的以及和欧盟法律相符合,特别是和有关保护平行进口的精神相符。即,国内法院有义务以这样的方式去解释"新车",即"它没有否定被广告的车辆是新的……如果该有关车辆只是注册为进口的目的而且它还从来没有上路。"因此,在进口到法国之前在比利时注册的汽车可以被认为是"新车"。在一个指令的司法执行背景下,第二个可以被称为解释一致的例子是比茨-普罗珀案。① 这个案件是涉及欧洲经济共同体第76/207号指令的执行的,该指令是关于工作中的平等待遇的。这里,比茨-普罗珀女士在60岁时被解雇了,而她的男同事被允许工作至65岁。她的雇主认为雇佣合同根据该合同中暗含的期限自动终止,正好那时,根据一个与雇主的养老基金有关的退休金计划,比茨-普罗珀女士有权利获得一份老年退休金。该退休金是给年龄为60岁的妇女和年龄为65岁的男子的。在荷兰法院的问题是:雇主所依赖的终止合同的隐含条件是不是符合《荷兰民法典》第1637j条。当时这条是这样规定的:

(1)关于雇佣合同成立、雇员培训、雇佣期限、雇佣合同的促进和终止,雇主不可以对男性和女性有任何区别对待……雇佣期限不包括养老金计划中的收益和权益。

(2)任何与第(1)段第一句相反的条款都是无效的。

根据向欧洲法院的请示,霍格·里德(Hoge Raad)认为,执行欧洲经济共同体第76/207号指令的《民法典》第1637j条必须这样解释:即,如果雇佣合同规定的合同终止条件出现的那一天雇员到了领取退休金年龄,必须

---

① 比茨—普罗珀案(Beets – Proper), No. 262/84 (1986),《欧洲法院公报》第773页。

落入第1637j条第(1)段第一句,而不是第(1)段第二句。因此,所争议的暗含期限受第1637j条第(2)段管辖,因而是无效的。所以,《荷兰民法典》第1637j条可以被认为已经正确执行了欧洲经济共同体第76/207号指令,因此不需要进行任何修改。①

最后,关于欧共体第2004/48号指令的执行,如前所述,其内容涉及国内诉讼程序规则而不是实体法的部分执行。因此,是第48号指令的内容决定了诉讼程序规则的形式,而不是由法院根据《欧共体条约》条款中所包含的公平和效率原则来运用其自由裁量权。② 这里有关英国诉讼法的例子是:要求英国法院解释哪些理由是可以被用来颁发一个临时禁令以确保正确执行第9条第(3)款,即,关于确保法院自己可以"……实现足够程度的确定性……当请求人的权利正在被侵犯。"要遵守这个义务的话,将要求法院更换在美国氨基氰案(American Cyanamid)③中确立的理由,基于诉讼的实质理由,该案排除了有关确定性的自由裁量权的使用。

6. 不正确执行或不执行指令的补救方法

当一个指令被不正确执行或根本没有执行的时候,个人可以诉诸国内法院,以确保其正确实施。欧洲法院有两个原则性方法来确保正确执行一个指令:第一,国内法与指令解释一致的理念;第二,因违反共同体法律,尤其是不执行或不正确执行指令导致对个人的损害而产生的国家责任原则。第三个可能的办法,即,直接影响的概念,在第48号指令的背景下将不予以考虑。就是说,解释一致和国家责任的理念将足以处理无论是不正确执行指令

---

① S. 普雷考:《欧共体法中的指令》第2版,牛津:牛津大学出版社,2005年,第189—190页[S. Prechal, *Directives in EC Law*, 2nd edn (Oxford: OUP, 2005), op. cit., 189-190]。

② S. 普雷考:《欧共体法中的指令》第2版,牛津:牛津大学出版社,2005年,第135页[S. Prechal, *Directives in EC Law*, 2nd edn (Oxford: OUP, 2005), op cit., 135]。可以认为和欧共体2004/48号指令一样,该指令的目的在于(部分地)协调国内诉讼程序,而该指令的司法适用关乎到以民事诉讼规则的形式表现的解释的适用,就像该指令所提供的一样。相反地,当该指令没有提供民事诉讼规则时,民事诉讼程序方面的司法适用涉及了有效和平等原则,结合了条约条款以及有效司法保护原则和非歧视原则。

③ (1975) 2 WLR 316.

还是不执行指令的所有问题,尤其是在横向或者说当事人对当事人关系,而不是纵向或者说当事人对国家关系的背景下,要限制使用直接效力的原则。①而且,第48号指令的某些条款,比如第4条(c)和(d),以及第3条和14条,特别是当他们适用于费用和比例相当问题的时候,看来缺少足够准确的特征,即,那些权利所采取的实际形式和权利的范围并没有被清楚地界定。因此,在为有效执行所进行的立法方面,需要运用自由裁量权来执行指令。②

7. 解释一致:不正确执行或不执行指令

如前所述,在冯·科尔森案③中,欧洲法院认为,国内法院有法律义务在解释和适用国内法尤其是那些为执行指令所制定的法律时与指令相一致。就是说,作为一项原则,国内法院有义务通过解释来使指令生效。该义务可能是基于《欧共体条约》第249条第(3)款和第10条的约束力。国内法院受第249条第(3)款的约束,并要求国内法院支持所涉及的指令实现

---

① 直接效力和权利创设是两个独立的事项:权利的创设并不总是导致直接的效力,该效力被视为一项指令的程序性的执法力。相似地,直接的效力并不总是导致权利的创设——参见 S. 普雷考:《欧共体法中的指令》第2版,牛津:牛津大学出版社,2005年,第283页[S. Prechal, *Directives in EC Law*, 2nd edn (Oxford: OUP, 2005), op. cit., 283]。S. 普雷考:"直接效力是否仍重要?",载《共同市场法律评论》,2000年,第1047页[S. Prechal, Does direct effect still matter?, *CMLRev* (2000) 1047]。参见 T. 哈特勒:《欧共体法律的基础》第5版,牛津:牛津大学出版社,2003年[T. Hartley, *The Foundations of European Community Law*, 5th edn (Oxford: OUP, 2003)]。怀亚特和达什伍德:《欧盟法》第4版,伦敦:斯威特和马克斯维尔,2000年[Wyatt and Dashwood, *European Union Law*, 4th edn (London: Sweet & Maxwell, 2000)]。A. J. 伊森:"欧洲经济共同体指令的直接效力",载《国际和比较法季刊》,1979年,第319页[A. J. Easson, The Direct Effect of EEC Directives, *International and Comparative Law Quarterly* [*ICLQ*] (1979): 319]。

② 特雷恩案(Traen), No. 372-74/85 (1987),《欧洲法院公报》第2141页,第24—26段;P. 佩斯卡托儿:"直接效力学说:共同体法律的先天不足",载《欧洲法律评论》,1983年,第155期[P. Pescatore, The Doctrine of Direct Effect: An Infant Disease of Community Law, *ELR* 155 (1983)]。S. 普雷考:《欧共体法中的指令》第2版,牛津:牛津大学出版社,2005年,第244—245页[S. Prechal, *Directives in EC Law*, 2nd edn (Oxford: OUP, 2005), ibid., 244-245]。

③ 冯·科尔森案(Von Colson), No. 14/83 (1984),《欧洲法院公报》第1891页,同前引。

其目的。也许,按照法伊弗案①,解释一致的要求是《欧共体条约》的体系中所固有的。从欧洲法院的判例法中可以看出,为了解释一致的目的,用来作为解释标准的条文是否直接有效并不是很重要。而且,必须指出,解释一致的义务并不局限于该指令的文字表述。国内法院还必须根据有关指令的目标来阐释国内法律条文。按照马立森一案②,履行解释一致义务的适用是不管"所涉及的条文是在该指令之前还是之后所制定的"。③ 换句话说,国内法院应该对国内法律进行目的性的或者技术性的解释,以确保它能实现一个指令的目标。如前所述,在涉及权利的部分,不仅要考虑指令的文字表述,而且要考虑指令的目的。这可以被称为是解释一致的司法运用,与前面所描述的情形——一个指令已经被正确执行——形成鲜明对照。④ 关于救济的解释一致,可能可以从两个角度来考虑未转化的指令:第一个情形,一个指令还根本未被转化为国内法,尽管该成员国承认这种转化是必要的;第二种情形,成员国不认可这样一个转化的义务。就此而言,英国根据在《附注》⑤中的解释认为第48号指令第4条并不要求转化。简单地说,英国法律体系没有必要规定代表性诉讼。在第三个案件中,英国已经规定了一些措施,但是这些措施看来没有满足第48号指令的要求。

a 解释一致义务的适用范围

根据马立森一案⑥,该义务的适用范围看来是很宽泛的,即那些看来属

---

① 法伊弗案(Pfeiffer),No. 397/01 -403/01(2004),《欧洲法院公报》第Ⅰ卷,第8835页,同前引。

② 马立森案,No. C -106/89 (1990),《欧洲法院公报》第Ⅰ卷,第4135页,同前引。

③ 托格案(Togel),No. C -76/97 (1998),《欧洲法院公报》第Ⅰ卷,第5357页。Oceano案,No. C -240/98 和 C -244/98(2000),《欧洲法院公报》第Ⅰ卷,第4941页。

④ S. 普雷考:《欧共体法中的指令》第2版,牛津:牛津大学出版社,2005年,第187页[S. Prechal, *Directives in EC Law*, 2nd edn (Oxford: OUP, 2005), op. cit., 187]。

⑤ 专利局:咨询报告:"知识产权实施指令的英国解释(2004/48/EC)",附录B,交换记录[The Patent Office, Consultation Paper, The UK Implementation of the Directive on the Enforcement of Intellectual Property Rights (2004/48/EC), Annex B, Transposition Note]。在第4条指出:"无须诉讼"。同样注意到,关于第4条代表诉讼解释的协商过程已经着手进行,并与欧共体2004/48号指令有关。参见代表性诉讼。

⑥ 马立森案,No. C -106/89(1990),《欧洲法院公报》第Ⅰ卷,第4135页,同前引。

于欧盟所适用的普通的解释规则,这样,就可以避免欧盟法适用的限制,这种限制是由于使用国内解释规则而产生的。这些用来限制解释一致过程的原则可能有以下这些①:不当得利、衡平、平等、均衡以及根据柯宾修斯一案②所确立的法无明文规定不处罚(nulla poena sine lege)、无刑法无犯罪(nulum crimen sine lege)原则,还有法律确定性以及抗拒法律(contra legem)原则。欧盟法决定了义务的性质和限制,以确保解释一致。一个国内法院在解释国内法的时候是否仍然在其司法功能范围内,我们认为,这个问题最终是欧盟法的问题。③ 但是,该义务的适用范围不包括那些没有国内法来监管该指令所涉及的问题的情形,即,在这样的情形下,没有一个国内法能够被解释为和指令相一致。

b 解释一致适用范围的限制

如前所述,对解释一致原则的适用范围可能存在的限制是欧洲法院在柯宾修斯一案④中所确立的:

> 当国内法院解释相关的国内法规则时,国内法院解释指令内容的义务是受到总的法律原则的限制的,这些法律原则是共同体法律的一部分,特别是法律确定性和不溯及既往的原则。

如前所述,根据蒂姆莫尔曼斯(Timmermans)的观点⑤,我们认为欧盟法

---

① T. 特里迪马斯:《欧共体法的普遍原则》,牛津:牛津大学出版社,1999 年[T. Tridimas, *The General Principles of EC Law* (Oxford: OUP, 1999)]。

② 柯宾修斯案(Kolpinghuis join case),No. C-74/95 和 C 129/95 X (1996),《欧洲法院公报》第 I 卷,第 6609 页。

③ S. 普雷考:《欧共体法中的指令》第 2 版,牛津:牛津大学出版社,2005 年,第 198 页[S. Prechal, *Directives in EC Law*, 2nd edn (Oxford: OUP, 2005), op cit., 198]。指出,一些当事人如 Lenz 股份公司在为 No. C-331 的 Gestion Hotelera International 案 (1994),《欧洲法院公报》第 I 卷,第 1329 页中的观点是:事实上,使用的是国内的解释规则而不是共同体规则。

④ 柯宾修斯案(Kolpinghuis),No. 80/86 (1987),《欧洲法院公报》第 3986 页。

⑤ C. 蒂姆莫尔曼斯:"重温共同体指令",载《欧洲法律年刊》,1997 年,第 1 期,第 23 页[C. Timmermans, Community Directives Revisted, *Yearbook of European Law* (YEL) 1(1997):23]。

中的这些原则是诸如法律确定性①、尽可能的均衡、公平等。这样,举个例子,如果通过清晰的语言设定了限制条件,一个法律就应该以与其文字表述相一致的方式来解释。而且,关于解释一致的结果,最显而易见的是如果一个国内法的条文被赋予了一个含义,它就不能因为指令的缘故而再有其他的含义。如前所述,解释一致的理念既和国内立法有关,也和欧盟立法有关。与此有关的例子是第48号指令第9条关于申请临时禁令的理由。利用解释一致原则可以确保国内立法的适用范围可以扩大也可以缩小,这样就可以确保对该指令的充分执行。这个行为的性质在于:如果只是考虑国内法,把含义和范围归因于国内法的规定,但国内法其实并没有这样的规定。最后一个需要阐述的问题是,是否对此需要作出一个区分:一个是,一个人为了解释一致的目的来引用指令(涉及另一个人);另一个情形是,成员国依赖该指令来实现解释一致的目的。在第一种情形下,很清楚,寻求强迫服从的是个人,而在第二种情形下,则是提起诉讼的国家。运用解释一致的一个例子是,英国法院在执行第48号指令第9条第(3)款的背景下,该法院在行使其自由裁量权时所采取的办法是:在相互对抗的标准中选择了一个能确保颁发一个禁令的标准,以与第48号指令第9条第(3)款相符。

---

① 经常被提到的一个限制是,如由 Y. Galmot 和 J. C. Bonichot 提出的例子[La Cour de Justice des Communautes Europeeennes et la Transposition des Directives en Droit National (1998) *RFDA* 1],是成为法律确定性原则一部分的与法律相违背的习惯法(contra legem),那就是给予国内立法一层与字面意思显著不同的含义。然而,J. 斯托伊克和 P. 温蒂克:"对于 C - 106/89 马立森案的评论",载《共同市场法律评论》,1991 年,第 205 期,第 211 页[J. Stuyck & P. Wyntick, Comment on Case C - 106/89 Marleasing, *CMLR*(1991): 205 p. 211]认为"……一项与指令相一致的解释,特征在于减少了国内法律条款适用的传统范围,因而相当于一种违背法律的解释,现在,作为一种可能为了适用 Von Colson 案和 Kamann 案所确立的原则的解释,这一解释已经被取消"。在 Douglas H Barber 案中,No. C - 262/88 (1990),Van Gerven 股份公司的意见;S. 普雷考:《欧共体法中的指令》第 2 版,牛津:牛津大学出版社,2005 年,第 207 页[S. Prechal, *Directives in EC Law*, 2nd edn (Oxford: OUP, 2005), 207]。指出了一个问题:是否马立森案本身并没有产生一种违反法律的解释,从而,至少,在某种程度上削弱了这一限制,包括法律确定性原则。

8. 国家责任

欧洲法院所使用的第二个确保符合指令的方法可能是国家责任,[①]即,如果一个成员国不能履行其所承担的根据《欧共体条约》第 249 条第(3)款的要求转化指令的义务,或者如果其所规定的结果不能通过国内法院一致解释国内法的方法来实现的话,那么,接着就会出现这样的结果:欧盟法要求一个成员国补偿因其没有转化指令而给个人所带来的损失和损害,只要满足以下三个条件:第一,有关指令所规定的结果必须赋予个人权利;第二,对这些权利的损害根据指令的规定条文来看必须足够严重;第三,必须在国家义务的违反和所遭受的损害之间存在因果关系。在这些情形下,是由国内法院来保护受害人的这些权利,以便他可以根据国内的侵权责任法来获得补救。

a 国家责任的条件

i 权利的创设

如上所述,根据欧洲法院的判例法,[②]为了追究国家责任,必须满足三个条件:第一,被违反的欧共体法律必须意在授予或创设个人的权利;第二,该违反必须是足够严重;第三,在违反义务和所产生的损害必须有一个直接的因果关系。权利的创设是非常重要的,这些权利不仅影响执行指令的形态,也影响国家责任的内容。如前所述,创设权利和直接效力不能被混为一

[①] T. 特里迪马斯:"违反共同体法律的责任:成长和成熟?",载《共同市场法律评论》,2001年,第 301 页[T. Tridimas, Liability for Breach of Community Law: Growing Up and Mellowing Down?, *CMLRev*(2001) 301]。S. 维瑟里尔:"违反指令以及合同法",载《欧洲法律评论》,2001 年,第 177 页[S. Weatherill, Breach of Directives and Breach of Contract Law, *ELRev*(2001) 177]。C. 希尔森:"成员国的损害赔偿责任:自由裁量的空间",载《国际与比较法季刊》,1997 年,第 941 页[C. Hilson, Liability of Member States in Damages: The Place of Discretion, *ICLQ*(1997): 941]。

[②] 弗朗科维奇案(Frankovich),案号 No. C-6/90—C-9/90(1991),《欧洲法院公报》第 I 卷,第 5207 页,同前引;迪伦科夫案(Dillenkofer),案号 No. C-178/94, C-179/94, C-188/94, C-189/94 和 C-190/94 (1996),《欧洲法院公报》第 I 卷,第 4845 页;英国电信案,No. 392/93 (1996),《欧洲法院公报》第 I 卷,第 1631 页(在一个关于指令的不当实施的案件中进行了极为严肃的测试);布拉瑟里·杜·佩奇案(Brasserie du Pecheur),案号 No. C-46/93 和 C-48/93 (1996),《欧洲法院公报》第 I 卷,第 1029 页。

谈。可以说，直接有效的条文可以但是不一定授予权利。① 但是在直接效力和创设权利之间有一个联系，即，必须有足够的准确度和法律清晰度来确定权利，或者更准确地说是确定权利的内容和受益人。可以说，这里，直接效力的测试和权利的识别又一次被重合在一起，但不能被相提并论。而且，我们必须认识到，指令可以去为个人创设权利，但是，对其范围的准确描述则是由成员国来决定的。另外，在一个指令中以不成熟的方式宣布的权利会使其不可能确定个人引发的损失和损害。一个指令可能因此会在这方面规定足够的指引。如果有必要的话，国内法院为此可以通过请示的方式求助于欧洲法院。规定授予权利是足以实现追究责任的目的的。普雷考用了一个"执行背景下权利"的术语，他认为，欧洲法院可以仅仅表示成员国必须通过执行措施确立一个法律上足够清晰的地位，以便法院在必要的时候可以实施。② 在未执行或者不正确执行指令而产生国家责任的有关判例法中，必须考虑到另一个不确定性：即，在弗郎戈维奇（Francovich）一案中，欧洲法院认为，指令所要实现的结果必须包括权利的授予，这与法契尼·多利（Faccini Dori）一案③形成鲜明对比，在该案中，欧洲法院认为，指令的目的应该是授予权利。对此，我们认为，在目的和结果这两个概念之间是有不同的。

ii 结果

可以说，关于权利定义的准确性是有一个等级的，为了确定直接效力背景下权利的存在而所需的确定性的程度，要比有关国家责任背景下的权利的确定性的程度大得多。在执行的背景下，可以说，确定性的程度只是要求

---

① S. 普雷考：《欧共体法中的指令》第 2 版，牛津：牛津大学出版社，2005 年，同前引，第 6 章 [S. Prechal, *Directives in EC Law*, 2nd edn (Oxford: OUP, 2005), op. cit., Ch. 6]。
② S. 普雷考：《欧共体法中的指令》第 2 版，牛津：牛津大学出版社，2005 年，同上，第 110 页 [S. Prechal, *Directives in EC Law*, 2nd edn (Oxford: OUP, 2005), ibid., at 110]。
③ 法契尼·多利案（Faccini Dori），案号 No. C-91/92 (1994)，《欧洲法院公报》第 I 卷，第 3325 页。

国内执行的过程会让个人产生一个非常明确的可执行的地位。①

iii 目的

如果一个或多个条文适合授予或意在授予权利,这就已经足够了。但指令仍然为解释提供重要帮助的目的,如果指令意在创设权利,这些指令必须通过有法律约束力的措施去执行。从关于执行以及关于责任的判例法中,就是否意在创设权利,可以推导出有两种可能性,这两种可能性是与直接/间接渊源的背景相符的。所涉及的指令可能表示权利应该在国内层面创设,那就是执行/责任的判例法,或者权利可能直接由指令创设,就是所谓直接效力的一个结果,那就是直接效力/责任判例法。

iv 严重违反

欧洲法院认为,如果有关成员国明显严重地不尊重对其自由裁量权的限制的话,这种违反就已经足够严重了。在迪伦科夫(Dillenkofer)一案②中,欧洲法院认为,如果在违反的时候,有关成员国没有被要求进行立法选择,就只有大大地减少自由裁量权或者甚至就没有了自由裁量权,只要违反共同体法律就足以确认存在一个足够严重的违反。欧洲法院也发现,不能按时执行一个指令本身就会构成一个足够严重的违反。简而言之,有没有自由裁量权并不是决定性因素,也不是成员国违反共同体法律(立法的、行政的或司法的)的资格。为了决定一个违反是否足够严重而导致国家责任,欧洲法院在迪伦科夫(Dillenkofer)案中列举了一些所要考虑的因素,它们包括:所违反的规则的清晰度和准确性,规则留给成员国的自由裁量措施,违反以及所导致的损害是故意的还是非自愿的,任何法律错误是可以原谅的或不可以原谅的,一个共同体机构所处的地位,这些都可能导致与共同体相反的国内措施或实践的忽略和采纳(或保留)。我们认为,在英国电信

---

① Van Gervan 股份公司:"权利,救济与程序",载《共同市场法律评论》,2000 年,第 501 期,第 507 页[AG Van Gerven, Of rights, remedies and Procedure, *CMLRev* 501(2000) 507]。把权利界定为"权利的概念是指……一种法律地位,而法律承认的一个人……可以享有并且该地位在其正常状态下可以由该个人在法庭通过一个或者多个救济措施来对抗……他人而得以保护"。

② 迪伦科夫案(Dillenkofer),案号 No. C‑178.94, C‑179.94, C‑188/94 and C‑190/94(1996),《欧洲法院公报》第 I 卷,第 4845 页,同前引,第 18 段。

(British Telecom)案①中,欧洲法院发现,欧洲经济共同体处理水、能源、交通和通信等采购的第 90/531 号指令的条款缺少准确性。因此,由于该指令的清晰度不够,英国善意作出的解释不能被认为是明显与该指令的文字表述相反。所以,英国对该指令的不正确执行并不构成对欧盟法的明显和严重的违反。

总之,在确定一个成员国是否实施了足够严重的违反行为以至于要承担侵权责任方面,自由裁量权或其缺失看来并不是决定性因素。而真正要紧的是成员国所遵守的法律规定是否足够清楚和确定。在执行指令的特定背景下,这意味着成员国通过执行所认识到的法律状况是否足够清楚。②

v 因果关系

第三个条件是在违反国家义务和当事人所遭受的损失和损害之间存在一个直接的因果联系。因为因果关系很大程度上是一个事实问题,也就是说,它必须根据案件事实进行评估,很难笼统地说这个条件的确切内容是什么。但是,由于因果关系是欧洲法院确定的三个条件之一,因此,最后应该是由欧洲法院而不是国内法院来确定其主要内容的。③ 另一方面,根据布拉瑟里·杜·佩奇(Brasserie du Pecheur)一案,有关补偿问题的损害赔偿诉讼是由国内的侵权责任规则管辖的:

> 一国必须根据本国侵权责任规则为其导致的损失和损害后果进行赔偿,只要国内法规定的损失和损害赔偿的条件不比那些和国内类似请求的条件不利,也不会在实践中使其不可能或非常难以获得赔偿。④

---

① 英国电信(British Telecom)案, No. C-392/93(1996),《欧洲法院公报》第 I 卷,第 1631 页,第 43—44 段。
② S. 普雷考:《欧共体法中的指令》第 2 版,牛津:牛津大学出版社,2005 年,第 288 页[S. Prechal, *Directives in EC Law*, 2nd edn (Oxford: OUP, 2005), op. cit., 288]。
③ 布拉瑟里·杜·佩奇案(Brasserie du Pecheur),案号 No. C-46/93 和 C-48/93 (1996),《欧洲法院公报》第 I 卷,第 1029 页。以及 Dounias 案, No. 2-228/98 (2000),《欧洲法院公报》第 I 卷,第 577 页。
④ 布拉瑟里·杜·佩奇案(Brasserie du Pecheur),案号 No. C-46/93 和 C-48/93 (1996),《欧洲法院公报》第 I 卷,第 1029 页,第 67 段。

赔偿必须和个人所遭受的损失和损害相称,以确保对其根据指令所获得的权利的有效保护。有效和衡平原则可用于去确定赔偿的数额,包括利润损失和惩罚性损害赔偿的数额。①

总之,总体上我们认为,一旦其他两个方法中的任何一个即解释一致原则和直接效力原则无法提供或不足以确保第48号指令规定的权利受到有效保护,非契约性的国家责任就开始起作用了。②

---

① 布拉瑟里·杜·佩奇案(Brasserie du Pecheur),案号 No. C-46/93 和 C-48/93 (1996),《欧洲法院公报》第 I 卷,第 1029 页,第 87—89 段。

② F. 肖克威勒:欧共体因司法行为而产生的非合约责任的条例,《欧洲法季刊》,1990 年第 27 卷[F. Schockweiler, Le regime de la responsabilite extra-contractuelle du fait d'actes juridiques dans la Commuanute europeenne'(1990) *Revue Trimestrielle de Droit Europeen* (*RTDE*) 27];F. 肖克威勒:国家机关违反共同体法的责任,《欧洲法季刊》,1992 年第 27 卷[F. Schockweiler, La responsabilite de l'autorite nationale en cas de violation du droit communautaire' (1992) *RTDE* 27];F. 肖克威勒:欧共体成员国违反共同体法律的责任,《欧洲法》,1993 年第 107 卷[F. Schockweiler, Die Haftung der EG Mitgliedstaaten gegenuber dem einzelnen bei Verletzung des Gemeinschaftsrechts'(1993) *Europarecht* 107]。

第二章 欧共体第2004/48号指令的结构

第一节 介绍

57　　这一章是关于欧共体第2004/48号指令①(简称第48号指令)的结构,

---

① 参见:"旨在确保知识产权执法的刑事措施的欧洲议会和委员会指令草案",编号:COM (2006)168 Final ["Proposals for a European Parliament and Council Directive on Criminal Measures Aimed at Ensuring the Enforcement of Intellectual Property Rights", COM (2006)168 Final];同时参见R.希尔蒂、A.库尔和A.博科特:"马克斯—普朗克知识产权、竞争和税法研究所关于旨在确保知识产权执法的刑事措施的欧洲议会和委员会指令草案的评述",载《国际工业产权与著作权法评论》,2006年,第37期,第436页[R. Hilty, A. Kur & A. Peukert, Statement of Max Planck Institute for Intellectual Property, Competition and Tax Law on the Proposal for a Directive of the European Parliament and of the Council on Criminal Measures Aimed at Ensuring the Enforcement of Intellectual Property Rights, *IIC* 37 (2006):436]。欧洲议会和委员会于2007年7月11日通过并于2009年1月11日生效的欧洲共同体条例(第864/2007号)第8条,规定了与非合同义务有关的冲突规则的协调。第8条第1款指出,可以适用的法律是在请求保护的国家的法律,该法律将和序言第27段一并适用。然而,这受到了批判,参见:"关于罗马第二条例的报告,报告八,2003到2004年会期"。(Report on Rome II, Eight Report, Session 2003—2004), www. publications. parliament. uk,特别在58段,这种协调的必要性被拒绝。另外,《罗马第二条例》即《非合同义务的法律适用》(The law applicable to non-contractual obligations-The Rome II Regulation),即欧洲共同体条例第864/2007号 [Regulation (EC) No 864/2007 of the European Parliament and of the Council of 11 July 2007 on the law applicable to non-contractual obligations (Rome II)],参见欧盟官网http://europa.eu/legislation_summaries/justice_freedom_security/judicial_cooperation_in_civil_matters/l16027_en.htm。——译者注

将讨论要求成员国①包括国内法院履行《欧共体条约》第249条第(3)款以及第10条②所确定的职责时要承担的义务的范围。

义务的范围是依据《欧共体条约》第249条第(3)款。

《欧共体条约》第249条第(3)款③规定如下：

> 第二章 关于几个机构的一般规定：第249条
> (1)为了执行它们的任务,根据本条约的规定,欧洲议会联合欧共体理事会共同决定,欧共体理事会和欧共体委员会应该制定条例、颁布指令、作出决定、提出建议或发表意见。
> (3)一个指令为实现其结果应该对其所提交的每一个成员国具有约束力,但应该允许国内当局选择其形式和方法。

因此,依据《欧共体条约》第249条对成员国具有约束力的和第49号之指令有关的义务的性质和其适用范围,将在本章加以考察。而依据《欧共体条约》第249条规定的执行形式和方法,则留给成员国去自由裁量,因此将在涉及国内执行指令的章节中进行考察。而且,由于指令的约束力,

---

① S. 普雷考:《欧共体法中的指令》第2版,牛津:牛津大学出版社,2005年[S. Prechal, *Directives in EC Law*, 2nd edn (Oxford: OUP,2005)]。第41页感到,一项指令的内容或者范围不仅仅依据主题的范围而有所变化,例如,内部市场协调会与那些旨在社会或者环境保护的协调不同,但是同样会影响下列事项:例如,指令的解释,在不适当的指令解释的事项中国家责任的问题以及直接效力的问题。参见 M. 杜根:《欧洲法院的国内救济程序:协调与区别的争议》,牛津:哈特出版社,2004年[M. Dougan, *National Remedies before the Court of Justice: Issues of Harmonisation and Differentiation* (Oxford: Hart, 2004)]。

② "建立欧共体条约(统一文本)":欧盟官方公报,第C325期,2002年12月24日,第10条。(Consolidated Version of the Treaty Establishing the European Community: *Official Journal*, C325, 24 Dec. 2002: Art. 10)"成员国应该采取一切适当的措施——无论是一般的或者特殊的——来确保来源于这一条约或者源于共同体机构提起的诉讼的义务的履行。他们应该促进共同体任务的实现。他们应该远离任何会危及到这一条约的宗旨实现的手段。"

③ "建立欧共体条约(统一文本)":欧盟官方公报,第C325期,2002年12月24日,同上(Consolidated Version of the Treaty Establishing the European Community: *Official Journal*, C 325, 24 Dec. 2002, ibid)。

成员国有义务根据《欧共体条约》第249条保证及时和正确地进行执行。如果没有这样做，就可能导致欧共体委员会对成员国启动违规调查程序①，或者因成员国未执行而使个人遭受了损失，可能会有个人对成员国提起损害赔偿诉讼②。第48号指令的目的是对实施实体知识产权法的程序法进行协调。该协调代表了根据《欧共体条约》所进行的一种有限干预的形式，而不是制定统一的规则。③ 可以说，第48号指令是最低限度协调而不是全面协调的一个例子。因此，成员国可以保持或者制定比第48号指令中的义务对其所提出的要求更为严格的标准。④

---

① S.普雷考：《欧共体法中的指令》第2版，牛津：牛津大学出版社，2005年，同前引，第8页 [S. Prechal, *Directives in EC Law*, 2nd edn (Oxford: OUP, 2005), op. cit., 8]。"法庭关于未执行指令或者(被指控)不恰当地执行指令的问题的判例法，可以分为两个不同的层级。第一个层级是关于侵权程序的，或者说是共同体层级的执法……现今，这类案件构成了在欧洲法院提起的有关第226条诉讼的相当大的组成部分"，和第16页。

② S.普雷考：《欧共体法中的指令》第2版，牛津：牛津大学出版社，2005年，同上，第10页 [S. Prechal, *Directives in EC Law*, 2nd edn (Oxford: OUP, 2005), ibid., 10]："把有效司法保护的必要性作为两大主要争议焦点之一，在1991年欧洲法院决定某个成员国在原则上要为因违反共同体法律给个体造成的危害负责，包括对于指令的不履行(参见案：C-6/90 和 C/90, Francovich 和 Bonifaci, 1991年《欧洲法院公报》第Ⅰ卷，第5357页)。可以推测出，欧洲法院故意在某个问题上否认指令的直接效力，目的是构建成员国的义务作为一种救济方式，而不依赖直接效力。"

③ S.普雷考：《欧共体法中的指令》第2版，牛津：牛津大学出版社，2005年，同上，第4页 [S. Prechal, *Directives in EC Law*, 2nd edn (Oxford: OUP, 2005), ibid., 4]；P.斯洛特："协调"，载《欧洲法律评论》，1996年，第378页 [P. Slot, Harmonisation, *ELR* (1996) 378]。

④ 成员国在运用他们的自由裁量权去执行指令的时候，有权维持或者引入比那些由指令设定的标准更为严格的标准，只要这些标准符合共同体法律特别是《欧共体条约》的要求。参见S.普雷考：《欧共体法中的指令》第2版，牛津：牛津大学出版社，2005年，同上，第44页 [S. Prechal, *Directives in EC Law*, 2nd edn (Oxford: OUP, 2005). ibid., 44]。

第二节　成员国执行欧共体第2004/48号指令所规定义务的性质

一、结构：法律基础——《欧共体条约》第95条[①]

第48号指令的前言指出：

考虑到建立欧洲共同体的条约尤其是其第95条……

但是,把《欧共体条约》第95条[②]作为宪法基础来制定指令的适当性已

[①]　M.弗洛伊登塔尔:"欧洲民事诉讼程序的未来",载《比较法电子期刊》,2003年第75期, www.ejcl.org/75/art75.6 [M. Freudenthal, The Future of European Civil Procedure, *Electronic Journal of Comparative Law*,75(2003)]；M.杜根:《在欧洲法院的国内救济》,牛津:哈特出版社,2004年,第14—15页[M. Dougan, *National Remedies before the Court of Justice* (Oxford: Hart Publishing, 2004), 14-15]。当然,依据欧共体宪章第65条而采取的手段并不能拘束英国或者爱尔兰这一事实,也许是排除其使用的理由之一,因此成为适用欧共体第2004/48号指令的基础。

[②]　《欧共体条约》第95条规定:"尽管第94条以及本条约另有规定,下列条款应该用于实现第14条规定的目标。理事会应该依据第251条规定的程序,在与经济和社会委员会协商之后,采取措施来协调成员国的法律、法规或者行政行为的规定,把内部市场的建立和运行作为它们的目标。"

《欧共体条约》第65条规定:"在跨越国境的民事事务中,根据第67条的规定,为保障内部市场的运作,在司法合作领域应该采取的必要措施包括:……(c)如果有必要的话,通过促进在成员国可以适用的民事程序规则的兼容性,以消除抑制民事诉讼程序良好运行的障碍。"

然而,在2007年12月13日签署并于2009年1月1日生效的《里斯本条约》中,该条已经被修改如下:"第65条应该被下列规定所代替:

第三章民事事务的司法合作

第65条

第(1)款 共同体应该在互相承认特定司法案件的判决和决定的原则基础上,在跨越国界的民事事务中开展司法合作。这一合作包括采取措施来协调成员国的法律和法规。

第(2)款 为了实现第(1)款的目标,欧洲议会和协调会应该根据一般立法程序采取措施,特别是对于内部市场的适当运行有必要的时候,以确保……"

经受到了质疑,①就是说,国内保护知识产权的诉讼制度之间的不一致是否会"妨碍基本自由并对内部市场的功能具有直接的影响。"②事实上,这里的问题是一些地域的国内诉讼制度中显而易见的差异是否可以说事实上对内部市场功能具有消极的影响。但是,对此,在序言第 7 段已经阐述"……尽管 TRIPS……"之后,欧共体委员会接着在序言第 8 段声明:

"涉及知识产权保护方式的成员国制度之间的差异不利于实现内部市场的正常功能,也不可能保证知识产权在共同体范围内可以享有同等水平的保护"。可以说,所有这些序言都毫不含糊地清楚地表明"这些理由使得共同体当局采取……措施……"③即制定第 48 号指令。④ 如果就是这样的话,那么,《欧共体条约》第 95 条就足以作为

---

① W. 科尼什等:"知识产权执法的程序和救济",载《欧洲知识产权评论》,2003 年,第 447 页 [W. Cornish et al., Procedures and Remedies for Enforcing IPRS, EIPR (2003), 447] 和 A. 科尔:"执行指令——先抑后扬",载《国际工业产权与著作权法评论》,2004 年,第 35 卷,第 821 页 [A. Kur, Enforcement Directive – Rough Start, Happy Landing, IIC 35 (2004):821],提出有关于指令是否具有必要的宪法基础的疑问。

② 委员会诉德国(Commission v. Germany)案,No. C-380/03 (2006),《欧洲法院公报》第 I 卷,第 11573 页,第 37 段。

③ 委员会诉德国(Commission v. Germany)案,No. C-380/03 (2006),《欧洲法院公报》第 I 卷,第 11573 页,同上,第 107—109 段以及 Leger 股份公司的意见,第 175—188 段。

④ 在序言第 7 段中,"尽管 TRIPS"这一表述的含义不太清晰。尽管欧共体委员会也许想要表明欧盟成员国对于 TRIPS 协议的遵从就像欧洲法院的执法那样,是没有效力的,因而,使得欧共体委员会依据《欧共体条约》第 95 条的介入合法化。这一看法,在 W. 科尼什等:"知识产权执法的程序与救济:欧共体委员会提议的指令",载《欧洲知识产权评论》,2003 年,第 447 页,第 2 条注释 [W. Cornish et al., Procedures and Remedies for Enforcing IPRS:the European Commission's Proposed Directive, EIPR (2003) 447, n. 2] 一文中,似乎受到质疑:"如果事实是成员国没有遵守他们的义务,那这的确可以使得贯彻 TRIPS 协议标准的共同体立法合法化。但是,如果成员国遵守——好像没有相反的证据来证明不是这样——任何的协调措施应该被限定在那些 TRIPS 协议制定的标准被委员会认为是不充分的范围内"。因此,科尼什等人好像感到成员国会遵守与《贸易有关的知识产权协议》,因为"好像没有相反的证据来证明不是这样……"。然而,在现实中,欧共体第 2004/48 号指令的实体义务似乎是"履行 TRIPS 协议的标准"。因此,结论是,委员会认为"成员国没有遵守他们的义务"。考虑到"尽管 TRIPS"的含义还不是很清晰,所以在评述中没有清晰地确定得出该结论的理由。A. 柯廷:"指令的实施——先抑后扬?",载《国际工业产权与著作权法评论》,2004 年,第 35 卷,第 825 页 [A. Kur, The Enforcement Directive – Rough Start, Happy Landing?, IIC 35 (2004):821 at 825]。似乎怀疑国内程序的不同不可避免地反映了法律"缺陷",这就需要委员会介入。参见

欧共体第2004/48号指令的法律基础。

二、目标：基本法律义务

欧共体第2004/48号指令总体上对成员国设定了规定法定诉讼程序的法律义务以适用于侵犯知识产权的案件。[①]该指令的适用范围显然是共同体和/或国内的全部知识产权包括工业产权。[②]成员国可以将协调措施扩展到不正当竞争行为。而且，该指令的目标是通过确立最低限制的协调或知识产权保护的最低标准，在整个共同体范围内提供平等的知识产权保护。因此，成员国享有自由裁量权在诉讼程序方面确立更高标准

（接上页）

M. 杜根：《在欧洲法院的国内救济：协调与区别的问题》，牛津：哈特出版社，2004年，第225页［M. Dougan, *National Remedies before the Court of Justice*: *Issues of Harmonisation and Differentiation* (Oxford: Hart, 2004), 225］。"对于执法缺陷所确立的'通过法律整合'的方式，建立在这样一种观点上，该观点把共同体视为一个格外一体化的项目，该项目需要一定级别的统一性，该统一性认为国内救济和程序规则都是存在问题的，并暗示：协调是最重要的解决方案。另一种可选择的'部门化的模式（sectoral model）'，把共同体视为一个更为复杂的整体，在该整体内，贯穿不同的政策领域存在不同程度的整合与区分。这意味着，在分散执法的过程中，可以获得的多样的国内程序和救济不应该被看作一种自动的对于追求共同体法律统一适用的障碍……相反，我们认为对于统一性的要求应该仅仅以相对的目光来看待，以部门化水平（sectoral level）对此作评估，以判定欧共体所需要的依据《欧共体条约》的最低标准进行实质性以及救济性的法律协调的真正本质。"

① M. 维德恩："欧共体第2004/48号执行指令：知识产权法律协调的下一阶段"，《知识产权援助平台公告》2006年第16号，明斯特大学信息电信和传媒法律研究所，www.ipr-helpdesk.org/newsletter/16/htm/ENIPRTDarticleN10AA2.htm［M. Veddern, The Enforcement Directive 2004/48/EC: A Further Step in the Harmonisation of IP law, *IPR Help Desk Bulletin* 16 (2006), Institute for Information, Telecommunication and Medial Law, Universitat Munster］。认为："就内容而言，指令旨在把TRIPS协议的条款（第41到50条和61条）转化为欧盟法。在世界贸易组织的背景下缔结并由欧盟理事会第94/800号决议（OJ L 356 of 23 Dec. 1994）决定批准通过的《与贸易有关的知识产权协定》可以拘束所有的成员国和共同体自身。"

② A. 柯廷："执行指令——先抑后扬？"，载《国际工业产权与著作权法评论》，2004年，第35卷，第823页［A. Kur, The Enforcement Directive-Rough Start, Happy Landing?, *IIC* 35 (2004): 821 at 823, op. cit］。涉及适用于所有知识产权侵权的局部协调："后一种手段反映了一种困境，该两难也反映在当前的文本中：如果有义务在每个案件中完全适用这些条款，那该指令许多部分都存在高度争议。然而，如果国内立法机构和法官充分地利用了固有的弹性选择，在实践中协调效力会大大地减少。"

的保护。① 所以，可以认为，该指令的每一条都是为了明确成员国按照《欧共体条约》第 249 条第(3)款所承担义务的确切性质和范围。我们将按照该指令的文本结构对其进行陈述。

第一章 目的和范围

第 1 条 客体

指令第 1 条确定了其适用范围：该指令是涉及为确保包括工业产权在内的知识产权的执法所必要的措施、程序和救济的。

第 2 条 范围

指令第 2 条确定了其适用范围与下列事项有关：

第 2 条第(1)款：最低限度协调。本指令所规定的救济、措施和程序应该适用于任何侵犯共同体和/或成员国国内法所规定知识产权。但是，指令规定的这些救济、程序和措施"并不影响"共同体或国内立法所规定的或将规定的救济、程序和措施，"即使这些救济、程序和措施对权利人来说更为有利。"因此，我们认为，指令第 2 条第(1)款确立了一个最低程度的协调②，在这个协调之外，成员国为了给权利人提供更"优惠"的保护，可以自由行使其自由裁量权。但自由裁量权的行使要受到效率和公平原则的约束。③

---

① S. 普雷考：《欧共体法中的指令》第 2 版，牛津：牛津大学出版社，2005 年，第 44 页[S. Prechal, *Directives in EC Law*, (Oxford: OUP, 2005), op. cit., 44]。

② S. 普雷考：《欧共体法中的指令》第 2 版，牛津：牛津大学出版社，2005 年，第 44 页[S. Prechal, *Directives in EC Law*, (Oxford: OUP, 2005), ibid., at p.44]。

③ 有效和平衡原则以及国内程序自治权的概念的适用可以说宣告了《欧共体条约》实体条款或者《欧洲人权公约》第 6 和 13 条的不相冲突。参见：伦敦尤尼贝特案(Unibet London)，案号 432/05 (2007)，《欧洲法院公报》第 I 卷，第 2271 页，2007 年 3 月 7 日，同前引；www.curia.europa.eu，以及夏普斯顿股份公司的意见，第 38 页；库恩案(Kuhne)，案号 453/00，Leger 股份公司的意见，第 70—72 段；还有，M. 杜根：《在欧洲法院的国内救济》，牛津：牛津大学出版社，2004 年，第 22—23 页和 52—53 页 [M. Dougan, *National Remedies before the Court of Justice*, (Oxford: OUP, 2004) op cit., 22 - 23 and 52 - 53]；S. 普雷考：《欧共体法中的指令》第 2 版，牛津：牛津大学出版社，2005 年，第 146 页，第 105 条注释 [S. Prechal, *Directives in EC Law*, (Oxford: OUP, 2005), ibid., 146 n. 105 therein]。

但是,在不受下列第(2)款和第(3)款限制影响的整个知识产权的变量内,根据序言第 18 段①,指令是要适用于共同体规定和国内法律所涵盖的全部知识产权的。②

限制

第 2 条第(2)款:本指令应该"不影响"共同体关于著作权和相关权立法的欧洲经济共同体第 91/250 号指令,特别是第 7 条,以及欧共体第 2001/29 号指令,特别是其中第 2－6 条和第 8 条。

第 2 条第(3)款:

a. 本指令应该"不影响"共同体有关知识产权实体法的法律规定,比如欧共体第 95/46 号指令、欧共体第 1999/93 号指令或者欧共体第 2000/31 号指令,尤其是其中的第 12—15 条;

b. 成员国的国际义务,特别是来自 TRIPS 的国际义务,包括那些与"刑事程序和处罚"有关的。

c. 任何国内的处理侵犯知识产权的刑事规定。

而且,欧共体委员会③声明至少下列知识产权是被涵盖的:

—著作权和相关权;

—数据库权利;

—集成电路布图设计者的权利;

—商标权;

—外观设计权;

—专利权,包括来自补充保护证书的权利;

---

① 序言第 18 段:"为了涵盖被该领域共同体条款所覆盖的和/或相关成员国的国内法所覆盖的所有知识产权,有必要尽可能宽泛地界定该指令的范围。"

② A. 柯廷:"执行指令——先抑后扬?",载《国际工业产权与著作权法评论》,2004 年,第 35 卷,第 825 页[A. Kur, The Enforcement Directive-Rough Start, Happy Landing?, *IIC* 35 (2004): 821 at 825, op. cit]。注意到"除了众所周知的立法权限问题,条款本身以及序言未能给出关于如何准确地理解'知识产权'的指引,以及人身权、地理标志、商业秘密的含义"。

③ 欧共体委员会关于欧共体第 2004/48 号指令第 2 条的声明,编号 State 2005/195/EC,载于《欧盟官方公报》,2005 年 4 月 13 日,第 37 页[State 2005/195/EC, Statement by the Commission Concerning Art. 2 of Directive 2004/48/EC, *OJ L* 94, 13 Apr. 2005, 37]。

——地理标志；

——实用新型权；

——植物新品种权；

——企业名称,在其被作为独占权保护的范围内。

第二章 措施、程序和救济
第一部分 一般规定
第3条 基本义务

1. 基本法律义务的范围:"核心规则"。① 第3条规定了成员国的基本义务,成员国要提供必要的:

(a)措施

(b)程序

(c)救济

以保证指令所涵盖的知识产权的执法和保护。根据普雷考②的说法,这可以被称为一个主要的或者"核心"的或实质性的义务。但是,这个"核心"义务的范围是按照这样的方式划定的:即,成员国执行基本义务的自由裁量权限于其制定的措施、程序和救济必须不与下列由指令第3条第(1)款规定的条件相抵触,就是说,用于执行的措施和程序应该:

——公正；

——公平；

---

① S.普雷考:《欧共体法中的指令》第2版,牛津:牛津大学出版社,2005年,第41页[S. Prechal, *Directives in EC Law*, (Oxford: OUP, 2005), op. cit.,41]。"一项指令的'核心'是其实体规则,该规则说明了与指令有关的事项,因此界定了它的范围并经常指明其目的,从而确定了解释的框架……一项指令的核心实体规则会涉及国内实体法以及程序规定,包括那些国内法院所适用的程序……为了实施指令的需要,并不区分指令的规定是涉及实体法律还是与程序规则有关的条款:委员会诉德国案(Commission v. Germany),案号 C-131/88 (1991),《欧洲法院公报》第I卷,第825页,第61段。"

② S.普雷考:《欧共体法中的指令》第2版,牛津:牛津大学出版社,2005年[S. Prechal, *Directives in EC Law*, (Oxford: OUP,2005), ibid]。第三章:关于指令的内容。

——没有不必要的复杂；

——没有不必要的花费；

——没有不合理的时间限制；

——没有无根据的迟延。

而且,第3条第(2)款要求:成员国在执行其义务时要尊重某些共同体法律原则,就是说,所制定的措施必须是:

(i)相称的

(ii)有效的

(iii)劝阻性的；

并以这样的方式适用:

(iv)避免对贸易产生阻碍

(v)要防止滥用这些措施。

我们认为,实际上,上面提到的都适用于指令中(比如第4条)规定的实质的程序性义务,而且可以说,第3条中的这些程序性义务创设了权利,特别是当和第4条联系起来解释的时候。就是说,该指令(尤其是第4条和第14条结合第3条和序言第18段)的目的是,确保权利人能够以满足了第3条规定的有关花费和时间效率方面义务的方式,来保护其实质性的知识产权。但是,这些程序性权利可能采用的实际形式将有赖于国内的执行。① 在第3条创设权利的范围内,上述执行措施的形式必须不仅是清楚的,以确保权利的受益人即权利人能从权利中获益,而且必须符合效率原则和司法有效保护权利的原则。对此,我们认为,第3条第(2)款以这样的表述"那些措施、程序和救济应该以这样的方式适用……以防止其滥用"对成员国设定了一个核心义务,以确保:成员国必须保证如果必要的话通过特别处理,其执行指令符合第3条第(1)款和第(2)款设定的义务。

---

① S.普雷考:《欧共体法中的指令》第2版,牛津:牛津大学出版社,2005年,第128页[S. Prechal, *Directives in EC Law*, 2nd edn (Oxford: OUP, 2005), ibid., 128]。

值得一提的是,我们认为,一般来说成员国执行第48号指令应该要考虑《欧洲人权公约(ECHR)》第6.1条,以确保对共同体权利特别是对知识产权的有效司法保护①——根据该指令序言第32段②。

"核心"义务范围的内涵可能需要考察某些序言才能看得比较清楚。序言第8段和第9段确认,该指令通过第3条意欲达到的目标是:在国内措施、程序和救济方面,减少共同体和/或国内知识产权在本国的执法效力的差异。而且,序言第10段明确了这个目标——该段序言声明:本指令是"为了使法律制度相互趋同,以确保在内部市场中达到一个高效、平等和相同水平的保护"。其中的"平等"和"相同"等词语对于第3条所规定的核心义务的范围将会有很大的影响。最后,依照欧共体的一致解释原则,该指令的序言第10段连同欧共体法律原则可能要求国内的程序、救济和措施进行改变,以保证有效的知识产权执法,即便该指令被认为并没有规定这样直接有效的权利。③ 但是,很清

---

① S.普雷考:《欧共体法中的指令》第2版,牛津:牛津大学出版社,2005年,第145页[S. Prechal, *Directives in EC Law* (Oxford: OUP, 2005), ibid., 145],以及Union de Pequenos Agricultores案,案号50/00P,第38—42点。

② 序言第32段:"这一指令尊重基本权利并遵守尤其是那些为《欧盟基本权利宪章》所认可的原则。特别是,根据该宪章第17条第2款的规定,这一指令旨在确保对知识产权的完全尊重。"

③ S.普雷考:《欧共体法中的指令》第2版,牛津:牛津大学出版社,2005年,第8章,第814页[S. Prechal, *Directives in EC Law*, (Oxford: OUP, 2005), op. cit., Ch.8 at 814]:"一致解释的范围:从欧洲法院判例法来看,为了解释一致的目的,充当解释标准的条款是否直接有效似乎并不重要。然而,尽管直接有效所要求的准确性和绝对性对于解释一致的目的根本不必要,但是,应该指出指令的术语必须为相关法院提供某个'需要坚持的最低标准'……同样地,不论相关的法律关系如何,该义务都会适用于主要的诉讼程序,例如,不管是否在个体公民与国家之间或者两个个体公民之间存在冲突",以及第9章,冯·科尔森案(von Colson),No. C-14/83 (1994),《欧洲法院公报》第1891页;案号373/90 X,第7段;法契尼·多利案(Faccini Dori),No. C-91/92 (1991),《欧洲法院公报》第I卷,第3325。并可以参见欧洲法院做出的适用于《与贸易有关的知识产权协定(TRIPS)》的一致解释,赫尔墨斯案(Hermes),No. C-53/96 (1998),《欧洲法院公报》第I卷,第3603页;迪奥案(Dior),No. C-300/98 (2000),《欧洲法院公报》第I卷,第11307页;Schieving-Nijstad案,No. C-89/99 (2001),《欧洲法院公报》第I卷,第5851页,第31—38段;伦敦尤尼贝特公司案(Unibet London),案号C-432/05 (未公告),2007年3月13日,夏普斯顿股份公司的意见,2006年11月30日,第40—42段;以及S.普雷考:"欧洲法院中的共同体法律",载《共同市场法律评论》,1998年,第35期,第681页[S. Prechal, Community Law in the Courts, *CMLR* 35 (1998): 681]。

楚,这全部和权利的创设有关联,就像指令的序言第 18 段、第 3 条和第 4 条所规定的那样,就是说,为了有效保护权利人的实体知识产权而为其创设程序性权利。

所谓的"附随义务"①(与核心义务或关键性义务相反),将在与本指令第 18、19 和 20 条有关的部分进行分析。

第 4 条　一般法律规定的范围

(A)这一条中的核心义务要求赋予四类原告或者法律主体以法律地位,使其能够申请该指令所规定的措施、程序或救济。实际上,第 4 条的功能是以这样的方式实现的:

(1)成员国必须规定法律主体地位,即他们必须承认有权申请措施和救济的法律主体包括某些类别的人:"成员国应该承认下列人员有权请求适用本章规定的措施、程序和救济"。

(2)成员国必须规定上述被承认的人包括四个类别:

(B)这四个类别的潜在诉讼当事人如下:

1. "知识产权权利人":"根据所适用法律的规定"。

2. "所有其他被授权行使这些权利的人":"所适用法律允许的或根据所适用法律的规定"。

3. 知识产权集体管理组织,"该组织通常被认为是有权代表知识产权权利人":"所适用法律允许的或根据所适用法律的规定"。

4. 专门保护组织,"该组织通常被认为是有权代表知识产权权利人":"所适用法律允许的或根据所适用法律的规定"。

(C)序言第 18 段进一步强调了这个义务的总体性质。但是,第 4 条中成员国义务的范围还存在的问题是:即便当国内规则并没有规定全部四类主体的时候,仍然要确定全部四类主体的代表。至于所谓的"核心"义务——其最终的解释只能由欧洲法院作出——至少一个可

---

① S. 普雷考:《欧共体法中的指令》第 2 版,牛津:牛津大学出版社,2005 年,第 44 页[S. Prechal, *Directives in EC Law* (Oxford: OUP, 2005), ibid., at p.44]。

能的解释是:要求成员国只是执行第(a)项,即确保知识产权权利人和独占被许可人享有诉讼主体地位。而较为特殊的第(b),(c)和(d)项,并未要求成员国有义务保证授予权利人以外的这些主体享有这样的诉讼主体地位,也没有要求其保证存在或者引入这样一些代表性诉讼——如果这些成员国的国内诉讼制度中不存在这样的代表性诉讼。根据有关的规定,成员国应该承认在第(b),(c)和(d)项中提到的那些被授权使用这些权利的人以那些代表性机构,只有在"所适用的法律规定允许或者根据该规定",才有权申请相关的措施、程序和救济。因此,成员国可以继续适用其自己的法律。结果是,这些规定是用来鼓励那些国内诉讼程序中没有规定这些诉讼主体的成员国制定法律,以保证那些尚未存在这种可能性的法院可以受理那些类别的法律主体提起的诉讼。

(D)还有一种可能的解释是,第4条意味着要求成员国规定包括第(c)和(d)项在内的全部四类诉讼法律主体——如果有必要创设的话,其理由是:第一,指令第3条要求国内的执行应该是有效的[1];第二,我们认为,欧共体的有效法律保护原则[2][在约翰斯顿(Johnston)[3]、海伦斯(Heylens)[4]案中所建立起来的]要求知识产权权利人可以获得

---

[1] 委员会诉英国(Commission v. UK)案,No. C-382/92 (1994),《欧洲法院公报》第 I 卷,第 2435 页。然而也有不同观点,参见 Janal 的相反观点。

[2] S. 普雷考:《欧共体法中的指令》第 2 版,牛津:牛津大学出版社,2005 年,第 143—144 页 [S. Prechal, *Directives in EC Law* (Oxford: OUP, 2005), op. cit., 143-144]。认为,有效司法保护的原则建立在这样的原理基础上,即,"一个以法律规则为基础的共同体中,每个人必须拥有机会可以在法庭上维护其权利并且……这一保护必须是有效的"。此外,在 144 页讲到,"这一原则不仅仅当某个人直接依靠于指令条款时适用,也在援引国内法条款执行指令时适用"。参见伦敦尤尼贝特博彩公司案(Unibet London),No. C-432/05,(未报道),夏普斯顿股份公司(AG Sharpston)的意见,第 38 页:"……有效法律保护原则是一项总的法律原则的体现,该原则强调成员国共有的宪法传统的重要性。该原则,即获得'公平审判'的权利,体现在《欧洲人权公约(ECHR)》第 6 条第 1 款,现在已经作为共同体法律的基本原则规定在《欧盟条约(EU)》第 6 条第 2 款。"

[3] 约翰斯顿诉厄尔斯特警察局长案(Johnston v. Chief Constable of Ulster),No. C-222/84 (1986),《欧洲法院公报》第 1651 页,同前引。

[4] 优尼科特诉海伦斯案(*Unectf v. Heylens*) No. C-222/86 (1987),《欧洲法院公报》第 4097 页,同前引。

有效的法律保护①,这些知识产权一般都规定在指令中②,序言第 32 段也有特别的规定。可以说,有效法律保护原则要求知识产权权利人能够直接地以个人名义或者间接地通过指令第 4 条列举的其他机构③来保护其知识产权,因为这是该条所规定的核心义务。所以,根据对第 4 条规定的义务范围的解释,可以看出,如果不提供全部四个方面的代表,就可能会违反有效司法保护原则[除非依据欧洲人权法院(ECtHR)的判例法④可以证明这样做是正当的],也可能违反《欧共体条约》第 249 条第(3)款和第 10 条。⑤ 因此,再次按照对第 4 条第(a)—(d)项的这一解释,不正确执行第 4 条尤其是其中的第(b),(c)和(d)项,可能会引发通过一致解释原则而进行的救济性诉讼(不管是

---

① S. 普雷考:《欧共体法中的指令》第 2 版,牛津:牛津大学出版社,2005 年,第 142—145 页[S. Prechal, *Directives in EC Law* (Oxford: OUP, 2005), op. cit., 142 – 145]。M. 杜根:《在欧洲法院的国内救济》,牛津:哈特出版社,2004 年,第一章[M. Dougan, *National Remedies before the Court of Justice* (Oxford: Hart, 2004), Ch. 1]。伦敦尤尼贝特案(Unibet London), No. C – 432/05 (2007),《欧洲法院公报》第 I 卷,第 2271 页,第 42—43 和 73 段,以及夏普斯顿股份公司(AG Sharpston)的意见,第 38 页;萨法乐若(*Safalero*)案, No. C – 13/01 (2003),《欧洲法院公报》第 I 卷,第 8679 页,第 49—50 段以及斯蒂科斯—哈克股份公司(Stix – Hackl)的意见,第 66—68 段。

② 序言第 2、3 和 32 段,特别引用了《欧盟基本权利宪章》(编号 2000/C, 364/01 OP,2000 年 12 月 18 日)第 17 条第 2 款,并规定:知识产权应该受到保护。值得一提的是第 47 条,该条对获得一个有效救济的权利做出了保障。

③ S. 普雷考:《欧共体法中的指令》第 2 版,牛津:牛津大学出版社,2005 年,第 143 页[S. Prechal, *Directives in EC Law* (Oxford: OUP, 2005), op. cit., 143]。"而且,同样需要着重指出的是,该原则不仅仅当个人直接依靠指令的条款时予以适用,而且,也适用于执行指令的国内法律条款被援引和适用时。换句话说,即使不含有与司法保护有关的条款的一项指令——相比较 27/207 号指令而言——在国内法中得以正确地执行,成员国必须确保有关个人可以通过司法程序来主张那些需要通过国内执行措施来获得保护的权利。如果这一可能性缺失,就会构成不充分的执行。"

④ 尤尼贝特案(Unibet),案号 No. C – 432/05 (2007),《欧洲法院公报》第 I 卷,第 2271 页, www.curia.europa.eu,夏普斯顿股份公司(AG Sharpston)的意见,第 38 段,该公司引用了下面文献:戈尔德诉英国案,1979—1980 年,《欧洲人权报告》第 1 期第 524 页,第 36 段;克拉斯诉德国案,1994 年,《欧洲人权报告》第 18 期第 305 页,第 49 段;阿欣戴恩诉英国案,1985 年,《欧洲人权报告》第 7 期第 528 页,第 55—57 段;利思戈诉英国案,1986 年,《欧洲人权报告》第 8 期第 329 页[Golder v. UK (1979 – 1980) 1 EHRR 524 at para. 36; Klass v. Germany (1994) 18 EHRR 305 at para. 49; Ashingdane v. UK (1985) 7 EHRR 528 at paras 55 – 57; Lithgow v. UK (1986) 8 EHRR 329]。

⑤ 彼得森诉欧盟理事会和委员会案(Petersen v. Council & Commission),案号 No. C – 382/92 (1994),《欧洲法院公报》第 I 卷,第 2435 页,第 24—27 段。

否创设了权利),也可能会引发追究国家责任的诉讼(在寻求创设权利的情况下,而且追究这种责任的条件已经满足,尽管可能不是很明显)。

第5条 规定的范围

第5条连同涉及《伯尔尼公约》①的序言第19段对成员国设定一项义务,就下列事项规定一个可以被否定的推定:

(1) 与文学艺术作品有关的作者;

(2) 著作权和相关权的权利所有人。

根据第5条(a)项,这个关于作者的法律假设是以这样的方式进行的:"文学或艺术作品的作者……被认为是这样的……只要他或者她的名字以通常的方式出现在作品上就足够了。"基于这个假设的一方当事人要承担确立基本事实的责任,即,他或者她的名字以通常的方式出现在文学或艺术作品上。但是,第5条(a)项表明,这个假设是可以被否定的,就是"没有相反的证据"。所以,一旦该声称的作者已经提供足够的证据来证明这个事实,他的对手就有法律义务提供证据来反驳这个假定的事实。如果没有这样的证据来反驳,该假定的作者就必须被承认。第5条(b)项规定:(a)项规定的关于文学和艺术作品的这个法律假设和驳回的可能,原则上可以适用于与著作权相关的权利人,尤其是"有关其保护的内容"。

---

① 《保护文学与艺术作品伯尔尼公约》(1979年9月28日修订)第15条第1款:"受本公约保护的文学艺术作品的作者,只要其名字以通常方式出现在该作品上,在没有相反证据的情况下,即视为该作品的作者并有权在本同盟成员国中对侵犯其权利的人提起诉讼。即使作者采用的是假名,只要根据作者的假名可以毫无疑问地确定作者的身份,本款也同样适用。"关于法律推定,参见A. 基恩:《现代证据法》第6版,牛津:牛津大学出版社,2006年,第22章[A. Keane, *The Modern Law of Evidence*, 6th edn (Oxford: OUP, 2006), Ch. 22]和A. 朱克曼:《民事诉讼程序》,伦敦:律商联讯,2003年,第21章,第655页[A. Zuckerman, *Civil Procedure*, (London: LexisNexis, 2003) Ch. 21 notably at 655]。"推定是通过对证明责任或者举证责任进行有条件分配的方法而分担错误的风险的技巧。推定是一项法律规则,它规定在一方举出某个事实依据('基本事实')的基础上,除非另一方能够提供相反证据,法庭有责任查找另一事实('假定事实')的存在——除非该另一方证明事实是相反的或者有时候证明事实就是如此。"

成员国的核心义务是要保证规定这样一个关于文学和艺术作品作者和著作权权利人的可否定的法律假设。但是,我们认为,作为执行指令的一个内容,无论是确立最初的假设还是进行反驳所需要的证据的标准,以及关于反驳的举证责任转换的规则,都是由国内诉讼程序规则来决定的。

第二部分　证据

第6条　证据

1. 从另一方获取证据:义务的范围

指令第6条对成员国设定了一项核心义务,以保证司法官员在下列情况下向诉讼当事人出示证据:

(a)根据一方当事人的请求;

(b)该当事人已经提交了可以合理获取的足以支持其诉讼请求的证据;

(c)正在证实这些诉讼请求;

(d)详细说明了被对方当事人所控制的证据,有权管辖的司法机关可以裁定对方当事人提交这些证据;

(e)要保护那些保密的信息。

要求获取的证据可能含有被对方当事人所控制的机密信息,在这种情况下,所作出的任何裁定必须要求收到证据的乙方确保对这些信息的保护。

该义务仅仅适用于一方提出了这样要求的情形,因而很明显,一个司法机关不可能在没有任何一方当事人提出一个请求的情况下自己主动作出这样一个裁定。而且,该义务仅仅适用于起诉以后已经提出诉讼请求的情形,即,"该当事人已经提交了可以合理获取的足以支持其诉讼请求的证据"。而且,第6条所规定的义务没有为可称为"投机性的请求(Speculative requests)"或所谓的"审前盘问或非法调查(Fishing expedition)"之类的信息沟通提供保证,就是说,该义务仅仅适用于请求一方要求提供的信息明显知道是被对方所控制的而并非是可能存在的信息,而且"详细说明了被对方当事人所控制的证据"。没有对"可以正当获取的证据"进行确切的定义,也没有提及从对方当事人获取证据的目的或者用途。也没有明确规定收到司法机关裁定的一方没有遵守时会受到什么处罚。而且,没有澄清"机密信息"和"证据"之间最终有什么区别。但是,"合理证据"看起来与"可以合理获取的证据"是有区别的,"合理证据"被界定为:"在本段中,成员国可以规定:有管辖权的司法机关可以认为作品或其他保护客体的相当数量复制件的合理样本构成'合理证据'。"

2. 商业文件

银行、财务和商业文件,原则上,如果符合上述从对方当事人获取证据的条件,也适用这里规定的义务,以保证一个国内法院在"实施商业规模侵权"的案件中能够裁定提交银行、财务或商业文件,前提是要保护机密信息。可以看出,提供商业文件的义务与提供证据的义务是相互独立的,证据与文件这两个术语也是不同的。因此,至少证据这个术语是指可在司法中用来证明侵犯知识产权行为的,但并不一定包括文件。序言第14段界定的商业性行为是指那些具有直接或间接经济或商业利益的行为,通常不包括最终用户的善意行为。但是,成员国可以根据指令的第2条,把公开商业文件的制度延伸到非商业文件。

第7条　保全证据的措施

核心义务的范围

第7条第(1)款:成员国承担的总的义务是确保司法机关能够根据以下条件通过临时措施来保全证据:

条件

1. 时间:

无论在诉前还是在诉后,都可以提出申请:

成员国应确保,即使在起诉前……

2. 受益人：

"申请人可以是……"第 4 条所规定的申请人。

3. 做法(modus operandi)：

这个义务是要保证国内当局在下列情况下能做出必要的裁定来保全证据：

(a)根据一方当事人的申请；

(b)该当事人已经提交可以合理获取的证据来支持他/她的诉讼请求；

(c)他/她的知识产权已经遭受侵犯或者即将遭到侵犯；

(d)前提是要保护机密信息。

为什么存在第 6 条是"支持其诉讼请求"而在第 7 条是"支持他/她的诉讼请求"这样的区别，序言中没有对此做任何解释。而且，在第 6 条中，没有任何证据表明究竟哪一个是申请人所寻求的裁定要去支持的诉讼请求。很清楚，"可以合理获取的证据"是指侵权的诉讼请求的证据标准，而不是在申请与侵权诉讼请求相关的证据保全中所要达到的证据标准。就是说，没有任何证据表明哪一个是申请人要去支持的诉讼请求，以保证法官作出裁定来保全与侵权诉讼请求相关的证据。

4. 措施的形式：

法院必须能采取这样的措施：

(a)迅速的；

(b)有效的；

(c)临时的。[①]

[①] 关于英国诉讼程序，A. A. S. 朱克曼：《民事诉讼程序》，伦敦：斯威特和马克斯维尔，2003 年，同前引，第 265 页[A. A. S. Zuckerman, *Civil Procedure* (London: Sweet & Maxwell, 2003), op. cit., 265]。"显然，这一清单包含了广义上所说的两种不同类型的临时裁定，除了他们最后都不是为了决断争议问题这一点是相同的，他们之间几乎没有共同点。第二种类型由各类措施构成，该措施旨在促进信息的获取或者以某种方式规范诉讼过程。这些措施是非常不一样的。在一个阻止被告摧毁一幢对于他和原告都主张享有所有权大楼的裁定，和一个要求公开文件或者要求某个人允许检查其财产的裁定之间，是有根本区别的。前者包含了在审判前对于实体权利的干涉，尽管只是

措施的范围并没有规定,但它可能包括:

(i)对侵权产品的详细描述,并同时采取或不采取下列措施;

(ii)对侵权产品取样;

(iii)没收侵权产品;

(iv)没收用于制造或销售侵权产品的工具和材料;以及

(v)查封相关文件。

5. 目的:

除了"第7条,为了保全证据的措施"的描述外,没有表明有其他特别的目的。但是,该义务直接明确规定:……司法机关可以……迅速作出裁定以及采取有效的临时措施来保全相关证据。

6. 法定条件:

(a)在下面情形下"可以采取该措施"

—"任何迟延可能导致对权利人不可弥补的损害"

—或者"存在证据被破坏的明显风险"。

值得注意的是,这两个条件是独立的:只要其中一个或另一个需要的条件满足了,就可以采取这个措施。另一方面,"明显风险"仅仅是指证据被破坏,而不是可能被破坏,这与知识产权已经被侵犯或者即将被侵犯形成鲜明对比。

(b)相对人:单方面申请

i. 可以在不告知对方的情况下采取该措施。

ii. 执行该措施后必须随后立即通知对方。

(接上页)

临时性的。由于制止某个行为的临时裁定会影响处于争议中的权利,法院必须尽力谨慎地确保其临时裁定不会危害该权利,这在审判后自然会明确。然而,当该裁定仅仅是涉及所要遵循的程序时,例如法庭不得不决定是否安排审判前的证据开示或调查时,尽管该裁定会帮助一方或者另一方当事人实现其权利,但是其就争议的权利或者该权利的行使是没有影响的。的确,因为这类裁定在实质上并不是临时性的,所以把他们描述成临时裁定并不恰当。要求被告允许检查财产或者公开特定文件的裁定,要求立即执行和遵守,在最终判决中,不会对此再做进一步的决断。"

(c)听证权:申请解除

根据受影响一方提出的请求,在发出采取措施通知后的一个合理时间期限内,可以对该措施进行复审,那时的复审将决定该措施是否改变、撤销或者维持。

(d)用于支持申请的证据类型:

所有与实际或潜在的侵权行为相关的证据,尽管这里并没有使用"相关的"术语。虽然并未规定证据和信息之间的区别,但这包括明显可以被用来作为证据的机密信息,只要其保密性能够受到保护。致使作出证据保全裁定的证据类型是"与被指控的侵权行为相关的证据"。

(e)该裁定的程序特征:

司法机关的义务是作出一个迅速和有效的裁定。

(f)该裁定的性质:

该裁定的性质是一个临时措施。因此,在适用范围方面,第7条规定的"临时措施"和第9条规定的"临时禁令"之间的关系不是特别地清楚。

(g)诉由和证明标准:

第7条第(1)款规定:"……来支持他的……知识产权已经被侵犯或者将要被侵犯的……诉讼请求……"。因此,必须存在一个实际或潜在地侵犯某个知识产权的实质性诉由的诉讼。但是,第7条并不意味着这个诉由所必须要达到的证明标准,这不同于第9条第(3)款的规定,该条款是要确立颁发临时禁令所要达到的证据门槛。而且,没有迹象表明证据保全措施的申请人必须提供相关证据被破坏的可能性的证据。但不幸的是,根据第(4)款规定,在发现没有侵犯知识产权的风险或者没有侵犯知识产权的时候,需要进行赔偿。

第7条第(2)款要求成员国保证国内法院能够在必要的时候,作出保全证据裁定前可以要求"申请人提供"足够的保证或者相应的担保,其目的是保证在"对被告造成第7条第(4)款规定的损害"时进行赔偿。这里并没有区分"对被告造成的损害"是直接的还是间接的。

但是,第(4)款规定"要对因这些措施而对被告所造成的任何损害进行适当的赔偿。"

第 7 条第(3)款:请求撤销的权利。这一款规定:在法院规定的起诉期限到来之后或者第(3)款规定的期限届满之日尚未起诉的,被告可以行使其请求权,申请撤销临时措施。这是考虑到法律稳定性的缘故,被告才可以行使这个权利。①

(h)请求赔偿的权利:

根据第 7 条第(4)款,成员国有义务规定:在下列情形下,因法院作出采取证据保全措施的裁定而给被告带来任何损害,司法机关可以要求"申请人"向被告提供适当的赔偿:

i. 被告向法院提出请求;

ii. 由申请人或原告给予被告适当的赔偿;

iii. 因下列情形导致的任何损害:

——该保全措施被放弃或撤销;

——由于申请人的行为或者疏忽导致该保全措施失效;

——发现不存在侵权风险或者并不存在侵权行为。

第 7 条第(5)款:成员国可以采取措施来保护证人的身份。这一款并不构成一个义务,因为这里使用的是"可以",而不是"应该"。

第三部分 信息权

第 8 条 信息权

第 8 条第(1)款

核心义务是确保国内司法机关有权"在有关知识产权的诉讼中"对所谓的质询作出有利于"原告"的裁定。

---

① 下列案件尤其反映了这一点,如赫尔墨斯案(Hermes),No. C-53/96(1998),《欧洲法院公报》第 I 卷,第 3603 页;迪奥案(Dior),No. C-300/98(2000),《欧洲法院公报》第 I 卷,第 11307 页,以及 Schieving-Nijstad 案,No. C-89/99(2000),《欧洲法院公报》第 I 卷,第 5851 页。

1. 时间：

如果对"在诉讼中"做严格解释的话，这意味着是在案件起诉后，而且这里用的是"原告"这个术语而不是"权利人"。但我们认为成员国有权将这个保护延伸到还没有提起实质性诉讼的中间诉讼过程中。

2. 受益人：

即，知识产权执法诉讼中的原告。

3. 法定条件：

披露信息的请求必须是正当的，而且是适当的。

正当的定义是没有的。不清楚"正当"这个术语是否指一个所要达到的证明标准，或者是否应该被理解为是与序言第17段中的比例原则相结合的情形下的适当或者合适的意思。因此，不清楚原告是否必须在其文件中表明：确信某个人占有了该信息（而不是他可能占有该信息），这样与该特定的人相关的请求才是正当的。这可能对于要求第三人披露信息来源来说是尤其重要的。

4. 信息类型：

信息分成两类：侵犯知识产权的产品和/或服务的来源和销售网络。

5. 被质询方：

可能作出的裁定所针对的人包括这样两种：

（a）侵权人；

（b）第三人。

但是，第三人只包括下列人：

（i）被发现占有着商业规模的侵权产品的人；

（ii）被发现正使用商业规模的侵权服务的人；

（iii）被发现正提供一个商业规模的服务，而该服务被用于侵权行为；

（iv）被上述三类人中之一类人指认其"参与生产、制造或销售产品或提供服务"的人，这类人是所谓的第二类第三人，其身份是前面所说的原始第三人提供的另一个第三人。

这里,不清楚"正当请求"这个术语是否可能指:在由第一个第三人指认的第二个第三人以及被指控涉嫌侵犯知识产权的第三人的情况下,国内法院对申请人设定的条件是必须实现申请人所提出的证据的证明价值。

第8条第(2)款:信息披露的范围

所需要的信息有两类:

第一类:(侵权人身份信息)产品或者服务的生产商、制造商、销售商、供应商和上述其他拥有者的名字和地址,也包括预期的批发商和零售商。不清楚这里是否也有商业规模的数量要求。

第二类:(侵权的数量信息)生产、制造、发送、接收或预定的数量信息,以及得到的所涉产品或服务的价格信息。

这里所请求披露的信息应该是在普通公开程序中无法提供的或者还没有获得的信息。但不清楚为什么这信息披露义务仅仅限于起诉后,而且为什么不可以和知识产权诉讼中防止破坏证据的诉前措施结合起来。

第8条第(3)款:与抗辩权和替代程序相关的协调程度

这一款规定前面两款"的适用应该不对其他以下这样的强制性规定造成影响":

(a)授予权利人获取更全面信息的权利;

(b)控制根据这一条所提供的信息在民事和刑事诉讼中的使用;

(c)追究滥用信息披露权的责任;

(d)给一个人拒绝披露信息的机会,如果这种披露会导致其被迫承认他或她自己或者他或她的亲属参与侵犯知识产权;

(e)对机密信息的保护和个人信息的处理进行监管。

简单说,第8条第(3)款的目的是要明确(a)项和(b)项所规定的义务是一种最低限度性质的协调。这没有排除成员国制定更加有利的措施。(3)款还允许成员国保持或制定有关规定来维护比例原则,限制被披露信息的使用,坚持缄默权原则。而且,根据第 8 条第(3)款(e)项,其他关于监控机密信息保护以及私人信息处理的强制性规定都不受影响。这一款还有一个特别的用处是:原告可以请求中间人(比如网络服务提供者)根据通信流量数据来披露被控侵权者的个人信息或被控侵权者的身份。根据欧共体第 2002/58 号指令[①]和欧共体第 95/46 号指令[②],特别是第 13 条第(1)款(g)项的规定,欧洲法院在西班牙音乐制作人协会(Promusicae)一案中的判决中解释道:欧共体第 2004/48 号指令第 8 条并没有要求成员国规定交换个人信息的义务。[③] 但是,该法院指出,共同体法律要求成员国在转化这些指令的时候,必须谨慎地对其进行解释,以在共同体法律体系所保护的各种基本权利之间取得一种平衡。而且,当执行转化指令的措施时,成员国有关当局和法院必须不仅要以与指令一致的方式来解释其国内法,而且要确保其并没有做出与共同体法律规定的那些基本权利或其他基本原则(比如,比例原则)相矛盾的解释。[④]

第四部分　临时措施和预防措施

第 9 条　临时措施和预防措施

这项义务要求成员国确保国内法院根据申请人的请求针对两类人颁发一个临时禁令,以防止对欧共体第 2001/29 号指令所覆盖的知识产权(除了著作权或相关权)的即发侵权或者持续侵权。

[①] 2002 年 7 月 12 日欧洲议会和理事会的欧共体第 2002/58 号指令,关于电子通信部门的个人数据加工以及个人隐私保护,《欧盟官方公报》,No. L 201,2002 年 7 月 31 日,第 37 页(OJ No. L 201, 31 Jul. 2002, pp. 37 et seq.)。

[②] 1995 年 10 月 24 日协调会和欧洲议会的欧共体指令第 95/46 号,关于个人数据处理以及数据的自由移动方面的个人权益保护,《欧盟官方公报》,No. L 281,1995 年 11 月 23 日,第 31 页(OJ No. L 281, 23 Nov. 1995, pp. 31 et seq.)。

[③] Promusicae v. Telefonica de Espana 案,No. C – 275/06,2008 年 1 月 29 日,curia.eu.int 第 58 页。

[④] 同前,第 68 页。欧洲法院所提出的基本权利是指(1)财产权利,(2)获得有效救济的权利以及(3)对于个人信息和私生活的保护。

第 9 条第(1)款(a)项
(1) 受益人
这个救济措施的受益人是权利人,尽管是所谓的"申请人"去申请禁令的。
(2) 被申请人
这个临时禁令的被申请人的范围包括以下两类人:第一,被控侵犯知识产权的侵权人;第二,第三方利用其服务去侵犯知识产权的中间人。第 9 条第(1)款把这一类人称为"被控侵权人",而对第二类的侵权人的称呼中则少了"被控"两字,即"针对第三方利用其服务去侵犯知识产权的中间人的禁令"。
(3) 原则上适用于中间人
"该指令规定,针对第三方利用其服务去侵犯知识产权的中间人的禁令""在相同的条件下,也可以被颁发",对中间人的禁令和对直接被控侵权人的禁令是一样的。指令中并没有规定"中间人"或"第三方"的定义。我们认为,第 8 条第(1)款(b)项可以被用来帮助提起针对第 9 条规定的"中间人"的临时禁令,该第 8 条第(1)款(b)项适用于"任何被发现在以商业规模使用侵权服务的人"。
(4) 禁令的目的[①]
成员国必须确保国内法院能够做出以下裁定:颁发一个临时禁令以实现下列目标:
(a) 阻止一个即将发生的侵权;
(b) 禁止对知识产权的持续侵权,条件是该禁止是临时性的,而且在必要时根据国内法规定可处以连续的罚款;
(c) 作为临时禁令的替代手段,国内法院可以允许该被控的侵权继续(或者说"使该被控的侵权继续"),条件是提供担保以保证对权利

---

① 参见 Tedesco 案,No. C－175/06,2007 年 7 月 18 日,Kokott 股份公司的意见,2007 年 7 月 29 日,第 51 和 52 段;认为欧共体第 2004/48 号指令应该用于解释关于在民商事案件中取证合作的第 1206/2001 号条例。

人的赔偿；

（d）这些条件原则上也适用于中间人；

（e）如果禁令是针对中间人的服务被第三人用于侵犯著作权或相关权的,适用欧共体第2001/29号指令。

第9条第(1)款(b)项

成员国必须确保国内司法机关能够：

作出裁定：没收或交付涉嫌侵犯知识产权的货物

其目的是：阻止其进入商业渠道或在商业渠道流通

可以被没收的东西是涉嫌侵犯知识产权的货物。

第9条第(2)款 财产保全

成员国必须确保国内司法机关能作出裁定,在下列条件下对财产进行保全：

条件：国内当即必须能作出这样的裁定

a. 受损害的当事人证明可能存在无法获得损害赔偿的危险情形。

b. 该"侵权是一个商业规模的行为。"

范围：

c. 被控侵权人的动产；

d. 被控侵权人的不动产；

尤其是：

e. 冻结侵权人的账户和其他资产；

f. 要求提供银行、财务或商业文件,或者适当获取相关的信息。值得一提的是,该指令明确："有关当局"可以作出裁定要求提供这些信息。

第9条第(3)款

申请人必须满足的法定条件：

如前所述,第9条规定的措施不同于第6条的规定。根据第9条,国内司法机关应该有权要求申请人提供可以合理获取的证据。

证明价值：证据的证明价值是很重要的,只有当提供的证据充分到

确定了下面两个情形之一的程度,司法机关才会对此表示满意:

第一,申请人是权利人;

第二,申请人的权利正在遭受侵犯或者这种侵权即将发生。可以说,这个要求涉及了申请人实质性诉由的内涵。

第9条第(4)款

这一款要求成员国确保:第(1)款(a)和(b)项规定的措施可以被单方面地申请——就是说没有被告的参与,特别是如果迟延会对权利人造成不可弥补的损害的情形下。在以这个理由提出申请的情况下,并不意味着有义务提供证据来证明不可弥补损害的性质或其可能性。

第9条第(4)款 对单方面措施的审查:

要求成员国确保:如果被告在裁定送达后的一段合理时间里提出请求,可以进行一次审查(包括一次听证)。审查的目的是让司法机关决定这个措施是否应该被改变、取消还是维持。

第9条第(5)款 对措施的审查:撤销

(a)该义务的适用范围

要求成员国确保根据第9条第(1)款和第(2)款所授予的措施在被告的请求下可以被撤销,条件是:

(i)申请人没有在一个合理的时间内提起诉讼以便法院作出判决。这个期限应该是一个合理的期限:

(b)时间的计算

(i)如果成员国法律允许,国内法院可以确定在一段时间后被告可以请求撤销禁令。或者,如果没有这样的司法决定,

(ii)这个时间期限不超过20个工作日或31天,被告可以在更长的期限到期后请求审查,申请撤销该禁令。

我们认为,如同第7条第(3)条一样,根据第9条第(3)款进行的审查也必须由被告来启动。

并没有迹象表明:为什么保护被告权利的时间期限,在涉及双方当

事人申请禁令时是由特定的时间计算方法确定的,而相反,确定合理时间期限的较为一般的方法则适用于单方面的申请。

第 9 条第(6)款 义务的适用范围

第(6)款规定:"有管辖权的司法机关可以采取第(1)款和第(2)规定的临时措施……",这似乎确定成员国有义务确保国内法院有权根据自己的判断裁定采取措施来保证原告赔偿被告因所颁发的禁令而遭受的损失。

原告的担保是由第 9 条第(7)款规定的。

第 9 条第(7)款 义务的适用范围:

成员国要确保:在下列四个情形下,有权管辖的司法机关有权力保证根据被告请求,因第 9 条第(1)款和第(2)规定的临时措施而使被告遭受的损失得到"适当"的赔偿:

(a) 该措施被取消;

(b) 由于申请人的行为或疏忽导致该措施落空;

(c) 随后发现不存在对知识产权的侵权;

(d) 随后发现不存在知识产权的侵权威胁。

很清楚,第 9 条第(4)至(6)款规定了在法院颁发禁令时对被告权利的保护。但是,在执行法院根据第 9 条第(1)款(b)项或者第(2)款(涉及财产的扣押)颁发的禁令时,却没有特别规定来保护被告的权利。因此,这样的保护看来是落入了成员国自由裁量权的范围。[①]

[①] 可以认为,成员国在这方面的自由裁量权一方面参照有效、平等以及有效司法保护的学说并且依据涉及《欧共体条约》中实体权利的各类条款。S. 普雷查尔:《欧共体法中的指令》第 2 版,牛津:牛津大学出版社,2005 年,第 146 页,注释第 105 条[S. Prechal, *Directives in EC Law*, 2nd edn (Oxford: OUP, 2005), op. cit., 146 fn. 105 therein]:"为了简明的目的,必须指出:共同体法律也将通过其他的机制干涉国内诉讼程序法,而不仅仅通过对于公平和效率或者有效司法保护的要求。在许多案件中,无论是《欧共体条约》规定的自由还是第 12 条设定的禁止歧视的总要求,都为国内诉讼程序规则提供了指引。达非奇案(Dafeki),案号 C-336/94,同前引。在其他情况下,主要是建立在对于某一特定指令解释的基础上,欧洲法院实现了对国内诉讼程序法的大量指引。Oceano 案,案号 C-240/98 和 C-244/98,同前引。"

第五部分　根据判决结果而采取的措施

第10条　纠正性措施

(1) 第10条第(1)款

这一款要求成员国确保其司法机关能够在判决后根据申请人的请求，提供纠正性措施。所采取的"适当措施"涉及的是：

(a) 被发现已经是侵权的货物；

(b) 在适当情形，主要被用于生产和制造侵权货物的材料和工具。

根据第一条可以采取的纠正性措施包括：

(c) 销毁这种货物；

(d) 从商业渠道召回这种货物；

(e) 将这种货物从商业渠道清除。

条件是：

(f) 该纠正性措施独立于对权利人的损害赔偿；

(g) 也没有任何补偿。

第一，该措施仅仅在判决后司法机关发现该货物是侵犯知识产权的（"……其已经被发现是侵犯知识产权的"）时候采取的。但是，实际上，并没有提及在正式的判决中包含了法律程序或"司法认定侵权"。而且，与前一条中规定的措施不同，并没有规定申请纠正性措施的特定方法，也没有提到法院考虑到案件的具体情况决定采取这样的措施时可能需要的证据类型。还有，也没有提到该诉讼程序是由双方参与的还是单方面进行的。

虽然国内法院在行使其自由裁量权时，必须考虑比例原则以及第三方的利益，但是纠正性措施按理说是"不影响对权利人的侵权损害赔偿的"，这意味着采取这样的纠正性措施最终并不会减少可以获得的损害赔偿数额。另一方面，不清楚这个主张是否是原则性的，换句话说，损害赔偿可能会使得采取这种措施的必要性减少。实际上，这个指令义务并不要求申请人去证明采取这种措施的必要性和理由。

(2) 第 10 条第(2)款 费用

这一款要求司法机关确保诉讼费用须视乎诉讼结果而定。就是要求由对其采取措施的一方(侵权人)承担费用,除非"提出特殊的理由"而不去这样做。不清楚这个理由是否必须十分强有力,也不清楚是否只要简单"提出"理由就可以满足要求。

(3) 第 10 条第(3)款

这一款要求司法机关在行使其自由裁量权,根据本条作出纠正性措施的裁定时,要服从比例原则,即,要在侵权行为的严重程度和所采取的救济措施之间取得平衡,并要考虑第三方的利益。①

第 11 条　禁令

1. 核心义务

核心义务是要求成员国确保成员国司法机关能够颁发永久性禁令。②

2. 适用范围

(a) 判决后:"当已经做出司法判决认定构成侵犯知识产权时"。这表明,国内法院基于一个实质性诉由的诉讼已经认定构成侵犯知识产权。

(b) 永久的而不是临时禁令:"司法机关可以对侵权人颁发一个禁

---

① A. 柯廷:"执行指令——先抑后扬?",载《国际工业产权与著作权法评论》,2004 年,第 35 卷,第 826 页 [A. Kur, The Enforcement Directive – Rough Start, Happy Landing?, IIC 35 (2004): 821 at 826, op. cit]。该文认为,诸如物品的销毁和从商业渠道移除之类的措施,虽然适合于在市场上流通的假冒物品,但是,对于普通的商标或者专利侵权而言是不适当的。因此,如果把这些救济措施明确限制在盗版和假冒的范围内适用则是恰当的。然而,这一观点是基于最终违反了指令第 10 条第 3 款而造成国内执行指令的法律控制的不充分。有必要提及的是,国内法院在这方面的执行也得遵循指令第 3 条中表述的比例原则。因此,存在的问题是:根据共同体法律对第 10 条的国内执行的法律控制的协调水平是否达到足够高度。看起来,根据指令第 18 条提供的实用主义的审查方法,该事项似乎才能够更为恰当地得到处理。

② 2000 年 5 月 22 日欧洲议会和理事会关于信息社会中著作权和相关权利方面的协调的欧共体第 2001/29 号指令:第 8 条第 3 款:成员国应该确保权利持有人能够请求一项对抗中介机构的禁令,只要第三方主体通过利用该机构的服务侵犯了著作权或者相关权利。

令",这和前面指令第9条所规定的"临时禁令"形成鲜明对比。

(c)目的:"……目的在于禁止侵权的继续。"

3. 被申请人

(a)侵权人

本条规定:"当已经做出司法判决认定构成侵犯知识产权时,司法机关可以对侵权人颁发一个禁令。"因此,这表明一个具有的实质性诉由的侵犯知识产权诉讼必然存在一个侵权人。

(b)中间人

成员国应该确保"情况下,权利人有权申请一个针对中间人的禁令,该中间人的服务被第三人用于侵犯一个知识产权。这不影响欧共体第2001/29号指令的规定。"第11条并没有使用该指令第9条中出现过的"在相同条件下"的表述,第9条要求对中间人颁发临时禁令的条件是和对侵权人颁发临时禁令的条件是相同的。但是,我们认为,没有规定"在相同条件下"本身并不是非常重要,理由是:第一,第9条中的"相同条件"首先是指该条本身所列举的条件,而不是国内诉讼制度的要求。第二,第48号指令要求:国内执行第11条特别是针对中间人颁发永久禁令时,要遵循第3条规定的有效原则。这里特指前面提到的国内对指令第4条的执行要确保对知识产权的有效司法保护。我们认为,对知识产权权利人有效司法保护的要求既适用于临时禁令也适用于永久禁令,也无论该禁令是针对中间人还是针对侵权人。

(c)未履行者

根据下列条件,成员国应该确保不履行禁令者应该支付连续的罚金以确保其遵守禁令:

(i)如果国内法规定了支付连续罚金的制裁措施;

(ii)"在合适的时候"

因此,我们认为这个确保在不履行禁令的时候使用连续性罚款作为处罚的义务构成了一个最低限度的义务,其适用需要符合比例原则,即"在合适的时候"。所以在一些特定情形下,使用这个措施可以被认为是适当的。

第12条　替代性措施

（1）第12条要求成员国确保司法机关能够提供替代性措施,这种措施在某些情形下比禁令更加相称。

（2）法定条件

（a）侵权判决已经做出。

（b）法院可以自己启动这个程序或者由直接承担禁令责任的人提出请求

（3）受益人

被告,或者第三方——既不是被告也不是第11条规定的中间人。

（4）理由

在下列条件下,请求和/或命令作出金钱补偿,以替代永久禁令和纠正性措施:

（a）被上述措施约束的人的行为不是故意的也没有过错;

（b）执行禁令救济会对他造成不成比例的损害;

（c）对于被侵权损害一方的金钱补偿看起来是令人满意的。

上述三个条件看来是缺一不可的。

第六部分　损害赔偿和法律费用

第13条　损害赔偿

（1）第13条要求成员国承担这样的义务:确保有管辖权的司法机关能够根据对知识产权的侵权是知道的还是不知道的两种不同情形,来分别计算损失赔偿金。

（2）故意侵犯知识产权

第13条第（1）款规定的侵犯知识产权的赔偿金计算方法是所谓"知道"的情形:即,"知道或者有合理依据应当知道"。

（3）法定条件:

必须由受损害的当事人来提出请求。

(4)损害赔偿额:

是与权利人因侵权所受实际损失相当的损害赔偿。

(5)故意侵权

(a)第一个计算损害赔偿的方法:要考虑所有相关因素,比如遭受的经济损失,如因侵权行为而使得权利人遭受的利润损失或者侵权人得到的不正当利润;再比如非经济因素,如权利人因侵权所受到的精神损害。

(b)作为替补,第二个计算赔偿额的方法是一个总额,它代表的是在合法授权使用知识产权的情况下所支付的使用费或许可费。

(6)非故意侵权

成员国有义务确保司法机关能够对非故意的侵权进行赔偿[①],损害赔偿包括以下内容:返回利润或者赔偿损失,这两种方法要事先确定好。

第14条 法律费用

要求成员国的国内法院能够确保作为一个基本规则,基于公平,败诉方要承担诉讼费用和胜诉方的其他开支。但是,这些费用必须是合理的适当的,这个规则限于胜诉方的法院内诉讼费,因此,不适用于法院外所产生的费用。但是,上述第3条要求"……这些措施、程序和救济不应该有不必要的花费"可以既适用于法院内的费用也适用于法院外的费用,即,成员国的义务是确保指令规定的这些用于知识产权执法的措施、程序和救济不应该有不必要的花费,无论是法院内的法律服务,还是法院外的法律服务。而且,根据第3条第(2)款,这些费用必须是适当的,这个要求也是被第14条所反复强调的。

[①] "当侵权人不是故意或者有合理理由地知道,加入……"关于这一问题,法语版本的规定比英语版本的要更为清晰:"Lorsque le contrevenants'est livre a une activite contrefaisante sans le savoir ou sans avoir de motifs raisonnables de le savoir……"例如,不知道或者没有合理理由知道。

第七部分 公开措施

第 15 条 司法判决的公布

这一条要求成员国有义务确保司法机关能够按照下列条件公开侵权判决：

第一，这一请求来自作为胜诉方的权利人。

第二，公布费用由作为败诉方的侵权人来承担。

这个义务是为确保国内当局可以采取适当措施来发布有关判决的信息。这些措施包括：

(a) 公示判决书；

(b) 将判决书的一部分或者全部进行出版；

(c) 其他适当的公开措施，比如公告，这可以是在报纸中公布判决书。

第三章 成员国的制裁措施

第 16 条 成员国的制裁措施

第 16 条并没有设定什么义务，而只是确保成员国可以在指令规定之外对侵犯知识产权的行为采取其他适当的制裁措施，这样就确保对救济措施的最低限度的协调。但是，国内法院在行使自由裁量权时要受到效率、公平和有效司法保护原则的一般限制，另外，也要受《欧共体条约》规定的权利以及第 48 号指令保护的财产的限制。不过，《欧共体条约》第 95 条①并不适合作为规定刑法措施的法律基础。

---

① 欧洲议会和理事会关于知识产权执法的刑事措施的指令的草案（修改稿），文件号：COM (2006)，第 168 页 [Amended Proposal for a Directive of the European Parliament and of the Council on Criminal Measures Aimed at the Enforcement of Intellectual Property Rights, COM (2006): 168]。

第四章 行为准则和行政合作

第17条 行为准则

这一条是所谓的附属义务。① 它要求成员国：

(1)第17条(a)项：鼓励贸易或专业协会或组织制定行为准则，目的是有助于知识产权的执法，特别是建议在光盘上使用一个代码以便识别其制造来源。

(2)第17条(b)项：鼓励向欧共体委员会提交国内层面或者欧共体层面的行为准则草案，以及这些行为准则的评估报告。

第18条 评估

成员国有义务在第20条第(1)款规定的期限届满三年后提交有关执行指令的报告。②

国家报告：

国家报告的目的是向欧共体委员会提供信息，欧共体委员会将汇编一个有关适用指令的报告，包括对所采取措施的有效性的评估，还有其对创新和信息社会发展的影响的评估。欧共体委员会将该报告提交给欧洲议会、欧洲理事会和欧洲经济和社会委员会。如有必要，根据欧共体法律措施发展的情况，还应该同时提交修改该指令的建议。

这一条规定的成员国的第二个义务是：尽力向欧共体委员会提供在其起上述报告时所需要的帮助和支持。

---

① S.普雷考：《欧共体法中的指令》第2版，牛津：牛津大学出版社，2005年，第44页[S. Prechal, *Directives in EC Law* (Oxford: OUP, 2005), op. cit., 44]："指令同时也包含了规定了成员国义务的其他种类的条款。相对于完整的'核心'条款，这些可以被称作辅助的条款……这当然不是说明他们是拘束力较小的或者不太重要的[委员会诉意大利案(Commission v. Italy)，案号274/83 (1985)，《欧洲法院公报》第1077页]：根据Lenz股份公司的看法，意大利政府似乎认为一项通知委员会执行措施的义务是比较次要的。然而，欧洲法院发现，就如同指令的其他任何条款一样，意大利未能履行其义务。"尤其关于通知、报告或者协商的义务方面，普雷考在第46页指出："义务的内涵会有所不同，并且不履行义务会产生法律效果。"

② S.普雷考：《欧共体法中的指令》第2版，牛津：牛津大学出版社，2005年，第45页[S. Prechal, *Directives in EC Law* (Oxford: OUP, 2005), ibid., 45]。

第 19 条　信息交换和反馈

（A）这一条是一个附随义务，它要求成员国确保关于其国内执行和实施指令的相关信息与其他成员国和欧共体委员会进行交换。[①] 具体如下：

（1）成员国应该指定一个或者一个以上国内代表来回应与本指令所规定措施的执行有关的任何问题；

（2）成员国应该将该国内代表的具体情况告知其他成员国和欧共体委员会。

（B）目标：

任命一个或者一个以上国内代表的目的是促进成员国之间或者成员国和欧共体委员会之间的合作，包括交换信息。

（C）序言第 30 段补充了三个内容：

第一，为确保"指令适用的统一性"，信息交换同样也是必要的。

第二，成员国指定的代表所形成的代表网络也会有助于指令的统一适用。

第三，欧共体委员提供评估国内当局对指令的适用和采取措施的效率的常规报告。

第五章　附则

第 20 条　执行

（A）这一条对成员国设定了两个核心义务：

第一，应该在 2006 年 4 月 29 日之前实施为履行本指令所必须的法律、条例和行政规定。第二，将上述事项通知欧共体委员会。

（B）条件

在执行本指令时，成员国必须确保有一个指令的说明或者在这些

[①] S. 普雷考：《欧共体法中的指令》第 2 版，牛津：牛津大学出版社，2005 年，第 46—47 页 [S. Prechal, *Directives in EC Law* (Oxford: OUP, 2005), ibid., 46-47]。

文件进行官方公布时同时附有一个指令的说明。①

说明的形式：说明的形式或方法由成员国法律规定。

第 21 条　生效

指令应该在《欧盟公报》上公布后第 20 天生效。

第 22 条　送达对象

指令送达各成员国。

---

① S. 普雷考:《欧共体法中的指令》第 2 版,牛津:牛津大学出版社,2005 年,第 45 页[S. Prechal, *Directives in EC Law*（Oxford: OUP, 2005）, ibid. , 45]。认为:"这样一种参照的目的是使得执行措施的共同体渊源明确化。在恰当的时候,这会使得国内立法和基本的指令之间的关系透明化,这对于个体的司法保护以及国内法院或者国内权力机关对于执行措施的控制和解释而言具有特别的重要性。"

第三章 欧共体第 2004/48 号指令在荷兰

第一节 介绍

成员国必须在 2006 年 4 月 29 日之前完成对知识产权执法指令的执行。① 荷兰没有如期完成这个任务。直到 2007 年 5 月 1 日荷兰才完全执行了该指令。② 在规定的时间内只有指令的部分规定得以执行。③ 要实现完全执行指令,其他法律,特别是《民事诉讼法典(CCP)》必须要作修改。全面执行的方案是在一个执行议案中规定的。④

这个法案于 2005 年 11 月 29 日提交议会。不太清楚为什么拖了这么长时间来制定这个执行议案,因为甚至在该指令制定前,政府就早已经开始

---

① 欧共体第 2004/48 号指令第 20 条,《欧盟官方公报》,编号 L 195/16,2004 年 4 月 29 日 (OJ L 195/16, of 29 Apr. 2004)。

② 《政府公报》,2007 年第 108 期(Staatsblad, Stbl. 2007, No. 108.)。

③ 参见 2006 年 2 月 16 日《专利法案》,2006 年第 135 期和第 218 期(Rijksoctrooiwet 16 Feb. 2006, Stbl. 2006, No. 135 and 218.)。在该荷兰王国法案中,第 8、9、10、11、13 和 15 条得以实施,且这些条款同样适用于荷兰的安第列斯群岛以及阿鲁巴岛。

④ 2005—2006 年的《下议院文件二》(Kamerstuken II, 2005 - 2006, 30 392, Nos 1 - 3):民事诉讼规则、1912 年著作权法、邻接权法、数据库法、商标法、1987 年 10 月 28 日制定的保护集成电路布图设计的法案(《政府公报》第 484 号)、2005 年农产品质量法对植物新品种保护等法律的适用,都涉及欧洲议会和理事会第 2004/48/EC 号关于知识产权执法指令(《欧盟官方公报》L 195)的实施 [Aanpassing van het Wetboek van Burgerlijke Rechtsvordering, de Auteurswet 1912, de Wet op de naburige rechten, de Databankwet, de Handelsnaamwet, de Wet van 28 oktober 1987 houdende regelen inzake de bescherming van oorspronkelijke topografieen van halfgeleiderproducten (Stb. No. 484), de Zaaizaad en plantgoedwet 2005 en de Landbouwkwaliteitswet ter uitvoering van Richtlijn nr. 2004/48/EG van het Europees Parlement en de Raad van 29 Apr. 2004 betreffende de handhaving van intellectueeleigendomsrechten (PbEU L 195)]。

和一些利益相关部门进行协商了。迟延执行的原因可能在于该指令本身，因为指令规定有些地方并不是很清楚。另一个原因可能是，除了《民事诉讼法典》，在荷兰的法律中很多法律都需要被修改。①

指令的迟延执行引起了一个问题：荷兰法律规定的诉讼费和法庭外的开支是否可以根据指令第 14 条的规定来解释？荷兰法院总体上认为：这些国内规定是和第 14 条一致的。② 但是，对于诉讼费和法庭外的开支，荷兰法院一般也适用一些非成文法规定的意见。荷兰法院确实有一个自由裁量权来减少这些法定费用的计算。尽管有这样的意见，从 2006 年 4 月 29 日，法院开始适用第 14 条，结果是在几乎全部知识产权的判决中，非法定的严格限制的诉讼费赔偿最高额就被更为灵活的诉讼费赔偿所替代，有时甚至是赔偿全部的开支。这个做法给议会在执行程序中和修改有关执行第 14 条的法律规定带来一个问题。③

一、法律实践者关于指令执行方案的立场

荷兰知识产权专家一般认为：该指令是相当多余的，尤其对荷兰来说。以获取和保全证据，以及临时措施和根据判决所采取的措施为例，与现行这方面的荷兰民事诉讼规则和《与贸易有关的知识产权协定（TRIPS）》中有关知识产权执法的条款相比较，指令中的这些规定没有什么创新之处。而且，这些规定看起来十分繁复、模糊和难以理解。举一例来说，第 7 条关于"证据保全措施"，在欧盟立法过程中作了反复修改，以至于难以分清哪一个义务必须要由国内立法机关在执行指令时来履行才是令人满意的。第 7 条规

---

① 参见上页注释 4。
② 欧洲共同体条约第 10 条；欧洲法院（ECJ），1990 年 11 月 13 日，马立森案（Marleasing），C - 106/89，Rec. 1990，第 I - 4135 页，NJ 1993，163；欧洲法院，1987 年 10 月 8 日，柯宾修斯案（Kolpinghuis），80/86，Rec. 1987，第 3969 页；欧洲法院，1984 年 4 月 10 日，冯·科尔森和卡曼案（Von Colson and Kamann），14/83，Rec. 1984，第 1891 页。
③ 《下议院文件一》，2006 年到 2007 年，第 30392 页，B 和 C（Kamerstukken I，2006 - 2007, 30 392, B and C）。同时参见本章第一节第一部分和第三节第七部分第 2 点（See also Sections I. A and III. G. 2. ）。

定:成员国应该确保即便在起诉前也能采取迅速有效的临时措施来保全证据。但究竟怎么样的措施是必须要确保的,则留给了成员国。因此,不清楚法国的"查封令(saisie description)"或者英国中的"安东.皮勒令(Anton Piller Order)"是否必须得执行,或者一个影响不是那么深远的措施,像荷兰的(审前)临时审查证据,是否就足够了。[1] 第14条也是如此,该条的规定是如此的原则性,以至于荷兰立法机关可能不需要做任何法律修改就可以履行该义务。[2] 在"介绍"(本章的第Ⅰ部分)中已经讲到了对此存在的困惑:在转化期间(在指令规定转化的日期和该指令的执行议案生效日期之间)第14条究竟意味着什么。

除了一些规定的描述不清楚之外,对指令的批评集中在三个更为关键的地方,即指令的适用范围、指令与辅助性原则的关系、指令与比例原则的关系。

关于指令的适用范围,有人怀疑其可取性:指令只是适用于商业目的的侵权或者适用于全部侵权行为,即便被告是本着诚信的方式去做的。可能会有争议的是:不管被告是否是一个产品假冒者还是一个诚信的竞争者,申请人可以调用全部诉讼措施来对付他,这是否公正和有效率。被告可能不能调用这些措施,因此,"等臂(equality of arm)"的要求并没有得到足够的尊重。[3] 在被告其实是诚信的竞争者的时候,这就更有问题了,因为规定的信息获取程序是一个单方面的程序。[4]

---

[1] J. L. R. A. 海德科普:"保持理性——新的指令执行"[J. L. R. A. Huydecoper, Nous Maintiendrons- de nieuwe "Richtlijn Handhaving", AMI (2004): 117-123]。

[2] F. i. P. B. 休根霍茨:"不必要的指令"[F. i. P. B. Hugenholtz, Een overbodige richtlijn, IER (2004): 53]。该作者同时引用了W. R. 科尼什及其他人的观点,参见:"知识产权执法的程序和救济:欧共体委员会的指令建议稿",载《欧洲知识产权评论》,2003年,第447—449页[W. R. Cornish a. o.: Procedures and Remedies for Enforcing IPRs: The European Commission's Proposed Directive, EIPR (2003): 447-449]。

[3] 同前注,J. L. R. A. 海德科普提出了这样一个问题,即第6条是否为被告在侵权诉讼程序中自行提出证据留下空间。事实上,他以消极的态度回答了该问题[J. L. R. A. Huydecoper (AMI 2004, see n. 8)]。

[4] 范·德·布鲁格·阿芙·盖泽恩:"2003年立法判例和文件汇编"[Van de brug af gezien, Kroniek van wetgeving, jurisprudentie en literatuur 2003, IER (2004): 75]。

对于辅助性原则的批评是很重要的。目前为止,诉讼法被认为是属于成员国主权范围内的一部分。正如欧盟知识产权学者出具的"意见"中认为的那样:"当个人面对司法体系的运行时,民事以及刑事诉讼法中包含了一整套有关个人基本自由的平衡机制。……很大程度上这些平衡机制适用于全部类型的诉请,而不仅仅是特殊的领域,比如知识产权,而且那是一个需要维护的高度理想假设。"[1]

确实,在《阿姆斯特丹条约》之前,民事诉讼程序并不是欧共体委员会主要兴趣所在。但在《阿姆斯特丹条约》生效之后,这起了相当大的变化。如今《欧共体条约》第65条为民事案件的司法操作方面具有跨越边境意味的欧共体措施确立了一个法律基础,这对于内部市场的功能的正确发挥是很有必要的。

从那时起,相互承认司法判决、取证以及文献服务等条例都已经缔结。这些条例已经使得在欧盟内的民事诉讼相关制度得以协调。对于欧洲民事诉讼程序的协调来说更为重要的应该是关于欧洲支付令条例和关于小额诉讼程序条例的提案。这两个条例的提案都包含了具有某些协调因素的民事诉讼规定。起初,这些条例的提案的适用范围从国内案件延伸到跨境案件。但是,欧洲理事会认为,(就其适用范围而言)影响深远的诉讼措施不可能是基于《欧共体条约》第65条,如果是国内案件的话。这个批评导致决定限制这些条例仅仅适用于跨境的案件。[2] 更重要的是判决背后的观点,即:国内诉讼法不应该过快地协调。在有关民事诉讼方面成员国主权仍然是十分强大的。但是,更加令人惊讶的是,执行知识产权的指令中虽然含有深远影响的诉讼措施,其做法却不像过去一样。这个原因可能是:该法律工具是基于《欧共体条约》第95条,而且这个法律工具的类型是指令而不是条例。一个指令就给成员国在执行时留有更多的空间和自由来作出自己的决定。由指令作出的对诉讼法的协调从政治上来说总体上不是非常有效的。

---

[1] 参见前注,W.R.科尼什及其他。(See n. 9, W.R. Cornish among others.)
[2] "欧盟理事会的法律服务"决定了《欧共体条约》第65条并没有为在该条例中包含国内案件提供适当的法律基础。

欧洲理事会也对第 48 号指令的平衡性予以了关注。该指令规定:侵犯知识产权比对其它权利的侵犯更为糟糕。但是,有些令人怀疑的是对盗版的有效打击是否需要比现在已经提供的执法工具更多的诉讼措施和制裁。① 而且,荷兰也注意到指令纳入了普通法中证据"审前"开示的原则,因为"审前"开示将使得司法诉讼特别是有关知识产权的诉讼过于花费高昂和时间冗长。②

在上述执行议案做了大量修改后,一些荷兰专家采取了一个比较积极的姿态。③ 一些批评转向了新的规定,比如该规定是限于商业侵权。有一个叫吉林(Gielen)的作者,提到了这些规定以及 TRIPS 协定要求必须执行这些规定的义务。尽管 TRIPS 协定也对成员国有约束力,但它并没有对关于知识产权的诉讼法进行协调,相反,它承诺要尊重国家之间的差异。④ 因此,指令将第一次对知识产权诉讼措施的协调产生影响。尽管荷兰没有义务大规模地修改其法律,但是,根据吉林的观点,和一些南部国家以及在 2004 年加入欧盟的国家一样,荷兰需要更多拓展性的修改。⑤

第二节 执行

一、立法程序

在执行议案提交议会之前,政府就该议案的第一个稿征询了几个利益

---

① F. i. P. B. 休根霍茨:"不必要的指令"[P. B. Hugenholtz (IER 2004), see n. 9]。
② J. L. R. A. 海德科普:"保持理性——新的指令执行"[J. L. R. A. Huydecoper (AMI 2004), see n. 8]。
③ J. L. R. A. 海德科普:"保持理性——新的指令执行"[J. L. R. A. Huydecoper (AMI 2004), see n. 8]。
④ 范·德·布鲁格·阿芙·盖泽恩:"2003 年立法判例和文件汇编"[Van de brug af gezien, Kroniek van wetgeving, jurisprudentie en literatuur 2003, *IER* (2004):75]。
⑤ C. 吉勒:"知识产权执法指令"[C. Gielen, De Richtlijn Handhaving IE-rechten, *NTER* (2005):6–11]。对于 2007 年加入欧盟的成员国而言同样需要这么做。

相关团体。① 征询后,议案送到了国家参事院(Council of State)征求意见,然后到议会的下议院。② 议会和一些利益团体批评该议案。批评的中心观点是权利人的地位会被置于一个不利的状态,因为关于中间人之间的合作,特别是网络服务提供商方面,没有正确执行指令第8、9和11条的规定。③一年后,该执行议案经下议院修改后,被提交到上议院。④ 这个立法程序阶段所产生的问题是关于费用的赔偿。在第I部分已经提到,从执行期限届满之日起,法院原则上将适用该议案中执行指令第14条的相关条款,而该条款本质上不同于国内民事案件的一般做法。经提醒,上议院想知道该议案中的建议条款是否符合指令第14条。再一次征询后,这个就仅仅限于费用赔偿问题了。但最后结果是,议案的条文并没有被修改。⑤

二、总的执行

尽管在荷兰知识产权执法既可以采用民事措施又可以采用刑事措施,但首先是原告自己决定对侵权人依照民事诉讼程序起诉。刑事执法是作为一个"最后的救济"。⑥ 而且,海关的行政执法可以在荷兰的边境进行。

---

① 该建议由荷兰法律协会、皇家法警社团、公正管理委员会以及民事诉讼程序法皇家委员会联合提出。
② 《下议院文件二》,2005年到2006年,(Kamerstukken II, 2005 – 2006, 30 292, Nos 1 – 3) MvT,第3号是该解释性报告(see n. 4)。
③ 德尔佛斯·维瑟和R. 布劳沃:"执法指令议案:我们不支持!"[O. Delfos Visser & R. Brouwer, Wetsvoorstel Handhavingsrichtlijn: Nous ne maintiendrons pas!, AMI (2006): 77 – 83];其结论是,因特网上的执法会比没有该执法议案时情况更加糟糕,且也与指令第3条1段规定的普遍义务相冲突,因为该义务显得毫无必要地复杂。相关利益方是有关执法组织,包括荷兰著作权集体管理组织布莱恩基金会(Stichting Brein,其官方网站http://www.anti-piracy.nl/),总部在荷兰的反假冒组织SNB—REACT (Stichting SNB-REACT,其官方网站http://www.react.org/)和斯特拉贝尔基金会(Stichting STRABEL)。
④ 《下议院文件一》,2006—2007年,A卷,第30392页,2006年10月19日(Kamerstukken I, 2006 – 2007, 30 392, A, 19 Oct. 2006)。
⑤ 《下议院文件一》,2006—2007年(Kamerstukken I, 2006 – 2007, 30 392, C, 9 Feb. 2007)。荷兰法律协会和公正管理委员会提出该建议的请求。
⑥ 很少采取刑事执法措施,威克斯·霍斯:《知识产权简介》,吉伦和哈格曼等编,W. E. J. Tjeenk Willink出版社,2000版,第477页[L. Wichers Hoeth, Kort begrip van het intellectueleeigendomsrecht, eds Ch. Gielen and N. Hagemans, a.o., W.E.J. Tjeenk Willink, 2000, 477]。

第三章　欧共体第 2004/48 号指令在荷兰　111

　　直到现在,民事执法已经根据《荷兰民事诉讼法典》的一些程序进行,①②在知识产权案件中要采取临时措施时,简易程序或者初步救济程序(kort geding)是非常有用的。初步救济程序赋予法院命令或者禁止某些行为,或者交出物品的裁量权。因此,在初步救济程序中 TRIPS 协议第 50 条得到了执行。③

　　而且,在一些特别法律中还有一些特殊的有关知识产权执法的规定。④在法院的判决中,《民法典》关于侵权的规定(第 6:162 条)已经有很多意在减少或者阻止侵权导致的或者带来的损害的措施。⑤ 指令的一些规定不是必须被执行的,因为荷兰的立法已经和这些规定相符合。在执行是必须的情况下,特别是《民事诉讼法》已经做了修改。执行是根据一个执行议案来做的。⑥《民事诉讼法》的规定总体上适用于知识产权。除了这些总的规定之外,一些关于知识产权的特殊法案,比如《著作权法》和《邻接权法》都做了修订。

　　第 48 号指令只是对知识产权的民事执法做了最低标准的规定,而不是要对整个民事诉讼制度确立一个协调的规则(参见序言第 10 和 11 段)。因此,荷兰立法机关在《民事诉讼法典》在新的第 15 章第 1019－1019i 条规定了对指令的执行,《民事诉讼法典》第 3 册被称为"关于知识产权的程序"。制定新的一章可以使《民事诉讼法典》中有关执法的一般规定不受影响。《民事诉讼法典》中的新的第 15 章在知识产权侵权的全部民事诉讼程序中具有补充性的特点。只要第 15 章的规定并无不同,《民事诉讼法典》

---

① CCP 是指《民事诉讼法典(修订)》[CCP is the Wetboek voor Burgerlijke Rechtsvordering (Rv)]。

② 因为欧共体第 2004/48 号指令的目的是协调民事执法规则,并不适用于刑事执法程序(第 2 条,第 3 段),这里仅仅关注对于民事诉讼程序法产生的后果。

③ 《民事诉讼法典》第 260 条。在新的法律生效时,这一条被取消了,随后规定在了《民事诉讼法典》第 1019i 条中。

④ 比如,《著作权法》第 28 条规定了对于侵权产品的扣押以及针对被侵权客体的请求。

⑤ 《下议院文件二》,2005—2006 年,说明报告(Kamerstukken II, 2005－2006, 30 392, Explanatory Report, MvT, No. 3, pp. 4－5)。

⑥ 2005—2006 年的《下议院文件二》(Kamerstuken II, 2005－2006, 30 392, Nos 1－3)。

的一般规定就可以适用。

第 15 章包括下列条文：

《民事诉讼法典》第 1019 条：目标和适用范围

《民事诉讼法典》第 1019a 条：证据开示

《民事诉讼法典》第 1019b 条：临时措施

《民事诉讼法典》第 1019c 条：查封证据的要求

《民事诉讼法典》第 1019d 条：查封令的详细记录，取样或不取样

《民事诉讼法典》第 1019e 条：临时禁令

《民事诉讼法典》第 1019f 条：信息权

《民事诉讼法典》第 1019g 条：损害赔偿

《民事诉讼法典》第 1019h 条：法律费用

《民事诉讼法典》第 1019i 条：TRIPS 第 50 条第 1 段。

总结如下：荷兰立法机关通过专门为知识产权规定新的一章，找到了一个解决对指令执行议案的批评的办法，就是侵犯知识产权比侵犯其他财产权更糟糕，需要比现有执法工具更多的诉讼措施和制裁。而且，指令的执行不仅仅是增加一些诉讼措施和制裁，对知识产权案件的费用的赔偿也规定了一个不同的制度。[①] 不过，这样执行指令的方法是否令人们满意，可能会有争议。[②]

三、荷兰民事诉讼法

为了全面理解荷兰对指令的执行，有必要简单介绍《荷兰民事诉讼法典》中对于知识产权民事执法很重要的至今仍适用的一般规定，还将关注新的第 15 章所没有规定的其他内容。那些规定涉及临时保护措施，特别是

[①] 参见本章第三节第七部分第 1 点。

[②] 维克尔克："知识产权执法程序草案"［R. R. Verkerk, Procesrechtelijke aspecten van het Wetsvoorstel Handhaving intellectuele eigendom, *TCR* (2006): 110-115］；瓦尔盖尔恩和德·格里斯："知识产权执法的欧洲指令"［E. L. Valgaeren, L. de Gryse, Een Europese Richtlijn betreffende de handhaving van intellectuele eigendomsrechten, *SEW* (2005): 202-209］。

扣押、临时禁令和证据开示的规定。在讨论这些措施之前,需要注意荷兰法院在知识产权方面的管辖和权限的规则。

1. 荷兰法院的管辖权和权限

a 荷兰法院的管辖权

从2002年起,修改后的《民事诉讼法典》包含了一个特殊的章节,即关于荷兰法院的国际管辖。① 如果不能根据条约或者欧盟条例来确定管辖,就可以适用《民事诉讼法典》第1—14条关于管辖的全面规定。

《民事诉讼法典》第1—14条总体上基于《布鲁塞尔第Ⅰ号公约》的条文、《布鲁塞尔第Ⅰ号条例》、《布鲁塞尔第Ⅱ号条例》以及相关规定。所以,《民事诉讼法典》第13条关于保护性的和临时性的措施某种意义上是基于《布鲁塞尔第Ⅰ号公约》第24条和《布鲁塞尔第Ⅰ号条例》第31条。《民事诉讼法典》第13条规定:荷兰法院有权裁定作出临时性和保护性的措施,就像在初步救济程序(kort geding)中作出的决定一样,即使荷兰法院在诉讼中对实体部分没有审理权限。虽然欧洲法院的裁决并不受荷兰法的约束,但这些法律对法院却有很强的指导作用。在过去几年的法律实践中,在国际性的知识产权案件中——特别是海牙地方法院作出的专利案件判决——荷兰法院在初步救济程序中经常宣告其在保护性和临时性措施方面的权力,不管在国内还是在边境都会作出这种制裁。②

自1998年欧洲法院对范·乌登海运公司和装饰线公司(Van Uden/Deco Line)一案③作出判决以来,荷兰法院在初步救济程序(Kort geding)中的裁判权受到了限制。"根据《布鲁塞尔第Ⅰ号公约》第24条颁发临时性或保护性措施的条件是在该措施所针对的标的和向其申请采取措施的缔约国法

---

① 2001年12月6日的法律,《政府公报》第580和581号(Wet van 6 Dec. 2001, Stb. Nos 580 and 581.);同样重要的还有2001年12月6日的法案,《政府公报》第582,583和584号(Important are also the Acts of 6 Dec. 2001, Stb. Nos 582, 583 and 584.)。
② HR 24 Nov. 1989, NJ 1992, 404,威尔凯德的注释(Note DWFV)。
③ 欧洲法院(ECJ),1998年11月17日,案号C-391/95,《欧洲法院公报》1998年,第I-7091页。

院享有的地域管辖权之间存在一个真实的联系。"①于是,在范·乌登(Van Uden)案判决后,荷兰法院只能在荷兰境内实施临时性保护措施,如果其权限是根据《布鲁塞尔第I号公约》第24条以及《布鲁塞尔第I号条例》第31条而产生的。如果其权限是基于《布鲁塞尔第I号公约》第2条和第5—18条(现第24条)现在是第24条以及《布鲁塞尔第I号条例》,荷兰法院也可以适用边境措施。

根据《布鲁塞尔公约》第6条第1段而享有的管辖权,荷兰法院在初步救济程序的实践中对数个被告(侵犯同一个欧盟知识产权的侵权人)实施边境制裁措施,随着欧洲法院对罗氏荷兰公司诉普利姆斯(Roche Nederland BV/Primus)案②的判决而走到终点。法院认为,《布鲁塞尔公约》第6条第1段的含义应该是:它不适用于涉及在数个缔约国设立的多家公司在一个或者几个国家实施的侵犯欧洲专利权的诉讼,尤其是当属于某个集团的一些公司根据其中一家公司制定的共同政策而实施的相同的或者近似的侵权行为。

b 诉讼标的和地域管辖

从2002年改革以后,荷兰的法院系统包括三级,即一审地方法院、上诉法院和最高法院。③ 主持初步救济程序或简易程序的程序法官(Voorzieningenrechter)是地方法院中的特别法官。在地方法院里面,也有区域性的分支机构有权受理少于5,000欧元标的案件或者出租、劳动案件。区域性的分支机构也处理简易程序,但仅仅处理属于其管辖权限范围的案件。④

原则上,所有地方法院都拥有诉讼标的管辖权来主持知识产权案件的实体审理程序。地域管辖一般是由被告的住所地来决定的。但是,在专利和共同体商标案件中,海牙地方法院拥有独家的一审管辖权。⑤

---

① 第40点。而且认为,除非提供了担保,基于契约约因的临时支付并不构成第24条意义上的暂时措施。
② 欧洲法院,2006年7月13日,案号C-539/03,《欧洲法院公报》2006年,第I-6535页。
③ 通过这一修改,分区法院并入地方法院,成为地方法院的区域性分支机构。
④ 对于涉及知识产权的案件而言,这一简易程序并不重要。
⑤ 1995年《专利法》第80条(Art. 80 Rijksoctrooiwet 1995)。

在初步救济程序中的法官的诉讼标的管辖权有其自己的规则。在紧急情况下,初步救济程序中的程序法官也有权审理案件。地域管辖不仅是由被告的住所地决定的,也是临时措施执行地的程序法官的管辖权限决定的。

在诉前查封物品的情形,必须向其中一个物品所在地,或者某些物品所在地的地方法院的程序法官请求获得同意令;在查封的不是物品的情形,被告住所地的程序法官有管辖权(《民事诉讼法典》第700条)。根据知识产权案件的判例法[1],有权同意诉前查封其中一些物品的程序法官,也有权依据同一个诉请查封其他东西并对同一个债务人进行扣押。

另一种观点是在同一个案件中需要数个程序法官来颁发同意令。这个做法会不必要地浪费时间和金钱,也可能作出相互矛盾的裁决。

2. 诉前的保全

在合理民事诉讼程序中,需要区分诉前的查封或扣押和执行的查封或扣押。执行的查封或扣押是指进行查封的债权人已经处置了一项可执行的产权(《民事诉讼法典》第439—584r条)的情形。而单方面的诉前查封是在起诉之前进行的程序,是作为一项保护性措施。如果颁发了诉前查封令,查封者有义务在一个固定的时间内实施该措施。[2]《民事诉讼法典》第700—710a条的规定总体上适用于诉前查封的各种不同情形,包括诉权查封的条件、担保、费用、解除查封、对进入执行阶段的债务人的诉前查封(《民事诉讼法典》第704条)、扣押(《民事诉讼法典》第709条)和监管(《民事诉讼法典》第710条)。[3] 值得一提的是,对债务人的不动产的诉前查封不进入执行阶段。[4]

---

[1] 阿姆斯特丹法院,2003年1月23日(Hof Amsterdam, 23 Jan. 2003, NJkort 2003, 32)。

[2] 依据《著作权法》第28条,实体审理程序应当属于普通诉讼程序的范畴。初步救济程序作为一种实体审理程序不再能够令人满意:斯普尔、威尔凯德和维瑟:《著作权》第3版,代芬特尔:克鲁维尔,2005年,第515页[J. H. Spoor, D. W. F. Verkade & D. J. G. Visser, *Auteursrecht*, 3rd edn, (Deventer: Kluwer, 2005), 515]。

[3] 《民事诉讼法典》第15章中的一些规定是指第700—710a条中的一般条款。

[4] 这也同样适用于诉前证据的查封。这不会进入执行阶段,参 III. C. 2. c. 。

诉前查封的最重要目的是冻结资产,直到获取一项可执行的财产权。被查封的债务人不再允许其取回被扣押的物品。为防止债务人事先转移物品,查封物品应该迅速而简易。为达到这个目标,法院接到申请查封令时不会听取债务人陈述。可扣押的财产如动产、不动产、通过发出扣押令来扣押债务人的财产。这些扣押的财务被用于弥补金钱赔偿。

而且,为了让与与交付的目的,合同当事人——通过一些货物的销售或租赁——能在诉前扣押这些物品(《民事诉讼法典》第730—737条)。

根据《民事诉讼法典》第730—737条的申请也适用于知识产权案件。① 因此,比如《著作权法》第28条第4段规定的著作权人,有权主张物品的所有权,或者销毁或者令其无法使用。著作权查封甚至可以优先于其他查封。《民事诉讼法典》第700—710a条的总体规定,特别是《民事诉讼法典》第709条规定的扣押,也是适用于知识产权案件的。

但是,这个规定并不适用于查封证据。尽管《民事诉讼法典》不包括查封证据的法定规则,但在过去,一些下级法院已经把《民事诉讼法典》第843a条当作查封书面证据(比如,行政和商业通信)的法律依据(参见第 II. C. 4 款和第 III. C. 1. a 款)。

因债权人没有可以执行的财产,在任何一种诉前查封中,债权人不得不请求法院颁布查封令。查封令应该确切记录哪个物品可以被查封。法院将在作简单审查后颁发查封令。简单审查就是指由法院的书记员检查一下手续(《民事诉讼法典》第700条第2段)对查封令记载的物品的查封是由执行官去做的(第702条)。② 在每一个利益相关当事人的请求下,查封可以解除——如果查封是错误的或没有必要的,或者在为了一个金钱赔偿的诉请进行查封的案件中已经提供了担保(《民事诉讼法典》第705条)。在知识产权案件中,这意味着,如果相关当事人陈明查封是错误的或没有必要

---

① 除了专利法,所有关于知识产权的法律都规定了货物的诉前查封,特别是依据《民事诉讼法典》第730—738条进行的查封。

② 执行官(Bailiff)是负责查封和判决执行的正式国家官员。因此,执行官现在也负责侵权货物的记录工作(参见本章第三节第三部分第2点的 d. i)。

的,该查封也可以解除。他必须要使得该错误或没有必要看起来是可信的,但他不是必须得提供证明。法院可能因此判定某个知识产权侵权的存在看起来是不可信的。如果没必要担心侵权人不交出非法盗版物,那么这种查封就可能是没有必要的了。①

3. 简易程序(临时禁令)

紧急情况下,在知识产权案件中,荷兰的初步救济程序(Kort geding)是最重要的简易程序。② 考虑到紧迫性以及评估了相关当事人的利益后,法院会采取临时措施。根据《著作权法》第28条第2段提出的销毁或者交出侵权物品的主张,一般不会被认为是迫切的,因此会由于难以企及而被驳回。② 与诉前查封相反,这个初步救济程序是一个抗辩的程序,就是说,债务人总会被传唤来参与这个程序。③ 该初步救济程序赋予法院自由裁量权来命令或者禁止某些行为,或者交出物品。如果作出了一个裁定,该初步救济程序就会产生一个临时禁令。实际上,法院并没有必须要适用的程序规则。④ 由于情况紧急,只进行一个口头的听证。

在初步救济程序中启动一个诉讼请求的法律依据是《民法典》第6:162条关于侵权的规定。初步救济诉请必须向地方法院的所谓程序法官(Voorzieningenrechter,在地方法院负责紧急案件的一种特殊法官)提起。初

---

① 多斯桑托斯·吉尔:"对著作权侵权产品和文件采取的临时措施",载于1996年"Molengrafica丛书":《与国际贸易有关的知识产权的欧洲立法》第215页[A. B. E. dos Santos Gil, Bewarende interim'-maatregelen met betrekking tot inbreukmakende goederen en documenten in auteursrechtzaken, in *Molengrafica 1996, Europees Privaatrecht, Opstellen over Internationale transacties in Intellectuele eigendom* (Lelystad: Koninklijke Vermande, 1996), 199 – 256, at 215]。

② 特别从1932年以后,可以在中间诉讼程序中强加一个违约罚款,初步救济程序就变得越来越重要。范·尼斯鹏:"在著作权法中的禁令"[C. J. J. C. Van Nispen, Verbod en bevel in het Auteursrecht onder het Nieuw BW, Informatierecht/ AMI (1992): 90 – 92, n. 5]。同前,多斯桑托斯·吉尔:"对著作权侵权产品和文件采取的临时措施"(Molengrafica丛书)[A. B. E. dos Santos Gil (Molengrafica 1996), see n. 47]。

③ 虽然,债务人被传唤参与该程序,这并不意味着其必须出庭。如果其没有参加诉讼程序,该法庭会作出一项缺席判决。

④ 在初步救济程序中,该证据规则并不适用。

步救济程序的法律特征是一个临时性措施。初步救济程序中作出的决定就是临时禁令,而不是最后的判决。其目的是保证实体判决(在知识产权案件中就是侵权诉讼案件)的最后执行。因此,TRIPS 协议第 50 条是通过初步救济程序来执行的。①

初步救济程序只能向地方法院的程序法官提起,而且与实体诉请是相互独立的。但它与实体程序有一个清晰的关联:原则上在初步救济程序后应该接着启动实体的诉讼。

4. 证据开示

自从 2002 年荷兰《民事诉讼法典》修改后,无论是法院还是当事人都更加强调证据开示。② 在诉讼中法院要求当事人提供信息或者提交文件的权力变得更加重要(《民事诉讼法典》第 22 条)。

在 2002 年之前,根据当事人请求公开文件的义务限于私人的文书。而修改后的《民事诉讼法典》第 843a 条规定全部各种文件都可以根据当事人的请求被要求公开。但这个规定限于那些事实上存在的只是被另外某个人所控制的特定的文件。③ 在早先的法律文献中,《民事诉讼法典》第 843a 条已经被用作证据保全的一个法律依据。④ 在下级法院的判例法中,证据保全是允许的,前提是其有义务提交证据而且该证据只能从另一方当事人处找出来。

---

① 《民事诉讼法典》第 260 条。在新的法律生效时,这一条被取消了,随后规定在了《民事诉讼法典》第 1019i 条中。(See also n. 27.)

② 2001 年 12 月 6 日的立法,《政府公报》第 580 和 581 号(Wet van 6 Dec. 2001, Stb. Nos 580 and 581.)。

③ 也参见本章第三节第三部分第 1 点的 a。

④ M. 巴伦德雷赫特和范·登·里克:"展览中的证据收集"[M. Barendrecht & W. A. J. P. van den Reek, Exhibitieplicht en bewijsbeslag, WPNR 6155 (1994):739];韦塞林—范·金特:"鱼捕还是不捕,这是个问题",载《收集事实和证据:边界与扩张,民事诉讼和商业诉讼之间的比较》,海牙:布姆法律出版社,2006 年版,第 81—119 页[E. M. Wesseling-van Gent, To Fish or Not To Fish, That's the Question, in Het verzamelen van feiten en bewijs: begrenzing versus verruiming, een kruisbestuiving tussen civiel procesrecht en ondernemingsprocesrecht (Den Haag: Boom Juridische Uitgevers, 2006), 81–119]。

在最近涉及知识产权案件的初步救济程序中,根据法院对检查设定的条件,允许原告授权第三方来检查所查获的电子信息。① 即使在第 48 号指令被执行前,法院依据该指令第 6 条和第 7 条和《民事诉讼法典》第 843a 条来支持保全证据的诉请的案件是很明显的。②

根据知识产权执法的指令中关于证据开示的规定以及个人执行反垄断规则的规划,对于荷兰在民事诉讼中总体上拓展证据开示是否有助于提高诉讼效率,目前正在进行一个严肃的讨论。③

第三节 条款的执行

一、介绍

第 48 号指令不仅要求在实体诉讼程序启动前提供诸如扣押和临时禁令这样的临时措施,还要求规定保全涉及侵权的证据和其他信息。在讨论对指令的执行时,根据荷兰立法机关的意见,不得不区分那些必须执行的条款和那些不需要执行的条款。

指令第 1、2、5、6、7、8、9、10、11、13、14 和 15 条或者该条中的部分内容是必须要执行的。④ 而第 3、4 和 12 条则是不需要执行的(参见第 IV 部分)。

在讨论执行和不执行这些条款的理由之前,首先需要探讨指令的适用

---

① 布雷达法院程序法官,2006 年 10 月 25 日(Voorzieningenrechter Breda court, 25 Oct. 2006, LJN: AZ1374, SLC Holding/Stakenburg Beheer)。

② 格罗宁根法院程序法官,2007 年 6 月 8 日(Voorzieningenrechter Groningen court, 8 Jun. 2007, KGZA 07-111, Kamstra/SPI International):在该程序中,判决的债务人要求撤销法院 2007 年 2 月所规定的证据保全制度。

③ 《下议院文件二》,2006—2007 年,对民事诉讼程序的再次审议(Kamerstukken II, 2006-2007, 30 951, Herbezinning burgerlijk procesrecht, No. 1, p. 16, No. 44)。

④ 该执行体现在《民事诉讼法典》和不同的知识产权法案中。

范围(第1条和第2条)。根据序言第13段,为了涵盖共同体在这个领域规定的和/或有关成员国国内法规定的全部知识产权,指令适用范围应该尽量广泛。出于内部目的,荷兰没有运用各种可能去执行指令规定,比如关于不正当竞争的行为,包括盲从模仿(parasitic copy)或类似行为。指令第1条和第2条规定的适用范围,是在《民事诉讼法典》第1019条中得到执行的。

1.《民事诉讼法典》第1019条

《民事诉讼法典》第1019条规定:第15章适用于根据特定的知识产权法,如《著作权法》、《数据库法》、《1995年专利法》和《比荷卢统一商标法》等,进行知识产权执法。① 尽管《民事诉讼法典》第1019条并未提及,但所有基于《欧共体条约》的知识产权程序都是规定在《民事诉讼法典》第15章中。②

a 判例法

在新松公司诉安斯泰来制药公司(Synthon v. Astellas Pharma)③一案中,产生了这样的问题:在《1995年欧洲专利公约》下获得的一个德国专利是否可以根据《民事诉讼法典》第1019条在荷兰得到保护? 荷兰法院认为,新的第15章不限于荷兰的知识产权。这可能与第48号指令的目的和效果相反,因为第48号指令的目的是为了协调知识产权执法以打击侵犯知识产权行为特别是大规模的假冒和盗版,而这种行为越来越具有跨国的特征。法院也参考了指令的序言第7段和第8段。而且,根据法院的观点,对荷兰《民事诉讼法典》第1019条的限制性解释不符合《布鲁塞尔Ⅰ号规则》,特别是第31条。因此,法院判定:它有权根据《民事诉讼法典》第1019b,c和d条来颁发查封令并说明证据,该证据的目的是用于德国的诉

---

① 其他的法案,参见2005—2006年的《下议院文件二》(Kamerstuken II, 2005-2006, 30 392, Nos 1-3)。
② 《下议院文件二》,2005—2006年(Kamerstukken II, 2005-2006, MvT, No. 3, p.18)。
③ 阿娜姆法院程序法官,2007年6月1日(Voorzieningenrechter Arnhem court, 1 Jun. 2007, LJN: BA9615)。

讼程序中。

二、第一部分 一般规定

1. 第 5 条 作者或所有权人的推定

第 5 条规定的作者推定,其实来自《伯尔尼公约》第 6 条,《著作权法》第 4 条与之相对应,因此,不需要再作新的规定。另外,邻接权人的推定也在《邻接权法》(第 1a 条)中得到执行。在现场表演的时候权利人是清楚的,但是,如果该表演被录制后,权利人的推定也是相应的。在这些情况下,被推定为权利人的人是那个表现为所有者的人,或者在作品被发表、表演或发行时,被发表、表演或发行作品的人宣称为是制作者的人。

在《数据库法》中是这样执行的:推定制作者为数据库的权利人。至于对非注册的权利如何执行,对某人是否真的享有该权利的问题可能需要提供一个指南。在《数据库法》中,唯一的非注册知识产权也是和著作权和邻接权一样的方式进行规定的。

三、第二部分 证据

1. 第 6 条 证据

a 介绍

第 48 号指令第 6 条的第 1 段和第 2 段适用于证据开示。第 1 段规定了可以请求证据开示的基本条件。第 2 段是指同样的条件,但限于商业性的侵权。

根据第 48 号指令第 6 条第 1 段,一方当事人如果想请求公开被对方当事人所控制的特定的证据,他就应该提交可以合理获取的证据来支持自己的主张。这个规定是通过《民事诉讼法典》第 1019a 条第 1,2,3 段执行的。

第 6 条第 1 段没有弄清楚对方当事人所控制的哪一种证据是必要的。要回答这个问题,需要看第 2 段。适用于商业性侵权的第 6 条第 2 段规定:经一方当事人申请,可以要求对方当事人出示其控制的银行、财务或商业文件。我们认为,根据第 1 段,这种证据不能请求公开。因此,第 1 段项下的证据可能仅仅包括用于支持侵权的证据,即由侵权人使用的产品或工具。①

指令第 6 条第 1 段是通过《民事诉讼法典》第 1019a 条第 1、2、3 段执行的。

尽管荷兰诉讼法已经规定了要求对方当事人出示证据的各种可能性,但没有一个是能完全涵盖指令第 6 条的(参见第二节之 C. 4 证据开示)。在这些可能性中,《民事诉讼法典》第 843a 条最清楚地反映了指令第 6 条第 1 段和第 2 段的实质。和第 6 条仅限于诉讼中的证据开示相反,《民事诉讼法典》第 843a 条也可以在没有诉讼程序的时候使用。②《民事诉讼法典》第 843a 条第 1 段是这样规定的:

> 享有合法权益的当事人可以依靠自己请求获取特定文件的复制件或者摘要③,该文件涉及请求方或其受益人和控制或保管该证据的人之间存在法律关系。④ 上述文件还包括:数据载体上的信息。

除了第 1 段之外,《民事诉讼法典》第 843a 条还有关于法院自由裁量权的补充规定:法院可以决定获取文件的复制件或摘要的方式(第 2 段)、不公开的特权(第 3 段),在有重大理由情形下拒绝公开文件的权利或者该文件对于实现公平分配的正义来说是不必要的(第 4 段)。在荷兰法中,"重大理由"包括,例如,商业信息的保密。

---

① C. 吉勒:"知识产权执法指令"[C. Gielen, De richtlijn handhaving IE-rechten, *NTER* 2005, 6-11.]。

② 《民事诉讼法典》第 843a 条,正如现在表述的,在 2002 年 1 月 1 日生效的《民事诉讼法典》中得到执行。

③ 除了所有书面文件外,文件还包括电脑打印资料、照片、电影、电脑光盘或者储条和光盘只读存储器。为了阻止"非法调查(fishing expedition)",《民事诉讼法典》第 843a 条 1 款对于"特定"文件的披露予以限制。参见范·米尔洛和巴特:《议会历史:对〈民事诉讼法典〉的审查》,芬特尔·威科,2002 年版,第 553 页[Parlementaire Geschiedenis, *Herziening van het Burgerlijk Procesrecht*, A. I. M. van Mierlo & F. M. Bart(Deventer:Kluwer,2002) P,Art. 843a CCP,553.]。

④ 法律关系包括由民事侵权行为导致的权利义务关系:《下议院文件二》,1999—2000 年,第 5 号,第 78—79 页(*Kamerstukken II*, 1999-2000, 26 855, No. 5, pp. 78-79.)。

至于制作证据的费用,指令第 14 条的要求不同于《民事诉讼法典》第 843a 条第 1 段。第 843a 条第 1 段规定:享有合法权益的当事人可以自己花钱来获取证据。而指令第 14 条规定:胜诉方接触、复制或摘取文件的合理和适当的费用应该由败诉方承担。(参见《民事诉讼法典》第 1019h 条,本章第三节之 G.2)

第 6 条第 1 段中的选择性规定,即对于作品或者任何其他受保护客体的大量复制件的一个合理样本,享有管辖权的司法机关会可以考虑构成合理的证据,这一点无需执行。根据荷兰政府的观点,在荷兰并不存在这个问题。荷兰的证据法总是允许被告提交反驳证据的(《民事诉讼法典》第 149—152 条)。

指令第 6 条第 2 段的规定也无需执行,因为《民事诉讼法典》第 1019a 条已经包含了商业性的侵权。

b 《民事诉讼法典》第 1019a 条

i《民事诉讼法典》第 1019a 条第 1 段

《民事诉讼法典》第 1019a 条第 1 段参照了《民事诉讼法典》第 843a 条,但是进一步通过规则的法典化将它扩展为:一个法律关系也意味着侵权行为导致的义务。

根据指令第 6 条第 1 段,一方当事人如果想请求公开被对方当事人所控制的特定的证据,他就应该提交可以合理获取的证据来支持自己的主张。根据《民事诉讼法典》第 843a 条的公开比第 6 条所要求的更加广泛。《民事诉讼法典》第 843a 条仅规定当事人享有合法权益,不需要首先提交可以合理获取的证据来支持其主张。而且,《民事诉讼法典》第 843a 条既适用于非侵权人,也适用于侵权(tort)以外的诉讼。例如,商业侵权(infringement)的情形。

ii《民事诉讼法典》第 1019a 条第 2 段

《民事诉讼法典》第 1019a 条第 2 段对《民事诉讼法典》第 843a 条做了这样的补充:其他证据也可以要求控制或者保管该证据的人出示。随着对

《民事诉讼法典》第843a条的拓展适用,可以要求出示CD、服装、玩具、香水和其他对知识产权诉讼来说具有特殊价值的各种证据。

iii《民事诉讼法典》第1019a条第3段

根据《民事诉讼法典》第1019a条第3段,当无法保证对机密信息的保护的时候,法院将驳回请求。[①]

在荷兰的文献中,引发了对这个问题的讨论:根据《民事诉讼法典》第1019a条第3段的新的规定,为判定该保密的信息是否应该被公开,法院是否仍然可以平衡双方当事人的利益?[②]

根据《民事诉讼法典》第843a条第4段,如果一个物品不属于于《民事诉讼法典》第1019a条第3段规定的情形,根据请求,法院有自由裁量权来决定平衡双方当事人的利益。在过去的五年里的判例法表明,法院是很宽泛地解释《民事诉讼法典》第843a条的。比如,涉及竞争性敏感文档的保密义务时,在双方当事人同意且只有法院可以接触到文档的情况下,法院会裁定该文档应该开示。[③] 为了保证信息的保密,在荷兰的知识产权诉讼实践中,只有客户的代理律师才可以收到竞争性敏感文档,而且他不能出示给他的客户。如果有必要的话,法院可以要求当事人履行保密义务(《民事诉讼法典》第29条)。另一方面,在提起诉讼时,为确定是否有一个侵权行为,根据《欧洲人权公约(ECHR)》第6条规定的公平审判原则,一般实践中,除了法院和代理律师,利益相关的当事人也可以获取该信息。因此,在实践中《民事诉讼法典》第1019a条能更有可能导致法院不得不驳回公开的请求。

[①] 《民事诉讼法典》第843a条3款已经规定了在履行公务员职责或者其他职务行为时的严格的机密性。该规则也可以适用。

[②] 维克尔克:"知识产权执法程序草案"[R. R. Verkerk, Procesrechtelijke aspecten van het Wetsvoorstel handhaving intellectuele eigendom, *TCR* (2006):110 - 115]。

[③] HR 20 Dec. 2002, NJ 2004 (Lightning Casino/Antillen), J. 埃克曼斯:"实践中的开示义务:检索文件的充分机会"[J. Ekelmans, De Exhibitieplicht in de praktijk: de ruime mogelijkheden tot opvragen van bescheiden, *TCR* (2005):59 - 68]。

荷兰政府认为,为了实现公平分配的正义,法院在裁定文档是否有必要公开时仍然能平衡当事人的利益。最后,需要阻止导致"非法调查(fishing expedition)"的措施,这样的措施使得债权人有机会通过请求获取各种"证据"来探取对方当事人的公司事务。① 这在指令第6条第2段规定的商业性侵权的情形下更为重要。

2. 第7条　证据保全措施

a　介绍

第7条规定了利益相关当事人单方面请求证据保全措施的规则。但是,与指令第6条的规定相反,该条限于诉讼中的证据开示,而指令第7条第1段是关于在提起实体诉讼前所采取的临时措施。和第6条一样,根据第7条打算申请保全证据的临时措施以支持其诉讼请求的当事人,总是不得不提交能合理获取的可以证明其知识产权已经被侵权或者将被侵权的证据。法院将在一个简单的审查后颁发保全令,换句话说,要审查这些形式的证据看看其可能提出的诉讼请求是否看起来不成立,并要平衡是否当事人的利益。尽管担心新的临时措施可能导致"非法调查(fishing expedition)",政府认为,因为经过法院的审查,没有理由去这样担忧,因此,第7条的这个规定被复制到《民事诉讼法典》第1019b条中。②

第7条第1段设立了采取各种临时措施的机会。荷兰只在《民事诉讼法典》第1019b条中规定了这些措施。为了与指令相符,还要求详细的调查报告、取样或者不取样。

《民事诉讼法典》第1019b条是知识产权案件中采取临时措施的基本条款。在《民事诉讼法典》第1019c条中,荷兰立法机关规定了必须采取"查封证据"的规则。《民事诉讼法典》第1019d条规定了详细的调查报告

---

① 《下议院文件二》,2005—2006年,第3号,第19—20页(Kamerstukken II, 2005 - 2006, 30 392, MvT, No. 3, p. 19 - 20)。

② 《下议院文件二》,2005—2006年,第6号,第6页(Kamerstukken II, 2005 - 2006, 30 392, No. 6, p. 6)。

和取样的规则。第 7 条第 1 段规定的其他临时措施不需要执行。荷兰民事诉讼制度中已经有一系列关于临时查封的规定(《民事诉讼法典》第 700—770c 条,参见本章第二节 C.2)。正如已经提到的那样,为了达到交出物品的目的而进行诉前查封也适用于知识产权案件。① 政府认为,《民事诉讼法典》第 1019b 条中关于证据查封的规定以及调查报告的新的规定,比在《民事诉讼法典》第 730 条中的规则更容易发生变化,但应该足以代替为了达到将来交出物品的目的而进行的诉前查封。②

因此,没有必要执行对有形财物查封的规则,因为《民事诉讼法典》第 709 条已经规定相应的司法扣押。

第 7 条第 2 段要求提供足够的保证或担保,以确保对被告带来的任何损害进行赔偿。这个要求已经规定在《民事诉讼法典》第 7001 条中。

根据第 7 条第 3 段,还规定了:如果申请人没有在一个合理的期间内提起可以导致案件实体判决的诉讼时,对撤销临时措施后的补救和对保全证据的临时措施的审查(参见前面的《民事诉讼法典》第 260 条)。《民事诉讼法典》第 260 条是对 TRIPS 协议第 50 条第 6 段的执行。随着第 48 号指令的执行,《民事诉讼法典》第 260 条已经被《民事诉讼法典》第 1019i 条所替代。

第 7 条第 4 段,规定了因这些临时措施而导致的任何损害的适当赔偿,这是在《民事诉讼法典》第 1019g 条中得到执行的。《民事诉讼法典》第 1019g 条是关于指令中所包含的所有费用赔偿的一般规定。

作为可选择性规定的第 7 条第 5 段,是为了保护证人身份。这一条也没有被执行,因为荷兰的民法没有规定这样一种保护。这种保护只在刑事案件中存在。因此,如果一个犯罪组织实施了知识产权侵权,就会适用刑法

---

① 参见本章第二节第三部分第 2 点(See Subsection II.C.2.)。
② 《下议院文件二》,2005—2006 年,第 6 号,第 6 页(Kamerstukken II, 2005 - 2006, 30 392, No. 6, p. 6)。在我看来,相对于为了交出或者邮寄物品的目的而进行的保全而言,证据的保全和记录是否更容易发生变化,这依旧很难说。无论如何,依《民事诉讼法典》第 730 条的查封措施并没有经常使用,且自从 2007 年 5 月以来,短时的证据保全制度已经非常流行。

而不是民法。

b 《民事诉讼法典》第1019b条

i《民事诉讼法典》第1019b条第1段

因为荷兰民事诉讼程序没有查封证据的规定,所以,指令第7条第1段必须被执行。《民事诉讼法典》第1019b条第1段规定:根据一方当事人的申请,"程序法官(Voorzieningenrechter)"负责授予有效临时措施的许可来保全证据,以支持其诉讼主张,该当事人应证明其知识产权已经受到侵犯或者即将受到侵犯。根据第7条第1段,"程序法官(Voorzieningenrechter)"有权决定是否授予这样的临时措施(该条规定:司法机关"可以")。因为在荷兰的初步救济程序(Kort geding)中"程序法官(Voorzieningenrechter)"[1]享有这样的自由裁量权,而且,在初步救济程序(Kort geding)中,并不需要举出决定性证据,只要申请人足以提起一个合理的诉讼就可以满足要求了。[2]

除了《民事诉讼法典》的其他条款已经规定的临时措施之外,这里的临时措施可以包括:查封证据、取证的详细报告、对被控侵权物品以及用于制造侵权物品的材料、工具和资料的取样。因为证据查封是在《民事诉讼法典》第1019b条中规定的,因此,现在只有在知识产权案件中才有可能查封证据。

《民事诉讼法典》第1019b条第1段提供了多个选择性的临时措施,但是这些列举的措施并不是穷尽的。在知识产权案件中,也可以请求《民事诉讼法典》其他部分中所提到的一般临时措施。这些措施,例如,临时的证人听证(《民事诉讼法典》第186条等)[3],临时的专家听证(《民事诉讼法典》第202条等)。

---

[1] "程序法官(Voorzieningenrechter)"是一位特别的法官,其审理简易诉讼程序(初步救济程序)。

[2] 《民事诉讼法典》第1019b条的文本似乎不同于指令第6条的文本。该荷兰文本由司法管理委员会提出,因为这些措辞已经用于知识产权诉讼程序,并普遍地用于初步救济程序中。

[3] 参见LJN: BA7783,赫特福德郡法院(Gerechtshof 's-Hertogenbosch),2007年3月21日,其中,上诉法院允许在专利案件中对于证人的临时听证。

在特殊案件中所采取的临时措施应该遵守比例原则和辅助性原则。因此,法院可以判断所申请的临时措施是否符合这些原则。荷兰政府认为:扣押侵权物品是一个影响深远的措施,因此,它规定了两个稍微不那么影响严重的临时措施,即调查报告和取样。① 诉前查封侵权物品会导致企业关闭,只要对取样的证据进行详细描述,即使不关闭企业也可以收集到侵权证据。

ii 判例法

荷兰2007年7月的一个裁决②就"已经提交可以合理获取的证据来支持其知识产权……将被侵犯的当事人提出申请"的范围作出了一个说明。法院认为,作出证据查封裁定的门槛应该是比较低的。否则,就几乎不可能颁发这些临时措施。随着证据的查封,在初步救济程序中,申请人必须表明其知识产权即将被侵犯。在这个案件中,申请人没有提供任何信息足以表明其知识产权将会受到侵犯,因此,该证据查封就被撤销了。

iii 《民事诉讼法典》第1019b条第2段

根据《民事诉讼法典》第1019b条第2段,法院可以决定是否必须要进行第1019d条规定的调查报告或取样,并决定事后如何处理这些样品。执行官必须根据法院的指示来执行。

iv 《民事诉讼法典》第1019b条第3段

《民事诉讼法典》第1019b条第3段制定了这样的规则:如果有必要,在不告知另一方当事人的情况下,可以采取临时措施,特别是任何迟延将有可能导致不可弥补的损害或者很明显存在证据被转移或丧失的危险。虽然单方面的查封已经在荷兰的民事诉讼法(《民事诉讼法典》第700条第2段)中有了规定,但是因为不管是查封动产还是其他临时措施,都没有那么

---

① 《民事诉讼法典》第1019c和1019d条规定了对于证据保全、记录和样品采购的要求。
② 海牙法院程序法官,2007年7月(Voorzieningenrechter 's-Gravenhage court, 25 Jul. 2007, LJN: BB2652, KG ZA 07-623, Abbott/Teva)。

明确地规定可以不通知另一方当事人,所以这里明确做出了这样的规定。因为在这些临时措施中没有坚持等臂原则,法院在允许采取这样的措施时应该保持小心谨慎。虽然荷兰有关查封(甚至单方面查封决定)的法律规定:除非有非常特别的紧急情况,法院享有事先通知被查封的债务人的权限。但是,实践中不再坚持这个规则,因为如果这样会使法院变得非常官僚。更为显著的是,海牙法院的裁决再次表明:一方当事人可以事先告知法院,其反对《民事诉讼法典》第1019b条和第1019e条下的临时措施。① 值得一提的是,海牙法院在专利和欧共体商标上享有独占的管辖权。

所采取的临时措施的通知方式,以及复审的可能性,包括指令第7条第2段规定的听证的权利,《民事诉讼法典》已经做了规定,所以无需执行。根据《民事诉讼法典》第702条第2段,申请书和法院裁定书与执行官的通知书一起都送达给被申请的债务人。复审的可能性在《民事诉讼法典》第705条做了规定。作出查封裁定书的程序法官可以随后撤销其裁定,如果该查封是无效的或者该查封被证明是没有必要的。

v《民事诉讼法典》第1019b条第4段

最后,《民事诉讼法典》第1019b条第4段规定,如果无法保证机密信息的保护,就不颁发临时措施裁定书。

法院有一定的自由裁量权来颁发裁定书。例如,如果有机密信息,法院会决定在与外界隔绝的情况下进行。② 另一个解决方法是:机密信息被置于独立的第三方之下,例如公证处。随后,一个独立专家可以决定哪一个材料相关的并可以被公开的。

---

① http://www.rechtspraak.nl/Gerechten/Rechtbanken/s-Gravenhage。2007年5月1日该指令在荷兰实施之日起所开始的实验依旧在进行过程中。该目标必须通过书面形式表达,但是也可以通过电子文档的形式寄送,参见:范·米尔洛:"黑就是黑? 权利的颜色"[A. I. M. van Mierlo, Hoe zwart kan zwart zijn? Kleur in het recht, *WPNR* 6718 (2007): 611-612]。同时参见本章第三节第三部分第2点的c. i。

② 《下议院文件二》,2005—2006年,第4号,第3页(*Kamerstukken II*, 2005-2006, 30 392, No. 4, p. 3)和《民事诉讼法典》第27和29条。

c 《民事诉讼法典》第 1019c 条:证据查封的要求

根据荷兰诉讼法,新规定的"证据查封"是一个保护性措施。查封仅仅为了保护任何用于证明侵权的证据。但是,证据查封确实背离整个诉讼体系,就是说,诉前查封并不进入实施的阶段。因此,在实体诉讼程序中作出裁决,并该裁决成为终审结论之后,该查封是可以依法撤销的。原则上,该实体程序是请求停止侵权的威胁。如果法院在实体程序中想要对该查封物品进行审查,或者一方当事人想要将该查封的物品作为证据,荷兰民事诉讼法有几个替代的做法。法院可以,例如,对现场进行正式的查看(《民事诉讼法典》第 201 条)或者请一个专家发表意见(《民事诉讼法典》第 194 条)。

尽管查封仅仅是为了保护用于证明侵权的任何证据,在当下的法律实践中,要求查封一方经常请求法院允许查封令的执行者查看被查封的物品。我们认为,由于诉前程序中的债务人没有获得通知,法院没有权力允许请求人查看查封的物品。如果要求查封一方想查看查封的证据,他必须根据初步救济程序提起一个独立的程序。另一个值得一提的可能是:在查封请求获得允许后的 14 天内,根据《民事诉讼法典》第 843a 条和第 1019a 条有关证据可以被公开的规定,提起该实体程序,才有可能根据其规定的条件去查看查封的物品。①

i《民事诉讼法典》第 1019c 条第 1 段

《民事诉讼法典》第 1019c 条第 1 段规定,诉前证据查封是根据《民事诉讼法典》第 700—710a 条关于查封的一般规则进行的,但不包括《民事诉讼法典》第 709 条第 3 段。②《民事诉讼法典》第 709 条第 3 段规定,法院有权力将查封事宜事先通知债务人,除非有非常紧急的情况。与《民事诉讼

---

① 《完整教学大纲》,2007 年 5 月,关于法院扣押和保全的国内法规则(De Beslagsyllabus, May 2007, internal rules for the courts on attachments or seizures),www.rechtspraak.nl。

② 指令规定了证据的保全,无论证据在哪里。一般而言,涉及保全制度的条款可以适用于侵权人自己,即使侵权物品由第三人拥有。只有当第三人拒绝时,才可以适用扣押的条款。

法典》第1019c条第1段相反,海牙法院最近的判决表明:一方当事人可以事先告知法院,其反对《民事诉讼法典》第1019b条和第1019e条下的临时措施。①

ii《民事诉讼法典》第1019c条第2段

《民事诉讼法典》第1019c条第2段是指这样的情形:在实体诉讼程序中已经作出裁决,该裁决成为终审结论。接着,该查封被依法撤销。如果查封的物品是被隔离保管的,执行官必须将物品返还给债务人,除非法院根据债权人的请求作出其他的决定。比如,要求侵权人对侵权物品进行一点小的改变,这样就不会侵权了,侵权人就可以继续销售物品。

在《民事诉讼法典》第1019b条中所提到的查封的物品,不仅包括作为证据而查封的物品,也包括《民事诉讼法典》第1019b条中所提到的其他物品,即用于生产侵权产品的材料、工具和文件等。② 如果诉讼请求被驳回,该如何处理查封,并没有作出规定。我们认为,该查封也依法撤销,而且申请查封者要为所造成的损害承担责任。法院可以根据当事人的请求或者依据自己的职权作出进一步的指示。③

d 《民事诉讼法典》第1019d条:调查报告

关于侵权物品和用于生产和/或销售这些物品的材料和工具以及有关的文件的详细调查报告,还有取样,对于荷兰法律而言,都是新的。调查报告可以用来作为侵权诉讼中的证据。该报告的撰写方法是由《民事诉讼法典》第1019d条第1段所规定的,而取样则是由该条第2段规定的。调查报告必须根据法院的有关裁定而作出。

---

① 参见本章第三节第三部分第2点之b. iii和本章第二节第三部分第1点之b(See subsection III. C. 2. b. iii and II. C. 1. b)。

② 《下议院文件二》,2005—2006年,第3号,第22页(Kamerstukken II, 2005 - 2006, 30 392, MvT, No. 3, p. 22)。

③ 相应的规定,参见《民事诉讼法典》第1019d条第3段。参见本章第三节第三部分第2点之d. iii。

i《民事诉讼法典》第1019d条第1段

对《民事诉讼法典》第1019b条中所指的侵权物品的记录是由执行官在物品所在地当场做的。执行官必须迅速和清楚地报告被控侵权物品的外部特征,特别是数量、重量及其特点。关于这些内容的调查报告对于侵权物品来说是很重要的。对用于生产和/或销售这些物品的材料和器具以及有关文件的记录,则相对较为一般一些。他可以想一下生产制造过程以及单位的物品数量。因为在知识产权案件中,主要涉及的是外部特征,也可以通过对证据拍摄或者录音的方式进行记录,技术图纸的复印件可以附在调查报告中。但不允许复制涉及侵权的管理或其他文件。记录并不等同于一对一的复制。如果需要一个完整的文本,债权人必须请求查封该文本。

必须指出的是,调查报告不仅是关于正在实施的侵权行为特征,而且也是关于被指控的侵权行为特征。这就导致不仅仅要记录相似之处,而且也要记录与受知识产权保护的物品的不同之处。政府认为,对相似处和不同点的记录很有必要,这样才能回答侵权诉讼中的核心问题,即到底是否有侵权存在。①

因为执行官在调查报告程序中具有特殊地位,有关执行官的职责的一些一般规定原则上是同样适用的。这些规定涉及查封、对查封物品的记录、进入每一个必要的地点以及和第三人合作的义务等方面的要求(《民事诉讼法典》第440条第2段、第443、444、444a和444b条)。根据这些条款,执行官中可以加入一个专家。另外,请求调查报告的一方当事人不能在场,除非执行官认为该人的在场是必要的(《民事诉讼法典》第443条第2段)。如果执行官必须进入一个关闭的地点,他可以请求警察的帮助以保证安全进入。如果被指控侵权物品存放在第三方的地方,也可以这样做。如果该第三人不予合作,执行官可以对其进行罚款。

---

① 《下议院文件二》,2005—2006年,第3号,第22页(*Kamerstukken II*, 2005 - 2006, 30 392, MvT, No. 3, p. 22)。

ii《民事诉讼法典》第 1019d 条第 2 段

《民事诉讼法典》第 1019d 条第 2 段规定了执行官取样。关于诉前查封的那些条款原则也都是适用的,特别是关于扣押的规定(《民事诉讼法典》第 700—710a 条)。①

"扣押"在这里是指将物品存放于某个地点,并受扣押官的控制。对于每一种物品,执行官将取得不多于三个的样品,并将这些物品转交给法院任命的扣押官。如果法院想看一下这些样品——如果法院有这样的愿望或者根据一方当事人的请求,法院可以要求扣押官将样品在听证庭上出示。

iii《民事诉讼法典》第 1019d 条第 3 段

《民事诉讼法典》第 1019d 条第 3 段是指这样的情形:在实体诉讼程序中已经作出裁决,该裁决成为终审结论。这时,扣押官必须将样品返还给债务人,除非法院在债权人的请求下做出了其他的决定。法院可以依照自己的职权或者根据任何一方当事人的请求下达进一步的指令。它可以要求物品以及样品的提交必须要按一种特别的方式进行,比如,只提交包装但不包含内容。或者,法院可以要求侵权方对侵权物品进行一些改变,这样就不再会存在侵权,于是涉嫌侵权的一方就可以继续销售这些物品。在这种情形下,样品也需要作同样的改变。

iv《民事诉讼法典》第 1019g 条

《民事诉讼法典》第 1019g 条是关于赔偿的总的条款。这一条也是同时在执行第 48 号指令的第 7 条第 4 段和第 9 条第 7 段,即,当查封(或者保全证据的措施)错误或撤销查封或随后发现不存在知识产权的侵权或者侵权威胁时,必须要对此进行赔偿。

这一条是涉及《民事诉讼法典》新的第 15 章以及所有的知识产权法律

---

① 查封者总是基于查封的目的而委任的一名执行官。《下议院文件二》,2005—2006 年,第 6 号,第 8 页(*Kamerstukken II*, 2005 - 2006, 30 392, No. 6, p. 8)。《民事诉讼法典》第 709 条 3 款并不适用,这意味着:在获取侵权样品之前,被查封的债务人是不会获得听证的。

所规定的全部临时措施的。在初步救济程序中为实际存在的或者将来可能的(威胁性的)侵权而颁发的禁令，或者在初步救济程序中为制止某个中间人为侵权行为提供服务而颁发的禁令，也可以根据这一条来主张赔偿。如果在实体诉讼中发现很清楚不存在侵权，那么早前被采取禁令措施或者其他措施的人可以主张赔偿。

第48号指令总体上将知识产权权利人置于一个相对有利的地位。赔偿的规定是为了阻止那些人利用这种地位以损害其他竞争对手为代价而从中获取太多的好处。①

v 判例法

在荷兰的新松公司诉安斯泰来制药公司案②中，2007年5月法院根据《民事诉讼法典》第1019b条，第1019c条第1段和第1019d条颁发了查封令，以保全证据并作出调查报告。法院裁定：查封的文件必须交给由扣押官任命的执行官。扣押官可以为请求查封人安斯泰来制药公司制作文件的复制件，而且，文件本身必须在7天内返还给债务人。根据案件事实，执行官将所有文件交给安斯泰来制药公司的律师和专利代理人。律师和专利代理人复制该文件后制作了一个信息报告。该报告作为证据在德国的诉讼中提交了。在2007年6月的诉讼程序中，新松公司请求撤销查封令以及证据保全和制作调查报告的裁定。法院认为，这过于笼统，但是查封者复制所有的信息也滥用了查封令。查封证据是为了保全证据，而不是帮助查封者获取所有的商业信息。证据查封令并不自动意味着享有检查权利。从这个意义上说，查封令过于笼统，法院根据《民事诉讼法典》第1019e条第3段的规定复审了该裁定。

这个判决是在第48号指令执行后的很短时间内做出的，因此引发了法

---

① 《下议院文件二》，2005—2006年，第3号，第25页(Kamerstukken II, 2005‐2006, 30 392, MvT, No. 3, p. 25)。

② 参见阿娜姆法院程序法官，2007年6月1日(Voorzieningenrechter Arnhem court, 1 Jun. 2007, LJN: BA9615)。

律实践中为保全证据而进行查封的性质的一场讨论。这是否仅仅意味着证据保全还是也意味着检查权利？

如本章第三节 C.2.c 所论及的那样，这将采取的可能是折中方法。如果查封者向查看查封的证据，他必须通过初步救济法庭来提起一个独立的程序，或者查封的请求已经表明该证据应该被公开，条件是他根据《民事诉讼法典》第 843a 条和 1019a 条在 14 天内提起实体诉讼，而在实体诉讼中该证据是可以被公开的。

四、第三部分 信息权利[①]

1. 第 8 条 信息权利

a 简介

第 8 条规定的信息权已经在几个知识产权法中为人所知，这是关于侵犯知识产权产品来源的信息，该信息是可以从侵权方获取的。即便这个规定还没有被纳入知识产权法，现在也已经切实得到执行。[②]

但是，指令第 8 条规定：现存的信息权得以扩展为关于产品来源和销售网络的信息权。[③] 成员国的这个义务也已经在不同的荷兰知识产权法得到了执行，就是在法律中规定获取有关侵犯知识产权的产品或者服务的营销网络信息的权利。

而且，政府认为：必须规定可以向第三人请求取得信息，尽管他尚未参与诉讼程序。[④] 这个程序性规定在《民事诉讼法典》第 1019f 条得到了

[①] J. L. R. A. 海德科普："保持理性——新的指令执行"[J. L. R. A. Huydecoper, Nous Maintiendrons-de nieuwe "Richtlijn Handhaving", *AMI* (2004)：117 – 123]。该文批判了"信息权利"这一章即指令第 8 条仅仅关注提供信息的义务。

[②] 参见《著作权法》第 28 条第 9 款，该法第 8 条第 3(d) 款还包括了有关拒绝提供证据的规定。该规定同样体现在《邻接权法》第 17 条第 6 款；《数据库法》第 5c 条第 5 款；《拓扑图与半导体制品法》第 18 条第 8 款；《种子和种植材料法》第 70 条 11 款和《农产品质量法》第 13a 条中。

[③] 参见 2005 年最高法院关于营销网络中其他连锁店提供信息的义务的规定：HR 25 Nov. 2005，RvdW 2005，133，LJN：AU4019 (Lycos/Pessers)。

[④] 《下议院文件二》，2005—2006 年，第 3 号，第 12 页(*Kamerstukken II*, 2005 – 2006, 30 392, MvT, No. 3, p. 12)。

执行。

《解释报告》认为,占有侵权产品或者以商业性规模使用侵权服务的第三人,必须提供有关产品来源和营销网络的信息。根据政府的观点,这里需要区分两种情形,第一种是:占有侵权产品或者以商业性规模使用侵权服务的第三人,侵权人自己或者他指定的第三人通过上述行为(如生产、制造或销售产品或者提供服务)总体上侵犯了知识产权,而第二种是:该第三人仅仅提供一个商业规模的服务,用于侵权行为,但是他自己本身并没有实施侵权。①

从每一个尚未参与诉讼的第三方获取信息的可能已经在《民事诉讼法典》第1019f条中得到执行。指令第8条第3段规定的信息权应该同样适用其他强制性规定,这些规定可以避免第三方自证有罪或者保护保密的信息。由于立法机关没有将此规定在《民事诉讼法典》第1019f条,因此这就要由法院来平衡申请人的信息权和信息的保密要求。②

b 《民事诉讼法典》第1019f条:信息权利

由于受到议会下议院的批评,最初关于信息权规定的建议作了修改。③最初,《民事诉讼法典》第1019f条规定的信息权涉及程序法和实体法的规定。两者之间没有清楚的区分。当事人请求从尚未参与诉讼的第三方获取信息的权利,现在已经规定在不同的知识产权法中。

《民事诉讼法典》第1019f条只是程序规则。在第三方参与诉讼却无证

---

① 《下议院文件二》,2005—2006年,第3号,第24页(Kamerstukken II, 2005 - 2006, 30 392, MvT, No. 3, p. 24)。德尔佛斯·维瑟和布劳沃:"执法指令议案:我们不支持!"[O. Delfos Visser & R. Brouwer, Wetsvoorstel Handhavingsrichtlijn: Nous ne maintiendrons pas!, AMI (2006): 77 - 83],对于政府的观点持批评的态度,该观点之后被政府自己否决了。依据批评者的观点,因为这一区别,一旦第三人自身没有侵权,原告便不能获得信息。这并不是政府的本意,因为《民事诉讼法典》第1019f条不再作这一区分。

② 《民事诉讼法典》第1019f条的初稿包含了关于自证有罪的内容。然而删除该内容的原因不太清楚。但是,《解释备忘录》清楚表明,第三人仅仅需要提供有关营销网络的侵权信息,无需提供涉及自身的信息[《下议院文件二》,2005—2006年,第3号,第25页(Kamerstukken II, 2005 - 2006, 30 392, MvT, No. 3, p. 25)]。

③ 《下议院文件二》,2005—2006年,第6号,第7页(Kamerstukken II, 2005 - 2006, 30 392, No. 6, p. 7)。

据证明的特定情形下,应该规定诉讼程序规则,所以,这一点必须执行。直到指令被执行前,荷兰民事程序中只有一个证人听证的规定。① 《民事诉讼法典》第1019f 条包括第 1 段和第 2 段,该规定表明:第三方是作为一个证人。②

i《民事诉讼法典》第1019f 条第 1 段
《民事诉讼法典》第1019f 条第 1 段规定:

如果一个侵权诉讼中的原告想要从第三方获得信息,而该第三方被发现以商业规模占有或使用着侵权产品,或者被参与生产、制造或销售该产品或者提供服务的其中一人指明该第三方以商业规模占有或使用着侵权产品,法院可以根据原告正当合理的请求举行证人听证,在听证会上第三方必须提供他所知道的关于侵权产品或服务的来源或销售网络的所有信息,该听证只涉及本条第 1 段规定的信息。

《民事诉讼法典》第1019f 条第 1 段规定的当事人可以对任何符合《民事诉讼法典》第1019f 条第 1 段规定要求的第三方提出请求。③ 第三方可以是一个承运人或者运送人。而且,法律文献中的一些批评意见认为,第 48 指令的目的是使得从类似网络服务提供者的第三方获取信息成为可能,虽然网络服务提供者自己没有提供信息因此也没有侵犯著作权。这也符合欧洲和国际规范。④

---

① 《下议院文件二》,2005—2006 年,第 3 号,第 13 页(*Kamerstukken II*, 2005 – 2006, 30 392, MvT, No. 3, p. 13)。
② 重要的是要了解某人是否是证人,因为依民事诉讼法,其供词可以被用作证据使用(参见《民事诉讼法典》第163 条)。
③ 国会的一些成员认为,作为网络服务提供者的第三人可以免除其提供信息的义务。与此观点相反,《民事诉讼法典》第1019f 条适用于一切第三人,《下议院文件二》,2005—2006 年,第 6 号,第 6 页(*Kamerstukken II*, 2005 – 2006, 30 392, No.6, p. 6)。
④ 德尔佛斯·维瑟和布劳沃:"执法指令议案:我们不支持!"[O. Delfos Visser & R. Brouwer, Wetsvoorstel Handhavingsrichtlijn: Nous ne maintiendrons pas!, *AMI* (2006): 77 – 83]。

荷兰政府认为,指令第 8 条和《民事诉讼法典》第 1019f 条一样,提供了请求中间人提供信息的可能性。但是,该请求的提出必须根据指令第 8 条:"在有关侵犯知识产权诉讼的背景下"。①

针对侵权人和第三方提起的诉讼程序,有多个不同的方法。如果侵权人和第三方的名字都是知晓的,而且都同时参与了诉讼程序,那么就不会有任何程序性障碍。在这样的诉讼中,法院必须审查侵权是否发生,如果发生了,法院将会准予这种请求。

《民事诉讼法典》第 1019f 条没有明确规定原告可以按照什么方法对尚未参与侵权诉讼程序的第三方提出请求,只是提到第三方必须参加临时的证人听证。《立法解释报告》提到:原告应该在传票中表明举行临时证人听证的请求,接着,必须通知被控侵权人或第三方(不是侵权人)②如果参与生产、制造或销售产品或提供服务等侵权行为的人指明了第三人,也会通知该第三人。

但是,没有提到原告怎样传唤一个不知晓的第三人。在荷兰民事诉讼制度中,不可能传唤一个不知晓的第三人。③《解释备忘录》记载:《民事诉讼法典》第 1019f 条并不会只为了获取关于网站所有人的信息而去传唤一个网络服务提供者。为获取这样的信息,原告必须提起一个初始救济程序或者提起一个实体诉讼程序。但批评意见认为,这样执行指令第 8 条是不正确的。荷兰政府应该考虑最高法院最近的一个判决。④ 这个判决的正确观点是:在一个知识产权案件中,并不需要存在已有的判决。最高法院认为,当网站上公布了信息,该信息并非明显非法但可能是非法的,如果网络

---

① 《下议院文件二》,2005—2006 年,第 6 号,第 7 页(Kamerstukken II, 2005 - 2006, 30 392, No. 6, p. 7)。

② 《下议院文件二》,2005—2006 年,第 3 号,第 24 页(Kamerstukken II, 2005 - 2006, 30 392, MvT, No. 3, p. 24)。

③ R. D. 夏瓦尼斯:"对匿名网络用户的有效诉讼"[R. D. Chavannes, Effectief procederen tegen anonieme internetgebruikers, NJB (2007): 1816 - 1823],在匿名网站拥有者案件中,适用了荷兰式的传唤匿名当事人(John Doe)程序。

④ HR 25 Nov. 2005, HR 25 Nov. 2005, RvdW 2005, 133, LJN: AU4019, Lycos/Pessers。J. J. C. 卡贝尔的评论(Commentary by J. J. C. Kabel, IER 2006, No. 1, p. 1 - 3)。

服务提供者没有按照原告的请求提供网站所有人的姓名和地址信息或者其他身份信息,网络服务提供者的行为就可能是非法的。[①] 最高法院的判决对《民事诉讼法典》第1019f条做了进一步的深化。最高法院判决的可能影响是:在知识产权案件中,与指令的规定相比,更有可能获取信息。

因为只有临时证人听证才可以获取信息,知识产权的法律实践对此并不满意。证人听证可能会冗长,而且原告必须事先很清楚地知道哪一个人可以提供所需要的信息。这可能是个问题,特别是涉及大规模的网络服务提供者的时候。

而且,网络侵权几乎总是需要紧急行动的。临时证人听证将会浪费太多的时间,也相当费钱。因此,《民事诉讼法典》第1019f条第2段提供了一个临时证人听证的替代方法。

ii《民事诉讼法典》第1019f条第2段

对于法律实践来说,《民事诉讼法典》第1019f条第2段是更为重要的。作为临时证人听证的替代措施,证人可以书面提交第2段规定的信息。这可以与证人听证一起进行,也可以没有证人听证。

五、第四部分 临时和防范措施

1. 第9条 临时和防范措施

a 简介

第48号指令第9条的绝大多数内容都不需要执行。如前所述,简易程序,即初始救济程序,已经被证明在那些需要临时措施的知识产权案件中是很有效的,并且已经几乎全部满足指令第9条第1(a)段对被控侵权人的要求。[②] 在初始救济程序中,一方当事人可以请求颁发禁令,如果该禁令没有得到遵守的话,总是可以请求支付罚金(《民事诉讼法典》第611a—611i

---

① 最高法院认为,如果满足特殊的条件,比如原告可以通过其他方法恢复该信息,那么,这样一种行为是不合法的。
② 《民事诉讼法典》第254—259条。

条)。

但是，必须要执行的一个规定是：根据申请人的请求，如果其提供担保来确保对权利人的赔偿的话，被控侵权行为可以持续下去。① 要对为侵权行为提供服务的中间人采取临时措施，就这个义务而言，没有在荷兰《民事诉讼法典》中加以执行。按照荷兰政府的意见，指令第9条第1段(a)项的这一部分作为一个临时措施加以规定，因此，可以认为没有必要限制这些临时措施的请求。毕竟，紧急请求总是可以通过初步救济程序来提起的。根据指令第11条，对中间人的请求通过一个既涉及实体程序又涉及初步救济程序的规定而总体上得到执行。指令第9条第1段(a)项的同一段要求提供针对中间人的临时禁令，以防止被控侵权行为的发生，或者禁止侵权的继续，或者允许被控侵权行为继续，但要提供担保以确保对权利人进行赔偿。由于欧共体第2001/29号指令(关于信息社会某些著作权和相关权问题的协调)还没有涵盖这些要求，指令第9条第1段(a)项的这一部分并没有得到执行。② 根据欧共体第2001/29号指令以及《民法典》第6：196c条，权利人可以要求网络服务提供者删除信息或者屏蔽该网站。

第48号指令第9条第1(b)段规定的查封涉嫌侵犯知识产权的物品，《民事诉讼法典》第700—710a和第730—737条结合有关知识产权(这些知识产权和第9条第1(b)段的规定一致)的法律中的特别条款，已经作了规定，(参见本章第二节C.2和第三节C.2.a)。③

第48号指令第9条第2段允许预先查封被控侵权人的动产或不动产，包括冻结其银行账户和其他资产。为此目的，司法当局可以要求送交银行、财务或商业文件。在荷兰民事诉讼中，如果债务人有可能损毁这些文件的，为了防止损害，可以采取几个预先或者诉前的查封措施，特别是以扣押令的

---

① 有关于损害赔偿的条款规定在《民事诉讼法典》第1019g条和其他各个不同的知识产权法中。

② 关于针对中间人的规定的实施，指令第9和11条规定的措施在必要时是在不同的关于知识产权的法中得以实施的。由于欧洲共同体2001年第29号指令(2001/29/EC)，涉及中间人担保的规定并没有在《著作权法》、《邻接权法》或者《数据库法案》中得以执行。

③ 参见：例如，《著作权法》第28条。

方式。荷兰民事诉讼制度没有限制这些查封方式仅仅适用于商业主体,也可以适用于私人主体。因此,这一条就不需要执行。但是,根据《民事诉讼法典》第718—723条和第475—479a条的规定,我怀疑是否允许一个银行提供指令第9条第2段规定的信息。①

第48号指令第9条第3段规定:申请人必须提供任何可以合理获取的证据证明其为权利人以及其权利受到了侵犯。这个要求已经规定在不同的知识产权法中。总的证据原则是规定在《民事诉讼法典》第150条。因此,这一规定也是不需要执行的。

第48号指令第9条第4段在《民事诉讼法典》第1019e条得到执行。因为《民事诉讼法典》第254—259条规定的初步救济程序没有给第9条第4段提供一个答案。初步救济程序是一个矛盾的程序,这意味着总是应该传唤债务人参与口头听证。目前《民事诉讼法典》第1019e条也规定了被告没有参加听证的情形。就诉前查封而言,是不需要执行的,因为总体上被诉的债务人在荷兰是不参与听证的(例外的情形参件本章第三节第C.2.b.iv)。同样,没有必要执行第4段的最后一句话:"在那样的情况下,最迟在采取措施后就应该不迟延地通知当事人"。荷兰在《民事诉讼法典》第430条第3段规定:对债务人作出的判决在该判决送达该债务人之前是不能执行的。

根据第48号指令第9条第5段,如果在合理的期间内没有提起实体诉讼程序,根据被告的请求,临时措施必须被撤销或者停止执行。

对此《民事诉讼法典》第1019i条已经做了规定,第1019i条替代了前面提到的执行TRIPS协议第50条第1段的《民事诉讼法典》第260条。

第48号指令第9条第6段提到的在诉前查封时要提供担保,已经规定在《民事诉讼法典》第701条。但是,原则上,可以根据《民事诉讼法典》第235条的规定在初步救济程序中请求提供担保,这个规定也在《民事诉讼法

---

① 如果债权人拥有某债务人的银行账户的信息,其仅仅可以冻结该债务人的银行账户。在冻结的时候,其通常并不知晓账户的收支情况。银行不会告知债权人或者司法当局(执行官)查封账户时该账户的收支情况。四周内,银行必须告知执行官在查封时可以冻结的资金情况。

典》第 1019e 条第 2 段得到了执行。①

第 48 号指令第 9 条第 7 段也在《民事诉讼法典》第 1019g 条规定的损害赔偿规则中得到了执行。

b 《民事诉讼法典》第 1019e 条

i《民事诉讼法典》第 1019e 条第 1 段

如前所述,第 9 条第(a)和(b)段所提到的临时和预先措施中,必须被执行的只有不一定要告知被告的临时措施。

《民事诉讼法典》第 1019e 条规定了在所谓的"单方面初步救济程序"中必须遵循的程序规则。②

《民事诉讼法典》第 1019e 条:

在紧急情况下,特别是如果迟延会对知识产权权利人导致不可弥补的损害时,程序法官根据请求③有权力对被控侵权人作出一个临时性的立即执行的决定,在没有通知被控侵权人的情况下颁发一个裁定来阻止其对知识产权权利人的侵权威胁。

《解释备忘录》说道:对于什么是"不可弥补的损害"的理解,不是很清楚。欧洲法院将来可能不得不在一个知识产权即发侵权的案件中来决定"不可弥补的损害"这个词汇的意思。

《民事诉讼法典》第 1019e 条规定的程序会依据请求而启动,并会有地方法院中的程序法官来处理。根据请求而启动这个程序总体上就是启动初步救济程序,因此,也就是第 48 指令第 9 条第 1(a)段规定的临时禁令。在初步救济程序中,作为一般的临时禁令是要告知被告的,必须由执行官来传唤被告。请求的内容限于一个禁止令(restraining order)。通常可以在初始

---

① 在法律实践中,法院并不经常要求在初步救济程序中提供担保。
② 如果无法满足《民事诉讼法典》第 1019e 条的特别规定(lex specialis),那么就会适用关于初步救济程序的一般条款。
③ "根据请求"意思是:与一般(初步救济程序)对抗性程序中的直接传唤相反,是通过请求。

救济程序或者实体诉讼程序中提出的诉请会被驳回,因为被告无法对此提出抗辩。如果请求被驳回,申请人可以对该驳回提起复审,或者可以通过执行官的传唤来继续启动一般的初始救济程序。即便在紧急情况下,驳回也不一定导致什么问题,因为程序法官已经能为新程序设定一个日期。

ii《民事诉讼法典》第 1019e 条第 2 段

《民事诉讼法典》第 1019e 条第 2 段明确规定:在已经支付担保金的前提下程序法官可以同意请求。担保金的数额由法院决定。

iii《民事诉讼法典》第 1019e 条第 3 段

(执行官)向被告送达裁定后,被控侵权人可以要求对该裁定进行复审。复审必须在初步救济程序中进行,这将与《民事诉讼法典》第 705 条规定的初步救济程序中的撤销财产扣押相比较(参见本章第二节 C.2)

iv 判例法

根据《民事诉讼法典》第 1019e 条,已经做出了几个裁定。申请人必须陈述或者展示必要的信息以证明任何迟延将导致不可弥补的损害。在帕雷提(Paletti)一案中,在提交申请的同一天,法院就作出了裁定。[①] 裁定书中也明确了一个时限,在该时限内根据《民事诉讼法典》第 1019i 条和 TRIPS 协议第 50 条第 6 段必须提起一个实体诉讼程序。值得注意的是,法院对未遵守的情形会处以罚款。因为《民事诉讼法典》第 1019e 条没有提到其他的情形,立法机构的观点是法院只能作出允许的裁定,但不允许有其它的主张和请求。[②] 但法律实践中,是否可以请求支付罚款不是很明确。

最近,在一个共同体商标案件中,海牙法院根据《民事诉讼法典》第

[①] 海牙法院程序法官,2007 年 6 月 7 日,www.Boek9.nl。
[②] 《下议院文件二》,2005—2006 年,第 3 号,第 23 页(*Kamerstukken II*, 2005 - 2006, 30 392, MvT, No. 3, p. 23)。

1019e 条做出了一个裁定,看起来,这在如今的海牙法院已经是常见的做法。① 但这并不意味着荷兰的其他法院在根据《民事诉讼法典》第 1019e 条作出裁定时也是同样的做法,他们是根据下列条件颁发这样的命令的:

如上所述,裁定书明确在一定时限内根据《民事诉讼法典》第 1019i 条和 TRIPS 协议第 50 条第 6 段必须提起一个实体诉讼程序,也设定了如果不执行就处以每一个侵权产品(奶酪)300 欧元的罚款。而且,法院决定该裁定书连同申请书应该在 2008 年 2 月 16 日前送达另一方当事人。裁定书也规定法院(程序法官)已经确定了一个复审的日期和时间(2 月 20 日下午 2 点),如果侵权方希望对该裁定进行复审的话。这是一个以前从来没有进行过的新的实践。如果侵权方希望进行复审,就必须最迟在 2 月 19 日下午 2 点向申请方送达有关令状。

六、第五部分 根据案件实体判决而产生的措施

1. 第 10 条 纠正措施

a 简介

第 48 号指令第 10 条第 1 段要求:根据申请人的请求,应对侵权产品采取适当措施,并在适当情形下对生产或制造这些产品的物品采取适当措施。

这样的措施包括:从销售渠道召回侵权产品,确切地消除这些销售渠道或者销毁这些产品。

根据第 10 条第 2 段,根据第 10 条第 1 段采取措施所产生的费用由侵权人承担,除非有特别的理由决定不这样做。

最后,第 10 条第 3 段要求在侵权行为的严重性和所采取的救济措施之间符合比例原则,同时也要考虑第三方的利益。

b 在知识产权法中执行

第 48 号指令第 10 条第 1、2、3 段所列举的涉及产品的纠正措施,大多

---

① 海牙法院程序法官,2008 年 2 月 14 日(Voorzieningenrechter The Hague Court, 14 Feb. 2008, KG RK 08/0243, Westland KaasGroep BV/Roos)。在专利以及共同体商标案件中,海牙法院享有排他管辖权,参见本章第二节第三部分第 1 点之 b。

数已经存在于荷兰的知识产权法中。不同的知识产权法中都补充规定了指令第 10 条所提到的措施。比如,《著作权法》第 28 条第 1 段扩充规定为:原则上对用于生产或制造涉嫌侵权产品的物品和工具也可以采取纠正措施,纠正措施包括召回货物以及将其从销售渠道彻底清除,①还有第 28 条第 1 段已经规定的措施。从销售渠道清除是彻底的还是临时的,取决于起诉书、判决书以及权利人的目标,因为是权利人自己来决定如果处置其所指控的侵权产品。

《著作权法》第 28 条第 5 段关于申请人必须支付货物处置费用的规定,必须要删除,因为指令第 10 条规定:所采取的纠正措施都不应该影响到因侵权而对权利人造成的任何损害赔偿,也没有任何补偿。有关这些纠正措施的费用的规定,现在该法第 28 条第 4 段已经予以执行。

因此,《著作权法》第 28 条第 4 段现在执行了指令第 10 条第 2 段:第 1 段中所规定的措施的执行费用将由侵权人负担,除非有特别理由不这样做。在根据《民事诉讼法典》第 1019h 条来计算法律费用时,法院不得不考虑是否有《民事诉讼法典》第 28 条第 4 段意义上的特殊理由来这样做。

指令第 10 条第 3 段最后在《著作权法》第 28 条第 8 段得到了执行:在考虑权利人或者其代理人申请第 1、2、7 段所提到的纠正措施时,法院应该考虑侵权行为的严重性和救济措施之间的比例原则的要求,以及第三方的利益。②

指令第 10 条第 1、2、3 段是在上述知识产权法中得以执行的,但《民事诉讼法典》没有一般地加以规定。③

---

① 韩米克(Hameco)案,最高法院,1990 年 2 月 23 日,NJ 1990,664,威尔凯德(D. W. F. Verkade,DWFV)的评注。在该案中,对侵权物品的召回获得接受。应当指出,召回已经被出售的货物是有问题的。作为一种选择,侵权人(可以通过邮件)必须告知买主,如果他们不归还货物,权利人会针对他们采取行动。
② 在其他知识产权法案中,指令第 10 条也以同样的方式得到执行。
③ 《下议院文件二》,2005—2006 年,第 3 号,第 26 页(Kamerstukken II, 2005 – 2006, 30 392, MvT, No. 3, p. 26)。

2. 第 11 条　禁令

a　简介

指令第 11 条要求:为了制止侵权的继续,可以对侵权人颁发禁令。如果不遵守禁令,在必要的时候可以处以罚款,以确保其遵守。

这个规定已经在荷兰的各个知识产权法连同有关侵权的规定(《民法典》第 6:162 条等)以及《民法典》第 3:296 条中出现了。《民法典》第 3:296 条规定:如果一方当事人有义务交付某物、做某事或不做某事,那么,根据权利人的请求,法院可以要求其这样去做。

支付罚款规定在《民事诉讼法典》第 611a-i 条中。

b　在知识产权法中执行

指令第 11 条的最后一句要求:成员国确保权利人可以对中间人申请禁令,如果该中间人所提供的服务被第三人用于侵犯知识产权。

第 11 条中仅仅这一部分才在各个知识产权法中执行。举个例子,如《著作权法》第 26d 条。禁令只是在于制止侵权的继续。法院要平衡中间人和权利人的利益。必须考虑中间人在侵权中的贡献度和参与度,以及诉请的目的和权利人的利益是否比对中间人造成的不利或对其造成的损害更为重要。在没有产生不合理费用的情况下,中间人也应该能满足诉请。如果诉请可以由侵权人自己来实现而没有太多障碍,那么,对中间人的诉请就应该被驳回。因此,对中间人的诉请必须具有一个自主的目标,而且该目标通过侵权人自己的其他途径是无法实现的。[①]

七、第六部分　损害赔偿和法律费用

1. 第 13 条　损害赔偿

a　简介

第 48 号指令第 13 条几乎全部在不同的荷兰法中作了规定。《民法

---

① 《下议院文件二》,2005—2006 年,第 3 号,第 26 页(*Kamerstukken II*, 2005 - 2006, 30 392, MvT, No. 3, p. 26)。

典》第 6:162 条是主张损害赔偿的基本依据,适用于知道其实施的是侵权行为的侵权人或者应该有理由知道其实施的是侵权行为的侵权人。对于依据《民法典》第 6:162 条主张的损害赔偿,被告应该为自己的行为承担责任。可以根据《民法典》第 6:96 条第 1 和 2 段主张经济损失的赔偿,也可以根据《民法典》第 6:106 条主张精神损害的赔偿。而且,知识产权法,如《著作权法》,都规定了损害赔偿的特殊规则。

指令第 13 条规定了法院确定侵权人支付的损害赔偿的两种方法。根据第 13 条第 1(a)段,损害赔偿的确定需要考虑各个方面的因素,比如对受损害一方所造成的不利的经济后果,包括利润损失;侵权人获得的不合理利润;以及在有些案件中除了经济因素之外的其他损失,比如精神损害。如前所述,第 1(a)段不需要执行,因为有关损害赔偿的一般条款《民法典》第 6:106 条已经规定了这种精神损害赔偿。在各个知识产权法中,也都考虑到了精神损害赔偿。

指令第 13 条第 1(b)段规定了作为一次总付的损害赔偿额,这个数额至少是根据侵权人如果请求权利人授权使用其知识产权时所应该支付的许可使用费等因素为基础确定的。损害赔偿额的确定,特别是在知识产权案件中,是由《民法典》第 6:95 条等来规定的。在多个知识产权法中还规定了获利的返还。

《著作权法》第 27 条和第 27a 条规定了损害赔偿以及获利的返还。尽管如此,第 13 条第 1(b)段规定的一个固定的总数额的赔偿,在各个知识产权法中得到了执行。

第 48 号指令第 13 条第 2 段是一个可选择性的规定。这一段允许向知道其实施的是侵权行为的侵权人或者应该有理由知道其实施的是侵权行为的侵权人所主张的损害赔偿,可以与荷兰法的规定不一致。① 如前所述,对于依据《民法典》第 6:162 条主张的损害赔偿,被告应该为自己的行为承担

---

① 这是对于指令的荷兰官方文本的翻译。官方英文文本写道:"不知道或者没有合理理由知道自己参与了侵权活动……"

责任。因此,这一条无须再执行。

b 在知识产权法中执行

在《著作权法》第 27 条中,已经加入了新的第 2 段,该段明确规定:在适当情形下,法院可以一个总数额来确定损害赔偿。而且,在《邻接权法》第 16 条、《数据库法》第 5d 条、《农业质量法》第 13a 条第 5 段中,指令第 13 条第 1(b)段也得到了执行。

2. 第 14 条 法律费用

a 简介

第 48 号指令第 14 条规定:作为一个总的原则,胜诉方所支出的合理适当的法律费用和其他花费应该由败诉方来负担,除非根据衡平原则不允许这样做。与第 14 条的规定不同,《解释报告》认为,胜诉方所支出的法律费用和其他花费应该由败诉方负担。因此,政府认为,第 14 条的规定需要执行,并在《民事诉讼法典》第 1019h 条作了规定。① 而且,不清楚为什么《解释报告》没有提到法律费用应该合理适当的限制,尽管在《民事诉讼法典》第 1019h 条中已经加入了"合理"和"适当"的要求。从执行指令之日起,虽然与《解释报告》的解释存在冲突,在知识产权案件的法律实践中,已经开始主张第 48 号指令所规定的全部法律费用和司法外开支。② 这些主张在许多案件中已经得到法院的支持。

在立法过程中,这些实践做法在上议院引发了争议。《回复备忘录》③强调了在知识产权案件中应该有弹性地支持法律费用和其他开支的重要性。④ 虽然这个观点并非不合情理,但总体上并不符合民事诉讼中的费用补偿规则。

---

① 《下议院文件二》,2005—2006 年,第 3 号,第 16 页(*Kamerstukken II*, 2005-2006, 30 392, MvT, No. 3, p. 16)。
② 参见本章第一节和第一节第一部分。
③ 《下议院文件一》,2006—2007 年(*Kamerstukken I*, 2006-2007, 30 392, C)。
④ 值得一提的是,关于该指令的建议[COM (2003) 46 def]中,规定可以主张费用。

法律文献中已经有这样的观点:这个实践也与法律确定性原则相悖,因为对法律费用和司法外费用的全面补偿已经总体上过于背离了荷兰法院对费用的补偿。①

而且,我们认为,荷兰政府对于法律费用和其他开支的问题并没有坚持其观点。下面的例子可以说明这个问题。欧共体第2000/35号指令②第3条第1(e)段规定:

> 除非债务人不对延误承担责任,债权人应该有权向债务人就其所有因债务人迟延支付而导致的相关救济费用主张合理赔偿。该救济费用应该遵守透明原则和与涉案的债务相当的原则……

对此,荷兰政府认为,这个规定没有必要执行,因为荷兰法是符合指令这一段的。但是司法部对此所持的观点很不相同。③

政府没有解释:几年以后,一个欧洲立法对于法律费用和其他开支的相同计算方法为什么就不再和荷兰法律相符了呢?

b 《民事诉讼法典》第1019h条

《民事诉讼法典》第1019h条规定:

> 如果有必要并与(民事诉讼法中)关于费用的规定(如《民事诉讼法典》第237—245条和第843a条的规定)不同,根据请求,败诉方应该

---

① M.德里森:"法律费用的随意性",载于《工业产权观察》,2007年,第343—350页[M. Driessen, De willekeur van de proceskostenveroordeling, *Bijblad Industriele Eigendom*(2007):343-350]。

② 关于防止商业交易中延期支付的2000年6月29日欧洲共同体第2000/35号指令,载于2000年《欧盟官方公报》(*OJ* 2000, L 200/35)。

③ M.弗洛伊登塔尔:"指令关于延迟支付的规定在荷兰的执行",F.巴多萨·科尔和E.阿罗约·阿玛尤拉斯编:《欧洲统一合同法》,瓦伦西亚:白骑士蒂朗,2006年,第407—427页[M. Freudenthal, Implementation of the Directive on Late Payments in the Netherlands, in *La Armonizacion del Derecho de Obligaciones en Europa*, eds F. Badosa Coll & E. Arroyo i Amayuelas(Valencia: Tirant Lo Blanch, 2006), 407-427]。

支付胜诉方合理和适当的法律和其他开支，除非衡平原则不允许这样做。

政府认为，指令第 14 条规定了宽泛的费用赔偿义务。在荷兰，有关法院诉讼费用的法定规则是在《民事诉讼法典》第 237—245 条规定的。尽管《民事诉讼法典》第 237 条规定在判决书被宣告败诉的一方应该支付诉讼费用，在法律实践中，胜诉方只能拿到其所支付的部分费用，特别是涉及律师费的时候。这是根据一个非法定的特殊建议，即所谓的清算比率（liquidatietarief，即法院同意的费用规模），这个费用通常会被法院认可。①

法院同意的费用规模通过两个参数确定律师费。第一个参数是律师的工作。律师的每一个行为被计算为一些绩点。第二个参数是诉请的内容。这些绩点根据其诉请的类别或者在关于金钱诉请的案件中根据其诉请的金额，以金钱的方式来表示。比如，进行辩护，律师获得 2 个绩点；如果金钱诉请少于 10,000 欧元，一个绩点算 384 欧元。即使律师主张 1,500 欧元的律师费，法院将仅仅支持其 768 欧元。

司法以外的费用的赔偿规定在《民法典》第 6:96 条第 2 段之（b）和（c）。这些费用的赔偿就更加含糊不清了。根据这个规定，主张司法以外的费用应该尽可能地合理。这个规定的适用范围限于那些没有被列入法院诉讼费之内的费用（《民事诉讼法典》第 241 条）。因此,《民法典》第 6:96 条第 2 段之（c）的法定规则区分了司法外的费用和法院诉讼费用。在法律实践中，这个区别非常重要，因为原则上清算比率（liquidatietarief）不适用于司法外的费用，因此，这些费用应该获得全面赔偿。② 但是，在法律实践中，有一个非法定的建议，它规定了认定司法外费用的规则。③

这个建议总体上法院都会适用。尽管这个建议是为了协调司法外费用

---

① 清算比率得到荷兰律师协会以及荷兰司法协会的批准。
② 另一个问题是，只要该条款为司法机关所使用，对于哪些活动是包含在法院诉讼费中的以及哪些费用是属于司法外的成本费用的问题，司法机关和法律实践之间有不同的观点。
③ 这一标题为《工作报告 II》（rapport Voor-werk II）的建议已经得到荷兰司法协会的认可。

的认定，但在法律实践中，其结果是走向了协调的反面。根据《民事诉讼法典》第 242 条，法官如果认为这些费用太高，他可以降低司法外费用的数额或者甚至根本不支持任何司法外费用。法官降低司法外费用数额的自由裁量权甚至可以让有关当事人之间订立一个协议。①

尽管有大量反对律师费和司法外费用补偿的意见，政府坚信没有必要对此加以改变，直到执行关于知识产权执法的指令。

根据《民事诉讼法典》第 1019h 条，知识产权案件中费用补偿制度将有别于其他民事案件的规定。法院将必须审查该费用是否合理和公正。如果侵权人所为是以一种诚实信用的方式作出的，那么在费用的支付上就要考虑到合理性。在那种案件中，可以根据上面描述的现行的费用补偿规则来责令其支付费用。另一方面，在商业性侵权中，根据《民事诉讼法典》第 1019h 条的规定，所有法律版费用和其他开支都可以得到支持。② 学者们已经探讨过：这个观点是否和指令第 14 条相符，因为指令没有明确限于商业性侵权或盗版（参见第 2 条第 1 段和序言第 13 段），如果指令是限于商业性侵权的话，会明确表述的（参见第 8 和 13 条）。③

根据《民事诉讼法典》第 1019h 条，法院可以根据原告的请求，支持其为律师、代表人和专家所支出的费用，这些费用在《民法典》第 6:96 条第 2 段之（b）或（c）中是无法主张的。而且，根据《民法典》第 6:96 条第 2 段只有原告可以提出主张，而根据《民事诉讼法典》第 1019h 条任何胜诉一方都可以主张更为自由的费用补偿。

---

① 最高法院在 1993 年 1 月 22 日的判决（参见 NJ 1993，597）中已经认定这样的协议是有效的。但是，司法机关以及最高法院总是会做出不一样的裁决（参见 HR 11 Jul. 2003，NJ 2003，566），在该案中当事人必须支付债务的 15%——这被视为一个正常的比例——作为法院诉讼费以外的额外费用，但这个比例被法官弃之不理，而且最高法院维持了该判决。

② 《下议院文件二》，2005—2006 年，第 3 号，第 26 页（*Kamerstukken* II，2005 - 2006，30 392，MvT，No. 3，p. 26）。

③ 维瑟和楚桑尼斯："知识产权案件中的全部法律费用"[D. J. G. Visser & A. Tsoutsanis, De volledige proceskostenveroordeling in IE-zaken, *NJB* (2006): 1940 - 1946]。

i 判例法

根据判例法,法院关于费用赔偿的判决不是前后一致的。这个不一致的原因是双重审查:一方面要审查费用的合理性和适当性,另一方面要审查费用的公平性。这给法院留下很多的空间来确定费用的多少,这样的话,法律的确定性就岌岌可危了。最近的判例法已经表明,要获得成功的费用赔偿,重要的是当事人必须对其请求的费用提供清晰的明细。如果费用不是很明确,法院可以仅仅支持一部分的费用。

在一个初始救济程序中,海牙的地方法院曾经判定原告在实体诉讼程序中可能并不具有胜诉的把握。因此,法院判定:第 14 条提到的胜诉方不仅仅指原告,也可以是被告。毕竟,第 14 条说的是"胜诉方",而费用是由"败诉方"承担。因此,被告也可以获得费用的赔偿。①

八、第七部分 公开措施

1. 第 15 条 法院裁决的公开

a 简介

第 15 条规定,在侵权诉讼中,司法机关可以根据申请人的请求采取适当措施来公布信息,费用由侵权人负担。这些措施意在警告将来的侵权人,并有助于多数公众知道真相。

b 在知识产权法中的执行

司法判决的公布早已经在民事诉讼法中存在。公布判决或者通过邮寄的方式通知侵权物品的购买者,这样的做法是相当常见的。该规定在几个知识产权法中都得到了执行。

《著作权法》第 28 条将会补充一个新的第 10 段。可以采取不同的公布方式,比如,在报纸、期刊或杂志中发布公告,或者通过一个新闻发布,或者如上所述,寄给那些过去已经介入侵权的人,比如侵权物品的发行商或零售商。

---

① 海牙法院程序法官,2006 年 8 月 8 日(Voorzieningenrechter The Hague Court, 8 Aug. 2006, KG ZA 06 - 619, Visser/Heto)。

第四节 尚未被执行的指令条款

一、介绍

尽管理论上总的观点是荷兰法已经和指令完全一致,但是还是发生了一些改变。正如我们已经看到的那样,《民事诉讼法典》第1019-1019h条将不仅会对知识产权执法带来很大的影响,也会对荷兰民事诉讼法总体上带来很大的影响。指令中的一些条款还没有被执行。本节中将会简短地讨论这些规定。在讨论前,将先讨论一下《民事诉讼法典》新的第15章的最后一条:第1019i条。

1.《民事诉讼法典》第1019i条:TRIPS协议第50条第1段

前面的章节中没有提到《民事诉讼法典》第1019i条,因为这不是一个新的条款。《民事诉讼法典》第1019i条替代了《民事诉讼法典》第260条,该条是对TRIPS协议第50条第1段的执行。《民事诉讼法典》第1019i条的文本与《民事诉讼法典》第260条完全一样。直到指令执行时,《民事诉讼法典》第260条是关于初始救济程序的条款之一。尽管《民事诉讼法典》第1019i条替代了《民事诉讼法典》第260条后,在《民事诉讼法典》第3册第15章中的条文是一样的,但是,该条款不仅仅是涉及初始救济程序,而是涉及第15章所包括的全部知识产权的程序。但就企业名称而言,因为其没有在TRIPS协议的范围之内,所以又有变化。

a 判例法

一个知识产权案件中的初始救济程序的裁决随着罚款的支付而强化了。诉讼中,被告行使其权利宣称:临时措施,包括支付罚款应该根据《民事诉讼法典》第260条(被《民事诉讼法典》第1019i条替代)撤销或停止执行。很清楚,在法院确定的时间期限内并没有提起可以导致该案实体判决的诉讼。尽管被告认为支付罚款已经不再具有溯及力，上诉法院还是做出了不一样的决定。《民事诉讼法典》第260条第1段和《民事诉讼法典》第1019i条规定：在被告发出声明后临时措施将失去效力。这意味着该声明不具有溯及力，被取消的罚款支付也不停止发生效力。①

在本章第Ⅲ节之C.2.b.ⅱ中已经讨论过的案件中，法院裁定根据《民事诉讼法典》第1019a条查封证据必须随后要有一个实体诉讼程序，像初始救济程序这样的程序因为其本身就是一个临时措施，所以不能满足要求。②

二、第一部分 指令第3条和第4条，一般规定

第3条第1和2段规定成员国有义务提供必要的措施、程序和救济以确保知识产权的执行。这些措施、程序和救济必须公正、公平并没有不必要的繁复或昂贵。它们应该是有效率的、适当的和劝阻性的。当事人不能自己实施这些规定。

可选择性的第4条是关于有权请求适用那些措施、程序和救济的人。这一条也尚未被执行。对于知识产权权利人，根据第4(a)条毫无疑问，这些人有权申请所有程序和措施以保护其权利。权利人自己必须决定他将对哪个人提起诉讼以及他想要运用哪一个诉讼措施。权利人也可以通过委托代理的方式将其诉讼的权利转移给专业的机构对侵权行为提起诉讼，并参与诉讼。什么人可以成为权利人是在各个知识产权法中进行规定的。这也同样适用于第4(b)条规定的被许可人。应该说，根据荷兰法律，被许可人不允许其独立对侵权行为起诉，这取决于权利人的同意和许可合同的约定。第48号指令并没有要求背离国内法的规定。

而且，根据第4条(c)和(d)，官方认可的代表知识产权权利人的集体

---

① 阿娜姆法院,2007年2月13日(Hof Arnhem, 13 Feb. 2007, JBPr 2007/49, Test & Drive/Veka Best.)。
② 海牙法院程序法官,2007年7月25日(Voorzieningenrechter The Hague, 25 Jul. 2007, LJN: BB2652, Abbott/Teva)。该法院引用了欧洲法院1998年6月16日对赫尔墨斯案(Hermes,案号C-53/96)的判决。

管理组织和专业的诉讼机构可以有权利对侵权行为提起诉讼。荷兰法律在《民法典》第3:305a条中对集体诉讼规定了一个总的条款。按照荷兰政府的观点,这个规定为集体诉讼提供了充分的机会。① 无论如何,这是由权利人自己来决定由这些专业诉讼机构作为其法律上的代表人的。

三、第12条 替代措施

可选择性的第12条也尚未被执行。这个规定允许处以惩罚性赔偿而不是第10条和第11条规定的措施,条件是:其所为不是有目的性的,也没有疏忽大意;第10条和第11条规定的措施的执行将会导致不成比例的损害;并且对受损害一方进行惩罚性赔偿看起来是令人满意的。第12条尚未被执行,因为其和荷兰法律不相符合。在荷兰,如果一个人不需要承担责任,那么就没有法定的规则要求其作出赔偿。在文献中有另一个目标。指令第10条第3段已经规定了比例原则。因此,没有必要规定双重的适当性审查,特别是在知识产权案件中。在法律实践中,几乎总是会同意权利人的禁令请求,以便于其阻止侵权的继续,即便被告并不应该对此负责。②

---

① 《下议院文件二》,2005—2006年,第3号,第11页(*Kamerstukken II*, 2005 - 2006, 30 392, MvT, No. 3, p. 11)。自从2005年之后,荷兰诉讼法提供了"集体诉讼"的可能性:《民事诉讼法典》第1013—1018条。

② C. 吉勒:知识产权执法指令[C. Gielen, De richtlijn handhaving IE-rechten, *NTER* (2005): 6 - 11]。

第四章　欧共体第 2004/48 号指令在英国

第一节　执　行

如第二章所述,对指令的正确执行包括三个密切关联但是又有区别的问题:第一个是关于为执行所采取的措施的内容;第二个与对这些措施的性质的要求有关;第三个与其在实践中的有效运用和实施有关。

一般来说,成员国必须决定由哪个机构负责来适用指令。进一步讲,成员国所为尤其必须与指令规定的义务相一致。从这个意义上说,为了避免其不正确地适用,所执行措施应该清晰和准确并具有法律约束力的要求是至关重要的。总之,欧洲法院[①]对于措施的内容及其性质所设定的要求有助于保证一个指令的正确适用。指令的目的正是要使其在国内法中得到执行。因此,作为一项基本规则,指令的规定应该以转化的方式(例如,成为国内法的规定)在国内法律制度中得到适用。

除了一些极其个别的对不同程序性方面的协调,例如欧洲经济共同体(EEC)第 2913/92 号条例,在共同体法中有两种情形:或者是没有确定程序或救济的规定,或者是成员国有义务通过一些很笼统的条文来规定在相关领域提供司法保护。是否有一些非常一般的规定还是根本没有规定,往往不置可否,原则上,这似乎并不是很重要。无论是哪种情形,这都留给成员

[①] 相关案件如:欧共体委员会诉德国案,案号 No. C-131/88(1991),《欧洲法院公报》第 I 卷,第 825 页;欧共体委员会诉德国案,案号 No. C-59/89(1991),《欧洲法院公报》第 I 卷,第 2607 页;欧共体委员会诉意大利案,案号 No. C-306/91(1993),《欧洲法院公报》第 I 卷,第 2133 页。

国去确定管辖法院并制定执行共同体法律的法律诉讼规则。① 每当一个指令尚未被正确执行或者根本未被执行,个人可能发现尽管存在一个规定,该规定可以被认为是国内法律制度的一部分,其目的是授予其权利或者允许其以其他方式获益,但是,成员国的不充分作为或者不作为会妨碍其行使权利或者至少会妨碍其享有全面执行指令的好处。在这样的情况下,个人可能不得不寻求国内法院来强迫遵守某个指令。如前面第二章所述,为了这样做,国内法院可以求助于三个原则,这些原则是由欧洲法院在不正确转化指令或者不转化指令的案件中确立起来的。这就是:直接效力的原则;国内法解释与指令相一致原则,因违反共同体法律而导致个人损害的国家责任原则。一般来说,我们认为,指令或者由特定的新的立法来执行,或者通过现行立法来执行——这时,国内法院有义务在解释这些立法时与某个特定的指令所规定的义务相一致。

在英格兰和威尔士,专利和注册外观设计诉讼是根据《民事诉讼规则(CPR)》进行的,除非是《民事诉讼规则(CPR)》第63部分或者第63号《实施指南(PD)》根据《衡平法院指南》作出了其他规定。专利法院是高等法院衡平法庭的一部分。②《专利法》(1977年)第97节对专利局长根据《专利法》或者有关规则作出的大量决定不服上诉到专利法院做了规定。1977年《专利法》的其他章节还规定了对被控专利侵权向法院提起诉讼之类的程序。就英格兰和威尔士而言,在《专利法》的表述中,"法院"是指高等法院,高等法院既涉及专利法院的诉讼,也涉及郡专利法院的诉讼。③ 根据1981年的《最高法院法(SCA)》第61节以及该法的附件1,高等法院中涉

---

① 参见雷威案(Rewe),案号 No. 33/76 (1976),《欧洲法院公报》第1989页;可米特案(Comet),案号 No. 45/76 (1976),《欧洲法院公报》第2043页。

② 1981年《宪法改革法》(c.54)规定首席法官(the Lord Chief Justice)有权任命高等法院的法官以及助理法官。在专利法院提起诉讼的程序是《民事诉讼规则(CPR)》规定的,特别是该规则第63部分,标题为"专利以及其他知识产权的权利主张"。随着2002年《民事诉讼规则》(SI 2002 No. 3219)于2003年4月1日生效,该部分被纳入1998年《民事诉讼规则》的第63部分,还有作为第63部分补充的《实施指南(PD)》。

③ 正如1988年《著作权、外观设计以及专利权法案》第287至292条规定的一样。

专利、商标、注册外观设计或者版权的所有事务都转到衡平法庭。根据1977年《专利法》、1949年《注册外观设计法》和1958年《国防合同法》在高等法院进行的诉讼以及所有在高等法院管辖下的涉及专利问题的决定或者声明的诉讼，都应该转到衡平法庭并由专利法院受理。产生那些不同之处的领域包括起诉、案件管理、公布、审判和审后程序。除了高等法院的专利法院，要提起涉及有关专利、注册外观设计以及最近的商标（包括共同体商标）和外观设计的法律案件，伦敦的郡专利法院（PCC）是一个替代的场所，对于那些案件，英格兰和威尔士的法院对于都有管辖权，正如普通的郡法院对其他的知识产权案件（比如大多数的版权案件）享有管辖权一样。

管辖权：

对于损害赔偿的数额没有限制，一审判决后案件必须由高一级的法院进行审理，通常是由专利法院的法院来审。对于郡专利法院的管辖权也没根据法律或者事实的复杂性作出限制。多数时候案件是来自专利法院，在偶然情况下，也有案件从郡专利法院移送至专利法院。郡专利法院的法官通常在专利法院中具有特别和额外的审判权。

执行：

基本上是通过《知识产权（执法等）条例》（2006年）[①]和《民事诉讼规则》特别是《民事诉讼规则》第63部分以及有关的《实施指南》。

第二节 对指令每一条款执行的审查

第1条 客体

第48号指令的执行是通过《知识产权（执法等）条例》（2006年），同时支持对法院规则进行改变。

[①] 2006年知识产权（执法等）条例（SI 2006/1028），http://www.opsi.gov.uk/si/si2006/20061028.htm 和 http://www.statutelaw.gov.uk/。

第2条 范围

《民事诉讼规则》第63部分以及《实施指南》适用于全部知识产权,除了模型权和厂商名称——因为他们既不是英国的权利,也不是共同体权利。因此,这一条得到了执行。

第3条 基本义务:费用

就费用而言,基本义务规定:"成员国应提供必要的措施、程序和救济以保证知识产权的执法。这些措施、程序和救济应该没有不必要的复杂和花费……"费用问题将由第14条关于法律费用的规定来处理,因此,这看起来不像第3条基本义务中的其他内容,所以《民事诉讼规则》没有有效地执行这个义务。

第4条 基本义务:作为权利主体的四类人

如前所述,这一条的目的是界定有权请求该指令文本中所规定的救济的主体(人)的类别。在《咨询报告:英国执行欧共体关于知识产权执法的第2004/48号指令》中,专利局(贸工部)认为:为执行这个义务,并不需要改变《民事诉讼规则》及其他法律。① 但是,该结论似乎要依赖于解释实体义务范围时所采取的方式。如前所述,第48号指令第4条规定:"成员国应该承认下列人员有权请求适用本章规定的措施、程序和救济"。但是,该指令随后的规定似乎对于实体义务的范围做出了限制,这就是规定享有主体资格的权利人是"根据所适用法律的规定"。而且,关于被许可人、集体管理组织和专门保护组织,至少最开始,成员国的义务似乎仅仅是"只要所适用的法律允许或者依据所适用的法律"。因此,如第三章所述,对于第4条

---

① 2006年第1028号知识产权(执法等)条例的注释说明,http://www.legislation.gov.uk/uksi/2006/1028/made,第7.3段:"《执法指令》第4条要求成员国为独占被许可人提供同样的救济,就像他们为权利人提供的一样,但是只能在国内法允许的范围内。因此,共同体并没有要求为独占被许可人提供这些权利,并超出指令要求赋予他们诉权。"

(c)和(d)项明显可以有两种解释。① 第一个解释可以被称为限制性的解释,据此,这些规定并没有要求成员国有义务在其国内诉讼制度中去规定这样的代表人,如果其国内法还没有这样的诉讼代表制度的话。对于第 4 条(c)和(d)项的第二种解释可以被称为广义的解释,这就是:这两项规定中的两个表述并没有限制成员国实体义务的范围,成员国应规定四类主体,理由如下:

第一,根据那个著名的"欧共体委员会诉英国"案件②,如第 3 条以及《欧共体条约》(EC)第 249 条第(3)款和第 10 条所要求的那样,对指令的有效执行要求给指令中所列举的全部四类人提供法律主体资格,以保证其实现第 3 条规定的有效执行,就是说,要保证该义务的四类受益人得到有效的司法保护,要减少各国诉讼制度中的执法尺度的不一致,并符合第 3 条规定的减少费用开支的要求。

在上述案件中,欧洲法院认为,英国已经违背了其在欧共体第 77/187 号指令中规定的义务,因为它没有规定该指令第 6 条所要求的雇工代表的任命。英国立法中不含有任命雇工代表这样的机制。而且,英国认为,指令中有"由成员国法律或实践作出规定"的表述,因此,如果成员国方面在其国内立法中已经存在这样规定的情形下,就没有义务再规定这种代表了。所以,欧共体第 77/187 号指令没有要求英国需要将这样的代表引入英国法。欧洲法院根据《欧共体条约》第 5 条(现在第 10 条)做出了部分回应。欧洲法院反对就这个义务的范围作这样限

---

① 至于(b)项,在英国法中已经有所规定。权利持有者以及被授权使用知识产权的个人已经被允许依照成文法提起诉讼程序。专利局在"知识产权执法的代表诉讼(RA)"(征集意见已经于 2006 年 12 月 18 日结束,但还没有公布有关意见)第 1 段中指出:尽管在"集团诉讼裁定"(GLO-CPR19.10－15)以及"代表规则"(CPR19.6)中存在着一般性的多个当事人条款,但是这更不足以充分解决欧共体第 2004/48 号指令规定的代表诉讼问题,因此,"指令不要求我们制定具体的条款"。专利局在"知识产权执法的代表诉讼(RA)"第 11 段中也指出,尽管存在着一般性的多个当事人条款,但是其不适合知识产权执法,因为当事人双方需要共享相似的利益(CPR 19.6(1))或者共同相关联的争议问题(CPR 19.10),这样就会由于缺少知识产权的主体使得同业公会无法代表其成员实施诉讼程序。因此,在第 26 至 29 段中,专利局建议引入一种新的代表诉讼制度。

② 欧共体委员会诉英国案,案号 No. 382/92 (1994),《欧洲法院公报》第 I 卷,第 2435 页。

制性的解释,理由有两点:首先,这会使得该指令(尤其是第6条)失去其"完整的效力";①简单说,"共同体立法的目的并不允许不同的国内法律体系存在这样的情况——没有劳工代表获得任命,因为这种任命对于确保其遵守该指令第6条所规定的义务是必要的";②其次,国内立法将"可能妨碍指令中对雇工所做出的无条件保护的保证,这是与共同体法律相违背的"。③

而且,第48号指令第4条的意思可以做这样的分析:根据序言第10段的阐述:"指令的目的是使国内法律制度最大程度地保证在内部市场中具有高度的、公平的、同样的保护水平。"我们认为,第48号指令的目标要求对于权利人和那些序言第18段所说的具有"直接利害关系"的人提供"在内部市场公平、同样水平的保护"。因此,序言第10段规定的"公平同样的保护"以及序言第7、8、9段的补充规定,似乎有必要使指令第4条规定的四类人享有主体资格。执行这个规定将保证国内立法不仅与指令序言第10段所称的目标相符,也将减少指令序言第7、8、9段所称的"在知识产权执法手段方面的成员国法律制度间的差异性"。据此,按照对第4条(c)和(d)项的第二种解释,我们认为,对指令的有效执行要求指令序言第10段所规定的目的应该得到实现。而且,根据欧共体委员会诉英国案④,"根据所适用法律的规定"和"只要所适用的法律允许并根据所适用的法律"这两

---

① 欧共体委员会诉英国案,案号 No. 382/92(1982),《欧洲法院公报》,同上,第17段:"依据英国的解释,成员国有权决定那些雇员代表可以得到通知和协商的案件,因为他们只能在国内法规定有雇员代表任命制度时才能得到通知和协商,这样就会允许成员国剥夺指令第6条的全部效力。"
② 欧共体委员会诉英国案,案号 No. 382/92(1982),《欧洲法院公报》第2435段,同上,第18段。
③ 欧共体委员会诉英国案,案号 No. 382/92,《欧洲法院公报》第2601页,同上,第20段;全部观点,参见第8—31段。
④ 欧共体委员会诉英国案,案号 No. 382/92(1982),《欧洲法院公报》第2601页,同上,第16段;"与英国的论点相反,指令第2条(c)款的用词对于第6条的解释没有持任何的怀疑。第2条(c)款不是简单地撤销在成员国有效的关于雇员代表任命制度的规则,而是让成员国自己去安排雇员代表任命制度,只要代表们可以依据第6条第1款和第2款得到通知和协商即可。"

句话只能理解为:根据《欧共体条约》第249条第(3)款,只不过是要成员国来担任保证这些诉讼主体资格的角色。①

第二,我们认为,诉讼权利的渊源,即授予四类受益人诉讼主体资格,主要是依据指令第4条的明确规定,部分也依据执行措施。就是说,该指令明确区分了权利受益人的类别,即权利人及其他在知识产权执法中享有直接利益的当事人。这些享有直接利益的当事人的类别被分为三个类别,即(b)其他被授权行使这些权利的人,如被许可人;(c)知识产权集体管理组织,该组织通常被认为是有权代表知识产权权利人;(d)专门保护组织,该组织通常被认为是有权代表知识产权权利人。我们认为,该指令依次界定的这三类人是由那些在知识产权执法中享有利益的人组成的。权利的性质是有权"寻求适用该章所规定的措施、程序和救济"②,这可以被认为一个程序权利而不是实体权利。③ 而且,维霍伦(Verholen)案④的判决认为,那些指令规定的主体类别包括那些在法律适用中享有直接利益的人,而不仅仅是那些直接享有有关法律保护的人。在这里,可以认为,该三类诉讼主体不仅仅包括指令中所明确列举的人,也还包括序言第18段所指的那些享有直接利益的人。

---

① S. 普雷考:《欧共体法中的指令》,牛津:牛津大学出版社,2005年,第198页[S. Prechal, *Directives in EC Law*(Oxford: Oxford University Press, 2005), ibid., 198]。"'尽可能'一词仅仅是指司法功能的本质属性,而不再是指依据国内法的解释方法。"(并且在第198页,第86条解释,D. 柯廷……S. 普雷考……和 A. 坦尼……也认为国内的解释规则不再有关联。在他看来,只要有可能,应该理解为"只是语言问题,并没有不可协调的冲突"。)同样,这种方式似乎暗示着:在最后的分析中,国内法院是否依旧仅仅发挥其司法功能这一问题,是共同体法律问题而不是国内(宪法)法律问题。

② 正如先前提到的,权利的创设和其直接效力之间是相分离的。参见 S. 普雷考:《欧共体法中的指令》,牛津:牛津大学出版社,2005年,第283页[S. Prechal, *Directives in EC Law*(Oxford: Oxford University Press, 2005), ibid., 283]。

③ 其他指令的例子,如创设了程序性权利而非实体性权利的指令。

④ 维霍伦案(Verholen),案号 No. C-87/90 和 C-88/90(1991),《欧洲法院公报》第 I 卷,第 3757 页。从这个判决中得出的推论是:共同体法律的要求会影响国内现行规则。在最后的分析中,如果有助于捍卫有效的司法保护,在特定情形下有关人员应该享有陈述权,即使他们依据国内法不享有特定身份。参见雷威尔(Rewe),案号 No. 158/80(1981),《欧洲法院公报》第 1805 页和 MRAX 案,案号 No. C-459/99(2002),《欧洲法院公报》第 I 卷,第 6591 页,第 101 段。

第三,"根据国内法规定"和"只要国内法规定允许并根据国内法规定"的表述很有可能以这样的方式执行的,即平等地赋予成员国自由裁量权来背离其内容,这里通常的表述方式是"不阻止成员国(采用不同的规定)",或者是该指令"不损害成员国……的权利"。如果这里的情形是究竟如何并不清楚,那么,成员国在行使其自由裁量权时无论如何都会受到指令的实体内容的约束,在此,第48号指令第4条的实体义务是规定权利人的诉讼主体资格。

尤其是,如前所述,对指令的全面执行要受到法律稳定性、有效性以及对权利的有效保护等原则的约束。如果拒绝执行第4条规定的实体法律义务,即全部四组权利人的法律主体地位,尤其是根据"只要国内法允许并根据国内法"的表述而拒绝执行第(c)和(d)项,如前所述,我们认为,这已经被指令第4条的规定所排除。就是说,指令的实体义务以及清晰性原则、有效性原则以及特别是对权利的有效法律保护原则等,要求全面赋予四类权利人的诉讼主体资格。

迄今为止,考虑到专利局已经对修改诉讼规则来保证第4条所列举的全部四类人的主体资格的适当性做出了一个咨询意见,看起来英国只是部分执行了该规定。对此,附在第2006/1028号条例后的《解释备忘录》[①]对于指令第4条作了如下阐述:

> 这一条没有对成员国设定义务。但它要求成员国确保当一个人根据英国法享有直接利益和法律主体资格时,他们应该有途径来享有指令所规定的措施、程序和救济。

(a)
权利人:权利人这一类别限于以下法律的规定:
—《商标法》(1994年)第14节(专有权利)

[①] 2006年第1028号知识产权(执法等)条例的解释备忘录。

—《专利法》(1977 年)第 61 节(专有权利)
　　—《版权、外观设计和专利法》(1998 年)第 96 节(版权人的权利)
　　—《版权、外观设计和专利法》(1998 年)第 229 节(未注册外观设计者的权利)
　　—《注册外观设计法》(1949 年)第 7 节(外观设计者的权利)
　　可以说,这些章节有效地执行了指令第 4(a)条,某种意义上讲这是对清晰性标准的回应。这些规定具有法律约束力,是全面有效的,而且应该对权利提供了有效的保护。就是说,这些执行措施的内容显然是清楚的、准确的,并一定能保护好知识产权权利人的程序权利。这些执行措施的文字表述看不出有任何含糊之处。但是,法院必须以能保证有效执行指令的方式来适用这些规定。

　　(b)
　　被许可人:被许可人这一类别要求他们是"独占"的,这也在同样法律的某些条款中做了规定:
　　—《商标法》(1994 年)第 31 节(独占被许可人的权利)
　　—《专利法》(1977 年)第 67 节(独占被许可人的权利)
　　—《版权、外观设计和专利法》(1998 年)第 191 节
　　—《注册外观设计法》(1949 年)第 234 节(独占被许可人的权利)
　　第 2006/1028 号条例之附件 I 的第 3 段将第 24F 条插入到了《注册外观设计法》(1949 年)(独占被许可人的权利)。
　　在《专利法》(1977 年)中独占被许可人是这样界定的:"独占被许可人"是指专利权人或专利申请人将其发明的权利授予被许可人或其授权的人一个排除所有其他人"包括专利权人或专利申请人"的许可,这样,"独占被许可人"和"非独占被许可人"就可以相应地分析出来。[①] 第 2006/1028 号条例之附件 I 的第 2 段在《注册外观设计法》(1949 年)中插入了一个"独

[①] 1994 年《商标法》第 29 条第 1 款:本法所称的"独占许可"是指一种许可证(无论是普通的还是有限的),该许可证授权被许可人排除所有个人包括授予许可的主体按照该许可证授权的方式来使用该注册商标。

占被许可人"的定义,这个定义和其他知识产权法中所使用的定义是一致的。

由于对第 4 条(b)项中被许可人的解释是限于一个独占的被许可人,因此,我们认为,上述章节的规定已经有效地执行了指令。但是,由于指令第 4 条(b)项只是限于独占被许可人这类人,因此,不清楚的是,对指令第 4 条(c)和(d)项的解释将会产生怎样的发展。简单地说,不清楚指令第 4 条(b)项是否排除了非独占被许可人的可能性。因此,成员国方面的义务的范围似乎是可以要求规定非独占被许可人的,但这显然没有在执行指令的有关立法中加以规定。

(c)

如前所述,对第 4 条的解释,特别是其(c)项和(d)项只能由欧洲法院来最后确定。因此,也可以考虑这些条款并未对成员国设定任何义务的可能性,即并不要求其在国内诉讼法中规定代表性诉讼,如果这些国家并不存在这样的制度的话。在所谓的狭义解释的情况下,这些条款的唯一目的可能是:如果成员国诉讼制度中没有这样的代表方式的话,鼓励其在其诉讼规则中加入这样的规定。如果欧洲法院要采纳这样的一个解释,那么,很清楚,正确充分地执行指令的义务将仅仅针对第 4 条的(a)项和(b)项,并要求尊重清晰、效率和有效法律保护的原则。在这样的解释之下,我们认为,英国对第 4 条的(a)项和(b)项的执行是充分的,并且符合这些原则:执行措施清楚、正确且毫不含糊;执行措施适合于权利的产生。

另一方面,如前所述,也有必要考虑对第 4 条(c)项和(d)项的所谓广义解释,据此,这两项规定对成员国设定了在其国内立法中必须就指令所界定的两类权利人规定代表性诉讼的义务。

先说(c)项,即权利集体管理组织。

这类权利人可以运用《民事诉讼规则》第 19 部分,既可以起诉,也可以应诉,在诉讼中,所有当事人包括权利集体管理组织拥有同样的权利。但是,如果权利集体管理组织并不像其他能够根据自己的权利提起一个实体诉讼的当事人一样拥有同样的利益,《民事诉讼规则》中并没有对这样一个组织的起诉或者应诉作出规定。可以这样说,由于要求代表人拥有和其代表的当事人相同的利益,这就把那些不存在这样相同利益的代表给排除在外了,因此《民事诉讼规则》第19部分无法执行第4(c)条的规定。

142 《民事诉讼规则》第19部分第(6)条第(1)款规定:

> 如果一个以上的人在一个诉讼请求中拥有相同的利益
> (a)可以由其中一个人或者对其中一个人提起该诉讼请求;或者
> (b)法院可以要求由其中一个人或者对其中一个人继续该诉讼请求,如果这个人所享有的利益和其所代表的任何其他人所享有的利益是相同的。

很清楚,法院运用裁量权来作出这样的一个裁定必须具备一个前提条件:最终的代表人要在诉讼请求中享有和其所代表的人享有同样的利益。因此,《民事诉讼规则》第19部分无法执行指令第4条(c)项,因为第4条(c)项规定的范围并不限于和其所代表的当事人享有同样利益的人。

(d)

保护管理机构这一类人也可以运用《民事诉讼规则》第19部分来起诉或者应诉,在诉讼中,包括保护机构在内的这类人都享有同样的利益。但是,如果一个保护机构并不像其他能够根据自己的权利提起一个实体诉讼的当事人一样拥有同样的利益,《民事诉讼规则》并没有对这样一个组织的起诉或者应诉作出规定。总之,由于存在"同样利益"要求,《民事诉讼规则》第19部分没有充分执行第4条(d)项,因为其范围仅仅限于具有相同利益的当事人。

如前所述,上面提到的指令序言似乎是要阻止对第4条(c)和(d)项的范围的限制。就是说,对于《民事诉讼规则》第19部分中规定的代表人和其代表的人必须享有共同利益的这种要求,根据指令第3条规定的有效救济的要求,是不允许对这种情形下的代表作出限制的。而且,对指令第4条(c)和(d)项所规定义务的这种广义解释,阻止了《民事诉讼规则》第19部分对代表人享有共同利益要求。相反,根据指令第3条以及上述序言的规定,成员国对指令第4条(c)和(d)项的执行必须是"有效的"。因此,根据欧共体委员会诉英国[①]一案的判决,指令中的"根据……的规定"的表述,根据指令序言和第3条的规定,不能被解读成是降低第4条(c)和(d)项的执行义务或者执行该义务的一个例外。总之,如其序言第18段所言,指令的目的中包含了有效执行第3条规定的义务,该条要求代表的类别中包含并不和其所代表的人享有共同利益的人,而这与《民事诉讼规则》第19部分的规定是相反的。

根据对第4条(c)和(d)项的广义解释而不是限制解释(即没有对成员国设定义务),我们认为,如在第二章中所言,不执行或者不正确执行这两项规定的后果是,根据指令规定享有权利的当事人有三种方法——欧共体第2004/48号指令根据义务的性质对此做出了充分、清楚和界定,特别是,在未执行或不正确执行指令的时候,有关受益人可以据此来保护其权利。这些方法是:直接效力的原则;解释一致的原则和不执行或不正确执行欧共体法律的国家责任。

在执行权利受益人的分类问题上,由于成员国享有自由裁量权,所以不能运用直接效力的原则。[②] 就是说,指令的文本没有表明当事人,或者法院,或者有关部门如何根据特定的标准来选择某一类代表——就像在竞争

---

① 欧共体委员会诉英国案,案号 No. 382/92 (1994),《欧洲法院公报》第 I 卷,第 2435 页,同前引。

② 弗郎戈维奇案(Francovich),案号 No. C‑6/90 and C‑9/90 (1991),《欧洲法院公报》第 I 卷,第 5357 页,同前引,第 26 段。

上诉审判庭的案件一样。① 而且,直接效力原则不适用于横向的执法或者当事人对当事人执法中。于是,就有必要考虑运用解释一致的原则和国家责任。

我们认为,在运用解释一致原则时的主要限制是:既无已有立法也无后续立法可以被用来合理地解释与指令第 4 条(c)和(d)项相一致。就是说,无法消除集团诉讼的限制,即,如果一个代表机构自己不具有和集体诉讼中的其他成员相同的诉讼理由,就可以允许其参加这样的诉讼,从而使得指令第 4 条(c)和(d)项得以执行。因此,为了消除《民事诉讼规则》第 19 部分设定的要求(即,一个诉讼代表要有和其成员相同的诉由),需要对该条进行解释,而这个解释本质上是不同于其真实的性质和用意的(即,集体诉讼的代表要和其代表的人具有相同的诉由)。但是,消除该要求而产生相反的意思将是不太可能的,因为这样会违反法律稳定性的原则。② 就是说,对解释一致原则的适用范围的限制,即国内法院要承担"尽可能地"解释一致的义务就会被超越,如果对《民事诉讼规则》第 19 部分作这样的解释,就会导致一个完全不同的意思,这会违反法律稳定性原则。更为关键的是,我们认为,法律稳定性原则也是欧共体原则的组成部分,该原则将约束国内法院在解释指令的时候适用解释一致原则的范围,该

---

① 2002 年《企业法》第 19 条已经纳入 1998《竞争法》第 47B 条,该条允许通过国务卿命令指定的机构可以依据《竞争法》第 47A 条代表至少 2 个人就提供产品或者服务提出主张,该产品或服务是在交易过程中该人从提供这些产品或服务的人中获取或者应该获取的。为了可以被国务卿任命为一个能代表消费者提起诉讼请求的特定机构,该组织必须满足国务卿公布的标准。任命以法定文件(Statutory Instrument)的方式做出。参见:"代表消费者主张权利:潜在特定机构指南",第 550 页,www.berr.gov.uk.files/file11957.pdf。马尔赫罗:"从代表规则到集团诉讼:进步而不是飞跃",载《民事司法季刊》,2005 年,第 24 期,第 42 页[Mulheron, From Representative Rule to Class Actions: Steps Rather than Leaps, *CJQ* 24 (2005): 42]。关于可退出集团诉讼,参见 R. 马尔赫罗:"伸张正义:构建英国的可退出集团诉讼",载《现代法律评论》,2007 年,第 70 期[R. Mulheron, Justice Enhanced: Framing an opt out Class Action in England, *MLR* 70 (2007), op. cit]。在第 580 页,马尔赫罗认为:"英国拥有两种一般性的多个当事人诉讼制度,但是其需要第三种……判例法[泰国贸易公司诉泰勒,(1998) QB 781]以及 1998 年《人权法案》第 6 条第 1 款都把'接近正义'原则视为一项人权,在英国民事诉讼程序中缺少这个制度(退出代表诉讼制度),不仅败坏了法律体制的名声,而且挫伤了那些在接近正义过程中受到委屈的人们的信心。"

② 案号 No. C - 60/02X (2004),《欧洲法院公报》第 I 卷,第 651 页,第 59 段。

原则意味着对于一个特定情形的法律适用必须是可以预见的。① 还有一个理由是,第4(c)条规定本身没有为有效的解释一致提供一个足够细致的基础,就是说,任命或者选择代表机构的方法无论如何也无法由《民事诉讼规则》第19部分来规定的。由于指令本身里面的确定性不足,因此,是没有可能作出一致的解释的。② 因此,就有必要考虑对国家提起损害赔偿诉讼的可能性了。

如前所述,为了对一个国家不执行或不正确执行提起成功的损害赔偿

---

① 柯宾修斯案(Kolpinghuis),案号 No. 80/86 (1987),《欧洲法院公报》第3969页,该案的结论在其他案件中得到进一步确认,参见案号 No. C‐60/02 X (2004),《欧洲法院公报》第 I 卷,第651页。C. 普拉扎马丁:"强化欧洲共同体指令的效力以及依据该指令的私人权利的司法保护",载《国际和比较法评论》,1994年,第26期,第30—32页[C. Plaza Martin, Furthering the Effectiveness of EC Directives and the Judicial Protection of Individual Rights Thereunder, *ICLR* 26 (1994):30—32]。科彭伯格案(Koppenburg),案号 No.70/83 (1984),《欧洲法院公报》第1075页,第11段:"共同体立法必须是明确的,且对于那些受到立法拘束的人,其适用必须是可以预见的。"H. 舍莫尔斯和 D. 维尔布洛克:《欧盟司法保护》,海牙:克鲁维尔出版社,2001年,第64页[H. Schermers & D. Waelbroeck, *Judicial Protection in the European Union* (The Hague: Kluwer, 2001), 64]和S. 普雷考:《欧共体法中的指令》,牛津:牛津大学出版社,2005年,第206页[S. Prechal, *Directives in EC Law* (Oxford: OUP, 2005), op. cit., 206]。"另一方面,法律确定性的理念暗示着对于特定情形的法律适用必须是可以预见的。这意味着:一个规则取决于具体情形,特别是其用词,它不能被解释为拥有一种与该规则原本被期望有的意思相违背的解释。"法契尼·多利案(Faccini Dori),案号 No. C‐91/92 (1991),《欧洲法院公报》第 I 卷,第3325页,第27段,在该案中,欧洲法院接受了这样一种可能性,即解释一致并非总是可能的:"如果通过解释的方法,指令规定的结果不能实现……共同体法律要求成员国为由于未能转换指令要求而带给个人的损害以补偿……"

② 参见《竞争上诉审判庭(Competition Appeal Tribunal)规则》(SI 2003/1372)第33条第1,2款。该规则落实了1998年《竞争法》第47B条的规定,参见弗郎戈维奇案(Francovich),案号 No. C‐6/90 and C‐9/90 (1991),《欧洲法院公报》第 I 卷,第5357页,同前引,第26段。参见消费者协会诉JJB运动上市公司案,案号 No. 1078/7/0:依据《竞争上诉审判庭规则》、1998年《竞争法》第47B条的规定请求损害赔偿;参见公平交易局:"竞争法中的私人诉讼:对于消费者以及公司的有效补偿",2007年4月的讨论文件,2007年8月31日的问询回应,考虑到了在竞争法私人执行诉讼中使用代表诉讼制度(Office of Fair Trading, Private actions in competition law: effective redress for consumers and business, Discussion Paper, Apr. 2007, and Consultation Responses 31 Aug. 2007)。www.oft.gov.uk/advice_and_resources/resource_base/consultation/private。另外参见:"竞争法中的私人诉讼:对于消费者事务的有效补偿:公平交易局的意见",2007年11月26日,特别是涉及消费者与小型企业代表诉讼制度的第5、6、7章 (Private Actions in Competition Law: Effective Redress for Consumer Affairs: Recommendations of the Office of Fair Trading, 26 Nov. 2007, in particular, Chs 5, 6, and 7 dealing with representative actions for consumers and small businesses.)。www.oft.gov.uk/news/press/2007/162‐07。

诉讼,必须满足三个要求。第一个条件是,有关义务必须是足够清楚的。我们认为,有关义务的性质和范围,特别是受益人的类别,看来是足够清楚的。尽管如此,我们也认为,选择或任命某一类代表的方式是不清楚的,就说是,不太清楚受益人的类别定义是否会受到代表的指派方式的影响,而指令并没有规定这种指派方式,而这取决于成员国为确保执行而采取的措施。① 但是,有必要指出的是,执行所要求的稳定性程度是要低于直接效力原则的要求的。② 因此,如果为了执行的目的把权利界定得足够清楚,即便指令对于指派一个代表的方式没有做出规定,也不会有太大影响,然后,下一个步骤就是受益人来证明因已经被确认为不执行指令或者不正确执行指令而产生的损失或者损害。就是说,如果提起国家责任之诉的权利已经足够清楚地界定的话,有必要证明该国家现在的执行状况已经构成了对指令的不充分执行,从而该成员国会构成对《欧共体条约》第 249(3) 条和第 10 条规定的义务的违反。在这里,我们认为,如前所述,没有给指令第 4 条(c) 和(d)项中规定的人一个诉讼主体资格,会违反有效司法保护的原则③,

---

① S. 普雷考:《欧共体法中的指令》,牛津:牛津大学出版社,2005 年,第 283 页[S. Prechal, *Directives in EC Law*(Oxford: OUP,2005), op. cit., 283]。

② S. 普雷考:《欧共体法中的指令》,牛津:牛津大学出版社,2005 年,第 128—129 页[S. Prechal, *Directives in EC Law*(Oxford: OUP,2005), ibid., 128—129]。而且,正如先前提及的,甚至是没有主张的,第 4 条并没有创设权利,虽然通过国内立法予以贯彻,成员国仍旧被要求确保有效的落实第 4 条。此外,在弗郎戈维奇案(Francovich),案号 No. 6/90 and 9/90 (1991),《欧洲法院公报》第 I 卷,第 5357 页中,由于有义务赔偿的机构在指令 80/987 中没有被定义,直接效力的规则没有被适用。然而指令的术语是足够地清晰地规定了一种以国家赔偿责任形式呈现的诉讼。

③ S. 普雷考:《欧共体法中的指令》,牛津:牛津大学出版社,2005 年,第 143—144 页[S. Prechal, *Directives in EC Law*(Oxford: OUP,2005), ibid., 143—144]。认为有效司法保护的原则建立在这样一个原理基础之上:"在一个以法治为基础的共同体中,每个人必须有机会在法庭上维持其权利,且……该保护必须是有效的。"参见伦敦尤尼贝特案(Unibet London),案号 No. C-432/05(未报道),第 38 段,夏普斯顿股份公司的观点。"……有效法律保护的原则反映了一项一般的法律原则,该原则强调了成员国普遍的宪法传统。该原则,即接受'公平审判'的权利,体现在《欧洲人权公约》第 6 条第 1 款中,现在依据《欧盟公约》第 6 条第 2 款被视为共同体法律的一项一般原则。"

这个原则是在约翰斯顿(Johnston)案①,海伦斯(Heylens)案②中确立的,如在第二章中所述,也是总体上约束指令的执行的。总之,有效司法保护原则③看来要求指令第 4 条(a)—(d)项所规定的全部权利人的类别能有效地行使其诉讼权利。④ 可以说,这个理由也适用于第 4(b)条所没有规定的非独占被许可人。总之,有效司法保护原则似乎要求知识产权权利人能够保护其权利,无论是直接通过自己还是间接地通过指令第 4 条所列举的其他当事人⑤。我们认为这是该条款的一个核心义务。因此,如果英国没有给予第 4 条所规定的全部四类人诉讼主体资格,就会构成对有效司法保护原则的侵犯——除非根据欧洲人权法院(ECtHR)的

---

① 约翰斯顿诉厄尔斯特警察局长案(Johnston v. Chief Constable of Ulster),案号 No. 222/84 (1986),《欧洲法院公报》第 1651 页,同前引。

② 优尼科特诉海伦斯案(Unectf v. Heylens),案号 No. 222/86 (1987),《欧洲法院公报》第 4097 页,同前引。

③ S. 普雷考:《欧共体法中的指令》,牛津:牛津大学出版社,2005 年,第 142—145 页[S. Prechal, *Directives in EC Law* (Oxford: OUP, 2005), op. cit., 142-145]。M. 杜根:《在欧洲法院的国内救济》,牛津:哈特出版社,2004 年,第一章[M. Dougan, *National Remedies Before the Court of Justice*, (Oxford: Hart 2004) Ch. 1]。伦敦尤尼贝特案(Unibet London),案号 No. C-432/05(未报道),第 42 到 43 段以及 73 段和 38 段中夏普斯顿股份公司的观点;萨法乐若案(Safalero),案号 No. C-13/01, (2003),《欧洲法院公报》第 I 卷,第 8679,第 49 到 50 段以及 66 至 68 段中斯蒂科斯—哈克股份公司(Stix-Hackl)的观点。也可以间接参考:《基本权利宪章》第 47 条的效力受制于第二章注释七所提到的"议定书",如同在《里斯本条约》(2008 年 6 月 13 日爱尔兰拒绝加入)第 6 条得到贯彻一样。

④ 序言第 2、3 和 32 段。参见《基本权利宪章》第 17 条第 2 款、关于《基本权利与自由宪章》的第二章注释七、《里斯本条约》(2008 年 6 月 13 日爱尔兰拒绝加入)和尤其适用于英国和波兰的议定书。我非常感谢达什伍德教授(Prof. A. Dashwood)提供其 2008 年 2 月发表的论文"根本权利宪章及其议定书:虚张声势(The Charter of Fundamental Rights and its Protocol: Drawing the Teeth of the Paper Tiger)"进行私人交流。

⑤ S. 普雷考:《欧共体法中的指令》,牛津:牛津大学出版社,2005 年,第 143 页[S. Prechal, *Directives in EC Law* (Oxford: OUP, 2005), op. cit., 143]。"此外,在这种情况下,同样值得一提的是:该原则不仅仅适用于个人直接依赖指令规定的情况,而且也在执行指令的国内法律规定被适用和援引时适用。换句话说,即使一项指令——与第 27/207 号指令相反——没有包含有关于司法保护的规定,如果该指令在国内法中得到正确地实施,成员国就必须确保有关个人可以通过司法程序维护其依据国内执行措施获得保护的权利。如果缺乏这一可能性,就会构成对指令的不恰当执行。"

判例法①能说明其正当性,而且也违反《欧共体条约》第249(3)条和第10条的规定。②

对此,欧洲法院在维霍伦(Verholen)案③中认为,可以实施指令的人不仅仅包括那些没有明确指名的人,还可以包括那些具有直接利益的人。如果对这些人不赋予诉讼主体资格会违反有效司法保护原则。但是,不清楚指令第4条(a)、(b)、(c)、(d)项是否足够清楚地界定了该权利的性质和受益人的类别,也不清楚成员国是否违反了《欧共体条约》第249(3)条和第10条规定的义务而可以提起追究国家责任的诉讼。就违法而言,假如对第4条(c)和(d)项的解释——如果有必要可以参考欧洲法院的判决,确实是规定这两类受益人在代表性诉讼中的主体资格,那么,根据迪伦科夫(Dillenkopfer)案④,在规定的时间内未执行指令将是非常严重的违法。但是,为了有一个成功的诉由,还必须证明因果关系和损失。当然,因果关系是一个事实问题,在一个实际案件中必须连同损失一起进行评估。显然,这些起诉理由是不存在的。

最后,将欧共体第2004/48号指令第4条(c)和(d)项与欧共体第98/27号指令的第2条和第3条做个比较,可能是有作用的。第98/27号指令

---

① 尤尼贝特案(Unibet),案号 No. C-432/05 (2007),《欧洲法院公报》第 I 卷,第 2271 页, www.curia.europa.eu。夏普斯顿股份公司(AG Sharpston)的意见,第 38 段,该公司引用了下面文献:戈尔德诉英国案,1979—1980 年,《欧洲人权报告》第 1 期第 524 页,第 36 段;克拉斯诉德国案,1994 年,《欧洲人权报告》第 18 期第 305 页,第 49 段;阿欣戴恩诉英国案,1985 年,《欧洲人权报告》第 7 期第 528 页,第 55—57 段;利思戈诉英国案,1986 年,《欧洲人权报告》第 8 期第 329 页[Golder v. UK (1979—1980) 1 *EHRR* 524 at para. 36; Klass v. Germany (1994) 18 *EHRR* 305 at para. 49; Ashingdane v. UK (1985) 7 *EHRR* 528 at paras 55-57; Lithgow v. UK (1986) 8 *EHRR* 329]。

另外参见未报道的范·德·威尔德案(Van der Weerd),案号 No. C-225/05,2007 年 6 月 7 日的判决;以及 A. 阿纳儿:"尤尼贝特案",载《共同市场法律评论》,2007 年,第 6 期,1763 页[A. Arnull, "Unibet" (2007) *CMLRev* 6, 1763],认为范·德·威尔德案与尤尼贝特案是一致的。

② 皮德森诉欧盟理事会与欧盟委员会案(Petersen v. Council & Commission),案号 No. 382/92 (1994),《欧洲法院公报》第 I 卷,第 2435 页,第 24—27 段。

③ 维霍伦案(Verholen),案号 No. C-87/90、C-88/90 和 C-89/90 (1991),《欧洲法院公报》第 I 卷,第 3757 页。

④ 迪伦科夫案(Dillenkofer),案号 No. C-178/94 (1996),《欧洲法院公报》第 I 卷,第 4845 页,同前引;案号 No. C-179/94、C-188/94、C-189/94 和 C-190/94 以及布林克曼案(Brinkman),案号 No. C-319/96(1998),《欧洲法院公报》第 I 卷,第 5255 页。

的第 2 条和第 3 条要求成员国允许给一个代表性主体颁发禁令,这个代表性主体是根据成员国法律合法成立的适格主体,在确保遵守有关规定来"打击那些违反指令的商业行为"中,它享有合法的利益。

欧共体第 98/27 号指令

第 2 条　申请禁令的诉讼

1. 成员国应该指定法院或者行政当局有权管辖符合第 3 条规定的适格主体所提起的诉讼……

第 3 条　有资格起诉的主体

在本指令中,"适格主体"是指根据成员国法律合法成立的任何机构或组织,它在确保遵守第 1 条的有关规定中享有合法的利益,尤其是:

(a) 专门负责保护第 1 条所指利益的一个或者一个以上独立公共机构,如果在成员国存在这样的机构,和/或

(b) 根据国内法设定的标准,其目的是保护第 1 条所指利益的一个组织。

英国已经执行了欧共体第 98/27 号指令,特别是在《企业法》(2002 年)第 8 部分执行了该指令第 2—3 条,对"适格主体"做了如下规定:

213 条　执法者

(2) 一个指定的执法者是任何人或机构(不管是否法人),只要国务秘书

(a) 认为其具有保护消费者集体利益的目的之一,和

(b) 根据裁定指定。

(3) 国务秘书可以指定一个公共机构,只要其满足它是独立的;

(4) 国务秘书可以指定一个人或一个并非公共机构的机构,只要该人或机构(根据具体情况而定)满足国务秘书的裁定中所规定的标准。①

---

① 参见《上议院大法官咨询报告》:"代表的诉讼请求",2001 年 2 月(Lord Chancellor's Department Consultation Paper, Representative Claims, Feb. 2001)以及贸易工业部:"代表的诉讼",2006 年 10 月 4 日("Representative Actions", DTI, 4 Oct. 2006),www.berr.gov.uk/files31886.pdf,以及公平交易局:"竞争法中的私人诉讼:建议",2007 年 11 月 26 日(Private Actions in Competition Law: Recommendations, OFT, 26 Nov. 2007),www.oft.gov.uk/shared_oft/reports/comp_policy/oft916resp.pdf。

因此,总的结论应该是,至少根据对第4条尤其是第(c)和(d)项所谓的广义解释而不是狭义解释,英国不执行这些规定违反了《欧共体条约》第249(3)条和第10条。更关键的是,至少通过对指令的表述及其相关序言的广义解释而不是狭义解释,无论是该义务的性质还是受益人的类别,至少对于提起国家损害赔偿之诉的目的来说是足够清楚的。但是,如前所述,违反了《欧共体条约》第249(3)条和第10条的义务不足以构成损害赔偿之诉,除非能证明损害结果和因果关系。最后需要重申的是,对第4条第(c)和(d)项,无论是广义的解释还是狭义的解释,只能由欧洲法院作出最终的解释。

第5条 权利人的推定

第2006/1028号条例的附件2之第10条连同《版权、外观设计和专利法》(1988年)第104、105和107(6)条已经充分执行了这一条,就是说,这个执行是清楚的、具有法律约束力的、有效率的并能确保有效的司法保护。

举例来说,第2006/1028号条例专门作出了这样的立法:

> (1)根据这一部分提起的诉讼中,就表演中的权利而言,如果向公众发行的该表演的录制品的复制件中含有一个某人是表演者的声明,该声明应该被作为该所称事实的证据,并应该被认为是正确的,除非有相反的事实得到证明。

同样,已有的立法《版权、外观设计和专利法》(1988年)第104(2)条规定:

> 如果声称为作者的一个名字出现在出版的作品的复制件中或者该人的名字出现在作品中,这个名字可以被推定为作者,除非有相反的事实证明

(a)其是作品的作者……。

第105(1)条规定:

根据这一章提起的诉讼中,如果向公众发行的录音制品中含有一个标签或者其他标记声明:

(a)在发行之日某人是版权所有人……该标签或者标记应该被作为该所称事实的证据,并应该被认为是正确的,除非有相反的事实得到证明。

第6条 证据

这一条的目的是确保已经获得能支持其诉讼请求的证据的一方当事人可以从另一方获得书面证据,但要保护好机密信息。该条规定的实体义务的范围包括:

首先,指令第6(a)条规定:"……有权管辖的司法机关可以裁定对方当事人提交这些证据"。我们认为,提交证据是指公开的并检查某个文件或一些文件。《民事诉讼规则》第31.12(2)条和第31.12(3)条对此作了规定。

指令第6(b)条中使用了"提交(communicated)"而不是"出示(presented)"这个字眼。但是,其含义和"出示(presented)"是相同的。就是说,义务的范围涉及公开和检查。而且,这里使用了"文件"而不是"证据"这个术语,因此,(b)款限制了(a)款的适用范围。即,只有与银行、财务和商业有关的文件,并只有在其违法属于商业性质的时候,才是需要公开的。根据指令序言第14段,这个明确的限制并没有妨碍一个更大范围的保护,这个范围是要确保不管是在商业性的还是非商业性的基础上都要公开这些书面的证据,特别是银行的、财务的和商业的文件,当然要对这些商业文件进行保护。

《白皮书》①认为:"诉讼当事人无权主张从另一方获取文件和信息的特权,这是因为这些文件和信息是第三方秘密地提供给他的。"但是,朱克曼认为:②

> 尽管如此,撇开这些规则本身,法院长期以来都是限制公开的,目的是保护其他利益。这些利益是法律、欧洲人权法院或者共同的道德理念……等所承认的。作为一个基本原则,法院应该尽可能地保护隐私和机密信息等这样的利益,不向司法行政化妥协。法院可以不公开开庭,以维护一些敏感商业信息的保密性。同样,在作出单方面裁定要求公开和检查的时候,或者当要求非当事人的一方公开文件或者其他信息的时候,法院应注意到需要保护隐私和机密信息。

很清楚,执行这个规则要求考虑成本的因素,就像指令第3条所规定的。可以说,在郡专利法院通常是不会进行公开的,主要是为了减少开支,这个问题在第14条中会详细讨论。尤其是,运用《民事诉讼规则》所规定的司法案件管理(如《民事诉讼规则》第35.12条所规定的内容),就律师要求的合规性而言,本身就会增加发现的成本。③ 但是,总的来说,就清晰、全面有效和有效司法保护而言,这一条是得到有效执行的,如果国内法院在执行中能保证对《民事诉讼规则》第35部分的解释与指令第3条和第14条相一致。

---

① 沃勒法官编:《白皮书服务:民事诉讼程序》,伦敦:斯威特和马克斯维尔,2007年,第1卷,第36页,第31.3段[Lord Justice Waller (ed.), *The White Book Service: Civil Procedure*, Vol. 1 (London: Sweet & Maxwell, 2007), para. 31.3 at 36]。
② A. A. S. 朱克曼:《民事诉讼程序》,伦敦:律商联讯,2003年,第437页[A. A. S. Zuckerman, *Civil Procedure* (London: Lexis-Nexis, 2003), op. cit., 437]。
③ J. 佩斯内尔和 M. 赛尼维拉特尼:《民事案件的管理:法庭和后伍尔夫蓝图》,宪法事务部门研究系列,编号9/05,2005年11月(J. Peysner & M. Seneviratne, *The Management of Civil Cases: The Courts and Post-Woolf Landscape*, DCA Research Series 9/05, Nov. 2005)。

第 7 条　保全证据的措施

颁发临时裁定以保全证据的权力既可以在法院固有的裁量权中找到，也可以在《最高法院法（SCA）》（1981 年）第 37 节和《郡法院法》（1988 年）第 38 节中找到。其他权力是由《最高法院法（SCA）》（1981 年）第 33 节和《民事诉讼法》（1997 年）第 7 节所赋予的。

《民事诉讼规则》第 25 部分的规则按照以下方式依次规定了对第 7 条的执行：

第 7 条第(1)款

《民事诉讼规则》第 25.1 条规定如下：

（c）
（i）为扣押、监管或保全相关财产；
（ii）为检查相关财产。

（g）对于是或者可能是一个冻结禁令对象的有关财产或资产，要求一方当事人提供该财产或者资产的下落信息，或者提供该财产或者资产的信息的一个裁定；

（h）要求一方当事人允许另一方当事人为了保全证据等目的进入其经营场所的一个裁定[指《民事诉讼法》（1997 年）第 7 节规定的"搜查裁定"]①；

（j）根据 1981 年《最高法院法》第 34 节或者 1984 年《郡法院法》第 53 节颁发的裁定（即在某些诉讼中为公开第三人文件或检查第三人财产而作出的裁定）。

---

① 这一条给作出"安东·皮勒"裁定提供了成文法基础，这种裁定是在安东·皮勒诉制造处理公司（Anton Piller KG v. Manufacturing Processes）[1976 Ch. 55 (1976)]一案中发展起来的。1997 年《民事诉讼法》的第 7 条第 8 款仅仅授予高等法院的司法人员以作出搜查决定的权利。只有在专利法院任职的或者在郡法院任职的高等法院法官才可以颁布搜查指令。然而，郡法院会征得所有当事人的同意而改变一项搜查指令。

可以看出,《民事诉讼规则》第25.1条在(a)款所规定的禁令和(c)款所规定的临时裁定之间做了一个区分。很明显,这个清单广泛地涵括了两个不同类型的临时裁定。虽然它们是以"临时救济"的统一称谓出现,但是,这种临时裁定,除了它们并不意味着最后决定所争议的问题这一事实之外,很少有共同之处。朱克曼认为:[①]

  第二种类型包括了那些在某种程度上有助于获取信息或者规范诉讼程序的措施。这些措施是很不相同的。在一个制止被告拆毁一幢他和原告都主张所有权的建筑的裁定和一个引导公开文件或者引导一个人去允许检查财产的裁定之间,是有很深的区别的。前者包含了诉前对实体权利的干扰,虽然这是暂时的。由于一个禁止作为的临时裁定可以影响所争议的权利,法院必须非常谨慎地确保其临时性决定不会损害该权利,因为法院可能在审判后对该权利进行自我背书。但是,如果该裁定只是涉及所要遵循的程序,如,法院不得不决定是否裁定诉前公开或者检查,这就对争议的权利及其行使不会产生影响,虽然法院会支持一方或者另一方来实现其权利。确实,由于这样的裁定不是临时性的,因此很难理直气壮地说它们是临时裁定。一个要求被告允许检查财产或者公开某些文件的裁定,必须是合规的一次性行为,不会留在最后的判决中对此进一步作出裁决。

《民事诉讼规则(CPR)》按照以下方式实施了第7条:
诉前:
《民事诉讼规则》第25.2(1)条规定:

  任何时候都可以颁发一个临时救济的裁定,包括

[①] A. A. S. 朱克曼:《民事诉讼程序》,伦敦:律商联讯,2003年,第265页[A. A. S Zuckerman, *Civil Procedure* (London: Nexis Lexis, 2003), op. cit., 265]。

(a)在起诉之前;和

(b)在作出判决之后。

无通知的申请:

《民事诉讼规则》第25.3(1)条规定:

如果有充分的理由让法院认为不需要发出通知,在不发出通知的情况下,法院根据申请可以颁发一个临时救济。单方面,即不发出通知,只有在不可避免的情形下才是合理的。因此,申请人必须说服法院既存在对其利益的紧迫威胁,又有必要不通知对方当事人。可以说,在两种情形下,可以作出这样的单方面申请:第一是在紧急情况下;第二是在需要保密的情况下,玛瑞瓦(Mareva)禁令(一种资产冻结令)就是一例。①

抗辩权:

《民事诉讼规则》第23.9条规定:

(1)这个规定适用于法院处理一个允许不送达申请书副本的申请。

(2)如果法院作出裁定,不管是同意还是驳回申请,申请书副本和任何有关证据必须连同该裁定送达任何一方当事人或者任何

(a)该裁定所针对的其他人;和

(b)该裁定所寻找的其他人。

但是,需要注意的是,第7条第(1)款似乎废除了《民事诉讼规则》第

---

① A. A. S. 朱克曼:《民事诉讼程序》,伦敦:律商联讯,2003 年,第 105 和 306 页[A. A. S Zuckerman, *Civil Procedure*(London: Nexis-Lexis, 2003), ibid., 105 and 306]。

23.9.2条规定的法院的自由裁量权(第23.9.2条规定:"除非法院作出其他裁定"),就是说,第7条第(1)款规定了发出通知的实质性义务:"如果在不告知其他当事人的情况下采取保全证据的措施,应该最迟在执行该措施后没有迟延地通知受影响的当事人。"因此,我们认为,如果法院行使自由裁量权作出了"其他"裁定,就会违反指令第7条第(1)款。

请求撤销:

《民事诉讼规则》第23.10条规定:

(1)如果按照第23.9条在作出一个裁定之前没有将申请书副本送达某个人,他可以申请撤销该裁定或者改变该裁定。

(2)必须在该裁定送达给申请人之日后的7天内,依据本规定提交上述申请。

第7条第(2)款

第7条第(2)款将连同第7条第(4)款一并分析。

第7条第(3)款

指令第7条第(3)款由《民事诉讼规则》第25.2.(3)条得到了执行。《民事诉讼规则》第25条规定:"在起诉之前如果法院颁发临时救济令,法院应该作出指示要求其提起诉讼。"但是,我们认为,法院拥有的确定提起实体诉讼时限的裁量权既要受到全面有效原则的约束,也要受到有效司法保护原则的约束,特别是当他们请求保证保护被告权利的时候。

《民事诉讼法(修正第4号)》[2005 No. 3515(L.32)]对此作了修改。但是,问题在于:其文字表述"应该作出指示"没有尽可能清楚地执行第7条第(3)款。根据《白皮书》的阐述:①

---

① 沃勒法官编:《白皮书服务》第1卷,伦敦:斯威特和马克斯维尔,2007年,第25.2.6段,第618页[Lord Justice Waller(ed.), *The White Book Service*, Vol. 1(London: Sweet & Maxwell, 2007), para. 25.2.6 at p. 618]。

在第25.2(3)条的草案倒数第二稿中,是这样表述的:"法院必须(must)作出"指示要求提起诉讼,第25.2(4)条则规定了明确的例外。但是,在1998年出台的规定中,这个规定(也许是令人惊讶地)变成任意性的了,表述为:法院"可以(may)作出"指示……这个状态一直到2005年《民事诉讼法(修正第4号)》强化了第25.2(3)条,表述为"法院应该(should)做出"指示。

我们认为,对第7条更为清楚、全面有效的执行应该使用"法院必须(must)作出"的表述,这样,《临时禁令实施指南》中的有关表述也会相应作出调整。

《实施指南》紧急申请第4.4点:

(1)除了上述第4.3点的规定之外,除非法院发布其他裁定,或者要求申请人必须立即向法院提交诉状,或者法院将(will)作出提起诉讼的指示。

可以看出,与"法院应该作出指示"不同,"法院将(will)作出"的表述等同于"法院必须(must)作出"。就是说"应该(should)作出"表示有自由裁量的因素。而且,出于法律稳定性的原因,有必要按照《实施指南》第4.4(1)条(即,"立即")指定一个时间。

还有,值得一提的是,第7条似乎对措施撤销后,"由该措施导致的任何损害",仅仅规定了一个后果或处罚。这就是对损害承担赔偿责任。但是,还有一种情形,即一个单方面的申请,由于申请人没有全面和坦率地提供信息而被撤销了。这时,仍然会适用《民事诉讼规则(CPR)》第32部分的《实施指南(PD)》以及申请人全面公开信息①的义务,并受上述效率原则和有效司法保护原则的约束。这个《实施指南》规定了大量可能的处罚,包括因藐视法庭而处以民事监禁。

处罚:《民事诉讼规则》第32部分《实施指南》

28(1)如果一方当事人指控一个事实声明或公开声明是错误的,该当事人应该将该指控提交受理该诉请的法院,

(2)法院可以

(a)运用该规则中的任何权力;

(b)启动程序判断是否存在对法庭的藐视,如果有,就对此事实制裁。

对《最高法院规则(RSC)》第52号裁定(《民事诉讼规则》附件1)和《郡法院规则(CCR)》第29号裁定(《民事诉讼规则》附件2)的实践指南规定,如果证明存在藐视是可以收监入狱的。

(c)指示提出指控的一方当事人将案件提交给首席检察官,请求其考虑是否愿意对藐视法庭行为提起公诉。

第7条第(2)款和第(4)款

法院本身就享有裁量权来裁定相互担保损害赔偿责任,这显然有助于充分履行第(2)款和第(4)款所规定的义务。郡法院是根据制定法而获得这项权力的。对损害的担保是由法院确定的,而不是临时裁定所针对的当事人确定的。在申请临时禁令、冻结令、搜查令以及其他临时的禁令救济时,《实施指南》第25A条第5段对损失担保的要求做了规定:

---

① 布里克斯—迈特诉爱尔康案,《全英法律报告》,1998年第3期第188页[Brink's-MAT v Elcombe (1988) 3 All ER 18],为公开义务建立了广泛的适用范围。"披露义务……不仅仅适用于为申请人所知的关键事实而且适用于一切辅助的事实,该事实只要当事人提出询问就会获悉。"贝贝汉尼诉萨勒姆案,《全英法律报告》,1989年第2期第143页157段[Behbehani v. Salem (1989) 2 All ER 143 at 157]。根据诺斯法官的意见,"一切恰当的询问必须在提出在先申请前作出,其范围取决于所有的情况,包括申请人提出的案件的性质。"

任何一个禁令的裁定,除非法院作出不同的裁定,必须包括,

(1)申请人向法院提供担保以支付对被申请人(或者任何其他服务于该裁定的人或者接到该裁定的人)所受到的损害赔偿,这种损害赔偿是法院认为申请人应该支付的。

假如裁量权的行使方式没有在指令中作出明确,将适用《民事诉讼规则总体目标》,尽管这要受到效率原则和对权利的有效司法保护原则以及《欧共体条约》的规定的限制。

第7条第(5)款

第7条第(5)款的规定要求证人身份不可以被公开。这个义务在《民事诉讼规则》第39.4(2)条中得到有效执行。如果为了保护当事人或证人的利益,法院考虑不公开是必要时,法院可以裁定任何一方当事人或者证人的身份不可以被公开。很清楚,《民事诉讼规则》第39.4(2)条违背了公开性的总原则,该原则规定在《民事诉讼规则》第39.2(1)条:"总的规则是庭审是公开的。"

我们认为,根据前一节所阐述的同样的原则,法院是可以行使其自由裁量权的。

可以说,《民事诉讼规则》中的现有全部规则连同实体法都允许全面有效地执行这个条款,这也是对法律稳定性原则和有效司法保护原则以及解释一致原则的尊重。

第8条 信息权

这里的实质义务是在商业规模侵权的情况下,成员国应该确保在诉讼中国内法院能够命令侵权人或第三方提供以下信息:即"侵犯知识产权的产品或者服务的来源和销售渠道的信息"。《民事诉讼规则》第31.16条保证了诉前公开文件,因此,这已经超越了指令第8条的要求,因为第8条只是规定了诉后公开。《民事诉讼规则》第31.17条还规定了要求非当事人一方在诉讼开始时公开文件。《民事诉讼规则》第31.18条连同1981年

《最高法院法》第34(4)条以及1984年《郡法院法》都确保《民事诉讼规则》第31.16条和第31.17条不会限制法院的任何其他权力,法院有权力命令:

(a)在诉讼开始前公开文件;和
(b)要求一个非诉讼当事人公开文件。

因此,法院可以动用其权力命令一个非当事方在起诉前或者起诉后[①]提供信息,这些信息涉及特定情形下的违反者的身份,而该无辜的第三者涉入了这种违法活动。[②] 这个权力是古老的衡平法程序的现代版,该程序用于帮助所谓"请求披露(bill of discover)"[③]的普通法诉讼。在当前,大部分这样的命令不是用来公开文件,而是用来公开某个特定人的身份[④],这个人或者是实施违法行为的人,或者是那些经手了诉讼标的物的人。对此,经典的现代案例是诺威奇制药公司(Norwich Pharmacal)案[⑤],上议院在此案中认为:

---

① 沃勒法官编:《白皮书服务》第1卷,伦敦:斯威特和马克斯维尔,2007年,第31.18.3段,第804页[Lord Justice Waller(ed.), *The White Book Service*, Vol. 1 (London: Sweet & Maxwell, 2007), op. cit. , para. 31.18.3 at 804]。侵权人和其他违法者身份的公开可以通过颁布一项中间指令,在有关于同一客体的其他救济程序中得以实现[RCA公司诉雷丁顿拉唱片公司案,RAC Corp. v Reddingtons Rare Records (1974) 1 WLR 639];参见露丝诉威廉森案[Loose v. Williamson (1978) 1 WLR 639],把贝壳类动物从原告专有的几个渔场和海底转移的当事人身份的公开。但是,在版权侵权诉讼中并不会命令要求客户姓名的公开,直到那些当事人注意到了被提出的他们不是违法者的诉讼主张[罗伯特诉江普·尼特威有限公司案,Roberts v. Jump Knitwear (1981) FSR 527]。

② 沃勒法官编:《白皮书服务》第1卷,伦敦:斯威特和马克斯维尔,2007年,第31.18.1段 [Lord Justice Waller(ed.), *The White Book Service*, Vol. 1 (London: Sweet & Maxwell, 2007), ibid. , at para. 31.18.1]。"当依据1981年《最高法院法》的第34条规定,在诉讼过程中,法院能够有权力要求公开与制作以对抗非当事人一方时,这种形式的诉讼主张会显得没必要,但是当这些权力不能被运用时,该主张仍然是有用的。第34条规定了用于对抗潜在被告人的诉前公开制度。"

③ 盖特诉奥斯巴尔德斯顿案[Gait v. Osbaldeston (1826) 1 Russ 158],蒙蒂扎布诉马卡多案[Mendizabal v. Machado (1826) 2 Russ 540],P. 马修斯和H. M. 马利克QC:《公开》,伦敦:斯威特和马克斯维尔,2001年,第26页[P. Matthews and H. M. Malek QC, *Disclosure* (London: Sweet & Maxwell, 2001) ,26]。

④ 或者如可口可乐公司诉英国电信公共有限公司一案中提及的地址,(2999)FSR 518。

⑤ 诺威奇制药公司诉英国海关关长案,(1974)AC 133。

尽管一个人自己没有过错,但他涉入了其他人的侵权行为,以便于他人实施违法行为,他虽然没有个人责任,但是有义务帮助那个被违法行为所害的人,向他提供全面的信息并公开该违法者的身份。①

看来,那些足以导致提供这些信息的责任的违法行为不仅包括侵权行为,还包括违约行为或者其他民事违法行为。② 但是,非当事人一方必须是所谓已经"涉入侵权行为"的这类人。指令第8条规定,涉及违法者身份的口头信息是由那些"涉入制造、生产和销售产品或者提供服务"的人提供的。因此,那些涉入的人看来是对应于那些可以被称为"被牵涉"的人——不管他是自愿的还是不自愿的,他们成为诺威奇制药公司(Norwich Parmacal)案的特征。CHC软件维护公司诉霍普金斯和伍德(CHC Software Care v. Hopkins & Wood)案③似乎表明,信息的类别并不限于违法者的身份信息。伍尔夫勋爵在阿什沃斯医院当局诉镜报报业集团有限公司(Ashworth Hospital Authority v. MGN Ltd)案④中认为,诺威奇制药公司(Norwich Parmacal)案所提供的救济是可以自由裁量的,从某种意义上说,这只在确认是必要和适当的情形下才会颁发这样的命令。但是,我们认为,司法机关对指令第8条的执行将和对《民事诉讼规则》第31部分以及1981年《最高法院法》第37条的解释相一致,法院也将考虑与全面有效原则、有效司法保护原则和《欧共体条约》规定的原则以及欧盟法原则有关的自由裁量权的运用。为确保诺威奇制药公司(Norwich Parmacal)案所产生的信息可以覆盖指令第8条所规定的那些信息,就更加需要适用这些原则。

对此,伍尔夫勋爵在阿什沃斯医院(Ashworth)案中认为:

---

① 诺威奇制药公司诉英国海关关长案,(1974)AC 133,同前,第175页。
② 阿什沃斯医院当局诉镜报报业集团有限公司案,(2002)UKHL 29。
③ CHC软件维护公司诉霍普金斯和伍德案,(1993)FSR 241。
④ 阿什沃斯医院当局诉镜报报业集团有限公司案,(2002)UKHL 20,同前引。

新情况不可避免地发生了,之前尚未被行使的司法权这时就将应该行使了。最初对司法权的运用所进行的限制,现在不应该被允许使这种运用变得没有价值,因为这已经成为一个有价值的和成熟的救济。①

可以说,根据指令序言第 14 段,就当事人和非当事人在诉前或和诉后进行的信息公开而言,英国所提供的保护范围要大于指令第 8 条的要求。就是说,这不仅限于商业性情形,而且也提供了诉前的信息公开。但是,如前所述,总的来说,在和清晰度原则、全面有效原则、有效司法保护原则以及《欧共体条约》的条款相一致的情况下,不仅考虑到序言第 4 段的表述,而且也考虑到该指令的表述,这个更高的保护标准在解释一致的情况下得到了执行。② 总而言之,第 8 条的执行是和法律稳定性原则、全面有效原则和有效司法保护原则相一致的。

第 9 条　临时措施和预防措施

第 9 条第(1)款(a)

这一条要求成员国确保司法当局能根据申请人的申请对一个侵犯知识产权的人(包括中间人)颁发一个临时禁令,包括三种情形:

第一,阻止对知识产权的即发侵权。

第二,阻止对知识产权的继续侵权,如果有必要可以进行反复地处罚。

第三,在提供了担保以确保对知识产权权利人的赔偿的前提下,允许继续侵权行为。

---

① 阿什沃斯医院当局诉镜报报业集团有限公司案,(2002)UKHL 20,同前引,第 57 页。
② S.普雷考:《欧共体法中的指令》,牛津:牛津大学出版社,2005 年,第 44 页[S. Prechal, Directives in EC Law(Oxford: OUP, 2005), op. cit., 44]。"另一方面,当共同体选择了最低限度的协调,成员国依旧可以自由地维持或者采取更为严格的标准。然而,后者必须与其他的共同体法律特别是该条约相兼容。也就是说,成员国可以自由地维持或者采取国内的措施,但必须保持在指令规定的限度以上和条约规定的限度以下。"

一、对中间人的临时禁令

按照1981年《最高法院法》第37条以及《郡法院法》第38条[①],高等法院和郡法院都可以颁发禁令。《民事诉讼规则》的第25(1)(a)条就规定了这个权力。作为有效的救济方式,禁令通常可以在申请人具有一个实质性诉由的情况下颁发。迪普洛克勋爵在西斯吉娜(Siskina)案[②]中认为:

> 获得一个(临时)禁令的权利不是一个诉由,它本身不能独立存在。它依赖于已有的一个诉由。这个诉讼是因被告对原告的法定权利或者衡平法上的权利实施了现实的或者威胁性的侵犯而产生的。但被告对法院的管辖权可以提出异议。获得一个(临时)禁令的权利在已经存在的诉讼中只是辅助性的和附带性的。因此,如果一个申请是为了禁止并非非法的行为,即便该行为可能是不公正的,也不能获得一个临时禁令。如果是为了帮助一个尚未提起的诉讼,也不能获得一个临时禁令。[③]

因此,有必要考虑:在英国法中是否可能存在对中间人的一个实体诉讼。对此,还没有制定特殊的立法来执行指令第9条第(1)款,以便对中间人提起一个实体的诉讼,从而颁发一个禁令。这并不同于欧共体第2002/29号指令第8条第(3)款规定的情形,该条款就"第三方"的规定包含了与第48号指令第9条关于"中间人"的规定同样的表述。

根据第8条第(3)款,成员国应该确保权利人有权利针对中间人

---

① 1991年《郡法院救济法规》,编号S. I. 1991/1222。
② 西斯吉娜案(The Siskina),(1979) AC 210。
③ A. A. S. 朱克曼:《民事诉讼程序》,伦敦:律商联讯,2003年,第326页[A. A. S. Zuckerman, *Civil Procedure*(London: Nexis Lexis 2003), op cit., 326]。苏克诉泰德案(Sucker v. Tyndal PL), (1992) 1 All ER 124。

申请一个禁令,该中间人的服务被侵犯版权或相关权的第三方所使用。

而第9条第(1)款规定:成员国应该确保权利人有权……可以针对中间人颁发一个临时禁令,该中间人的服务被侵犯知识产权的第三方所使用。

欧共体第2002/29号指令第8条第(3)款由《版权和相关权条例》(2003年)第97A条所执行,该条规定:高等法院应该有权力对"服务提供者"颁发一个禁令,如果该服务提供者已经知道另一个使用"服务提供者"的服务的人正在侵犯版权。在第97A条中,"服务提供者"的含义是由《电子商务(欧共体指令)条例》第2条规定的,是指任何一个向信息社会提供服务的人。但是,尽管在指令中没有就"中间人"或者服务提供者规定定义,可以说,其含义是很宽泛的,即中间人或者服务提供者是指任何提供了被用于侵犯知识产权的服务的人或者为这样的侵权提供便利的人。因此,服务提供者的定义看来过于狭窄,难以符合指令中所规定的"中间人"这个概念。更为关键的是,没有为执行指令而制定特定的立法。所以,应该有必要明确《版权、外观设计和专利法》(1998年)[①]、《专利法》(1977年)[②]、《商标法》(1994年)[③]中所规定的侵犯知识产权的实体诉由是否可以用来执行指令第9条第(1)款规定的"中间人"概念。这个过程中需要运用解释一致的原则。

二、与实体法解释一致原则的适用

总之,我们认为,国内法院有义务解释上述关于侵犯知识产权的实体诉讼的法律规定,以与指令第9条第(1)款(a)项的规定相符合。可以看出,这里的情形属于英国尚未制定执行指令的法律的一个例子,这是由于英国认为,根据司法解释已有的法律已经或可以充分执行指令第9条第(1)款。

---

① 1988年《版权、外观设计和专利法》第17、18、18A、19、20、21、22、23、24、25和26条。
② 1977年《专利法》第60条第2款。
③ 1994年《商标法》第10条第5款。

第四章　欧共体第 2004/48 号指令在英国　　189

因此,这里就有必要适用解释一致原则,以确保上述三个法律所规定的实体诉由的范围可以被解释得足够宽泛,这样就可以提供一个针对中间人的诉由,从而允许权利人获得临时救济。就是说,实体诉由的范围必须既包括可以被称为"直接侵权人"的那些直接侵犯知识产权的人,也包括间接侵权人,比如指令第 9 条第(1)款(a)项规定的间接侵犯知识产权的中间人。这里,我们认为,解释一致原则的适用可以采取下列这样的方法:英国法院通过解释《版权、外观设计和专利法》(1998 年)、《专利法》(1977 年)、《商标法》(1994 年)来执行指令第 9 条第(1)款,这个解释方法是共同体的解释方法,而不是英国法的解释方法。这个目的论的方法将必然要求考虑第 9 条第(1)款的立法目的,这个目的既体现在该条文中,也规定在序言第 23 段。① 从这些法律渊源来看,很清楚,第 9 条第(1)款的目的确实是确保权利人能够对中间人申请临时禁令,以执行和保护其知识产权。就是说,英国法院必须将上述法律解释为与指令所规定的目的有关,从而对作为该三个法律基础概念的侵权人和侵权行为赋予一个含义。这样的话,法院将确保全面有效地执行指令第 9 条第(1)款。对此,我们记得,根据马立森案②,国内法院的义务是运用目的解释的原理③,对于已经存在的立法(如这里的三个法律)以及特别制定的法律,提供一个能确保"尽可能地"与指令相一致的解释。我们认为,这里,对三个英国法律作出与指令的条文和目的相一致的这样一种解释,是完全有可能的。这种可能的解释的结果就是扩展了侵权人和侵权行为概念的范围,使得它不但可以包括直接的侵权人或侵权行为,也可以包括间接的侵权人(包括通常所说的中间人)。我们认为,这样一种宽泛的解释,第一,是和指令的目的相一致的,第二,这样解释以后,使得对立法中所使用的、用来表达侵权行为和侵权人概念的文字的解释就不

---

　　① 欧盟第 2004/48 号指令,序言第 23 段:"……权利拥有者应该有可能申请一项禁令以对抗中间人,因为该主体的服务往往被第三方所利用来侵犯权利人的工业财产。"
　　② 马立森案(Marleasing),案号 No. C-106/89 (1990),《欧洲法院公报》第 I 卷,第 4135 页。
　　③ S. 普雷克:《欧共体法中的指令》,牛津:牛津大学出版社,2005 年,第 198 页 [S. Prechal, *Directives in EC Law* (Oxford: OUP, 2005), op. cit., 198]。

是那么武断和牵强了。对此,欧洲法院在马立森(Marleasing)案中实际上采用了相反的方法,即,在处理公司无效的理由时,通过减少国内立法的范围来确保与欧共体指令相一致。

三、提供临时禁令的背景

如前所述,指令第9条第(1)款规定,如果有对其知识产权的即发侵权和/或一个侵权已经发生,申请人都可以申请禁令。我们认为,《民事诉讼规则》第25条已经保证了对第(1)款的全面有效执行。但是,值得探讨的是,第9条第(1)款(a)项的目的是在以下两种情形下扩大对权利人的保护:

(i)第一,可能因为损害赔偿被认为可以弥补最后的损失,这时就拒绝颁发禁令,可以继续侵权行为,但"要提供担保"。所以,看起来这个规定是在禁令被拒绝的情况下用来保护权利人的,拒绝颁发禁令的原因是:在审理中的侵权损害可以得到充分的赔偿,但是法院感到有必要在申请禁令和就实体问题作出判决之间的这段期间内提供特别的保护。就是说,这有助于法院扩大判定损害赔偿以替代禁令的权力,但是,这样的话,尽管通过设定担保的方式,该担保似乎为所遭受的损失提供了金钱补偿,但对申请人申请禁令的权利所提供的保护还是存在潜在的争议。可以说,这样的担保可以被视为是英国法院通常要求的对损害赔偿的担保,这个担保通常是法院为保护被告的权利,在审理为获得禁令的申请时所要求的。这似乎是假定这样的担保能用来补偿颁发禁令期间的损失,但可能并不能涵盖实体诉讼的损害赔偿。对此,似乎至少法院在行使1981年《最高法院法》第37条或者1984年《郡法院法》规定的权力时,因为解释一致的原则,会要求其行使自由裁量权时应该有效执行第9条第(1)款(a)项。但是,实际上,为了确保法院具有作出这样裁定的司法权,专门制定了《民事诉讼规则》第25部分第1(p)条规定如下:

"(p)根据欧共体第2004/48号关于知识产权执法的指令第9条

所作出的裁定(在知识产权诉讼中裁定在提供担保的前提下允许被控侵权行为继续)"。

对此,《白皮书》的看法是:

"很清楚,法院有裁定损害赔偿来替代禁令的自由裁量权,但是,通常是不会运用这项权力对将来的侵权行为实施制裁的。看来,(p)款是附加在第25部分第1(1)条的,其目的是更清楚地规定法院有权力作出临时命令在提供担保的前提下允许被控侵权行为的继续。"

(ii)第二,对于不履行禁令要求的行为,通过扩大执行方式的范围,规定在适当的时候对不履行的行为处以"连续性处罚"。我们认为,在英国法中,不履行或者违反禁令构成藐视法庭罪,这会被处以监禁或者扣押。在合理怀疑之外,藐视必须得到证实。如果禁令裁定所针对的人的行为在收到禁令的通知后仍违反禁令,那么很清楚他或者她就是在藐视法庭。[1] 如果要认定一个非当事人藐视法庭,必须证明该非当事人的行为导致了法院颁发禁令的目的全部或者部分无法实现,而且这也是其能意识到的会达到的效果。因此,处以连续的处罚看来会构成对藐视法庭的制裁和/或扣押的一个替代方法,从而扩大了执行方法的范围。所以,会有不同执行方法,从处以连续的罚款,到民事的藐视法庭以及扣押。这个范围应该是与指令第3条第(2)款规定的比例原则相一致的。因此,法院在适用这一条时,似乎应该根据1981年《最高法院法》第31条行使其自由裁量权,至少在这些情形下允许全面有效地执行第9条第(1)款(a)项:根据指令,在法院认为是"适当"的时候。

---

[1] S.塞姆:《民事诉讼程序的实践方法》第5版,牛津:牛津大学出版社,2002年,第376页 [S. Sime, *A Practical Approach to Civil Procedure*, 5th edn (Oxford: OUP, 2002), 376];Z有限公司诉A-Z和AA-LL一案中伊芙莱法官(Eveleigh LJ)的意见,(1982) QP 558;A-诉彭琪(Punch)有限公司案,(2001)2 WLR 1713。

最后需要一提的是,第9条似乎要求法院应该有权力命令被控侵权人对其造成的损害提供担保,同时允许侵权继续。很清楚,法院有以损害赔偿来替代禁令的裁量权,但是通常不会运用这个裁量权对将来的侵权行为实施制裁。而(p)款是附加在《民事诉讼规则》第25部分第1(1)条的,其目的是更清楚地规定法院有权力作出临时命令在提供担保的前提下允许被控侵权行为的继续。

第9条明确规定,在诉前颁发一个临时救济时,如果申请人没有在一个合理期间内提起一个可以产生实体判决的诉讼,成员国的程序法应该确保:根据被告的请求,撤销这样的救济或者停止执行。

至于第9条第(1)款(b)项,《民事诉讼规则》第25(1)(1)(c)(i)条是允许有效执行该条款的。

第9条第(2)款 财产保全

就第9条第(2)款而言,《民事诉讼规则》第25(1)(1)(g)条允许通过马瑞瓦禁令来查封资产,因此,已经有效且彻底执行了这一条款。

第9条第(3)款 颁发禁令的理由

较为复杂的是第9条第(3)款,该条款协调了颁发禁令的理由。它要求国内法院有权力要求申请人提供可以合理获取的证据来证明两个事实:第一,申请人是权利人;第二,申请人的权利已经遭受侵犯。我们认为,第9条第(3)款的表述:"……能满足一个足够程度的稳定性,即……申请人的权利正在遭受侵犯或者这样的侵权即将发生",这意味着必须要考虑侵犯知识产权的实体诉讼的价值。这只是考虑了原告侵犯知识产权案件的成功的可能性,法院能够"满足一个足够程度的稳定性,即……申请人的权利正在遭受侵犯。"因此,这个条款的有效执行似乎要求法院运用其自由裁量权,因而,不适用在美国氨基氰案[1]中产生的原则,该原则总体上排除了该案实体问题的考虑。对此,我们回顾在美国氨基氰案中,上议院认为,如果

---

[1] 美国西亚纳米德(Cyanamid)公司诉艾斯康(Ethicon)有限公司,(1975)AC 396,第398页;A. A. S. 朱克曼:《民事诉讼程序》,伦敦:律商联讯,2003年,第325页[A. A. S. Zuckerman, *Civil Procedure*(London: Nexis Lexis 2003), 325]。

其他条件不变:首先,申请人只能表明他要解决一个重要的问题,这个问题仅仅是实体诉由而不是实体案件,迪普洛克勋爵对"要解决的一个重要问题"做了如下阐述:"诉讼请求并不是微不足道的或者令人烦恼的,换句话说,有一个严重的问题需要解决。"其次,案件的实体问题通常是不作考虑的。确实,美国氨基氰案的目的正是要排除对宣誓证词证据的判定,而该证据是涉及实体诉由案件的实体问题的。

迪普洛克勋爵认为:

在这一阶段的诉讼中,法院的作用不是试图解决宣誓证言证据的冲突以判定各方当事人的诉讼请求可以最后依赖的事实,也不是判定那些需要详细辩论和成熟考虑的困难的法律问题。这些问题是在审判中才去处理的。

朱克曼认为:

这个阐述后来被理解为是,除确保申请人有一个可辩论的案件之外,在司法权的行使中,加强当事人的诉讼请求和有利于他们成功的相应机会并没有扮演什么角色。

但是,可以说,对美国氨基氰案的正确解释相当程度上是这样的:实际上,上议院只是在两个方面简单地扩大了法院根据《民事诉讼规则》所享有的裁量权的范围:第一,有一个强有力的理由说明违反了实质的诉由;第二,在缺少强有力的理由的情况下,有一个重要的问题需要解决,同时也基于便利平衡的考虑。但是,在第二个凡客托泰姆公司(Factortame)案中,戈夫勋爵支持美国氨基氰案,他对该案的基本目的作了如下分析:这是"去除一个束缚,这个束缚存在于以前一些案件中,即,一个当事人寻求一个临时禁令时,必须确立一个表面上证据确凿的案件来获取实质性的救济"。确实,我们认为,那些据说构成美国氨基氰案例外的一系列案件中,是考虑案件的实体问题的,实际上这成为颁发禁令的一个基础。按照戈夫勋爵的观点,可以认为美国氨基氰案的真正影响是在没有一个表面上证据确凿的案件来获取实质性的救济时,就允许颁发禁令。那些通常考虑案件实体问题的案件如下:诽谤;①事实清楚且对事实没有实质性争议的案件;②强制性禁令;③颁发禁令可能会处理诉讼因而等同于一个最终的判决。④ 我们认为⑤,对指令第9条第(3)款的有效执行将单纯回到这样一个基本点上,这一基本点是法院至少在知识产权方面根本上行使了其裁量权。就是说,通常法院行使其裁量权来作出实质性救济时要考虑案件的实体问题。对此,莱迪法官(Laddie J)在系列五软件诉克拉克(Series 5 Software v. Clarke)案中这样认为:

---

① 博耐德诉佩里曼案(Bonnaid v. Perryman),(1891)2 Ch 269;剑桥营养公司诉BBC案(Cambridge Nutrition v. BBC),(1990)3 All ER 523(CA)。

② 史密斯诉伦敦内部教育当局案(Smith v. Inner London Education Authority),(1978)1 All ER 411,阿尔弗雷德·敦尼尔有限公司诉太阳眼镜公司案(Alfred Dunnill Ltd v. Sunoptic SA),(1979)FSR 337;大卫(劳伦斯)有限公司诉艾什顿案[David(Lawrence) v. Ashton],(1991)1 All ER 385 at 393(CA)。

③ 伦敦豪恩斯洛自治理事会诉特维克汉姆案(Hounslow London Borough Council v. Twickenham),(1971)Ch 223;谢泼德·霍姆斯诉桑达姆案(Shepherd Homes v. Sandham),(1971)Ch 340;布里安斯顿财经有限公司诉弗里斯案(Bryanston Finance Ltd v. de Vries),No. 2(1976)Ch 63;参见软件赛罗拉网络有限公司诉T移动(英国)有限公司案(Software Cellular Network Ltd v. T Mobile UK Ltd),(2007)EWHC 1790(Ch),2007年7月17日,该法院根据上诉法院在卓克集团有限公司诉墨丘利通讯有限公司[Zockoll Group Ltd v. Mercury Communications Ltd(1988)FSR 354]一案中的意见,认为:"但是,最后,即使该法院未能很大程度上感受到原告会确立他的权利,但依旧可能存在这样的情况:在中间阶段授予一项强制性禁令是恰当的——如果禁令被拒绝后产生的不公正危险大于其被授予后产生的不公正的危险时,就会存在那样的情形。"参见 A. A. S. 朱克曼:《民事诉讼程序》,伦敦:律商联讯,2003年,第302—303页[A. Zuckerman, *Civil Procedure*(London: Lexis-Nexis, 2003), 302—303],谈及为什么强制性禁令与禁止性禁令之间不存在概念性区别的原因。

④ NWL有限公司诉伍兹案(NWL Ltd v. Woods),(1979)3 All ER 614;凯恩诉全球自然资源公共有限公司案(Cayne v. Globle Natural Resources plc),(1984)All ER 224(CA);兰欣·林德有限公司诉克尔案(Lansing Linde Ltd v. Kerr),(1991)1 All ER 418。

⑤ A. A. S. 朱克曼:《民事诉讼程序》,伦敦:律商联讯,2003年[A. Zuckerman, *Civil Procedure*(London: Lexis-Nexis, 2003)]。系列五软件诉克拉克案(Series 5 Software v. Clarke),(1996)1 All ER 853,同前引,第280页:"那些例外的存在削弱了在美国西亚纳米德案(American Cyanamid)中确立的规则的正当性……需要承认,基于书面陈述的断案与通过一般程序以判决相比,并不是一个好的处理争议的方法,但是,比起在任何时候都坚持完全视而不见而不仅仅是在例外时适用,这一方法要好一些。"

我的看法是,在最后引用的那段话中,迪普洛克勋爵并不是要在大多数临时救济申请中排除对案件胜算的考虑。我认为其用意是法院不应该试图解决申请临时救济中的那些困难的事实和法律问题。如果,另一方面,法院能得出这样一种观点,即在可采信的证据方面案件当事人有胜算,那么它就可以这样做……如果从材料(宣誓证言)来看明显是一方的理由比另一方强很多,这种情形下法院就不能驳回。否则要是建议排除考虑一个重要因素,这种排除将会违反在美国氨基氰案中所倡导的弹性。如迪普洛克勋爵在霍夫曼—罗氏制药公司(Hoffmann-LaRoche)案中所指出的那样,对损害赔偿进行交叉担保的目的之一是保护被告,如果这个加强原告理由的初步看法被证明是错误的话。

四、解释一致:司法执行

如前所述,冯·科尔森案[①]看来对成员国,特别是成员国法院设定了一项义务,要求其解释国内法时与欧盟法相一致,不管在执行中是否存在缺陷。因此,我们认为,国内法院有义务通过对国内法与指令第9条第(3)款的一致解释来执行该条款。值得注意的是,为了解释一致原则的目的,国内法不仅仅包括立法,还包括所谓的不成文的国内法原则以及构成判例法的判决。[②] 这里的国内法包括这样的判例法,如系列五软件诉克拉克(Series 5 Software v. Clarke)案,除此以外的那些案例中,禁令的颁发可能具有下列特征:第一,处理了该案件,因此等同于作出了最后的判决;第二,案件事实是清楚的;第三,强制性禁令;第四,对他人诽谤的诉讼。总之,这不足以使成

---

① 同时参见欧共体委员会诉德国案,案号 No. C‑361/88 (1991),《欧洲法院公报》第 I 卷,第 2567 页,同前引,第 24 段;马科斯和斯潘其案(Marks & Spencher),案号 No. C‑62/00 (2002),《欧洲法院公报》第 I 卷,第 6325 页;欧共体委员会诉比利时案,案号 No. C‑42/89 (1990),《欧洲法院公报》第 I 卷,第 2821 页;欧共体委员会诉希腊案,案号 No. C‑103/00 (2002),《欧洲法院公报》第 I 卷,第 1147 页。

② 森托拉斯蒂尔案(Centrosteel),案号 No. 456/98 (2000),《欧洲法院公报》第 I 卷,第 6007 页。

员国将指令转化为国内立法措施,因为成员国的义务要求既在法律中,也在转化国内措施的实际应用中,都能有效地实现指令第9条第(3)款中所包含的目的。这里的情形是,判例法提供了利用实体案件理由的可能性。因此,现在对解释一致原则的司法适用,要求法院考虑将这样的案件作为颁发禁令的基础,以有效地执行指令第9条第(3)款。

第9条第(4)款 单方面措施

第9条第(4)款规定,申请禁令可以不通知被告,特别是如果迟延会对权利人造成不可弥补的损害的情形下。申请禁令时,一般要不迟延地通知当事人,而且允许其在合理的时间内申请进行复审。《民事诉讼规则》第25.3(1)条允许单方面地申请禁令,就是说,只要有合理理由,可以不作通知,这样的理由可以包括会造成不可弥补的损害。《实施指南》(临时禁令)第5.1(2)条规定:除非法院的裁定另有规定,如果在没有通知任何其他当事人的情况下作出一个颁发禁令的裁定,该裁定中就必须含有申请人向法院作出的担保,该担保可以用于尽快将该申请的通知书、相关的证据和作出的裁定送达被申请人。《实施指南》第4.3(3)段规定:"除非在必须保密的情况下,申请人应该采取步骤非正式地将申请事项通知被申请人。"而且,《实施指南》第5.1(3)条规定:如果在没有通知任何其他当事人的情况下作出一个颁发禁令的裁定,该裁定中就必须含有一个日期回复以便其他当事人可以参加下一步的听证。《民事诉讼规则》第23.9(2)和(3)条要求:如果所申请的禁令是单方面颁发的,证据的复印件和禁令裁定书必须送达被申请人,除非法院作出不同的裁定。尤其是,《民事诉讼规则》第23.9(3)条要求:"该裁定必须包含一个声明,可以根据规则第23.10条撤销或者改变申请的权利。"最后,《民事诉讼规则》第23.10条允许被申请人在裁定送达后的7日内请求撤销或改变该禁令。

我们认为,这里引述的《民事诉讼规则》第23条的规定已经清晰、有效地执行了第48号指令第9(4)条。

第9条第(5)款 对措施的审查:撤销

第9条第(5)款通过确保在颁发一个诉前禁令时,申请人必须在一个合理期间内提起实质性的诉讼,来维护被告的权利。《民事诉讼规则》第25r.2条规定:中间救济的裁定可以在任何时间(包括起诉前)作出。尤其是,《民事诉讼规则》第25r.2(3)条规定:"如果要在提起诉讼请求前颁发一个中间救济,法院应该明确指令其提出诉讼请求。"这里最有作用的表述是"法院应该明确指令"。但是,对这个规则的解读是和《实施指南》第25部分的第4.4(1)条结合起来的,该条规定:"除上述第4.3条规定之外,除非法院作出不同的裁定,申请人必须立即向法院提交一个诉讼请求,或者法院会指令其提出诉讼请求。"因此,结合《实施指南》第4.4(1)条,通过使用"法院将会作出指令"的表述,确保在请求人没有提出诉讼请求的时候指令其提起实质性的诉讼。所以,将请求人和法院结合起来就可以避免实质性诉因的缺失。可以说,《民事诉讼规则》和《实施指南》中的这些规则可以有效和清楚地执行第48号指令第9条第(5)款。

第9条第(6)款 义务的适用范围

第(6)款要求根据所提供的担保来作出颁发禁令的裁定,以便在发现该禁令的颁发是错误的时候,被请求人可以获得赔偿。《实施指南》第25部分的第5(1)条规定:除非法院有不同的要求,颁发禁令的裁定书必须含有申请人的担保,申请人应该向法院承诺其会根据法院的要求向被申请人赔偿其所遭受的损失。值得注意的是,损害赔偿的担保是提供给法院的,而不是提供给该临时措施所针对的另一方当事人的。[1] 我们认为,《实施指南》可以确保有效和清楚地执行第48号指令第9条第(6)款。

第9条第(7)款 义务的适用范围

指令第9条第(7)款要求在由于申请人的行为或者疏忽或者后来发现不存在侵犯知识产权的行为的情况下,取消这些措施或者导致这些临时措施落空时,法院有权要求申请人支付赔偿金。

---

[1] 显然,法院拥有自由裁量权来免除企业的损害赔偿义务。迄今为止,只有当某一公共机构寻找一项临时禁令作为执行法律的手段时,才能够适用这样的免除。参见霍夫曼—拉·罗氏股份公司诉贸易国务秘书案[(1975)AC 295]。然而,当某一公共机构就一项财产、合同或者其他私法权利的执行提起诉讼程序时,该机构没有资格享有豁免。

如前所述,《实施指南》第 25 部分的第 5(1)条规定了担保:

5.1 除非法院有不同的要求,颁发禁令的裁定书必须要求
(1)申请人向法院承诺其会根据法院的要求向被申请人赔偿其所遭受的损失。

需要指出,根据《实施指南》第 5.1 段,法院可以行使自由裁量权来决定是否要求申请人赔偿被申请人所遭受的损失。这个自由裁量权看来与指令的表述是一致的——该指令规定"司法机关应有权要求申请人"。这与设定申请人在所有情形下都提供担保的义务,取消法院自由裁量权的做法是相反的。因此,可以说,国内法院可以有效和清晰地执行第 48 号指令第 9 条第(7)款。

第 10 条　纠正性措施
第 10 条第(1)款

第 10 条第(1)款要求成员国确保当发现侵权货物以及用于生产和制造侵权货物的材料和工具时,在必要的情况下,法院可以裁定采取措施。可以采取的措施包括:有必要的话,能够从商业渠道召回这种货物或者销毁这种货物或有关材料。英国通过以下几个方面来执行这个条款:第一,法院本身所享有的自由裁量权;第二,特定的实体法:有关版权的是《版权、外观设计和专利法(1988 年)》第 99、100 和 114 条;有关未注册外观设计的是该法第 230 条;此外,第 229 条规定禁令、损害赔偿或其他方面的任何救济适用于任何其他权利。还有,《商标法(1994 年)》第 16 和 19 条规定必要的话应上缴或者销毁侵权产品。《专利法(1997 年)》第 61 条第(1)款之(b)项规定上缴或者销毁侵犯专利的或者包含专利的任何专利产品。第 2006/1028 号条例的附件 1 第 3 段将第 24A 条纳入了《注册外观设计法(1949 年)》,这就清楚地表明损害赔偿、禁令等救济措施都适用于对注册外观设计权的侵权行为。这一段还将第 24C 和 24D 条纳入了《注册外观设计法(1949

年)》,规定上缴或者消除侵犯注册外观设计的产品。另外,第 2006/1028 号条例的附件 1 第 3 段也将第 24F 条纳入了该法:

> 24F 独占被许可人的权利和救济
> "(1)注册外观设计的独占许可如同转让一样,许可发生后,独占被许可人可以享有同样的权利和同样的救济,但不得对抗注册权利人。"

但是,尽管《注册外观设计法(1949 年)》第 24F 条赋予独占被许可人的法律地位是与第 48 号指令第 4 条(b)项的规定是一致的,但是没有任何实体法规定上述措施来确保执行第 48 号指令第 4 条(b)、(c)和(d)项。除了第 48 号指令第 4 条(b)、(c)和(d)项规定的主体地位问题,我们认为,上述实体法措施执行了第 48 号指令第 11 条所规定的剩余义务。根据在司法执行指令时解释一致的要求,法院要根据《最高法院法(1981 年)》第 37 条的规定来行使其自由裁量权,也同时要考虑前面提到的法定的权力基础。但是,我们认为,司法执行中解释一致的范围是这样的:它将不允许创设第 4 条(b)、(c)和(d)项中所需要的主体,这样,那些申请临时救济的权利人的类别,或者是根据《民事诉讼规则》第 25 部分,或者是法院自己按《最高法院法(1981 年)》第 37 条的规定来进行自由裁量。

第 10 条第(2)款

第 10 条第(2)款规定法院应该裁定执行这些措施的费用应该由侵权人承担。法院既可以在其固有的司法权限范围内,也可以依据《民事诉讼规则》第 44 条的规定而拥有宽泛的自由裁量权。该第 44 条规定,法院可以确定支付费用的条件。通常,基本的原则似乎是被申请人一方也将负担执行裁定的费用。我们认为,就第 48 号指令第 10 条第(2)款所作出的一个裁定而言,法院行使自由裁量权来命令被告支付执行该裁定的费用时,会遵循解释一致的义务。

第10条第(3)款

第10条第(3)款规定,国内法院可以考虑在采取本条中的有关措施时适用比例原则。《民事诉讼规则》在"首要目标"中也规定:可以考虑适用比例原则。因此,我们认为,《民事诉讼规则》的"首要目标"已经有效和清楚地执行了本条款。

第11条 禁令

第11条要求成员国确保其国内法院能够对直接侵权人和中间人(该中间人的服务被第三人用于侵犯一个知识产权)颁发永久性禁令。《最高法院法(1981)》第37条第(1)款规定:法院可以根据第37条第(2)款的规定按照其认为适合的条件来颁发禁令,包括最终禁令。这一条只是要求国内法院拥有采取这个措施的裁定权,并没有明确进行协调,因此与第9条中的中间措施不同,颁发最终禁令的条件并不是给定的,而只是确保要提供这样的措施。

《白皮书》第25.1.10段认为:

> 《最高法院法(1981)》第37条规定,高等法院可以在所有案件中作出中间裁定或者最终裁定来颁发禁令,这对法院来说是很方便的[第37条第(1)款]。这样的裁定可以无条件地作出,也可以在满足法院认为公正的条件下作出[第37条第(2)款]。

郡法院的司法管辖权来自1984年的《郡法院法》第38条以及1991年的《郡法院救济条例》(S.I.1991/1222)。如果知识产权权利人在审判中证明其权利受到了被告的侵害,通常是会颁发最终禁令给他的,如克里恩诉欧加农(Chiron v. Organon)一案(第10号)。[①] 根据一般的规则,如果被告对财产权利构成了侵犯,就会对其下达禁令。最近体现这个原则的案例是纳

---

① 克里恩诉欧加农案[Chiron v. Organon(No.10),(1995)FSR 325]。

威泰尔公司诉易捷航空公司(Navitaire Inc. v. Easyjet Airline Co.)案(第2号):①

1. 如果能证明财产权受到了侵犯,并受到重复威胁,一般来说就会颁发禁令,但若禁令所产生的后果会过于严重的除外。法院可以有权力以损害赔偿来替代禁令。参见雅加达诉索亚(Jaggard v. Sawyer)案,载于1995年《法律周报(W. L. R.)》第1卷第269页;1995年《全英法律报告(All E. R.)》第2卷第189页以及第208页[英国上诉法院(CA)的米雷特法官(Millett L. J.)作出的判决]。

2. 颁发或者拒绝颁发最终禁令不仅仅是便利与否的问题。

3. 除非被告愿意支付损害赔偿,法院一般不会行使裁量权来用损害赔偿替代禁令。如果颁发禁令的后果不是过于严重,被告不可以靠花钱来买侵权,即便其价格——目的性很明确——是适当的。这里"过于严重"的意思是指颁发禁令的后果会与所保护的权利非常不成比例。②

因此,就指令第11条以及最终禁令而言,在司法执行的情形中,对《最高法院法(1981)》第37条的一致解释,要求法院在行使自由裁量权时要确保司法执行和清晰、效率和有效司法保护等原则相一致。在克里恩(Chiron)案和纳威泰尔(Navitaire)案中得到明显发展的这些原则要加以适用。值得注意的是,如同根据第11条申请最终禁令一样,解释一致的原则将不会导致第4条(c)和(d)项的不执行,而也不会导致对第4条(b)项的部分

---

① 纳威泰尔公司诉易捷航空公司案[Navitaire Inc. v. Easyjet Airline Co. (No. 2),(2006) RPC 4]:对于位于伦敦南广场11号的格雷旅馆会议室提供该份判决的电子副本,本人表示感谢。
② 谢尔弗诉伦敦城市电子照明公司案(Shelfer v. City of Electric Lighting Co.),(1895)1 Ch 287 at 315 - 316,322 - 323,64 L. J. Ch. 216 at 225,229(CA),林德丽、A. L. 史密斯法官(Lindley,A. L. Smith L. JJ.);银行诉CBS歌曲有限公司案(Banks v. CBS Songs Ltd),(No. 2)(1996) E. M. L. R. 452,雅各布法官(Jacob J.),和卢德楼音乐有限公司诉威廉姆斯案(Ludlow Music Inc. v. Williams),(2002) F. S. R. 57,彭弗莱法官(Pumfrey J.)。

执行。

第 12 条 替代性措施

第 12 条要求成员国确保司法机关能够提供替代性措施，即裁定作出补偿——损害赔偿，以替代禁令，条件是：侵权人的行为不是故意的，而且执行禁令会对他造成不成比例的损害。根据《最高法院法(1981)》第 50 条和《郡法院法(1984)》第 38 条，法院可以判令损害赔偿来替代禁令。因此，根据解释一致的原则，在司法执行中，法院就要根据上述与第 48 号指令第 12 条相一致的法律规定来行使其裁量权利。

第 13 条 损害赔偿

第 13 条要求成员国确保国内法院能够对因侵权行为遭受损失的权利人给予损害赔偿。

第一款是有关侵权人故意侵权的：

(1) 若侵权人知道或者有合理依据应当知道的情况下实施侵权行为，成员国应该确保其司法当局根据受损害的当事人的申请，要求侵权人向权利人支付与因侵权导致的实际损害相适应的赔偿。

在这个情形下，国内法院有义务考虑以下因素：

在司法当局确定损害赔偿时：
(a) 他们应该全面考虑相关方面的因素，如所造成的不利经济后果，包括受损害的一方所遭受的利润损失，侵权人获取的任何不正当利润；在某些情形下还要考虑非经济的因素，如因侵权行为导致权利人的精神损害。

五、执行

第 13 条第(1)款(a)

《知识产权(执法等)条例(2006/1028 号)》第 3 段连同附件 11 的第 1—5 段(参见下面原书第 171 页注释 79),执行了指令第 13 条第(1)款。确实,《条例》第 3 段几乎以逐字逐句转化的方式执行了指令第 13 条第(1)款(a)项,这通过比较下面原书第 172 页注释 80 所陈述的内容就可以看出。①

《条例》第 3 段规定如下:

损害赔偿的计算:

(1)在知识产权侵权诉讼中,如果被告知道或者有合理依据应该知道其参与了侵权,给予权利人的损害赔偿应该与因侵权导致的实际损失相适应。

(2)在确定上述损害赔偿时:

(a)应该全面考虑相关方面的因素,尤其是包括:

(i)所造成的不利经济后果,包括受损害的一方所遭受的利润损失,侵权人获取的任何不正当利润;以及

(ii)非经济方面的因素,包括因侵权行为导致权利人的精神损害;或者

(b)适当情况下,可以根据被告获得一个许可证所要支付的许可使用费来确定损害赔偿。

---

① 对此,2006 年《知识产权(执法等)条例》(2006/1028 号)的《解释备忘录》认为:"在判定损害赔偿时必须考虑第 13 条第 1 款列举出的一系列因素。该因素中包括了大量的意义不清晰的术语,例如'实际损害','精神损害'。要把这些术语翻译成国内法中对应的概念,并相应地确保我们的方法与第 13 条第 1 款的规定相一致,似乎是不恰当的。已经采用的方法是直接拷贝。然而,有必要避免产生这样的暗示:第 13 条提供了一个完整的术语用以取代国内法中的损害赔偿规定(特别是任何引入惩罚性赔偿的建议)。因此,条例第 3 段的第(3)点清晰地表明:现行的国内法规则可以被保存下来,除非存在实际上不一致的现象。"

(3)这个规定并不影响任何有关知识产权侵权救济的法律规定的实施,除非其与本规定相冲突。①

六、执行

第13条第(1)款(b)

第48号指令还规定了一个替代的方法,国内法院可以用来替换前一款所规定的计算方法,这就是以许可费金额计算损害赔偿额的方式:

(b)作为(a)的替补,在适当的时候,法院可以用一个总的许可费

---

① 对于其他主要立法的修正案计划二:1977年《专利法》的修正是通过补充该条例的第3段来贯彻"欧盟指令"第13条第1款的规定的。
"1. 1977年《专利法》应该修订如下。
2. 在第62条(侵权损害赔偿的限制)第3款中,对于该款末尾'没有损害'等用词应该作如下的替换:
'当由于一个发生于决定采取修正案的决定前的专利侵权行为导致的诉讼程序中,法院或者专利局长裁决损害赔偿或者交出获利账户的命令时,应该考虑下列因素:
(1)被告或者抗辩人是否在侵权之日知道或者有理由应当知道其正在侵犯专利权;
(2)专利说明书是否被善意公开并且包含合理的技能和知识;
(3)诉讼程序是否通过善意的方式提起。'
3. 在第63条(部分有效专利的侵权救济)第2款中,对于从'未授予救济'一词开始到该款末尾所有的用词应该替换为:
'当判断赔偿、成本或者费用以及责令交出获利账户时,应该考虑下列因素:
(1)被告或者抗辩人是否在侵权之日该知道或者有正当理由知道其正在侵犯专利;
(2)专利说明书是否被善意公开并且包含合理的技能和知识;
(3)诉讼程序是否通过善意的方式提起。
并且一切被授予的救济应该遵循法院或者专利局长关于成本或者经费以及关于损害赔偿或者其计算发生之日的自由裁量权。'
4. 在第68条(未经注册对于侵权诉讼程序产生的效果):
(1)从'法院或者专利局长应该'到'发生'的所有用词应当被删除;以及
(2)在'除非'这一用词前应当加上'在因如此一种侵权行为而引发的诉讼程序中,法院或者专利局长不应当给予其成本和其他费用的赔偿'的表述。
5.(1)在第130条(解释)第1款中,关于'第17条'的'正式要求'的定义应当替换为'第15A条'。
(2)就适用于专利申请的2004年《调整改革(专利)决议》第20、21或者22条,第(1)款的规定并不适用。"

金额来确定损害赔偿额,该金额可以根据一些事实来确定,至少可以是侵权人请求许可使用涉案知识产权时所支付的使用费或许可费。

很清楚,由于使用了"可以"的表述,第13条第(1)款(b)没有强制国内法院使用这个方法来计算损害赔偿。

第13条第(2)款

第13条第(2)款规定:

> 2. 如果侵权人不知道或者没有合理依据知道其实施了侵权行为,成员国可以规定司法机关可以要求返回事先确定的利润或者赔偿事先确定的损失。

指令第13条第(2)款并未得到明确的执行。可以说,这一条没有强制国内法院事先确定所要返回的利润或者所要赔偿的损失。实际上,英国法的态度似乎是不希望对善意的侵权人主张损害赔偿。科尼什认为:

> 这样,在有关专利、外观设计和版权的法律中清楚地规定:在侵权人不知道或者没有合理依据推定权利存在的期间内,就无须承担损害赔偿责任[参见:1977年《专利法》,第62(1)条;1949年《注册外观设计法》第9(1)条;1988年《版权、外观设计和专利法》第97(1)条;第233条(也适用于"二次侵权"),《民事诉讼规则》第279条],即使酌情救济(如利润)也可能会被拒绝。①

第13条第(1)款的执行,不是通过制定特定实体法的方式来执行

---

① W. 科尼什和 D. 卢埃林:《知识产权:专利、版权、商标和类似权利》第5版,伦敦:斯威特和马克斯维尔,2003年,第78页[W. Cornish & D. Llewelyn, *Intellectual Property, Patents, Copyright, Trademarks and Allied Rights*, 5th edn (London: Sweet & Maxwell, 2003), 78]。

的,可以说英国法的态度是:损害赔偿的目的是对不法行为或者损害行为的受害人进行补偿,因此,就应该与其所遭受的实际损失相当。损害赔偿是要尽量弥补受害人所遭受的金钱或者非金钱损失,使受害人恢复到不法行为没有发生的状态。知识产权侵权是民事违法,既可以是成文法上的侵权,如侵犯专利权,也可以是普通法上的侵权,如假冒行为。知识产权权利人可以向侵权人主张金钱赔偿,这既可以是对其损失的赔偿,也可以根据侵权人的获利来计算——与第13条(1)款(a)规定一样。[①] 可以用返还获利的方法对侵犯专利权[②]、侵犯版权[③]、侵犯外观设计权[④],侵犯表演者财产权的行为进行衡平救济。"加重的损害赔偿"是对原告的精神创伤的赔偿,这类似于侵权行为可能对权利人造成的人格贬损,但是,难以清晰地界定"人格贬损"概念的外延和含义。[⑤] "附加的损害赔偿"是1988年《版权、外观设计和专利权》中对侵犯版权、外观设计权和专利权所提供的救济。在确定这种损害赔偿额时,法院会考虑全面的情况,特别是那种明目张胆的侵权以及因这种侵权而给被告所带来的各种好处。[⑥] 值得一提的是,指令的序言第27段明确成员国

[①] W. 科尼什和 D. 卢埃林:《知识产权:专利、版权、商标和类似权利》第5版,伦敦,斯威特和马克斯维尔,2003年,第74—78页[W. Cornish & D. Llewelyn, *Intellectual Property, Patents, Copyright, Trademarks and Allied Rights*, 5th edn (London: Sweet & Maxwell, 2003), ibid., 74—78]。麦克·格雷格尔:《麦克·格雷格尔之损害赔偿》,伦敦:斯威特和马克斯维尔,2003年,以及对于2005年第17版的第2次补充[H. D. McGregor QC, *McGregor on Damages* (London: Sweet & Maxwell, 2003) and 2nd supplement to the 17th edition (2005)]。D. 班布里奇:《知识产权》第5版,伦敦:朗曼,2002年,第417—419页[D. Bainbridge, *Intellectual Property*, 5th edn (London: Longman, 2002), 417-419]。

[②] 1977年《专利法》第61(1)(d)条。

[③] 1988年《版权、外观设计和专利法》第96(2)条。

[④] 1988年《版权、外观设计和专利法》第229(2)条。

[⑤] A. 库尔:"执行指令——先抑后扬",载《国际工业产权与著作权法评论》,2004年,第35卷,第7期,第821—828页[A. Kur, The Enforcement Directive-Rough Start, Happy Landing, *IIC* 35, no. 7(2004): 821 at 828, op. cit]。

[⑥] W. 科尼什和 D. 卢埃林:《知识产权:专利、版权、商标和类似权利》第5版,伦敦,斯威特和马克斯维尔,2003年[W. Cornish & D. Llewelyn, Intellectual Property, Patents, Copyright, Trademarks and Allied Rights, 5th edn (London: Sweet & Maxwell, 2003), op cit]。

并没有被要求规定惩罚性损害赔偿,但是在英国法中是存在这种损害性赔偿的。[①]因此,由于措施明确,可以说指令第13条已经在英国实体法中得到了充分执行。

但是,如前面关于第9条第(1)款的一节中讨论过的,对于第48号指令第9条第(1)款规定的代表性诉讼,有必要考虑给予损害赔偿。如在有关第4条的讨论中提到的,存在两个假设:第一,显然第4条(c)和(d)并没有强制成员国在其国内诉讼程序中规定代表性诉讼——如果在该国尚不存在这种诉讼的话。按照这个假设,根据第13条主张损害赔偿时应该并不需要对英国损害赔偿制度进行修改。但是,根据第二个假设,即,第4条(c)和(d)强制成员国在其国内诉讼程序中规定代表性诉讼——如果在该国尚不存在这种诉讼的话,那么,就有了这样的观点:安德鲁斯[②]认为,英国法院不能"最大限度地或者全面地给予损害赔偿,没有考虑相关人员所遭受的特殊损失……是问题的症结所在,也是英国的代表性诉讼仍然停滞不前,而多个主体共同诉讼案件普遍存在的原因。"尽管如此,有必要指出的是:根

(接上页)

总的可以参见第二章:民事诉讼救济。关于惩罚性的损害赔偿,参见卢克斯诉巴纳德案(Rookes v. Barnard),(1964)AC 1129,德芙琳法官的观点(per Lord Devlin),第1225—1226页,以及库杜斯诉莱切斯特郡警察局长案(Kuddus v. Chief Constable of Leciestershire Constabulary),www.publications.parliament.uk,以及法律委员会:"关于强化的、典型的惩罚性赔偿的报告",1988年,编号Law Com. No. 247[The Law Commission, Report on Aggravated, Exemplary and Trestitutionary Damages (1998) Law Com. No. 247]。以及宪法事务部门:"咨询报告:损害赔偿的法律",2007年5月4日,www.dca.gov.uk/consult/damages/dp090,特别是第7章(The Department of Constitutional Affairs, Consultation Paper: The Law on Damages, 4 May 2007, in particular, Ch. 7)。

① 特别是,卢克斯诉巴纳德案(Rookes v. Barnard),(1964)AC 1129,德芙琳法官的观点(per Lord Devlin),第1225—1226页。

② N. 安德鲁斯:"英国多方诉讼程序:代表和集团诉讼",《杜克竞争与国际法杂志》第11卷,2001年,第250页[N. Andrews, Multi-party Proceedings in England: Representative and Group Actions, Duke J of Comp. & Int'l L 11 (2001): 249 at 250]。"如果一个代表就自己的权利不享有一种起诉缘由,其不能利用代表诉讼程序来提出权利要求。"巧克力制造业:瑞士巧克力制造商联盟诉卡德伯里有限公司案,《时代杂志》,1999年3月15日(Chocosuisse: Union des Fabricants Suisses de Chocolat v. Cadbury Ltd, The Time, 15 Mar. 1999):"贸易协会不能起诉假冒行为"。上诉法院认为,该协会缺乏代表受影响的瑞士商人提出诉讼的能力,因为其自身的利益并没有受到违法者的损害。

据《竞争法(1998)》第47B条,是存在消费者的代表性诉讼的。① 但是,这个规定的适用范围确实有限,只允许国务秘书指定的机构代表消费者在竞争上诉法庭(CAT)提起诉讼。而且,这种代表性诉讼似乎是为了避免安德鲁斯所提出的困难,理由如下:在代表性诉讼中,一个代表被不法行为损害的那些人利益的机构(代表机构)可以代表那些遭受损失的人提起诉讼,而这些损失是可以被合计的。

七、执行案件实体判决而采取的措施

把第48号指令第10、11和13条规定的措施组合起来称作这个标题,这是很自然的,因为这些措施都是在具有实体诉由的案件中裁定侵犯知识产权的事实后采取的。

第10条规定:"……当发现侵权货物时,可以采取适当的措施……"显然,必须已经实施了侵犯实体权利的行为。

第11条宣称:"……如果法院认定存在侵犯知识产权的行为……"

第13条明确:"……成员国应确保司法当局……应该命令知道或者有合理依据知道自己实施了侵权行为的侵权人……"很清楚,前提是作出了侵权的判定。

尤其是,我们认为,为了确保上述条款中规定的程序性权利可以根据指令第3条第(1)、(2)款得到有效执行,法院有必要保证其有足够的能力来评判专家证据:就是说,侵权的判定是有赖于法院评估专家证据的能力的,特别是在理解知识产权中所包含的科学术语的时候。在一些法官不具有科学背景——而这有助于理解和评估那些提交给法院的专家证据——的案件

---

① 参见消费者协会诉JJB运动公共有限公司案,案号 No. 1078/7/0;依据1988年《竞争法》第47B条提出的损害赔偿权利要求;参见公平交易局:"竞争法中的私人诉讼:对于消费者和企业的有效救济",《研讨论文》,2007年4月以及2007年8月31日的《协商回馈》(Office of Fair Trading , Private actions in competition law: effective redress for consumers and business, *Discussiönb Paper*, Apr. 2007, and *Consultation Responses* 31 Aug. 2007)。www.oft.gov.uk/advice_and_resources/resource_base/consultation/private,考虑在竞争法的私人执法诉讼中运用代表诉讼制度。

中，这尤为明显。因此，我们认为，按照第 48 号指令的序言第 3 段和 17 段连同指令第 3 条，在这样的案件中，法院很有必要考虑行使其裁量权，依据《民事诉讼规则》第 35.15 条来任命一个法庭顾问。① 但是需要注意的是，有必要根据第 234 条的规定向欧洲法院进行通报，以便确定指令第 10、11 和 13 条所包含的实体权利的确切权限范围，并确保该权限范围确实要求如这里所确定的那样作为执行指令的有效方式。

八、专家证据的评估

1. 高等法院，衡平法庭，民事诉讼规则和法庭顾问

《民事诉讼规则》第 35.15 条规定如下：

（1）法院根据《最高法院法（1981）》第 70 条或者《郡法院法（1984）》第 63 条任命一个或者多个人担任（法庭顾问）时，适用本规则。

（2）法庭顾问应帮助法院处理其具有技能和经验的事务。

（3）法庭顾问应该根据法院的指示参与诉讼程序，尤其是法院会：

(a)指示法庭顾问就诉讼中的任何问题为法院准备一份报告；

(b)指示法庭顾问出席全部或者部分庭审，向法庭就任何上述事宜提出建议。

（4）如果法庭顾问在开庭前为法院准备了一份报告，

(a)法院将会向各方当事人发送一个副本；

(b)各方当事人可以在庭审中使用该报告。

（5）为法庭顾问的服务所支付的报酬金额应该由法院确定，并应

---

① L. 布罗姆—库珀：《民事法庭中的专家，专家证人制度》，牛津：牛津大学出版社，2006 年，第 8 章，第 113—117 页[Sir L. Blom-Cooper（ed.），*Experts in the Civil Courts*, Expert Witness Institute（Oxford: OUP, 2006）Ch. 8, 113 - 117]。

该成为诉讼费用的组成部分。

《民事诉讼规则》第35.15条的《实施指南》规定：

7.1 可以根据规则第35.15条任命法庭顾问来协助法院工作。在作出该任命的21天之前，法院要通知每一方当事人，写明提议任命的法庭顾问的名字、寻求法庭顾问协助的事务内容、法庭顾问提供该协助的资质。

7.2 对于被提议担任法庭顾问的人，任何一方当事人都可以对其个人或者其资质提出异议。

7.3 上述异议必须在收到第6.1段规定的通知后7天内以书面方式向法院提出，法院在决定是否作出任命时应该考虑该异议。

7.4 法庭顾问报告的复制件要送达给各方当事人，但是法庭顾问不提供证言或者公开质证或者质询。

伍尔夫勋爵在《中期报告》①的第24段对任命法庭顾问的目的，尤其是其成本优势做了阐述：

在复杂的诉讼中，如果法官有一名法庭顾问，就会对他提供相当大的帮助。这一般只是在海事法院中存在，但这样的实践应该得以推广。虽然这会增加专家聘请费，但通过实质性缩短听证的长度，应该还是很合理的。尤其是，法庭顾问可以负责主持当事人的专家会议，并协助他们达成协议。

---

① 伍尔夫勋爵：《关于接近民事正义的中期报告》，1995年7月 [Lord Woolf, *Interim Report on Access of Civil Justice*, Jul. （1995）], www.gov.uk/civil/report.htm。

在其《终期报告》①的第58—60段中,伍尔夫勋爵就法庭顾问的角色表明了其最后的观点:

58 在《中期报告》中,我建议,法院应更广泛地运用其权力来任命专家法庭顾问,以便其在复杂的诉讼中帮助法官,并在必要的时候主持当事人指定专家的会议,帮助他们达成协议。

59 对于这些建议有一些不同意见,主要理由是法庭顾问会篡夺法官的角色。我不同意这个看法,因为不是必然会导致这样的结果:如果存在复杂的技术问题,法庭顾问的作用是"教导"法官,以便其作出信息正确的判决。在最复杂的案件中,这个角色可以由两个法庭顾问来担任,双方当事人各指定一个。

60 当然,除非是在最重大的案件中,法官在当事人专家之外再另行聘请独立的法庭顾问,是不具有成本效率的。

但法庭顾问介入的性质仅限于在法庭所关注的技术信息方面向法官提供建议,而不是作证。因为其不作证,因此,法庭顾问不接受质询,法庭顾问介入法庭审理只是为了帮助法官履行其司法职能。但是,布罗姆—库珀②认为,向法官提出建议,却又不接受质询,这样的制度可能与《欧洲人权公约(ECHR)》第6.1条的规定相抵触。他写道:

---

① 伍尔夫勋爵:《关于接近民事正义的终期报告》,1996年7月[Lord Woolf, *Final Report on Access to Civil Justice*, Jul. (1996)], www.dca.gov.uk/civil/report.htm。
② L. 布罗姆—库珀:"专家和法庭顾问",载《民事司法季刊》,2002年,第21期,第345页[L. Blom-Cooper QC, Experts and Assessors, *CJQ* 21 (2002): 345, op. cit. at 348]。参见 A. 埃蒂斯:"特权和豁免:专家证据的问题",载《民事司法季刊》,2007年,第26期,第40页[A. Edis QC, Privilege and Immunity: Problems of Expert Evidence, *CJQ* 26 (2007): 40]。D. M. 德怀尔:"民事专家证据偏见的诱因和体现",载《民事司法季刊》,2007年,第26期,第425页[D. M. Dwyer, The Causes and Manifestations of Bias in Civil Expert Evidence, *CJQ* 26(2007): 425]。民事审判委员会:"专家在民事权利要求中提出证据议定书",2005年6月(Protocol for Experts to Give Evidence in Civil Claims, Civil Justice Council, Jun. 2005)。www.justice.gov.uk。

法庭顾问制度是由专家提出建议,但不向法庭宣誓,而建议的事项也不公开接受双方当事人的质询,这样的制度如今会被认为与《人权法案(1988)》第3条第(1)款不相符,因为其违反了《欧洲人权公约(ECHR)》第6.1条。

尽管如此,我们认为,这个分析可能不适用于以下情形:首先,法庭顾问提供的信息是法院用来对非争议的事项进行司法认定(judicial notice);[1]其次,在行使抗辩权利时没有要求质询的情形下,如果存在一个有效的上诉制度的话,行使抗辩的权利时在所有情况下都不需要质询权。

2. 法庭顾问,民事诉讼规则第35.15条和实施细则第7段

从词源上看,法庭顾问(Assessor)表示一个被授权与其他人一起协助法官直接作出判决的人。实践中,法庭顾问的角色可以变化多端。事实上,有些人,如西蒙子爵大法官(LC,即 Lord Chancellor)[2]认为,法庭顾问可以单独介入一些需要解释技术术语含义的事务中。而且,法庭顾问因为不进行宣誓,就不会作证。而其他人,如达尼丁子爵[3]认为,法庭顾问可以提供事实来源而不仅仅是单词的含义。朱克曼认为,法庭顾问既提供关于词汇含义的信息,也提供一般的事实信息,以在司法活动中协助法官。[4] 因此,

---

[1] A.A.S. 朱克曼:《民事诉讼程序》,伦敦:律商联讯,2003年,第640页[A.A.S. Zuckerman, Civil Procedure(London: Lexis-Nexis, 2003), op. cit., 640]。"法庭顾问与专家证人扮演不同的角色。法庭顾问站在法官一边,并在递交证据与辩论期间以及结束之后协助法庭评议案件。因为一位法庭顾问以司法人员的身份协助法庭,所以其不能受到交叉询问。"

[2] 理查德森诉雷德帕斯·布朗有限公司案(Richardson v. Redpath Brown & Co. Ltd),(1944) AC 67,西蒙子爵大法官的发言,第70页(speech of Viscount Simon LC at 70.)。

[3] SS 澳大利亚诉 SS 诺提鲁斯(货主)澳大利亚案[SS Australia v. SS Nautilus (Cargo Owners) The Australia],(1927) AC 145,第150页。

[4] A.A.S. 朱克曼:《民事诉讼程序》,伦敦:律商联讯,2003年,第640页[A.A.S. Zuckerman, Civil Procedure(London: Lexis-Nexis, 2003), op. cit., 640]。

法庭顾问不应该接受质询。德怀尔①认为：

在一个通常的司法活动中或者在一个特定的法定诉讼方式中，法庭顾问作为科技顾问，并不是一个证据来源，他一定程度上几乎成为审判人员的组成部分，这在《最高法院法(1981)》第70条第(3)款和《民事诉讼规则》第35.15条中已经成为既定的法律。

3. 法庭顾问的介入方法

分析法庭顾问作用的一个方式是将其与司法通知的过程联系起来。确实，丹宁勋爵②认为，法官在参考法庭顾问的建议时要"将其自己武装起来进行司法认定"。要下个定义的话，"司法认定"可以被定义为是一个简明的证明方法。而且，可以在司法上确认的事实既可以是那些真实性毫无争议的事实，也可以是那些需要某些证据证明的事实。将司法认定限定于无可争议的这一类事实导致了一个程序上的好处：这既解释了为什么一个法庭顾问不能接受质询，也解释了为什没有质询并不会违反抗辩权的要求。③就是说，司法认定的事实的真实性是无可争议的。另一方面，

---

① D. 德怀尔："《民事诉讼规则》下法庭顾问的未来"，载《民事司法季刊》，2006年，第25期，第219页[D. Dwyer, The Future of Assessors under the CPR, *CJQ* 25 (2006): 219]，在第230页，引用了《白皮书服务》，伦敦：斯威特和马斯维尔，2006年，第962页[*The White Book Service*(London: Sweet & Maxwell, 2006) at 962]。"法庭顾问通过执行其司法功能协助法官。其职责是教导法官使得法官能够达成一项较为有根据的决定"，这与路易斯·布罗姆—库珀先生的观点相反，其在第350页表示："对于法庭顾问给予法官的建议的地位存在重大的不确定性"。

② 鲍文和弗朗西斯诉专利上诉仲裁庭案(Baldwin & Francis v. Patents Appeal Tribunal)，(1959)AC 663，第691页，这里，丹宁勋爵解释道：任命法庭顾问的目的在于"……法院为完成任务来武装自己，通过对于所有其应该知道的事物进行司法认知(Judicial Notice)，以便适当地完成工作"。

③ A. A. S. 朱克曼：《刑事证据的原则》，牛津：牛津大学出版社，1989年，第98页[A. A. S. Zuckerman, *Principles of Criminal Evidence*(Oxford: OUP, 1989), op. cit., 98]。"在当事人之间不存在合理纠纷的情况下继续坚持对事实的完全审理，这是一种浪费。司法认知原则可以让当事人免于提供不存在合理争议的事实，因而解决了相关问题，当一个没有争议的事实得到认可，并不能直接说明当事人一方已经被剥夺了提供与案件有关情况的机会。"

如果司法认定的概念扩展到既可以包括无可争议的也包括有讨论余地的事实,那么,就需要在两个方面来保证抗辩的权利:首先,通过上诉的方式;其次,通过当事人在判决前对于法庭顾问提交给法官的信息作出反馈的方式。① 对于司法认定的事实的类型,有时候,可以按判决的事实(这是无可争议的)和立法的事实(这是有讨论余地的)来作出区分。事实上,戴维斯② 就认为:司法认定的概念中含有这两个类型的事实,即立法的事实和判决的事实。因此,我们可以说,法官和法庭顾问一起作出司法认定时,是根据法庭顾问提供的事实信息,这些事实有的是无可争议的,而其余是有讨论余地的。

为了确保在司法认定时法庭顾问的作用和法官相当,也许效能原则和非歧视原则会要求《民事诉讼规则》第35.15条的结构做些改变。我们认为应该考虑以下的问题。

第一,我们认为《民事诉讼规则》第35.15条之(3)和(4)超越了授权法的权限。

《白皮书》的主编认为:

"《民事诉讼规则》第35.15条之(3)规定法庭顾问可以'根据法院的指示参加诉讼'"。这似乎比前面的规定要宽泛,也没有法定的条文。《最高法院法(1981)》第70条第(1)款规定法院可以"在法庭顾问的协助下""审理和处置"案件,《郡法院法(1984)》第63条第(1)款规定法庭顾问"可以和法官平起平坐"。③

---

① K. C. 戴维斯:"司法认知",载《哥伦比亚法律评论》,1955年,第55号,第945—978页[K. C. Davis, Judicial Notice, *Columbia Law Review* 55(1955):945 at 978]。
② K. C. 戴维斯:"司法认知",载《哥伦比亚法律评论》,1955年,第55号,第945和976页[K. C. Davis, Judicial Notice, *Columbia Law Review* 55(1955):945, ibid.,976]。
③ 1981年《最高法院法》第70条规定:
"(1)无论任何事务和事由,高等法院如果认为可行,可以请求一位或者更多有特殊资质的法庭顾问的帮助,并在他们全部或者部分地协助下审理和处理这些事务和事由。

简而言之,法院只能指示法庭顾问"……参加诉讼",这是与《最高法院法(1981)》和《郡法院法(1984)》的规定相符的。而《民事诉讼规则》第 35.15 条之(3)和(4)似乎特别允许法庭顾问提供某种可以被认为是证据的东西,以至于其报告可以被当事人拿来作为依据。因此,这种可能性的存在也许已经超越了《最高法院法》和《郡法院法》的范围,而且将会使一个法院专家所具有的适当功能的特性消失殆尽——如果将法院依照职权任命的专家与目前根据《民事诉讼规则》第 35 条任命的单个专家进行对照的话。这近似于以前《最高法院规则(RSC)》的规则(一)①下面的法官专家。

因此,通过适用解释一致的原则以及第 48 号指令第 3 条,并遵循欧共

(接上页)

(2)依据第(1)款为与任何诉讼程序相联系的法庭顾问的服务支付的费用(无论多少),应当由法庭决定,并作为诉讼费用的一部分。

(3)《法院规则》应当制定相应的条款以规定科技顾问的任命制度来协助专利法院完成《专利法(1949)》和《专利法(1977)》规定的诉讼程序,并设定这些顾问的职能。

(4)这些法庭顾问的报酬应当由大法官决定,同时得到内务部长的同意,并应当从议会提供的费用中予以支付。"

① L. 布罗姆—库珀:"专家和法庭顾问:过去、现在和未来",载《民事司法季刊》,2002 年,第 341 页[L. Blom-Cooper, Experts and Assessors: Past Present and Future *CJQ* (2002) 341]。在347 页指出:现在被《民事诉讼规则》第 35 条所替换的《最高法院规则》第 40 条第 1 款规定:

"(1)在任何没有陪审员审理的案件以及存在有专家证人的案件,只要一方当事人提出申请,法院就要任命一位独立的专家,如果问题重复出现,就要任命 2 位或者更多的专家进行咨询并报告任何事实问题或者任何包含法律与其解释问题的任何意见。依据本段任命的专家就是所谓的法庭专家。

(2)任何处理一个事务或者事由的法庭顾问,如果可能得到当事人的同意但未达成协议,应当由法庭任命。

(3)递交给法庭顾问的问题和给予其的限制(如果有的话),如果当事人之间达不成协议,应当由法庭裁处。

(4)在本规则中,与任何由案件缘由或者事项引发的问题有关联的"专家"是指任何掌握该问题涉及知识或者经验以及与之有关的知识经验的主体,并且他的观点会被当作证据予以接受。

《最高法院规则》第 40 条 1 款 2 项是《民事诉讼规则》第 35 条第 7 项中单独共同专家条款的雏形,并初步解释了为什么法庭任命专家的条款被取消的疑问。"

体的有关原则,比如法律确定性原则、全面有效原则①和对权利的有效司法保护原则,应该消除《民事诉讼规则》第 35.15 条之(3)和(4)的适用,以确保法庭顾问的运用恰好落入《最高法院法》和《郡法院法》的范围。据此分析,将《民事诉讼规则》第 35.15 条限制在授权法的范围,就可以确保法庭顾问的角色限定在协助法官就技术术语的含义作出司法认定方面。我们认为,对法庭顾问角色的这个限制可以确保其在法庭中发挥其作用。因此,法庭顾问按照这种方式行事似乎有助于保证第 48 号指令第 3、10、11 和 13 条的实施和执行,也可以和上述欧共体原则(如有效司法保护、全面有效和法律确定性)相符。同样,随着《民事诉讼规则》第 35.15 条之(3)和(4)的去除,为了保证更充分地减少法庭顾问的适用范围,根据解释一致的原则,要求对《实施细则(PD)》第 7.4 条作出修改:②特别是,"法庭顾问报告的复制件应送达每一方当事人"的表述会被删除,这是为了更有效地防止法庭顾问提供证据。当法官感觉到其判决可能受法庭顾问就特定词汇的含义所提出的建议的影响时,他应该在判决前向各方当事人说明这个建议的性质。③ 这就可以更容易地让当事人按照以下方式行使其抗辩权利:首先,他们直接可以对法庭顾问的建议进行反馈,在判决作出前向法官提出自己的观点,尽管不能对法庭顾问按照《实施指南》第 7.4 条的规定进行口头质询。其次,当事人可以利用法官提供的这个信息,使其成为对判决提起上诉

---

① 欧共体委员会诉德国案,案号 No. 29/84 (1985),《欧洲法院公报》第 1661 页,第 18 段;欧共体委员会诉英国案,案号 No. 340/96 (1999),《欧洲法院公报》第 I 卷,第 2023 页。

② L. 布罗姆—库珀:"专家和法庭顾问:过去、现在和未来",载《民事司法季刊》,2002 年,第 341 期,第 352 页[L. Blom-Cooper, Experts and Assessors: Past Present and Future, *CJQ* (2002) 341, op cit., at p.352]。认为,事实上,法庭顾问依据《民事诉讼规则》第 35 条 15 款提供给法官的"建议"是一项证据;依据第 35 条 15 款,"建议"有资格成为证据[第 35 条 15 款之(4)(b)项以及《实践指南》第 7.4 条],并且,如果开庭前法庭顾问的报告提交给了法庭,当事人有机会和条件来利用其内容。

③ 理查德森诉雷德帕斯·布朗有限公司案(Richardson v. Redpath Brown & Co. Ltd), (1944) AC 67, 第 71 页, 西蒙子爵(Viscount Simon):"可以预见的是,在一些案件中,在受到一定限制条件下,法庭顾问的建议可能影响法官的判决,因为法官会告知当事人其从法庭顾问处获得的建议。"

第四章 欧共体第 2004/48 号指令在英国　217

的最终理由。① 因此,将上述两个规定结合在一起,当事人的抗辩权利应该是可以得到充分保护的:即,在作出判决前当事人可以直接反馈,尽管不是对法庭顾问在其书面报告中包含的信息进行口头质询;另外,如果法官依赖于法庭顾问提供的信息做出了判决,当事人就可以利用法官的书面评判来对该判决提起上诉。根据《欧共体条约》第 234 条向欧洲法院提出抗辩的权利,并没有妨碍将法庭顾问的意见用来作为参考,因此,这些修改意见适用于对第 48 号指令的执行。

---

① L. 布罗姆—库珀:"专家和法庭顾问:过去、现在和未来",载《民事司法季刊》,2002 年,第 21 期,第 350 页[L. Blom-Cooper QC, Experts and Assessors, Past Present and Future, *CJQ* 21 (2002): 350 and n. 11 supra]。"法庭顾问制度,是由一个专家向法庭提供建议,但不需要宣誓,该建议是针对那些在法庭中当事人互相之间进行交叉询问时不披露的事项,却可以当作证据使用,因此该制度被视为与 1998 年《人权法案》第 3 条第 1 款的规定不协调,并违反了《欧洲人权公约》第 6 条第 1 款。"同样,在 L. 布罗姆—库珀:《民事法庭中的专家,专家证人制度》,牛津:牛津大学出版社,2006 年,第 117 页[L. Blom-Cooper QC (ed.), *Experts in the Civil Courts*, *Expert Witness Institute* (Oxford: OUP, 2006), 117],很清楚,这一观点建立在对于《欧洲人权公约》第 6 条第 1 款解释的基础上,其把该款解释为提供一项直接口头交叉询问的权利作为确保当事人可以向针对其提起的案件作出回应的权利的唯一方法。这与范·奥肖文诉比利时案[van Orshoven v. Belgium (1997) (26) EHRR 55]提出的观点不同。然而,并不是绝对清晰的是:第 6 条第 1 款以及范·奥肖文案要求回应的权利与直接口头询问的权利相一致,而不同于间接回应的权利——该权利伴随着构成最终上诉基础的信息的书面通知。
D. 德怀尔:"《民事诉讼规则》下的法庭顾问的未来",载《民事司法季刊》,2006 年,第 25 期,第 219 页[D. Dwyer, The Future of Assessors under the CPR, *CJQ* 25 (2006): at 219]。在第 225 页认为:"在目前《民事诉讼规则》第 35.15 条的范围内,可以证明法庭顾问有四项明显的职能:充当仲裁庭成员、法庭专家、法庭官员和专门建议者……作为专门建议者,法庭顾问会试图为法官理清证据的技术关键点,并依照《民事诉讼规则》第 35.2 条规定的专家意见制度,向法官建议一些可能的可以进一步质疑的领域。这似乎是麦凯法官在 XYZ 诉施令保健案[XYZ v. Schering Health Care (2002) EWCA 1420 (QB) at 148—149]中所描绘的法庭顾问的类型,当时他认为专家证据包括代数。"德怀尔似乎认为科学建议者的职能不是要求交叉询问,在 229 页,她指出:"最后要指出的是,把第 1 条适用于法庭顾问的使用制度时,必须注意到诉讼程序作为一个整体而非割裂开来的制度,其实质公平在何种程度上受到特殊实践的影响。那么,使用法庭顾问就当事人行为的可接受性提供建议,就会被合理地认为这种做法对于审判活动和围绕该做法的诉讼程序产生重大的影响,所以,这样的使用应当受到第 6 条 1 款的制约。另一方面,利用法庭顾问为法官就基本术语提供建议或者就某些问题提供进一步的建议,会被视为总体上对于案件产生较小的影响。"参见 D. 德怀尔:"改变英国和意大利获取专家证据的方法",载《证据法国际评论》,2003 年[D. Dwyer, Changing Approaches to Expert Evidence in England and Italy, *Intl. Commentary on Evidence* (2003)]。www.law.qub.ac.uk/ice/papers/expert2pdf。

最后,相对于任命一个其他专家而言,使用法庭顾问可能是比较廉价和迅速的。这反映了历史上使用法庭顾问和司法认知可能存在的好处。[1] 但是,如前所述,为了确保法庭顾问不出具专家证据,维护法庭不提供证据也不接受质询的基本地位,有必要适用解释一致的原则。因此,我们认为,该原则的适用可以消除《民事诉讼规则》第35.15条之(3)和(4)以及《实施细则(PD)》第7.4条的使用。[2]

九、法律职业特权、专家证人豁免权、辩护权和法官对专家证据的评估等问题

如前所述,为了确保符合第48号指令第3条第(1)款和第(2)款,对第10、11和13条的执行——这些条款涉及根据案件的实体裁决而采取措施——在某些时候需要利用法庭顾问,以便协助法院理解专家证据。但是,由于存在法庭顾问的协助,这就将法律职业特权与专家证人的豁免权相结合在一起,也许,法官评估证据的能力连同抗辩的权利就可能会受到损害,这就违背了指令第3条第(1)款和第(2)款。这个问题的最终解决办法应该是根据《欧共体条约》第234条,让欧洲法院尽可能优先考虑适用解释一致原则,结合该指令第3条第(1)款和第(2)款,以明确该指令第10、11和13条中所包含的实体义务的确切范围。

---

[1] K.C.戴维斯:"司法认知",载《哥伦比亚法律评论》,1955年,第55号,第945和983页 [K. C. Davis, Judicial Notice, *Columbia Law Review* 55 (1955): 945, op. cit., at 983]。以及 J. 迪基:"法庭顾问",载《现代法律评论》,1970年,第494和501页[J. Dickey, Assessors, *MLR* (1970): 494, op. cit., at 501]。

[2] L. 布罗姆—库珀:专家和法庭顾问,载《民事司法季刊》,2002年,第21期,第345页[Sir Louis Blom-Cooper QC, Experts and Assessors, *CJQ* 21 (2002): 345, op. cit]。在354页的注释中指出:"为什么法院不能像任命专家一样依据第35.15条规定使用法庭顾问制度?随着案件管理制度的生效,可以在法庭审判前依据《民事诉讼规则》第35.15条任命法庭顾问。至少当专家问题还是很复杂的时候,这不是法院使用新修改的法庭顾问制度的时候吧?"J. A. 乔洛维茨:"关于专家的记录",载《民事司法季刊》,2004年,第408和第410页 [J. A. Jolowicz QC, A Note on Experts, *CJQ* (2004): 408, op. cit., at 410]中也持相同的观点。

第四章 欧共体第2004/48号指令在英国   219

1. 专家报告的开示

《民事诉讼规则》试图消除伍尔夫勋爵在其《中期报告》①和《终期报告》②中所发现的各种麻烦。在对抗方式中对于提交专家证据的偏好,伍尔夫勋爵在其《中期报告》第5段中解释道:

> 因专家证据而产生的大多数问题是因为该专家最初是作为审查和论证一方当事人论点的团队成员而招募的,而后不得不转变角色去提供法院所期待的独立的专家证据。如威尔伯福斯勋爵在伊卡利亚·丽芙(Ikarian Reefer)案中(1993年第2期《劳埃德报告》第68页)所言:"提交给法庭的专家证据应该是且看起来应该是专家的独立想法,无论其形式还是内容都不应受诉讼的紧迫性的影响,这是很有必要的。"

确实,伍尔夫勋爵在其《终期报告》的第31段说他已经被迫限制其最初关于专家在其专家报告中所披露信息的建议的适用范围:

> 在我的《中期报告》中,其中一个建议是,一旦一个专家已经被要求准备一份报告以供法庭之用,在该专家和当事人以及其顾问之间的任何交流就不应再成为具有法律特权的对象了。我的目的是阻止对相关意见或者真实材料的压制,即使这些意见或材料并不支持由指定专家的那一方当事人所提起的诉讼案件。我相信,对该目的不会有不同意的,但是,我非常强烈地感受到,放弃法律特权并不是实现目的的

---

① 伍尔夫勋爵:"关于接近正义的中期报告",1995年,宪法事务部门(专家证据)[Lord Woolf, Interim Report, Access to Justice(1995), Department of Constitutional Affairs(Expert Evidence), op cit]。www.dca.gov.uk/civil/interim/woolf.htm。

② 伍尔夫勋爵:"关于接近正义的终期报告",1996年,宪法事务部门(专家证据)[Lord Woolf, Final Report, Access to Justice(1996), Department of Constitutional Affairs(Expert Evidence)]。www.dca.gov.uk/civil/final/index/htm。国会下议院,宪法事务委员会:初期报告:(小额权利要求记录),2005—2006年章节[House of Commons, Constitutional Affairs Committee: First Report:(Small Claims Track) Session 2005-06, op cit.]。www.publications.parliament.uk。

途径。

事实上,存在两个方面的麻烦。① 第一个是,对抗式专家的使用会导致其提供的专家意见会偏袒指定该专家并向其支付报酬的一方,而不是提供法院在评估争议的事实时所需要的客观意见;第二个是,优先于《民事诉讼规则》(pre-CPR)的对抗式专家所涉及的费用是高昂的,这个费用明显不能得到有效的控制。② 尽管第二个问题已经通过《民事诉讼规则》所规定的措施在某种程度上得到了控制,专家证据的使用范围及其形式是由法官来控制的,但是,以对抗方式所提供的专家证据依然带有偏袒性。对此,安东尼爵士③提出了以下看法:

> 如今这个问题依然存在吗?我想至少在某种程度上该答案是肯定的,因为这看起来是不可避免的。为什么不可避免?这是人性使然。我希望有人能说服我是我错了,但是,对我来说,某一方当事人或者可能成为诉讼当事人的一方邀请一个人来表达一个意见,这似乎至少存在一个风险,尽管他或她很诚实也很努力,并试图做到完全客观,但仍

---

① A. A. S. 朱克曼:"编辑笔记:专家报告的披露",载《民事司法季刊》,2005 年,第 24 期,第 293 页[A. Zuckerman, Editor's Note: Disclosure of Expert Reports, *CJQ* 24 (2005): 293]。D. 戴维斯:"当前话题:专家证据:法庭委任专家",载《民事司法季刊》,2004 年,第 23 期,第 367 页[D. Davies, Current Issues: Expert Evidence: Court Appointed Experts, *CJQ* 23 (2004): 367]。A. 埃蒂斯:"特权和豁免:专家证据的问题",载《民事司法季刊》,2007 年,第 26 期,第 40 页[A. Edis QC, Privilege and Immunity: Problems of Expert Evidence, *CJQ* 26 (2007): 40]。D. 德怀尔:"民事专家证据中偏见的有效管理",载《民事司法季刊》,2007 年,第 26 期,第 57 页[D. Dwyer, The Effective Management of Bias in Civil Expert Evidence, *CJQ* 26 (2007): 57]。

② A. 埃蒂斯:"特权和豁免:专家证据的问题",载《民事司法季刊》,2007 年,第 26 期,第 40 页[A. Edis QC, Privilege and Immunity: Problems of Expert Evidence, *CJQ* 26 (2007): 40]。在 42 页指出:在公正地处理案件过程中,主要的难题来自专家证据。获取专家证据并且公开的成本很高昂,并会导致诉讼程序的拖延。这些问题可能是不可避免的,最多能做到的也不过就是通过新的控制接受专家证据的权力以及规定其可以得到引用的条件。

③ A. 克拉克:前言,载 L. 布罗姆—库珀编:《民事法庭中的专家,专家证人制度》,牛津:牛津大学出版社,2006 年,第五页[Sir A. Clarke MP, Foreword, in *Experts in the Civil Courts*, ed. Sir L. Blom-Cooper (Oxford: OUP, 2006) at p. V]。

会或可能让他或她的意见迎合该客户的利益,或至少会在一些灰色领域——经验告诉我们这种灰色领域几乎在每一个案件中都是存在的。有些人认为,专家证人的新制度会自动地向专家们渗透一种独立和公正的态度,本书第11章(民事法庭中的专家)对此持谨慎看法。

为了对在对抗方式中提交的专家证据的明显偏袒性内容进行控制,规定了《民事诉讼规则》第35.10(3)条,这个规则规定:

(3)专家报告必须根据该书面报告陈述全部实质性指导的内容,不管是书面的还是口头的。

值得一提的是,上诉法院在杰克逊[①]一案中狭义地解释了"全部实质性指导"的含义,同时又为"法律职业特权(LPP)"保留了一个宽泛的空间。上诉法院法官(Lord Justice)朗莫尔认为:

第13段:毫无疑问,如果一个专家写的一份报告是作为一方当事人法律顾问来为其客户提供法律建议,或者是为了在一方当事人的法律顾问之间进行讨论,该报告在完成之时就成为诉讼特权的对象,它的出现就是为了诉讼,通常情况下,在和另一方当事人交换最终报告之前,专家报告的草案会在一方当事人的顾问中间进行交流。这样的初始报告是享有特权的。

另外,《民事诉讼规则》第35.10(4)条规定:

第(3)段中提到的指导不应享有保密的特权,但是对于那些有关

[①] 杰克逊诉马莉·达文波特有限公司案(Jackson v. Marley Davenport Ltd),(2004)EXCA Div. 1225。

的指导,法院将不会:

(a)要求公开任何特定的文件;或者

(b)允许在法庭上质问,除非由指定专家的一方当事人,

除非有合理的理由认为对第(3)段中所提供的指导的叙述是不准确或者不完整的。

上诉法院法官朗莫尔接着对《民事诉讼规则》第35.10(4)条做了如下解释:

第14段:我不能相信《民事诉讼规则》是为了推翻该特权。《民事诉讼规则》第35.5条规定要以报告的形式提供专家证据,除非法庭做出不同的指示。而《民事诉讼规则》第35.10条在其第(3)个规则中改变了上述法律,规定专家报告必须根据其书面报告陈述所有材料(无论是书面的还是口头的)的内容。在第(4)个规则中,进一步明确规定这些指导不应该享有特权。但是,在第35.10条规则中对"专家报告"的引用是而且必须是引用专家所希望提供的证据,而不是早先享有特权的草案,这样的草案作为专家证据可能是正当的,也可能不是。

因此,按照上诉法院法官朗莫尔的看法,专家和他所指导的律师之间的交流是受"法律职业特权"保护而不被公开的。

但是,对"全部实质性指导"所作的狭义解释以及如上诉法院法官朗莫尔所作的对所谓的"法律职业特权"的宽泛解释,关键的麻烦是:专家与当事人及其法律顾问之间的各种交流显然很有可能全部成为证据而提交给法官,最后提交给法庭顾问,也提交给另一方当事人。很清楚,这里有两个规则必须得到平衡:一方面,"法律职业特权"的存在是为了保证一方当事人能够自由地与专家讨论他的案件,纠正错误,改变或修正理由,以便于尽可能有效地准备其案件;但是,另一方面,按照"法律职业特权"所进行的保护可能还得适度,以确保法庭在必要的时候能够和法庭顾问一起对提供的专

家意见进行有效的评估,类似地,也要确保另一方可以行使其抗辩的权利。简而言之,我们认为,有必要使法庭能够按照专家所给予的整个指导以及在准备那个作为专家证据提交给法官的报告的过程中所进行的交流,来评估专家证据。就是说,这不仅仅包括那些有助于形成专家意见的初始指导,也包括在起草最终报告前由当事人和其法律顾问在专家的各个草案稿中所做的各个点评。总之,需要充分理解这个材料的全部内容,以便于法庭评估证据,也有利于另一方当事人行使其抗辩权利。因此,上诉法院在杰克逊一案中的狭义解释,特别是上诉法院法官朗莫尔的意见也没有强化《民事诉讼规则》第35.10(3)和(4)条的作用而减少专家证据潜在的不公正和偏袒性,这可能违反第48号指令第3条第(1)和(2)款。所以,我们认为,对《民事诉讼规则》第35.10(3)条的限制性解释,来排除那些用来形成专家证据的全部交流沟通,可能会像斯蒂芬森案[①]一样违反有效司法保护的原则。在该案中,欧洲法院认为,证据规则必须遵循如《欧洲人权公约(ECHR)》第6条第(1)款规定的基本权利的要求。总而言之,我们认为,限制法院和另一方当事人获取在专家证据的形成过程中涉及的相关交流和谈话,扩大"法律职业特权"的范围来保护其中一方当事人是不适当的。就是说,在杰克逊案中通过对"法律职业特权"的扩大适用而拓展了保护范围,这是不公正的,其后果是过度限制了法庭和另一方当事人评估专家证据的能力,尤其是在专家存在不公正的时候。

但是,即便上诉法院在杰克逊案中对《民事诉讼规则》第35.10(3)条的解释并没有违反第48号指令第3条第(1)和(2)款,尤其是有效司法保护原则,我们认为,在下列条件下最终可能会导致违法:这就是,当目前对《民事诉讼规则》第35.10(3)条的解释和其他虽然不是《民事诉讼规则》的正式组成部分,却构成专家证据特征的因素(即专家豁免权)结合起来考虑时。从实践来讲,豁免会导致实施《民事诉讼规则》所要实现的公正义务的

---

① 斯蒂芬森案(Steffensen),案号 No. C-276/01 (2003),《欧洲法院公报》第 I 卷,第 3735 页,特别是第 80 段;参见埃文斯案(Evans),案号 No. C-63/01 (2003),《欧洲法院公报》第 I 卷,第 14447 页,关于公平的听证。

任何正式方法的缺失,这就是因为专家豁免权。豁免权的目的显然是:如果任何一方当事人会因为专家的意见而遭受损失时,确保不妨碍专家证人因为担心可能产生的后果而去协助法庭。豁免权在最近的 X(未成年人)诉贝德福特郡议会案①中得到了相对的发展,在该案中,布朗-威尔金森勋爵赞同德雷克法官在埃文斯案②中的判决,但是,按照埃蒂斯③的观点,这个判决似乎非常不具有说服力,因为它放弃了主要的原则,即,在幼儿保护案件中社会工作者因为不负注意义务,所以不能被起诉。这些根本性的麻烦来自于这样的事实:尽管法院能够做出一个适当的诉讼费用裁定④,或者向专家所在的专业机构进行查询⑤,该豁免权使得无法对专家提起疏忽大意的诉讼或者违约的诉讼。我们认为,专家豁免权如果和对《民事诉讼规则》第35.10(3)条的限制性解释结合起来,就会产生一个专家证据制度,在这个制度中,专家证据结合其他不公正的和有偏袒的证据,就会不适当地削弱法庭的能力以及另一方当事人进行抗辩的权利。因此,专家豁免权和对《民事诉讼规则》第35.10(3)条的限制性解释结合可能会被认为违反第48号指令第3条(a)和(b)项,尤其是有效司法保护的原则和比例原则。尽管做了这样的分析,似乎还是有必要确保在这一点上应根据《欧共体条约》第234条询问欧洲法院,以保证指令第3条(a)和(b)项适用于受《民事诉讼规则》第35.10(3)条影响的指令第10、11、13条。

因此,通过分析不符合的情况,为了保证对指令第3条(a)和(b)项和指令第10、11、13条以及有效司法保护原则的充分执行,我们认为,根据解

---

① X(未成年人)诉贝德福德郡郊区选区案[X(Minors) v. Bedfordshire CC(1995)2 AC 633],第754—755页,根据布朗尼—威尔金森法官的意见(per Lord Browne-Wilkinson)。
② D 诉东伯克希尔社区保健国民医疗服务信托案(D v. East Berkshire Community Health NHS Trust),(2005)2 AC 373。
③ A. 埃蒂斯:"特权和豁免:专家证据的问题",载《民事司法季刊》,2007年,第40期,第50页[A. Edis QC, Privilege and Immunity: Problems of Expert Evidence, CJQ 40 (2007), op cit., 50]。
④ 菲利普斯诉塞姆斯案(Philipps v. Symes),(2005)1 WLR 2043:依据1981年《最高法院法》第51条的规定,针对非当事人一方的费用的裁定。
⑤ 综合医学委员会诉劳埃・梅朵教授案(GMC v. Professor Sir Roy Meadow),(2006)EWCA Civ. 1390。

释一致原则,英国法院有必要对《民事诉讼规则》第35.10(3)条尤其是"全部实质性指导"的表述作宽泛的解释,以便于最终可以涵盖专家、客户和法律顾问之间的全部口头和书面的沟通,这些沟通的内容已经成为了或影响了所提交的专家证据,即至少有必要确保法院在必要的时候和法庭顾问以及另一方当事人一起可以对证据的准确性进行评估,以符合指令第3条(a)和(b)项,特别是有效司法保护原则和比例原则。① 需要再一次强调的是,对于上述条款中所包含的实质性和附随性义务的范围的确切解释还是需要根据《欧共体条约》第234条的规定通过向欧洲法院问询的方式进行。

第14条 法律费用

为了方便起见,本节讨论的内容既包括第14条规定的费用问题,也包括第3条规定的基本义务中所涉及的费用问题。如前所述,第3条第(1)款要求"这些措施、程序和救济不应该是……费用高昂的",第3条第(2)款则要求这些措施、程序和救济"也应该是……适当的……"至于第14条,其实质性义务主要是保证在适用赔偿规则时,成员国应该确保胜诉方所产生的"合理和适当的法律费用"由败诉方来负担。简而言之,我们认为整个《民事诉讼规则》总体上目前没有确保有关费用符合第14条规定的合理和适当的要求,也没有遵循第3条第(1)款"这些措施、程序和救济不应该有(不必要)②的花费"以及第3条第(2)款"应该是……

---

① 如何解决专家公正性的问题仍然是最初由伍尔夫勋爵在其"中期报告"第20—23段提出的问题,即通过法院任命专家,然而,该方法的使用已经延伸至多轨的商业诉讼领域。A. 克拉克在其对L. 布罗姆—库珀:《民事法庭中的专家,专家证人制度》,牛津:牛津大学出版社,2006年[Sir L Blom-Cooper QC, *Experts in Civil Courts*, (Oxford: OUP, 2006)]一书的"前言"(第八页)指出,"第二点是,有时候,我有点困惑:在法庭辩论程序中,在法庭上举出专家证据是否是一个明智的方法"。A. 乔洛维奇:"关于专家的记录",载《民事司法季刊》,2004年,第23期,第408页[A. Jolowicz, A Note on Experts, *CJQ* 23 (2004):408]。在第409页,谈论了法庭任命专家顾问制度,认为:"另一方面,我们认为,目前英国关于专家证据的规则不能期待一直存在下去,虽然其试图在不触犯传统体制顽固拥护者的利益的情况下摆脱对抗性制度。当尝试一种新制度的时机来临时,解决方案也到手了。"

② 可以说,第3条第1款中"没有必要地"一词是限制"复杂",并不限制"成本高昂"。

适当的"。这个情况在专利法院和郡专利法院(PCC)办理知识产权执法案件时尤其明显。

十、义务的性质

如前一章所述,那些实质性的义务可能有这样一些要求:首先,根据第48号指令第3条,成员国的诉讼制度"不应该是……费用高昂的"而"应该是……适当的";其次,根据第14条,在适用赔偿规则时,有关救济措施不仅不能是"成本高昂"的而且在特定情形下必须是"合理和适当的"。为了能够对可能适当的执行措施的类型进行更清楚地评估,有必要探讨第3条和第14条关于费用的规定是否能够被认为是构成了一项权利。对此,查明该权利的性质是否清楚,它是否有利于某个特定的利益群体是很重要的。可以说,这一权利,即,获得费用并不高昂的司法措施和程序的保护,总体上是清楚的,在某种意义上,目的就是确立一项权利或者有利于参加知识产权法律诉讼的当事人,而不是仅仅规定行政性的利益。而且,可以进一步认为,可以直接从中获利的利益群体实际上有两个:第一,至少是第3条涉及的权利人;第二,就第14条而言,可能包括知识产权诉讼中的被告。但是,所谓"不昂贵的诉讼"的权利的实际形式不是取决于第48号指令,而是取决于实施该指令的国内法。① 如前所述,当一个指令(如这里的第48号指令)规定了权利,这些规定必须清楚和准确地纳入国内法,使权利人可以毫无困难地理解其权利的确切性质以及在一国法院得到实施的可能性。但是,假设第3条和第14条没有规定权利,尽管如此,仍然要根据清晰和法律

---

① S. 普雷考:《欧共体法中的指令》第2版,牛津:牛津大学出版社,2005年,第96页[S. Prechal, *Directives in EC Law*, 2nd edn (Oxford: OUP, 2005), op. cit., 96]:"关于关系的内容,在有些情况下指令用明晰的术语和十分精确的条款规定权利和义务。在其他情况下,内容和范围必须经过更为精确的国内法或者欧洲共同体立法的实践才能进一步确定。然而,甚至在后一种情况下,亦有可能判定一项指令或者特别的条款是否目的在于授予权利或者向个体强加义务或者比如,他们是否意在设定行政主体之间的关系。只有通过最终更为清晰的立法实践和精确的表述,才能得出问题的答案。"

确定性原则的要求,另外还有全面有效原则的要求来实施指令,以便于防止国内法院的错误适用,尽管其所要求的清晰程度可能略低于有关权利。最重要的可能是,显然,第 3 条和第 14 条确实是规定了权利,他们的实施要受有效司法保护原则的约束。当有效司法保护原则与《欧洲人权公约》第 6.1 条明显有关联的时候,就尤其是如此,这时,就如在埃雷案①中规定的那样,要求在费用上享有公正性。如前所述,有效司法保护原则显然是通过约翰斯顿案②以及紧接着的冯·科尔森案③而成为欧盟法的。因此,国内立法在实施第 3 条和第 14 条时,不仅必须是清楚的和有约束力的,在费用上的公正性方面也必须符合有效司法保护原则。

十一、指令的有效执行

1. 背景:知识产权诉讼的高昂费用

在考察如何实施指令第 3 条和第 14 条之前,有必要考察一下知识产权诉讼中所需要的费用的一般情况和在英国法院进行诉讼的一般情况,其目的是为了可以更加清楚地理解:第一,为什么由于经济上的原因,《民事诉讼规则》没有充分实施指令;第二,就实质性内容而言,特别是根据经济分析,充分实施指令可以采取的形式是什么? 但是,很清楚,任何这样的经济内容必须保证对指令的实施要符合前面提到的法律清晰度、全面有效、有效司法保护等全部原则。

就在英格拉和威尔士的知识产权诉讼而言,郡专利法院(PCC)法官

---

① 埃雷诉爱尔兰案(Airey v. Ireland),申请 6289/73(1979) ECHHR (32) 305;约翰斯顿案(Johnston),案号 No.222/84 (1986),《欧洲法院公报》第 1651 页;冯·卡尔森案(von Colson),案号 No. 14/83 (1984),《欧洲法院公报》第 1891 页。

② 约翰斯顿案(Johnston),案号 No.222/84 (1986),《欧洲法院公报》第 1651 页,同前引。

③ 冯·卡尔森案(Von Colson),案号 No. 14/83 (1984),《欧洲法院公报》第 1891 页,同前引。

菲什①首先认为知识产权诉讼是昂贵的,其次他核查了构成诉讼费用的事实:

6.0 费用:知识产权诉讼尤其是专利诉讼已经昂贵得令人望而却步而声名狼藉。这个问题在某种程度上有其内在的原因:

(i)专利法的性质,其复杂性以及在普通法体系中要受上级法院判决的约束。诉讼当事人个人在英国、欧洲以及共同体有关部门检索大量的材料是相当困难的。

(ii)程序的复杂性:

(a)第一,因为知识产权法领域受普通法体系(公开聆讯)的影响。会导致大规模的公开聆讯,这种公开聆讯就我的经验而言主要是对律师和复印纸供应商有利的。

(b)第二,尤其在医药案件中,潜在的更糟的是需要不断地通过实验来证明事实。这些实验经常在国外进行,会有严重的迟延。

(c)第三,(通常)需要对全部证据——不管是事实还是专家进行交叉质证。

(iii)在判定有效后,对损害赔偿问题的审判(对侵权损害——利润账目,应计损失的利息的调查)。这通常会用到诉讼会计人员的费用高昂的服务。

---

① 郡专利法院的米歇尔·塞克法官,2003 年 2 月 11 日,牛津圣彼德大学知识产权中心:关于郡专利法院的成本效益,参见:墨尔本大学的澳大利亚知识产权研究机构,2002 年 9 月,第 5 段[Michael Fysch QC SC Judge, PCC 11 Feb. 2003 IP Centre, St Peter's College, Oxford: Concerning the PCC in terms of costs effectiveness see: University of Melbourne: Intellectual Property Research Institute of Australia (IPRIA) Sep. 2002 para. 5]:郡专利法院的创设得到产业界的支持,但对于其是否成功,现在存在不同的观点[上议院大法官:接近正义的终期报告,1995 年,Lord Chancellor's Dept, Access to Justice: Final Report, 1995 Ch. 19 (15)]。法庭诉讼程序意味着一项事务可以提请审判无需首先去发现,这一事实被视为一项主要的成本优势(虽然这一前置的成本意味着在郡专利法院提起诉讼程序比起在高等法院要更加昂贵)。另一方面,在诉讼程序早期阶段所提供的详尽的诉请中所包含的费用,可能意味着郡专利法院诉讼的初期成本比起在高等法院要更高些,参见 A. 韦伯:"英国专利立法制度",载《欧洲知识产权评论》,1991 年,第 6 期,第 203—207 页[A. Webb, Patent Litigation in the UK, *EIPR* 6 (1991):203 at 207)]。

法官菲什进一步阐述道：

对那些毕竟主要是为提供中小企业所需而设立的且不能忽略个体诉讼当事人的法院来说，这些情况最终对于其是否能满足司法公正和效率的要求，提出了切实的挑战。在英国专利诉讼中，从2003年4月1日起，已经向诉讼当事人提供了新的"精简程序"。英国专利诉讼的通常程序是对问题进行一种非常彻底的审查，要求公开文件，依赖于由各方精心准备的专家来重复和见证的实验以及很强的口头传统，有时还包括冗长的交叉质证。而新的精简程序将免除文件的公开和实验，限制交叉质证，这样一次开庭在一天内可以结束，而通常需要6个月。精简程序可以根据案情的需要而加以变化。无论是高等法院还是郡专利法院（PCC）都可以运用该诉讼程序。

但是，《高尔知识产权评论》[①]似乎认为，无论是精简的诉讼制度还是郡专利法院的存在都没有明显地减少专利诉讼中的费用：

6.30 按照1999年对民事法律制度的伍尔夫改革，英格兰和威尔士的全部法院如今都按照统一的诉讼程序工作。该项改革规定了三个不同的诉讼途径：小额索赔诉讼、快速诉讼和复杂诉讼（Small claims track, fast track and multi track claims）。案件大部分是按照争议标的额进行分类。任何超过15,000英镑可以涵盖几乎全部知识产权案件的案子是通过复杂诉讼来审理的。因此，快速诉讼制度的大部分好处，诸如成本限制，审理期限和有限的公开等，并没有适用于知识产权案件。这意味着郡专利法院几乎和高等法院的诉讼一样昂贵和复杂。郡

[①] 高尔知识产权评论，2006年12月，出版商：H. M Treasury (Gowers Review of Intellectual Property, Dec. 2006 H. M Treasury)。www.hm-treasury.gov.uk/medi/583/91/pbr06_gowers_report_755.pdf。

专利法院和高等法院的高昂费用成为所有潜在的诉讼当事人特别是中小企业进行诉讼的障碍。

6.31 和英国牛津专利法院的案件所花的费用相比较,专利诉讼在英格兰和威尔士是极其昂贵的,比在德国高出四倍……专业服务费在英格兰和威尔士一般来说是比较高的,而专利诉讼更为复杂。这导致案件更为冗长,开支更加高昂。这使得中小企业更加难以提起(或者依靠)任何侵权救济的主张。第6章将会考察如何改进现行英格兰和威尔士法院的构造以便降低费用。

在改革英格兰和威尔士法院的同时,起诉的案件数量也应该通过替代的争议解决方法得到减少。

顺便提一下,高尔报告就英国相对于其他欧盟成员国来说高昂的专利诉讼费的观点,在法国最高法院(cour de cassation)就古斯塔夫·波迪亚诉泰晤士报一案[①]所做的判决中得到了印证。在该案中,法国的原告在英国高等法院对被告泰晤士报提起了诽谤之诉。法院要求其提供费用的凭证,但他无法提供。结果,其诉请被驳回。接着,被告从英国高等法院获得了一个赔偿诉讼费用的裁决,并企图在法国得到执行。法国最高法院认为,如果执行这样一个裁决,就会与公共政策相违背,因为该项费用水平高得不成比例。[②] 高昂的诉讼费已经成为原告寻求司法救济的一个阻碍,这与《欧洲人权公约》第6条第(1)款是相悖的。

2. 在英国诉讼中一般存在的费用难题的性质

可以说,英国的法律服务市场有一个不同于其他欧盟国家的明显特征,

---

① 古斯塔夫·波迪亚诉泰晤士报案(Gustave Pordea v Times Newspapers Limited),2000 IL Pr 763 Cases (F),法国最高法院(Cour de Cassation, France)。

② 2007年6月11日欧洲议会和理事会制定的第864/2007号关于适用于非合同义务的法律的条例(罗马Ⅱ)(OJ 2007, L 199/40)中第26条存在这样的规定:"对于本条例指定的任何国家的法律条款的适用只要与法庭的公共秩序产生明显的不协调,就可以拒绝该适用。"

那就是:法律费用高昂。① 因此,有必要考虑在各种研究中分析过的法律费用高昂的现象,首先是对英国的分析,其次是欧洲委员会的分析,这样才能更好地梳理该问题、其产生的缘由和最终的解决方案,以确保符合第48号指令。

就在英国进行的研究而言,首先值得一提的是,伍尔夫勋爵在其《接近正义的中期报告(1995)》②中将英国的法律费用高昂问题的性质界定为是由于规制法律费用的市场力量的失灵。勋爵阁下在其报告的第25章中谈了如下看法:

> 第5点:有种看法其实是个误解,即以为全部的问题是由于律师费用的规模。其实不是这样,而是由于在其他情形中成为约束价格的市场力量,在有关专业法律服务的提供方面,其运作却显得很没有力度。在这个领域,发现了涉及法律收费的因素,这就是:市场进入的限制以及维持正常的专业水准和法律体系的完整性所需要的监控。

接着,勋爵阁下考察了在一个正常的竞争力量没有发生作用的情形下,法律费用计算方法所产生的影响:

> 第8点:在第三章,我提到了律师按照小时(或者出庭律师按日)

---

① 维尔布洛克、索尔特和埃文休尚受欧共体委员会委托所做的阿什赫斯特报告:"损害赔偿权利要求情形的研究:比较报告",2004年8月[Ashurs Report(Waelbroeck, Salter & Even-Shoshan), *Study on the Conditions of Claims for Damages: Comparative Report*, prepared for the European Commission, Aug. 2004]。在96页指出:"……在所有国家,一百万欧元的诉请会产生数万欧元成本,如果损害的程度相对容易确立的话。在英国和爱尔兰,该数字远远高于10万英镑。"因此,这些数字表明:英国的高额诉讼费用并不是源于律师的影响,虽然该影响在其他的欧盟国家包括爱尔兰中客观存在,这完全是源自英国本土的。同时参见公平交易局:"竞争法中的私人诉讼:对于消费者和企业的有效赔偿,讨论报告",2007年4月(OFT, Private actions in competition law: effective redress for consumers and business, *Discussion Paper*, Apr. 2007)。第3和4段指出:"潜在的诉讼费用的公开会成为阻止提出有充分依据的竞争法诉讼的主要障碍……"和第5段。

② 伍尔夫勋爵:《关于接近正义的中期报告》,1995年[Lord Woolf, *Interim Report Access to Justice*(1995), op. cit]。www.dca.gov.uk/civil/interim/chap25.htm。

向其客户收费的一般做法。我相信这对于法律费用具有膨胀效应。一般喜欢这样做的诉讼律师开始倾向于对一定的法律服务范围事先约定费用……除了要求提供有关费用的信息,专业机构还应该鼓励律师在可行的情况下订立固定费用协议。

朱克曼的态度和伍尔夫勋爵一样,他认为英国的高昂法律费用是由于两个因素:第一,在后面的分析中可以看到,可以被称为是"供给诱导需求";第二,计算费用的方法及其控制:即,事前的费用计算(而不是事后)和控制:

> 以现行制度来抑制费用的失败,是由于两个因素:第一,费用的确定是参考专业人员所认为的合理必要的工作以及流行的收费标准和间接费用标准。换句话说,法院设定的诉讼费用标准的依据来自于律师行业目前的收费水平或期望值,而不是相反。第二,所执行的税收是追溯性的,这反映了当事人选择处理案件的方式。换句话说,追溯性税收没有影响诉讼中所采取的步骤。①

接着,霍夫曼勋爵认为,法律费用高昂问题是由于缺乏任何客观确立的总体性方法来计算费用的数额,这个费用扩展至即将发生的紧急案件以外。为了得到一些费用计算的客观方法,勋爵阁下谈到了立法干预的必要性:

> 《民事诉讼规则》所规定的判定费用是否在合理框架内的标准,完全是通过参考个案的事实来确定的。一旦有人使用一种整体性的方法来产生一个合理的全面的律师报酬,他就脱离了费用裁决的司法性质,

---

① A. A. S. 朱克曼:"通过税收控制诉讼费用的机制", A. A. S. 朱克曼提交给伍尔夫咨询团队的论文, 载《信息技术法律期刊》, 1996 年, 第 1 期 [A. A. S. Zuckerman, Devices for controlling the Cost of Litigation through Taxation, paper presented to the Woolf Inquiry Team by A. A. S. Zuckerman, JILT (1996) (1)]。www.warwick.ac.uk/fac/soc/law/elj/jilt/1996_1/woolf/costs。

而进入了立法和行政性决定的范畴。①

如何解决这个问题？霍夫曼勋爵的看法如下：

在我看来，由立法决定按照不同水准计算固定的费用，以最经济的方式有效地实现公正，这是比将问题留给在个案中作出费用裁判更为理性的方法。如果认为确保收费金额的最适当方法是费用开支由全体公众来承担（比如，为了刑事法律援助而确定递进式计酬额），那么，该费用开支由公众中的一部分人比如开车的人来承担，就应该是更适当的方法。这不仅可能使实际费用保持在合理的水平，而且也将大大减少解决争议的费用。②

3. 因《民事诉讼规则》而加剧的高昂费用问题

随着《民事诉讼规则》的实施，至少有三个与此有关的因素进一步加剧了高昂法律费用的状况。第一个问题涉及附条件收费的运用，根据赔偿规则，这个费用可以作高达100%的浮动；③第二个问题是随着司法案件管理的运用而产生的；④第三个问题也是由于在经费分配调查表中对成本限制理念的运用非常有限。

---

① 卡勒里诉格雷案（Callery v. Gray），(2002) UKHL 28，审判日期2002年6月27日，霍夫曼勋爵（Lord Hoffmann），第34点，www.publications.parliament.uk。

② 卡勒里诉格雷案（Callery v. Gray），(2002) UKHL 28，审判日期2002年6月27日，霍夫曼勋爵（Lord Hoffmann），第34点，同上。

③ A. A. S. 朱克曼："编辑笔记"，载《民事司法季刊》，2005年，第24期，第1—3页[A. A. S. Zuckerman, Editor's Note, *CJQ* 24 (2005): 1 at 3]，"当伍尔夫报告出台时，人们未能预见附条件收费安排（CFA）的立法结构会与现存的通货膨胀的因素相结合，使得情况愈发混乱"；A. A. S. 朱克曼："编辑笔记"，载《民事司法季刊》，2007年，第26期，第271页[A. A. S. Zuckerman, Editor's Note, *CJQ* 26 (2007): 271 generally]。K. 阿什雷和C. 格拉瑟："附条件收费上涨的合法性"，载《民事司法季刊》，2005年，第24期，第83—103页[K. Ashley & C. Glasser, The Legality of Conditional Fee Uplifts, *CJQ* 24 (2005): 83-103]。

④ 对非英国律师而言，附条件收费以及费用的精确记录，参见霍夫曼法官在卡勒里诉格雷案中的观点（Callery v. Gray），(2002) UKHL 28，审判日期2002年6月27日。

a 附条件收费,胜诉费和赔偿规则的运用

为了分析附条件收费安排(CFA)和胜诉费的运作,有必要简要考察其法律依据。在英国,附条件收费协议制度源于《法院和法律服务法案(1990)》第58条。那时,立法没有规定从败诉方那里收取如第58条第(2)款(b)项所称的附条件费用或胜诉费。但是,被纳入《获得公正法案(AJA)》(1999年)第27条第(1)款的《法院和法律服务法案(1990)》第58条A条对此作了修改,第58条A条第(6)款规定:根据法院诉讼案件中的法院规则,任何诉讼中所作出的费用裁决,可以根据一个规定了胜诉费的附条件收费协议要求支付任何费用。根据第58条第(1)款和第(2)款,在刑事诉讼案件或者家庭诉讼案件中,附条件收费协议中的附条件收费安排是不可执行的。除了那些例外规定,根据第58A条第(6)款,该制度适用于"任何诉讼案件"中的当事人。和在苏格兰①的情况相反,在英格兰,在以下情形可以提起这样的诉讼:如果客户胜诉了,败诉的一方有义务根据赔偿规则的要求支付胜诉费。对此,《民事诉讼规则》第44.3A条规定资金安排和胜诉费可以包含在费用的估算中。估算的依据规定在《民事诉讼规则》第44.4条第(2)段。这个规则规定,如果费用的数额是根据标准基数估定的,法院只会同意那些和所涉事务相当的费用。而且,任何可能的怀疑,如发生的费用是否合理,或者费用的数额是否合理和适当,这些问题的解决会有利于支付的一方。《民事诉讼规则》第43.2(1)条对于"费用"这一表述作了界定,它包括任何通过《附条件收费协议(CFA)》产生的按比例增长的额外债务。这些定义在《实施指南》第9.1条得到了体现,该条规定:根据支付费用的裁定,应支付的费用将包括根据一个含有附条件收费协议的资金安排而产生的额外债务。但是,还需要考虑《实施指南》第11.5条的影响,这一条规定:法院在判定所主张的费用是否合理和(基于一个标准基数)适当的时候,对于任何额外费用的数额将在基本费用之外予以单独考虑。第

---

① 坎贝尔诉镜报报业集团案(Campell v. MGN),(2005)UKHL 61,第43段,霍普法官的讲话。

11.9条则规定等比例的增长不会被减少,其理由很简单:当把它加到基本费用上去时,总费用会显得不合适。按照霍夫曼勋爵在坎贝尔(Campbell)诉镜报报业集团案中的看法(第11段),显然,当第11.5条和第11.9条结合起来解读的时候,它的意思是:适当性和合理性的判定仅仅适用于基本费用,而不适用于败诉方需要负担的加上了胜诉费后的全部费用。这一点在《实施指南》中也得到了明确的认可。第11.5条规定:"法院在判定所主张的费用是否合理和(基于一个标准基数)适当的时候,对于任何额外费用的数额将在基本费用之外予以单独考虑。"第11.9条则阐明了结果:"等比例的增长不会被减少,其理由很简单:当把它加到合理和(如有需要)适当的基本费用上去时,总费用会显得不合适。"①

因此,最后看起来,附条件收费协议和胜诉费(高出一般费用的)的情况应该是这样的:

首先,从严格的字面意思来看,《民事诉讼规则》的《实施指南》第11.9条明显违反第48号指令第3条第(2)款和第14条关于比例原则的要求。就是说,在一个特定的诉讼案件中,没有要求等比例增长的胜诉费和基本费用是比例适当的。

其次,按照坎贝尔诉镜报报业集团案,附条件费用制度以及高出一般费用的胜诉费和赔偿规则看起来构成了一个完整的体系,该体系是和增加实现公正途径的目标相适应的。但是,实际上,尤其是根据霍夫曼勋爵的看法,这个看起来是和增加实现公正途径的目标相适应的资金制度,却导致了相当高的费用,这与该目标是不相适应的。② 我们认为,这个不适当的费用水平是由于前面提到的因素造成的,即法律费用

---

① 霍普法官似乎把该条内容解释为总体上依旧允许适用比例原则。
② 坎贝尔诉镜报报业集团案,(2005)UKHL 61,同前引,第18段,霍夫曼法官的演讲:"然而,这不是在目前案件中发生的问题。正如我所说的,并不存在胜诉费的水平受到质疑的价格评估机制。如何确定允许收取的胜诉费,才是面临的根本挑战。"

是按照小时计费,缺乏客观的费用评估标准。① 霍夫曼勋爵特别指出,在需要时进行事后的费用限制,这样的制度是不足以处理这样的费用的。同样,以费用估算的方式进行事前的控制也是不足的,因为他们不是基于以市场为基础的指标。② 因此,这些因素阻碍了附条件收费和胜诉费制度以及赔偿规则成为增加实现公正途径的一种适当的方法,因为它们导致了过高的费用水平,因此既违反了指令第3条第(2)款和第14条,也违反了对权利有效司法保护的原则,以及《欧洲人权公约》第6.1条(根据埃雷案的结论)。相反,所产生的高昂费用可能减少获得公正的途径,并显然会降低一个被告或者在一些案件中也会降低一个原告主张其法律权利的能力,因为他们会担心如果不成功的话,就面临包括高达100%胜诉费在内的法律费用。按照阿什雷和格拉瑟的观点,③唯一明显的例外是在个人人身伤害领域,这时,费用金额是已经在保险公司和律师之间商谈好的,可以说,在这样的情形下,费用因而是受控制的,就所追求的增加获得公正途径的目标而言,附条件收费连同胜诉费没有构成一个不适当的费用水平。这是和其他领域的法律相对比,这些法律没有涉及个人人身伤害,不存在这样的协议,因此,按照阿什雷和格拉瑟的观点,胜诉费不仅没有代表实际法律工作的花费,而且利用附条件收费的协议,构成了对一方的某种形式的法律制裁。

作者认为:

---

① 威利斯诉尼克尔森案(Willis v. Nicolson),(2007)EWCA Civ. 199,巴克斯顿法官(Buxton, LJ):"毋庸置疑,造成目前较高诉讼费用的一个因素是对于参与诉讼的职业人士的年收入的期望值。目前运行的诉讼费用体制不能解决该问题,因为其基于职业人士在市场上的收费水平来评估其工作的适当要价,而不是努力尝试给相关工作制定一个客观的价值标准。"

② 霍夫曼法官的判决,第34点,在该判决中,他指出最高费用限制并不足以控制费用,并且他认为由于缺少客观的费用核算,导致了费用成本核算法官难以核算。

③ K. 阿什雷和 C. 格拉瑟:"附条件收费上涨的合法性",载《民事司法季刊》,2005年,第24期,第130页[K. Ashby & C. Glasser, The Legality of Conditional Fee Uplifts, *CJQ* 24 (2005): 130]。同时参见:埃雷诉爱尔兰案(Airey v. Ireland),(1997) 2 EHHR 305,同前引。

在金(King)案中,上诉法院法官布鲁克同意附条件收费协议(CFA)的影响,高收费使得费用到了再也不能通常地认为是适当或者合理的水平,也不认为附条件收费协议(CFA)增加了获取正义的途径,在这些案件中也没有任何特别的正当性,因为没有什么可以阻止富有的当事人在一个打击资产有限的竞争对手的案件中,达成附条件收费协议(CFA)。①

因此,附条件收费以及高达100%的胜诉费和赔偿规则,这些把整个费用转嫁于败诉方负担的制度的根本问题是,在实践中所产生的这个费用水平可能违反欧共体的有效司法保护原则,也违反《欧洲人权公约》第6.1条。② 总而言之,按照小时费计算的不适当的高昂费用可能会阻止一方当事人向法庭行使其权利,从而不正当地限制了其得到公正的途径。③ 按照有效司法保护的原则,问题可能在于,附条件收费制度以及100%胜诉费是不受比例原则约束的,然后又转嫁于败诉方,因此而导致的过于高昂的费用看起来是不公正的。就是说,尽管该制度本身可能对于增加获取公正的途径来说是适当的,但是,计算有关费用的方法却存在比例失衡的根本性问

---

① K.阿什雷和C.格拉瑟:"附条件收费上涨的合法性",载《民事司法季刊》,2005年,第24期,第134页[K. Ashby & C. Glasser, The Legality of Conditional Fee Uplifts, *CJQ* 24 (2005):134, ibid.]。

② K.阿什雷和C.格拉瑟:"附条件收费上涨的合法性",载《民事司法季刊》,2005年,第24期,第130页[K. Ashby & C. Glasser, The Legality of Conditional Fee Uplifts, *CJQ* 24 (2005), ibid., 130]。参见S.普雷考:《欧共体法中的指令》第2版,牛津:牛津大学出版社,2005年,第108页[S. Prechal, *Directives in EC Law*, 2nd edn (Oxford: OUP, 2005) at 108],"虽然法院为了有效司法保护原则的目的,会参照《欧洲人权公约》中第6和13条规定的原则,其保护的范围远远大于民事权利的范畴。"

③ 尤尼贝特案(Unibet),案号 No. 432/05 (2007),《欧洲法院公报》第Ⅰ卷,第2271页,2007年3月23日,同前引,在第38段,夏普斯顿股份公司指出了《欧洲人权公约》第6条第1款对于司法途径可能存在的限制:"……对于司法途径的限制仅仅在如下方面与第6条1款相一致:该限制没有损害实质性权利;该限制维护了立法目的,且在使用的方法和要实现的目标之间存在合理的比例关系。"

题,因此似乎存在不公正性,因为事实上存在计算费用的替代方法,尤其是固定费用的方法,该方法与预算封顶结合起来,就能产生一个合适的结果;其次,我们认为,如果按照坎贝尔诉镜报报业集团这样的案件,毫无疑问,该制度所导致的过于高昂的费用可能会不公正地产生减少获得公正途径的影响,因而不正当地损害现有的权利。

b 司法案件的管理

佩泽①和塞尼弗拉特尼的研究证实了一段时间以来的预料②。这就是,司法案件管理的运用已经导致费用的增加,因为为了服从规则需要律师们更多的投入。这个扩大的律师行为已经导致费用的增加,因为费用是按照小时计算的。总之,通过司法案件管理控制成本的间接方法,以及简化民事诉讼规则的努力并没有成功地减少整个法律费用。因此,《民事诉讼规则》的改革并没有导致费用的减少,而在某些情形下反而增加了费用。

c 费用估算:成本限制

《民事诉讼规则》第 26 条要求当事人做好费用划分工作。当事人对目前为止所发生的费用以及目前为止可能发生的费用和诉讼结束前可能发生的费用的估算,是在这个文件中以及类似的在以后的开庭前审查表中必须提供的一个信息(《民事诉讼规则》的《实施指南》第 6 条)。原则上,《民事诉讼规则》第 26 条通过费用评估机制(涵括在费用划分问卷表中),可以和成本限制的理念结合起来,事先对费用作出限制,这样就可以提供可以预见的成本和法律的确定性。但是,由于在莱(Leigh)诉米其林轮胎(Michelin

---

① J. 佩斯尼尔和 M. 赛尼维拉特尼:"民事案件管理:法庭和后伍尔夫蓝图",2005 年 12 月[J. Peysner & M. Seneviratne, The Management of Civil Cases: the Courts and the Post — Woolf Landscape (Dec. 2005), op cit]。www.dca.gov.uk/research/2005/9_2005.htm。

② J. 佩斯尼尔和 M. 赛尼维拉特尼:"民事案件管理:宪法事务部门研究系列第 9/05 号",2005 年 11 月[J. Peysner & M. Seneviratne, The Management of Civil Cases: DCA Research Series 9/05, Nov. 2005, op cit]。www.dca.gov.uk/research/2005/9_2005.htm。兰德民事司法研究所:"正义、快捷和廉价:《民事司法改革法案》下的司法案件管理的评估",1996 年[RAND Institute for Civil Justice, Just, Speey and Inexpensive: An Evaluation of Judicial Case Management under the Civil Justice Reform Act(1996)]。www.rand.org/pubs/monograph_report/MR800。

Tyre PLC)案①中的判决,上诉法院降低了这个规定的有效性。这是因为,法院认为在费用划分问卷表中一个过低的费用估算并不能用来阻止一方诉讼当事人主张比在费用划分阶段所规定的高得多的费用。这样,问卷表中所规定的费用估算似乎只是在一方诉讼当事人提交了一个高得多的费用清单(当然他必须证明其正当性)的时候,才是有作用的。因此,法院根据《民事诉讼规则》进行费用估算并没有严重影响一方当事人获取高得多的费用,只要该费用可以根据传统的合理性标准被证明是正当的。但是,这也同时降低了费用估算的效率,上诉法院尽管在莱(Leigh)诉米其林轮胎(Michelin Tyre PLC)案中表达了这样的观点:所谓的"成本限制令"提供了一个更好的方式来实现这个目标。成本限制令事先确定了允许一方当事人获得费用赔偿的最高金额,如果该当事人胜诉的话。② 但是,司法机关作出成本限制令的范围以其可以给成本控制带来的好处已经被法院减少了。根据上诉法院法院盖奇在斯玛特(Smart)诉东柴郡国民医疗服务信托公司(East Cheshire NHS Trust)一案的看法,司法的功能是对可以获得的费用赔偿设置一个可以预见的限额,当:

> 存在一个真实和实质的风险,如果没有这样一个成本限制令,费用将会不适当或者不合理地产生,而惯常的案件管理以及庭审后对费用的详细估算可能无法对这个风险进行管理。③

这就意味着,除了公法和集体诉讼之外,只在存在一个诉讼当事人所产生的费用可能是不适当的切实风险时,才可以行使这个司法权。对成本限

---

① (2003) EWCA CIV 1766;(2004) 2 All ER 175。
② A. A. S. 朱克曼:"费用限定令:第三次控制诉讼费用的措施的失败:编辑笔记",载《民事司法季刊》,2007年,第26期,第271页[A. Zuckerman, Cost Capping Orders: The Failure of the Third Measure for Controlling Litigation Costs: Editor's Note'*CJQ* 26 (2007): 271, op. cit]。认为"在英国法中,发布费用限制令的司法实践有效地引入了一种固定诉讼费用的形式,这与一些欧洲国家所采用的费用矫正制度相类似。"
③ (2003)EWHC 2806。

制令适用范围的所谓狭义解释可能已经实质上降低了其在一个特定的审判中减少当事人费用方面的效率。亨利案①在描述这一点时承认了这个事实。但是,朱克曼怀疑这个妨碍进行成本限制的判决是否有切实根据:

> 在存在费用无法控制的风险的案件中,若司法权对此加以限制是令人迷惑的。如前所述,无论胜诉方花费了多少费用,法院不能要求败诉方支付不合理和不适当的费用。所以,肯定没有滥用的空间来获取比合理和适当的费用更多的费用(这里的讨论可以忽略基于附条件收费的胜诉费可能产生的影响)。其结果是已经难以通过伍尔夫改革所希望实现的法院管理指示的方式来控制费用,也难以通过控制当事人按照其估算来控制费用,而在一个通常的民事诉讼中上诉法院把颁布成本限制令的实际作用降低到了几乎不存在的地步,现在实际上也已经放弃了企图控制费用的第三个措施。

为此,需要注意的是,按照上诉法院法官盖奇确立的标准对费用裁定的作出进行限制,已经被曼法官(Mann J.)在奈特(Knight)案②的知识产权诉讼中加以适用,该博学的法官认为:

> 我想,盖奇法官指出的是,如果通常的庭审后费用评估可能或者不能实现公正,就应该进行成本限制,这是很重要的。在本案中,对我来说这也是可以适用的一个指引。

d 英国诉讼中高昂费用问题的经济分析

为了有助于为《民事诉讼规则》关于附条件收费和司法案件管理制度方面不符合第 3 条和第 14 条的问题拿出可能的解决方案,似乎应该考虑某些经

---

① 亨利诉 BBV 案(Henry v. BBV),(2005)EWHC 2503 (2006) 1 ALL ER 154。
② 奈特诉超凡 PTY 有限公司(Knight v. Beyond Propertise PTY Ltd),(2007)FSR 7。

济方面的因素。因此,我们认为英国诉讼制度中的费用问题的性质,特别是如伍尔夫勋爵和朱克曼所说的那样,可以按照下列方式进行一般地分析:

> 首先,从经济学的角度来看,高昂法律费用问题是因为市场力量在法律服务领域的作用没有发挥,其中一个原因是客户信息的缺乏,就是所谓的信息不对称。① 信息不对称会导致所谓的道德风险问题②,而且在私人客户和小业主市场中是生产引导消费,就是说,法律服务的这两类消费者,因为他们缺乏对于评估法律服务质量来说所必须的知识,因而只能通过法律服务费用进行比较。

范登伯格③简要描述了总的法律服务市场的性质以及对于消费者来说存在的问题,这也是伍尔夫勋爵、霍夫曼勋爵和朱克曼提出的看法:

> 专业服务的定义表明了提供和取得这种服务的该市场的某些特征。它包含专门的技能,可以说,消费者对于这种特殊服务的信息最多也是笼统的信息。在糊弄服务质量的服务提供者和消费者之间,存在着信息的不平衡,消费者对于其将要获取的服务的质量没有任何信息,而只对熟悉的东西才能获取其所购买的服务信息。这和充分竞争所需要的完整信息的理想状态之间存在遥远的差距。

---

① 希波拉诉法扎里(Cipolla v. Fazari),案号 No. C-94/04,和麦克里奥诺和卡波达特诉梅隆尼案(Macriono & Capodarte v. Meloni),案号 No. C-202/04,2006 年 12 月 5 日判决书,第 68 段,2006 年《欧洲法院公报》第 I 卷,第 11421 页,www.curia.europa.eu 。

② R. 贝格和 Y. 莫塔格尼:"拉丁公证人职业规范中的理论和证据",《经济循环研究所报告》第 0604 号,2006 年 6 月(R. Van der Bergh & Y. Motagnie, Theory and Evidence in the Regulation of the Latin Notary Profession, *ECRI Report* 0604, Jun. 2006)。www.Mediaseor. neon. estrate. ni/publications/theory-and-evidence-regulation-latin-profes. pdf。

③ R. 贝格和 Y. 莫塔格尼:"拉丁公证人职业规范中的理论和证据",《经济循环研究所报告》第 0604 号,2006 年 6 月,第 7—8 页(R. Van den Bergh & Y. Motagnie, Theory and Evidence in the Regulation of the Latin Notary Profession, *ECRI Report* 0604, Jun. 2006, ibid. www. Mediaseor. neon. estrate. ni/publications/theory-and-evidence-regulation-latin-profes. pdf, ibid., at 7-8)。

接着,范登伯格阐述了两个特殊的问题,一个是从信息不对称中产生的问题,另一个是可以说是清晰地界定英国的法律服务市场,即,反向选择和道德风险。可以说,正是道德风险问题或者说供给诱导需求问题最清楚地描述了上述伍尔夫勋爵和朱克曼的观点:

> 反向选择:
>
> 经济理论已经表明,供应商和消费者之间的信息不对称在一个所谓的柠檬市场中达到了顶点。由于消费者不能判断他将获得的服务的质量,他并不愿意为该服务质量而支付高的价格。结果是,高质量服务的提供者(同时是更高的价格)被逐出市场,这就导致了一个次优质量服务的市场。整个过程就是所谓的反向选择。信息不对称导致的另一个问题是道德风险。
>
> 道德风险:供给诱导需求
>
> 道德风险概念意味着在代理人的产品和委托人的目标之间存在着一个差距。服务提供者(代理人)的行为理论上应该以客户(委托人)利益最大化。但是,由于委托人无法说明价格和质量的关系,他期望代理人为了收取高昂费用而有提高质量的积极性,即便代理人将以一个更加合理价格向其客户提供一个更高质量的律师服务。这在向客户提供其并不需要的服务(供给诱导需要)的时候也是一样的。

显然,这个消费者信息的缺失或者信息不对称导致了上述一系列问题,这些问题可能不仅仅是判断是否确实需要规范前面霍夫曼勋爵所特别提到的关键点。《哥本哈根经济》①报告得出的结论是,由于信息不对称导致的市场失灵,是法律服务条款的特征,这总体上需要规范:

---

① 哥本哈根经济学:"法律职业:竞争和解放",2006 年 1 月,第 8 页(Copenhagen Economics, The Legal Profession: Competition and Liberalisation, Jan. 2006 at p. 8)。www.copenhageneconomics.com/publications/The_legal_profession.pdf。

第四章 欧共体第2004/48号指令在英国　243

　　一个没有规制的自由市场,通过资源的优化配置和价格与质量的正确结合,提供了最好的法律解决方案——一个经济学家通常是从这里讲起的。但是,有两个重要的例外:信息不对称和外部性——这是指一个完全自由的法律服务市场不会发挥最佳功能。这些例外和法律专业性有关,从而使得实施某种程度的规制具有一定的好处。

　　其次,道德风险问题或者供给诱导消费问题因律师按照小时计费的方式计算其费用而不是按照诉讼标的金额的方式来计算总费用而加剧了。这本质上正是伍尔夫勋爵所阐述的观点。有意思的是,《哥本哈根经济》为丹麦律师协会所撰写的报告也提出了这样的观点:

　　　　只按照所花的时间计费会使一些律师在一个案件中花费更多的不必要的时间来获取既得利益。但也会有这样的风险:如果费用只是按照所花时间来计算,就会导致对律师所花时间的数量的抱怨。[①]

[①]　哥本哈根经济学:"法律职业:竞争和解放",2006年1月,第13页(Copenhagen Economics, The Legal Profession: Competition and Liberalisation, Jan. 2006, ibid., at p. 13)……A. M. 珀林斯基和D. L. 鲁宾费尔德:"律师和客户的利益联合",载《伯克利法律和经济学工作报告》,2001年第2期,秋季卷[A. M. Polinsky & D. L. Rubinfeld (2001) Aligning the Interest of Lawyers and Clients, *The Berkley Law and Economics Working Papers*, Col. 2001, Issue 2, Fall 2001)], www.copenhageneconomics.com/publications/The_legal_profession.pdf。R. 贝格和Y. 莫塔格尼:"拉丁公证人职业规范中的理论和证据",《经济循环研究所报告》第0604号,第7－10页[R. van den Bergh & Y. Motagnie, Theory and Evidence in the Regulation of the Latin Notary Profession, ECRI Report 0604, ibid., at p.7－10],该份报告在欧洲律师协会理事会(CCBE, The Council of Bars and Law Societies of Europe)递交给欧共体委员会的2006年1号有关于专业服务竞争情况的专家报告中被提及: www.ccbe.org/doc/En/ccbe_economic_submission_310306_en.pdf。同时参见:杰玛信托有限公司诉P. 戴埃塞等(Jemma Trust & Co., Ltd v. P. D'Arcy et al.),(2003)EWCA Civ. 1476,案号2002 2588 72,在第37段,曼斯法官认为:"……在一些情况下,单纯依据一个百分比价值来收费的确定性对于客户而言有一定优势。有的法律制度[例如,相反,德国是缺乏书面协议的,《德国律师收费法(BRAGO)》,1957年7月26日]即使是在争议很大的诉讼案件中,也是依据诉讼标的的价值确定律师费;即使对于最有专业经验的费用核算法官来说,我想,他也很难接受按小时付费制度,这种制度倾向于鼓励单调乏味工作,我猜测,而不适合于鼓励极度勤勉的工作(无论是单个人的或者以需要严格男女分工的形式出现的工作)。因此,我可以说,为什么即使在没有协议的情况下律师能够恰当地仅仅基于价值的百分比来收费是恰当的。"

e 欧共体委员会和法律费用:专业服务

下面进行进一步的分析。欧共体委员会就诉讼费用的干预可以按照以下方式来加以说明:具体而言,诉讼费影响国内法院对欧共体法律的实施,这已经成为委员会关注的一个问题。[1] 因此,委员会对于 2003 年[2]和 2004 年[3]专业服务领域的竞争问题专门进行了调研。在其《2005 年后续报告》[4]中,委员会分析了包括自由职业收费在内的有关问题,其中涉及导致过度监管的法律,这种过度监管阻碍了市场力量的运行,即缺乏竞争。委员会尽管持有明确的反对监管的看法,但是又得出了这样的结论:在两个市场——即,小客户市场和小企业市场中,市场失灵并不是归因于过度监管,而是归

---

[1] 欧洲共同体条例第 1/2003 号第 6 条:"国内法院应当有权适用《条约》的第 81 和 82 条",因而该条约允许国内法院依照《欧共体条约》第 81 条 3 款进行豁免。

[2] 维也纳高等研究院:"欧盟委员会竞争总局对不同成员国自由职业的规范及其对经济的影响",2003 年 1 月(Institut für Höhre Studien, Economic Impact of Regulation in the field of Liberal Profession in different Member State for the European Commission DG Competition, Wien, Jan. 2003)。有必要考虑由"RBB 经济学(RBB Economics)"[http://www.rbbecon.com/]特别制作的对这份报告的批评:"自由职业规范的经济影响",维也纳高等研究院(HIS)的批评报告,2003 年 9 月 9 日。

[3] 《欧洲共同体委员会关于专业服务竞争的报告》,编号 COM (2004) 83,2004 年 2 月 9 日 [EC Commission Report on Competition in professional Services(COM (2004) 83)9 Feb. 2004]。A. 赖利和 J. 佩斯尼尔:"欧洲共同体反托拉斯诉讼中的损害赔偿:谁来支付谁做主",载《欧洲法律评论》,2006 年 10 月,第 31 期,第 748 页[A. Riley & J. Peysner, Damages in EC Anti-Trust Actions: Who pays the Piper, ELRev 31 (2006): Oct 748],处理欧洲共同体竞争诉讼中的成本问题以及其对于获得公正和有效执法的影响,依据《委员会绿皮报告》:"违反欧洲共同体反托拉斯规则的损害赔偿诉讼",编号 COM(2005)672,2005 年 12 月,和"委员会职员工作文件",编号 SEC (2005)1732[Damages Actions for Breach of the EC Anti-Trust RulesCOM (2005) 672, 19 Dec. 2005, and Commission Staff Working Paper, SEC(2005)1732]。从资金的角度,显然感觉到,诸如损害赔偿以及证据发现的国内民事诉讼问题——很有意思——依照案件 C-271/91 号,马绍尔诉南安普顿(第 2 号),可以通过把共同体法律适用到国内诉讼程序中得以解决,作者们提议,随着不再使用有上限的意外收费制度,可以在欧盟范围内广泛建立一项"意外法律援助基金(CLAF)"。

[4] 《欧洲共同体委员会关于专业服务竞争的跟踪报告》[EC Commission Follow up Report on Competition in Professional Services, COM(2005) 405 Final SEC (2005) 1064]。第 6 点:"委员会关注六种职业,包括律师"和第 7 点:"在许多情况下,在这些领域的传统限制性规则旨在限制竞争。这些规章会消除或者削弱服务提供者之间的竞争,进而减少服务提供者之间的刺激,从而降低职业人员以有效的成本、低增长的价格提供高质量的工作或者提供其他市场服务的热情。"同时参见:"2006 年 10 月 12 日欧洲议会解决方案",编号 2006/2137(INI)[European Parliament Resolution of 12 Oct. 2006,(2006/2137(INI))],该方案支持该《委员会跟踪报告》。

因于信息不对称。总之,不是所有问题可以通过减少监管来解决。相反,在某些情况下,为了弥补市场力量的不足,监管是需要的。委员会以"公共利益"为标题提出了如下的看法:

> 更好地界定公共利益:
> 第10点:为什么对专业服务进行一些谨慎而有针对性的监管是有必要的,这是有原因的:
> 首先,因为在消费者和专业服务的服务提供者之间存在着信息不对称,在这种专业服务中,需要律师展现高水平的技巧和知识。消费者可能没有这样的知识,因此,他们会发现难以判断这种服务的质量。
> 其次,因为存在外部性,所提供的服务可能不仅对服务的购买者会有影响,也对于第三方会有影响。
> 再者,某些专业服务被视为生产一些总体上对于社会来说是具有价值的"产品"。比如,有助于公正的正确实施。如果没有监管的话,这些服务的提供就可能会不够充分或者不适当。

在其《职员工作文件》①中,委员会的下列看法明显与上述分析中提到的内容有关:

> 主要分析结论:
> 21 对于专业服务市场的进一步划分,可以更好地确认所涉及的公共利益,也可以更好地确定为保护该公共利益而进行不可或缺的监管的程度。这可以通过确定什么是不同类型的客户或用户所需要的帮助来实现。上述分析表明,一次性用户——通常是个人客户和住户可能对一些谨慎而有针对性的保护有更为强烈的需求(例如,价格监管

---

① "专业服务的竞争",委员会职员工作文件,编号 COM(2005) 405 Final [Competiton in Professional Services, Commission Staff Working Document COM(2005) 405 Final]。

可能是需要的),这可以使其支付更少的钱来保证正确地获取法律咨询和在某些法律领域的代理。另一方面,商业服务的主要用户——商业和公共机构——可能没有或者很少有这种需要,因为他们有很好的能力去选择符合其需要的服务提供者。小企业的地位是不完全清楚的,因而有必要进行进一步的经济分析,以便得出符合实际的结论。

所以,委员会可能尽管强调通过监管来促进市场力量的介入①,但其得出结论,认可法律服务市场的下列事实②:首先,专业服务市场特别是法律市场存在着信息不对称;第二,因此,对费用进行一些监管可能是必要的;第三,这种监管应该主要针对两类消费者,即个人用户和小企业。③

因此,我们认为,委员会在此得出的结论是和前面引述的伍尔夫勋爵,霍夫曼勋爵和朱克曼教授的看法是一致的;即,自由市场力量本身是不足以

---

① 参见 RBB 经济学委员会对维也纳高等研究院(HIS)报告的批评:"自由职业规范的经济影响:对 HIS 报告的批评",2003 年 9 月 9 日(Economic Impact of Regulation in Liberal Professions: A Critique of the HIS Report: 9 Sep. 2003),www.ccbe.org/doc/En/rbb_ihs_critique_en.pdf。在该报告第 2.2.2 段有以下关于 HIS 报告的内容:"理论上似乎对于相反监管理论有偏见,因为作者甚至不认为会出现监管太少的情况。当存在监管的优点和成本时,很有可能为了削减成本,政府会使得监管的水平降到最为适宜的程度……总而言之,理论讨论并不能为经验分析提供任何的框架支撑。因此,对于应该进行调查的关系以及如何解释由该关系引发的结果,理论讨论没有给出清晰的指导。尤其是,作者们没有详细说明怎样有可能去判断在专业领域内是否存在太多或者太少的监管。"

② "专业服务的竞争",委员会职员工作文件,编号 COM (2005) 405 [Competiton in Professional Services, Commission Staff Working Document COM (2005) 405 Final]。

③ 参见 A. 奥格斯:"关于伍尔夫期中报告的一些反思",载《当代法律问题期刊》(A. Ogus, Some Reflections on the Woolf Interim Report, *Journal of Current Legal Issues*),www.ncl.ac.uk/-nlaw; www./1996/issue 1/;B. 梅因和 A. 皮科克:"如何为民事公正定价",休姆研究会,1998 年[B. Main & A. Peacock, What price Civil Justice(1998) Hume Institute],www.econ.ed.ac.uk/papers/confmp3.pdf,第 6 页:"购买民事法律服务有两种类型。第一类属于一次性买者,他们获取和评估关于法律服务范围和质量信息的成本会很高的。因此,通常这类购买不带任何的怀疑,且对于这类购买者而言,法律服务是一种信用商品,因此可以说第三方的某种监管是能够受益的。第二种类型是一种专业的或者重复性买者,其可能是一个商业企业。在这里有充足的机会可以获得关于法律服务提供者本质的信息以及基于经验进行有依据的购买活动。对于这些购买者而言,法律服务是一种经验性产品,其中一旦售出概不退货(caveat emptor)的通常约束会导致有效率的结果。"

降低英国的法律费用的。① 很清楚,基于市场力量的费用分析,在那些总体上是监管松懈的地方,委员会所采取的一些市场监管是限于两个特定的法律服务消费群体,即私人客户和小企业。因此,总的来说,结论是:在英国民事诉讼的费用过高的背景下,应该正确实施指令,特别是那些涉及费用的条款。

f 正确实施第 48 号指令第 3 条和第 14 条的方法

对于在英国法院提起知识产权诉讼及其费用的基本背景已经作了介绍,因此,现在该来讨论对指令第 3 条和第 14 条的实施了。如前所述,对指令第 3 条和第 14 条的实施在两个方面存在明显的不足:第一,关于附条件收费和赔偿规则的运用;第二,关于当事人的费用以及律师自己的费用,尽管并不会对后者进行分析。因此,应该考虑解释一致的理念以及欧洲法院确立的成员国义务,这些规则可以对未执行指令或者不充分执行指令的情形进行补救。如前所述,第三个可能的补救途径,即直接有效原则,则不加以考虑,因为事实上指令第 3 条和第 14 条所涉及的权利的性质看来不是很清楚,需要成员国和其他的规定结合起来执行,才能够被全面地认识。而且,直接有效原则的适用范围限于个人之间横向的知识产权执法没有任何效果的情形。

g 解释一致:指令的执行:额外费用

我们认为,《民事诉讼规则》可能被用来改变实施指令的方式。但是,如前所述,在冯·科尔森案②中确立的解释一致的原则延伸到了指令的实施过程本身。但是不能简单地说在该案中这是一个正确的程序,而似乎两个原则都有必要适用。因此,国内法院,尤其是专利法院有义务来实施指

---

① 欧盟委员会特别把英国以及爱尔兰同其他成员国做了区分,因为该国法律费用在欧盟范围内是最高的。参见 C. 霍奇斯:"民事审判的欧洲化:趋势和问题",载《民事司法季刊》,2007 年,第 96—120 页[C. Hodges, Europeanisation of Civil Justice: Trends & Issues, *CJQ* (2007):96 at 120]。

② 冯·科尔森案(Von Colson),案号 No. 14/83 (1984),《欧洲法院公报》第 1891 页,同前引;S. 普雷考:《欧共体法中的指令》第 2 版,牛津:牛津大学出版社,2005 年,第 187—193 页[S. Prechal, *Directives in EC Law*, 2nd edn (Oxford: OUP, 2005), op. cit., 187 – 193]。

令,特别是指令第 3 条和第 14 条,国内法院对于国内相关立法的解释要与那些规范指令实施的原则相一致,这些原则包括清晰、法律确定性、全面有效,以及,尤其是对权利的有效司法保护等。总之,已有的国内立法以及《民事诉讼规则》的特别规定和《接近正义法(AJA)》构成了一个对指令第 3 条和第 14 条所包含的义务的不充分实施,也违反了有效司法保护的原则。对此,具有补救性的解释一致原则在司法实践中可能得到运用,并似乎可以按照下面的方式对已有立法(特别是与指令第 14 条有关的《民事诉讼规则》)加以解释:

第一,要注意1981 年《最高法院法(SCA)》第 51 条第(1)款[①]授予法院决定三个问题的权力,其中两个尤其和涉及附条件收费以及高收费的费用变化有关,即法院可以行使自由裁量权来决定:
(i)某一方当事人是否应支付费用;
(ii)该费用的金额。

这个授权可以和下面的规定结合起来:

《接近正义法》第 27 条之 A(6)授权法院决定下列问题:
在任何诉讼过程中作出的费用裁定,可以根据适用于法院诉讼的法院规则,包括通过一个约定胜诉费的附条件协议来要求支付任何费用的规定。

[①] 1981《最高法院法》第 51 条第 1 款:法庭对于以下方面有自由裁量权:
(1)一方是否要向另一方支付费用;
(2)该费用的数额;和
(3)该费用支付的时间。
在上诉法院、高等法院和郡法院的民事法庭,《民事诉讼规则》确定了一条普遍准则:败诉方将被要求支付胜诉方的诉讼费用;但是,法庭可以作出一个不同的裁定(第44 条 3 款 2 项)。

简而言之,我们认为,"……可以……包括"的表述就是授权[①]法院行使其裁量权,这样,在一个附条件收费协议之下,败诉方应支付的费用中就可以包括胜诉费。这并不要求法院把包含这样的费用作为一项义务,就是说,法院有权利不计算这样的费用,因此不将这样的费用转移给败诉方。我们认为,解释一致原则可能要求法院考虑按照前述方式行使其裁量权:尤其是,这样就不会计算在附条件收费协议中所包含的胜诉费,不会将这样的费用转移给败诉方。也许,正是通过这样的方式,法院才能够实施第48号指令第3条(a)和(b)项和第14条,即和构成这两个条款中部分实质义务的"费用低廉"和"比例适当"的要求相符。这样,法院就既不会适用《民事诉讼规则》第44条的《操作指南》第9.1条,也不会适用第11.9条。就是说,法院会根据1981年《最高法院法》第51条和1999年《接近正义法》第27A(6)条行使其自由裁量权,这样就不会将包括胜诉费在内的费用转移给败诉方,以避免《实施指南》第9.1条后果的产生,也避免计算根据第11.9条产生的胜诉费而不符合比例原则。[②] 总之,我们认为,为了正确实施指令第3条和第14条和在冯·卡尔森案和著名的马立森案[③]中确立的解释一致原则,要求国内法院尽最大可能根据指令的字面意思和目的去解释国内法。简而言之,在目前的情形下,国内法院有必要根据1981年《最高法院法》第

[①] 我们认为,按照马立森案(Marleasing),案号 No. C-106/89 (1990),《欧洲法院公报》第Ⅰ卷,第4135页,同前引,所使用的解释规则可能不是国内法律,而是所谓的欧盟规则。总的参见 A. 坦尼:"关于韦伯诉 EMO 英国航空有限公司案的评论",载《共同市场法律评论》,1992年,第1021页,同前引[A. Tanney, Comment on Webb v. EMO Air Cargo(UK) Ltd, (1992) *CMLR* 1021, op. cit.]。S. 普雷考:《欧共体法中的指令》第2版,牛津:牛津大学出版社,2005年,第197-199页[S. Prechal, *Directives in EC Law*, 2nd edn (Oxford: OUP, 2005), op. cit., 197-199]。

[②] 民事司法委员会:"对获取正义的改善:资金选择和比例成本",2007年6月,第46页,特别是第101段(Civil Justice Council, Improved Access to Justice: Funding Option and Proportionate Costs, Jun. 2007, www.civiljusticecouncil.gov.uk, 46 in particular para. 101)。"一个好的例子是附条件收费安排(CFA)体制,因为其早于可恢复性制度的引入,在2000年4月就开始运行了。起初,依据1990年《法庭与法律服务规则》,胜诉费的提升以及一切发生的额外费用来源于客户损害……没有证据表明客户对于此体制表示不满……"

[③] 马立森案(Marleasing),案号 No. C-106/89 (1990),《欧洲法院公报》第Ⅰ卷,第4135页,同前引。

51条的规定行使其自由裁量权,在那些还没有作出限制的案件中(如,个人人身伤害)不将胜诉费计算在费用内,尤其是,法院根据第51条行使其权力时,除了个人人身伤害这样的案件,将不会顾及《民事诉讼规则》第44条的《操作指南》第9.1条①。这个是符合指令第3条和第14条以及有效司法保护原则的首选解决方案。这样,实际上,胜诉方将承担胜诉费用②,这样就将恢复到《1990年法院和法律服务法案》所规定的状态。就补救性的一致解释原则的运用而言,根据诸如X案③这类案件的判决,规范该原则适用特别是其适用范围的是欧盟的诸多原则。总之,运用的结果是替代《民事诉讼规则》尤其是《操作指南》中规定的国内法院所享有的一般权力,使国内法院可以在计算费用金额和指定费用支付人方面行使自由裁量权。这个替代的目的是:第一,确保指令第3条和第14条有效实施;第二,确保这个实施在费用方面符合有效司法保护原则。因此,将一般权力替代为特别权利以确保指令第3条和第14条的有效实施以及符合有效司法保护原则,看起来并没有突破解释一致原则的适用范围的限制。因此,我们可以说,根据马立森案,法律确定性原则及其抗拒法律(Contra legem)的成份并没有被违反。这里,抗拒法律(Contra legem)是被解释为禁止把偏离国内法相关规定字面意思的某个含义归因于一个国内法条文。④ 这可能对于国内法院的

---

① S.普雷考:《欧共体法中的指令》第2版,牛津:牛津大学出版社,2005年,第196—198页[S. Prechal, *Directives in EC Law*, 2nd edn (Oxford: OUP, 2005), op. cit., 196-198]。

② K.阿什雷和C.格拉瑟:"附条件收费上涨的合法性",载《民事司法季刊》,2005年,第26期,第135页[K. Ashby & C. Glasser, The Legality of Conditional Fee Uplifts, *CJQ* 26 (2005): 135, op. cit]。以及A. A. S.朱克曼:"编辑笔记",载《民事司法季刊》,2005年,第24期,第1页[A. A. S. Zuckerman, Editor's Note, *CJQ* 24 (2005): 1, op. cit]。在15页提出,附条件收费安排的立法应当被修改,目的是授权法庭能够"在这样做会产生不公正的情况下,免除那些即便是合理的胜诉费用的支付,这样才有可能解决(与《欧洲人权公约》第6条1款)不协调的问题"。

③ 案号 No. C-373/90 X (1992),《欧洲法院公报》第I卷,第131页,以及柯宾修斯案(Kolpinghuis),案号 No. 80/86 (1987),《欧洲法院公报》第3969页,同前引。

④ 高默特和博尼科特:"通过欧洲法院将欧共体指令转化为国内法",《档案文件描述规则》(Regles pour la Description des Documents d'Archives)》1998年第1期,同前引[Y, Galmot & J.-C. Bonichot, La Cour des Justice des Communautées Européennes et la Transposition des Directives en Droit National, *RDDA* (1998) 1, op. cit]。

司法能力也没有任何改变,因为国内法院已经乐于享受 1981 年《最高法院法》第 51(1)条所赋予的权力。①

对于不充分实施指令第 3 条和第 14 条的另一个替代的处理方法是确保通过补救性的一致解释,按照前面所阐述的观点,限制《操作指南》第 9.1 条的适用范围。② 因此,这一条只在诸如个人人身伤害那样的情形下加以适用,而胜诉费的比例是根据一个固定的税率事先确定的。此外,国内法院会根据 1981 年《最高法院法》第 51 条行使其裁量权。另外,因为法律费用是按照小时计算的,而这是不能被客观地评估的,而且在小公司和私人客户方面又存在信息不对称,这样,因不加控制的胜诉费而加剧的费用将不仅造成比例失衡的收费,违反指令第 3 条和第 14 条,而且这显然也违反了对当事人的有效司法保护原则,并违反了《欧洲人权公约》第 6 条(如埃雷诉爱尔兰案)。值得注意的是,在埃雷案中,欧洲人权法院裁定:在某些情况下,法律诉讼的费用可能会违反第 6.1 条,如果它阻碍了当事人向法院起诉的途径并因此而妨碍其获得公正审判的话。我们认为,目前在《民事诉讼规则》中规定附条件收费以及胜诉费是没有正当理由的。因为这样做的结果是可能会阻止一方当事人(即可能败诉的一方)去请求法院保护其合法权利。这是由于如果对手是按照 100% 胜诉费的附条件收费支付律师费用的话,可能败诉的一方就会担心要支付通常费用的双倍费用。这在私人客户或者小公司根据指令来保护其知识产权的情形下更是如此。如上所述,如果可以使用一个不同的制度(比如,固定法律费用的制度)来计算法律费用,那么,对有效司法保护原则的限制以及违反指令第 3 条和第 14 条中所包含的比例原则,就是没有正当理由的。因为这样的制度不仅可以降低费用,还有利于产生一个评估费用的客观方法,总之,有助于确保附条件收费和胜诉费既符合比例原则,也

---

① S. 普雷考:《欧共体法中的指令》第 2 版,牛津:牛津大学出版社,2005 年,第 201—203 页[S. Prechal, *Directives in EC Law*, 2nd edn (Oxford: OUP, 2005), 201 - 203, op. cit]。

② S. 普雷考:《欧共体法中的指令》第 2 版,牛津:牛津大学出版社,2005 年,第 210 页[S. Prechal, *Directives in EC Law*, 2nd edn (Oxford: OUP, 2005), 210, op. cit]。

符合有效司法保护原则。遗憾的是，尽管《民事诉讼规则》试图努力简化以前的《最高法院规则（RSC）》，因而与欧洲人权法院在埃雷案中提到的一个例子（即，为了确保符合《欧洲人权公约》第6.1条而简化规则的可能性）保持了一致，但是我们认为，可以说，至少那些与附条件收费协议和胜诉费相关的《民事诉讼规则》已经产生了下列问题，这就是：在知识产权诉讼中，建立在按照小时计算的且不受市场力量控制的费用基础上的高达100%的胜诉费转移到了败诉方——他们是些个人或者小企业，这样一个制度所产生的结果对于促进获取公正的目标来说是不适当的；而且，附条件收费协议连同通过赔偿规则而转移的高达100%的胜诉费损害了有效司法保护的正当权利。这个收费体制阻碍了最后的和/或实际的败诉方来行使其寻求法院救济的权利，原因很简单，就是在他败诉的时候他所要承担的费用数量。总之，如前所述，最低要求至少是附条件收费制度和基于一个计算法律费用的客观方法（比如，固定的法律费用）而计算的胜诉费。考虑到为小企业和私人个体提供法律服务的市场中普遍存在的信息不对称，这个客观方法同其他方法一起，将有助于控制法律成本。① 而且换句话说，我们认为，对于《操作指南》第11.9条的解释应该与指令保持一致，更应与有效司法保护原则保持一致，就是说，根据马立森案中的判决理由，"增长的百分数不应只是因为其被加到合理的基本费用中去时使全部费用显得太多而被减少"，这句话应该被解释为只是严格适用于该原因是"比例不当"这样的情形，第11.9条不应适用于有多重原因的情形。因此，这样严格的解释只是限于因"不成比例"而减少费

---

① A. A. S. 朱克曼："费用限定令：第三次控制诉讼费用的措施的失败：编辑笔记"，载《民事司法季刊》，2007年，第26期，第271页[A. Zuckerman, Cost Capping Orders: The Failure of the Third Measure for Controlling Litigation Costs: Editor's Note *CJQ* 26 (2007): 271, op. cit]，认为"在英国法中，发布费用限制令的司法实践有效地引入了一种固定诉讼费用的形式，这与一些欧洲国家所采用的费用矫正制度相类似"。以及 A. A. S. 朱克曼："编辑笔记"，载《民事司法季刊》，2005年，第24期，第1页[A. A. S. Zuckerman, Editor's Note, *CJQ* 24 (2005): 1, op. cit]。在15页提出，附条件收费安排的立法应当被修改，目的是授权法庭能够"在这样做会产生不公正的情况下，免除那些即便是合理的胜诉费用的支付，这样才有可能解决（与《欧洲人权公约》第6条1款）不协调的问题"。

用,这样的解释并不会妨碍在存在多个理由的情况下而减少费用,这些理由包括比例不当以及违反有效司法保护原则并最后违反了《欧洲人权公约》第 6.1 条,或者实际上只是因为违反了有效司法保护原则。因此,如果要正确实施指令第 3 条和第 14 条,《操作指南》第 11.9 条就应该做这样的解释:这个规定并没有妨碍减少 100% 增加的胜诉费,如果这种增加会导致违反有效司法保护原则——因为这将剥夺败诉方获得司法保护的可能。因此,指令第 3 条和第 14 条的规定所包含的义务应该得到尊重,而且对这些规定的实施应该符合有效司法保护原则。尽管如此,如前所述,对于法院来说,最佳的方式是按照所谓的和指令解释一致的补救方式,根据 1981 年《最高法院法》来行使其自由裁量权,使根据赔偿规则由败诉方负担的胜诉费不包括在费用中。我们认为,在法律费用不能被客观评估和控制的情形下,就有效司法保护原则而言,这个方式最充分地保证了对指令第 3 条和第 14 条的执行。

h 费用估算:费用限制

1981 年《最高法院法》第 51 条规定了对费用限制的司法管辖权,其中的第(2)款连同《民事诉讼规则》第 3(2)(m)条规定法院有权对费用金额进行裁量,该第 3(2)(m)条规定如下:

> 除非这些规则作了其他规定,法院可以(m)采取任何其他步骤护着作出任何其他裁定,目的是为了管理案件,实现首要目标。

我们认为,与已有相关立法一致的司法解释和指令一起被引用,将导致这样执行指令:即,解释既与指令第 3 条和第 14 条的规定一致,还与《欧洲人权公约》第 6 条所体现的有效司法保护原则一致,这样就确保法院会根据 1981 年《最高法院法》第 51 条和《民事诉讼规则》第 3(2)(m)条行使其自由裁量权以确立一个费用限制,这不受盖奇法官在斯玛特(Smart)诉东柴郡国民医疗服务信托公司(East Cheshire NHS Trust)案中所确立的原则或判断准则的限制。就是说,将不会要求仅仅当诉讼中所产生的费用可能存在失去控制的实际风险时才可以行使司法管辖权。可以说,司法机关执行指令过程中进行一致解释所必须遵守的有效司法保护原则的介入,要求对盖奇法官所创立的判断准则的适用加以限制,这样,在执行指令方面就不会加以适用。这个限制的目的是在诉讼费用方面可以确保无障碍地寻求法院的救济,从而充分地执行指令第3条和第14条有关费用的规定。因此,成本限制制度能对附条件收费制度加以补充,由胜诉方支付多出的费用,整体上有助于保证附条件收费制度是在费用上适当的,以确保败诉方可以受到公正对待。而且,可以说,法院运用与《民事诉讼规则》第26条有关的(第26条涉及在费用划分调查表中规定的具体数据的应用)自由裁量权时,将会适用这个分析,特别是适用有效司法保护原则。就是说,法院将会行使其裁量权来确保《民事诉讼规则》第26条规定的费用划分调查表中规定的费用预算受到双方当事人的尊重,没有合适的理由就不允许偏离。这样,国内法院就可以更加有效地通过成本限制来控制费用。

i 比例原则

《民事诉讼规则》第44.4(2)条规定:

> 如果费用金额是在标准的基础上评估的,法院将
> (a)只允许和所涉问题相适应的费用;且
> (b)解决任何其可能存在的疑问,比如,对支付方来说,该费用是否合理地产生的,金额上是否合理并合乎比例。

指令第3条第(2)款也设定了一项实体义务,要求成员国保证"那些措施、程序和救济应该是……比例适当的",我们认为,这个规则和指令第3条第(2)款的解释是一致的,因此这就要求有效地适用《民事诉讼规则》第44.4(2)条。但是这意味着整体上诉讼基金所运用的方法和其追求的最后

结果即增加获取公正的机会,是相适应的。① 于是,对《民事诉讼规则》第44.4(2)条的有效适用似乎要求在费用分配阶段所进行的费用限制和费用估算应该得到作为国内法院的专利法院的有效执行,以确保符合指令第3条第(2)款关于比例适当的规定。通过一致解释的方法对这一条款的司法执行也将要求有效司法保护原则得到遵守,以保证在费用方面实现公平。如前所述,为了第3条第(2)款关于比例适当的规定得以有效地实施,基于附条件收费和胜诉费的收费制度,应该有必要固定费用,这能保证涉入知识产权诉讼的私人或者小企业所花的费用可以得到客观地控制。只有这样,附条件收费以及多出的胜诉费可以某种程度上和所希望达到的目标相适应,即,可以增加获取公正的机会——如果胜诉费不转移给败诉方的话。

j 成员国的义务:诉讼程序不应有不必要的花费

但是,对1981年《最高法院法》第51条第(1)款和《获得公正法案》(1999年)第27(a)(6)条的一致解释并不能保证充分执行指令第3条规定的上述"不应有不必要的花费"的义务。很清楚,不包含胜诉费本质上不会对总的费用产生实质性决定作用,如前所述,至少对于诉讼当事人是自然人或者小企业来说,其诉讼费用总额是不受市场力量约束的——无论是信息不对称还是通过对费用裁决的干预所进行的有目的的控制(或者是通过预算、费用限制,或者是通过事后估算)。如前所述,关键的问题还是:因结构性的经济因素,比如,信息不对称和道德风险而产生的费用,其金额是无法被客观评估的,也是与诉讼中利害攸关的价值所不相适应的。总之,对上述法律规定的一致解释只能部分地保证费用是适当的。和前面的看法一样,

---

① 参见休德—荷兰人案(Suid-Hollandse),案号 No. C-174/05 (2006),《欧洲法院公报》第Ⅰ卷,第2443页,第28段,和阿尔罗萨案(Alrosa),案号 No. T-170/06,2007年7月11日,未公开的判决,第98段,查找对于比例适当的定义;德·布拉卡研究了"欧洲共同体法律中的比例原则",载《欧洲法律年刊》,1993年,第13期,第105页[G. De Burca, Proportionality in EC Law, *Yearbook of European Law* 13(1993):105]。在146页,有欧洲法院关于比例原则的判例法:"……在比例适当调查过程中,似乎存在三个阶段:……第一,是否该措施是实现该法定目标的恰当的和有效的方法;第二,是否由于不存在限制更小的选择才使得该措施是实现该目的的必要方法;第三,是否即使在前两个条件满足的情况下,与措施的目的相比,对于受影响的利益和权利产生的副作用是不均衡或者过度的。"

除非存在基本的立法(已有的或者专门制定的),一致解释并不能满足全部要求。如普雷考所言,解释一致的前提必须是有国内立法的存在。① 而在目前的英国,除了道路交通事故外,并不存在有关固定费用的立法。

k 对《民事诉讼规则》的修改

因为有了这样的分析,这有助于对《民事诉讼规则》考虑进行可能的修改,从而不仅仅有助于从全面有效②的角度来实施指令第 3 条和第 14 条的,而且也从法律稳定性、清晰度,尤其是与在尤尼贝特案和埃雷案中规定的有效司法保护原则相一致的角度来实施它们。首先,通过立法规定固定费用制度或者强制最高费用制度。范登伯格③写道:

在某些专业领域,消费者支付的专业服务费用在某种程度上得到了规范。这样的规范可以设定小时费用、某个服务的特别费用或者按照交易价值的比例计算的费用。费用规范可以采取数种形式。最限制性的规范形式是设定强制的固定费用,这样无论如何都没有留下任何自由空间来规范专业人员和其客户之间的费用。强制性最高费用或者最低费用就少了一些限制,因为它们允许专业人员收取较低或者较高的费用。

因此,相对于强制性的最高或最低费用而言,固定费用可能代表着控制费用的方法中那种所谓的最限制性的方法。固定费用的好处似乎是这样

---

① S. 普雷考:《欧共体法中的指令》第 2 版,牛津:牛津大学出版社,2005 年,第 163 页[S. Prechal, *Directives in EC Law*, 2nd edn (Oxford: OUP, 2005), op. cit., 163]。
② 委员会诉德国,案号 No. 29/84 (1985),《欧洲法院公报》第 1661 页,第 18 段;委员会诉英国案,案号 No. 340/96 (1999),《欧洲法院公报》第 I 卷,第 2023 页。
③ R. 贝格和 Y. 莫塔格尼:"拉丁公证人职业规范中的理论和证据",《经济循环研究报告》第 0604 号,2006 年 6 月,第 7-8 页 (R. van den Bergh & Y. Montagnie, Theory and Evidence on the Regualtion of the Latin Notary Profession, *ECRI Report* 0604 Jun. 2006 at p. 7-8)。

的:在埃雷案①中,欧洲人权法院认为,成员国有责任确保可以有效地获得法律保护。在某些情形下履行这个义务可能涉及法律援助的规定。在另外一些情形下,这个义务可能涉及简化民事诉讼规则。如前所述,《民事诉讼规则》代表了在英格兰和威尔士努力简化民事诉讼规则的效果②。因此,如果预算机制或者费用限制机制本身已经被霍夫曼勋爵认为是不够的话,用来控制费用的唯一程序性的方法可能是通过某种固定费用或固定最高费用的形式③,正如在埃雷案中所描述的那样,这可能有效地和对权利的司法保护原则相符。也许正是在埃雷案和尤尼贝特案中表述的有效司法保护原则,可以最明显地证明是否没有要求某种形式的固定最高费用是合理的,因为其他控制费用的方法,如《民事诉讼规则》和案件管理的改革,已经明显失败了。因此,似乎要求有某种更为直接的控制费用的方法专门来保证实施指令第 3 条和第 14 条有关费用的规定不仅仅应该是清晰的、全面有效的,而且最重要的是保证对诉讼当事人特别是被告在费用方面的权利的有效司法保护。有意思的是,佩泽和塞尼弗拉特尼在其关于案件管理的报告中得出了结论,提高了以固定费用作为解决费用增加问题的可能解决方案

---

① 埃雷诉爱尔兰案(Airey v. Ireland),申请 6289/73(1979) ECHHR (32) 305,同前引;也参见:《基本权利宪章》第 47 条(获取有效救济的权利),根据关于波兰和英国的议定书,该条在《里斯本条约》(2008 年 6 月 13 日爱尔兰拒绝加入)第 6 条得到执行。

② 我们认为,尤尼贝特(Unibet)案虽然适用于国内诉讼程序规则不受到指令拘束时的情形,但其依旧对于有效司法保护概念进行了解释,当诉讼程序参照一项指令,因而根据该有效司法保护原则执行时,正如目前情况一样,该解释可以适用或者至少值得考虑。有争议的是,在尤尼贝特一案[案号 No. C-432/05 (2007),《欧洲法院公报》第 I 卷,第 2271 页,同前引]第 55—58 段中,欧洲法院指出,在判断该原则是否被违反时,虽然并不存在特定的诉讼程序,必须考虑是否有其他可供选择的诉讼程序。

在本案中,为了确保与有效司法保护相一致,在决定引入固定成本制度之前,必须考虑其他诉讼程序的变化(也许不太极端)已经首先得到尝试——正如《民事诉讼规则》的情况一样——但是被证明在控制英国民事诉讼程序的成本方面是直接或者间接无效的。

③ 需要牢记的是,知识产权诉讼不同于人身损害赔偿诉讼,尽管有人认为固定法律费用制度对于《民事诉讼规则》而言不是陌生的。的确,在"快速诉讼程序(Fast Track Procedure)"的背景下,《民事诉讼规则》对于道路交通损害案件规定了这一制度。并且,民事司法委员会在"接近正义"这份报告(2005 年 8 月,www.civiljusticecouncil.gov.uk)的建议三中提出,依据《民事诉讼规则》第 45 条第 2 款的固定收费制度应当从道路交通损害案件延伸至快速程序下的人身损害案件,其赔偿额限制扩大至 5 万英镑或者 5 万英镑以下任意数额。

的可能性：

在接近本项研究结束时，被访谈者对于民事司法委员会推进固定费用的努力留下了深刻印象。与被访谈者原则上认可固定费用的好处不同，法官持使用快速程序的观点，认为这是处理费用不适当问题的最有效办法。①

其次，就一方当事人向另一方当事人支付费用而言，采用固定费用似乎会正确反映法律确定性和可预见性的宗旨，而这些宗旨也是《民事诉讼规则》的"核心目标"的一部分，②即节约开支和确保迅速处置。《法律与经济咨询组—公平交易办公室报告》③（2001年3月④）接着也认可了这种可能性：

在一些争鸣文章中，已经出现了另一种可替代的收费形式，比如，通过快速程序（诉讼请求金额最高10,000英镑）处理。根据伍尔夫改革的目标，在这些案件中律师费用是被固定的。在购买一项服务前，这

---

① J. 佩斯尼尔和 M. 赛尼维拉特尼："民事案件管理"，宪法事务部门研究系列第 9/05 号，第 69 页(J. Peysner & M. Senviratne, The Management of Civil Cases, DCA Research Series 9/05, at p. 69)。"执业者认为，比例适当的问题应当通过鼓励对方提出合理要价的要求得以解决，并且，在任何情况下，固定收费制度不适合完全遵照一系列复杂规则的严格要求。"在 71 页，该报告继续写道："作为一种成本控制措施，大家都知道估算是不成功的，但是，缺乏可能的成本控制（固定收费……）……很难说，自我预估报价如何对于费用构成有效的限制……仅仅依靠法规并不能实现费用的比例适当、经济、可预测性以及确定性。需要政策性的解决方案。"

② 《民事诉讼规则》第 1.1(2)(b)：节约费用；(d)：确保其得到公正且便捷的处置。

③ 法律与经济咨询组："专业竞争：公平贸易局局长准备的报告"，公平贸易局，2001年3月，第 328 号，第 225 页(LECG in Competition in the Professions: A Report prepared by the Director General of Fair Trading: OFT 2001 OFT 328, Mar. 2001. at 225)。

④ 有必要指出，关于法律确定性，欧洲法院在案号为 348/85 的丹麦诉委员会案[（1987）ECR 5225]第 19 段中认为："而且，既然法院在许多案件中作出了决定，共同体立法必须是确定的，且对于受其约束的成员国来说其适用必须可以预见。在那些易于产生财政后果的法律规则中，这一法律确定性的要求必须被更为严格地遵守，以便于有关成员国可以清晰地知道强加于他们身上的义务的程度。"

种收费方式通过使费用更加透明,可以增加竞争,有助于降低费用,并为客户提供更多的确定性。

需要指出的是,这样的制度可以在实施指令时符合法律透明性和确定性的原则,并履行指令第 3 条和第 14 条所包含的比例原则的义务。因此,固定费用或者固定最高费用应该与争议的标的额有关。而且,如果固定费用或者固定最高费用由民事司法委员会来确定的话,无疑,最后的费用委员会或者《法律服务清单》①将保证符合对《欧共体条约》第 10 条所规定的成员国义务进行的所谓限制性解释。比如,在欧共体竞争法领域,根据总法务官波瓦利斯·马杜罗②以及欧洲法院在奇波拉(Cipolla)案③中的观点,成员国要符合《欧共体条约》第 10 条所规定的义务,在规定监控限制竞争的措施时不违背欧共体条约第 81 条和第 82 条的规定,成员国还要监督这些措施的制定和执行以便符合立法的本意。④ 总之,我们认为,《民事诉讼法案》(1997 年)使得修改后的《民事诉讼规则》第 45 条成为国家立法,因为对该修改过程进行了国家监督。这将避免霍夫曼勋爵就运用费用裁决客观计算

---

① 2006—2007 年《法律服务清单》。
② 奇波拉案(Cipolla),案号 No. C-94/04 和 C-202/04 (2006),《欧洲法院公报》第 I 卷,第 1141 页,第 31 段:"虽然《欧共体条约》第 86 条(现在的 82 条)的确针对的是企业,然而,该条约也确实向成员国强加义务,要求其不采取或者维持任何会使该条款丧失有效性的国内法措施。然而,依据《欧共体条约》第 10 条和第 81 条,法院随后对于该要求给出了限制性的解释。依据判例法,仅仅在如下两种情况下,才视为违反了这些条款……第二,当该国通过把影响经济事务的职责转移给私人经济经营者的方式,放弃其自身具有立法特征的规则时。"总的参见 M. 伊尔马:"律师费和获取正义:奇波拉和马克里诺",载《民事司法季刊》,2007 年,第 26 期,第 301 页[M. Ilmer, Lawyers' Fee and Access to Justice: Cipolla & Macrino, *CJQ* 26 (2007): 301]。
③ 奇波拉案(Cipolla),案号 No. C-94/04 和 C-202/04 (2006),《欧洲法院公报》第 I 卷,第 1141 页,同前注,在该案中,欧洲法院认为:虽然意大利法中设立了最高和最低成本费用限额的制度,既包含当事人与当事人之间的,也包含律师与客户之间的,但是其没有违反《欧共体条约》第 81 条。然而,欧洲法院认为:虽然固定最低成本收费制度会违反《欧共体条约》第 49 条,但应当由意大利法院来决定如果适当的话,在恰当公正管理、消费者保护的基础上,这样的限制是否公平。
④ 值得一提的是,欧洲法院没有把遵守《欧共体条约》第 10 条与自由裁量权(因为英国法院能够根据《民事诉讼规则》来增加费用)联系在一起,正如在第 46 段,总法务官(Advocate General)所表述的观点一样。

法律费用金额所提出的问题:缺乏客观标准。而且,根据欧共体委员会以及范登伯格和《哥本哈根经济》的观点,适当的做法是把这个制度的适用范围限制于个人或者小公司。另外,就知识产权诉讼而言,有必要包括指令第 4 条规定的各类权利主体。最后,为了保证符合欧共体条约第 49 条和第 81 条,有必要遵循奇波拉案①的判决,以确保固定费用含有一个固定的最高费用但是没有最低费用,而且使这个制度适用于英格兰和威尔士的律师,但不适用于来自其他欧盟国家的律师。

综上所述,我们认为需要按照上述路线对《民事诉讼规则》加以某些修改,以确保充分实施第 48 号指令第 3 条和第 14 条所涉及的法律确定性和效率性原则,尤其是有效司法保护原则。

4. 国家损害赔偿之诉

有的观点认为,仅仅在解释一致原则被证明无论是在解释上还是救济上都是无效的时候,才会提供国家赔偿的救济。② 但正好相反,似乎解释一致原则可以使指令第 3 条和第 14 条通过国内立法得以有效执行。但是,某种意义上讲,无论是通过司法执行,还是救济性适用,解释一致都不足以保证有效执行上述第 3 条和第 14 条,因此,应该考虑提起损害赔偿之诉的可能性。而且,很清楚,特别是就第 3 条而言,的确适用国家责任的观念,而第 14 条也可能适用。我们认为在英国的情形下,指令的字面意思确实没有足够明确规定权利的类型,就是说,尽管字面意思确实为受益人规定了一项权利——诉讼程序"不应该有不必要的花费",但是成员国对于实现该权利的

---

① 奇波拉案(Cipolla),案号 No. C-94/04 和 C-202/04 (2006),《欧洲法院公报》第 I 卷,第 1141 页,www.curia.europa.eu,同前引,第 54 段。

② S. 普雷考:《欧共体法中的指令》第 2 版,牛津:牛津大学出版社,2005 年,第 301 页[S. Prechal, *Directives in EC Law*, 2ⁿᵈ edn (Oxford: Oxford University Press, 2005), op cit., 301]。参见梅里特案(Miret),案号 No. C-334/92 (1993),《欧洲法院公报》第 I 卷,第 6911 页;法契尼·多利案(Faccini Dori),案号 No. C-91/92 (1994),《欧洲法院公报》第 I 卷,第 3325 页;卡博耐尔案(Carbonair),案号 No. C-131/97 (1999),《欧洲法院公报》第 I 卷,第 1103 页和多尔西案(Dorsch),案号 No. C-54/96 (1997),《欧洲法院公报》第 I 卷,第 4961 页,这似乎意味着只有当直接有效或者解释一致不太可能时,可能会考虑国家责任。

方式和形式享有相当大的自由裁量权。因此,我们的结论是指令没有足够清楚地界定权利的类型,以便于对国家提起损害赔偿之诉。对此,普雷考[①]认为:

> 显然,按照一种基本形式在指令中规定的一项权利将使其有可能来判定个人造成的损失和损害。因此,一个指令必须对此规定足够的指引。

如前面所分析的那样,这个可能正好与指令第 4 条所界定的义务性质尤其是受益人类型的清晰度形成对照。其次,即使权利足够清楚,还必须确立国家责任的其他两个内容:一是存在足够严重的违法,二是因此已经造成损失。就违法是否足够严重而言,法院可能考虑一系列的因素:其中包括所违反的规则的清晰度和准确度,侵权以及所造成的损害是故意的还是无意的,以及法律出错是可原谅的还是不可原谅的。根据英国电信案[②],指令第 3 条和第 14 条规定的权利是不够清晰的,因此,尽管现有的国内立法没有充分实施这些条款,但是,由于其缺少清晰度,可以说英国对于指令的适用和解释并没有明显地与其字面意思相悖。根据布林克曼案[③]的观点,与国家责任有关的清晰度与准确度的字面意思是不同于用于直接有效原则中的意思的,在国家责任的情形下,清晰度与准确度更意味着对于法律文本的意思没有实际的争议。总之,如果欧洲法院认定第 3 条和第 14 条没有必要的清晰度,那么成员国违反其准确实施指令的义务可能是可以原谅的,因为这不算构成严重明显的违法。还需要指出的是,成员国享有的自由裁量权越

---

① S. 普雷考:《欧共体法中的指令》第 2 版,牛津:牛津大学出版社,2005 年,第 283 页[S. Prechal, *Directives in EC Law*, 2nd edn (Oxford: Oxford University Press, 2005), ibid., 283]。

② 英国电讯案(British Telecom),案号 No. C-392/93 (1996),《欧洲法院公报》第 I 卷,第 1631 页,第 43-44 段。

③ 布林克曼案(Brinkmann),案号 No. C-319/93 (1996),《欧洲法院公报》第 I 卷,第 5255 页,同前引,第 30-32 段;林多帕克案(Lindopark),案号 No. C-150/99 (2001),《欧洲法院公报》第 I 卷,第 493 页,第 39-41 段。

大,认定足够严重的违法使其承担责任的难度越大。根据海姆 II 案①,这里讨论的自由裁量权及其适用范围是由欧共体法律原则决定的,而不是由国内法原则决定的。最后,在因果关系成为成员国责任的一个构成要件的前提下,因果关系只能根据案件事实来判断,但这似乎是由欧洲法院来确定的。②

第 15 条 司法措施的公布

第 15 条要求成员国确保国内法院根据申请人的请求要求侵权人来传播司法判决,如果必要的话,由其侵权人承担费用来发表该判决。序言第 27 段指出,这一条的目的是提高知识产权司法判决的威慑效力。这样一个裁定书可以构成一个强制的禁令,法院根据 1981 年《最高法院法》第 39 条和 1984 年《郡法院法》第 38 条享有作出这样裁定的权力。对于第 15 条,是根据《民事诉讼规则》第 63 条的《操作指南》第 29.2 条来有效执行的,其规定如下:

> 第 29.2 条 如果法院发现一个知识产权已经被侵犯,法院可以根据申请人的请求裁定由被告承担费用以适当的方式来传播或者出版该判决书。

可以说,为了实现这样一个目标,由法院根据第 29.2 条行使自由裁量权似乎会把一个类似于对某一方个人作出的裁定的东西当作一个诉讼的结果,如前所述,这个目标就是确保判决执行的有效性而不是为了保护申请人的权利。这样的话,这个情形可能可以被看作是等同于一个所谓的玛瑞瓦

---

① 海姆 II 案(Haim II),案号 No. C-424/97 (2000),《欧洲法院公报》第 I 卷,第 5123 页,第 40 段。
② 布拉瑟里·杜·佩奇案(Brasserie du Pecheur),案号 No. C-46/93 和 C-48/93 (1996),《欧洲法院公报》第 I 卷,第 1029 页。

(Mareva)禁令,这与其说是一个针对个人的裁定,还不如说是一个直接影响程序权利或者实体权利的禁令。因此,为了得到一个第 29.2 条规定的裁定而不是一个强制禁令的方式,就需要利用一个不同的非苛求的标准,来作为裁定发布判决书的基础。①

第 16 条　成员国的制裁措施

第 16 条规定指令所规定的措施并没有排除成员国制定或者采用其他适当的措施,比如刑事制裁。②

第 17 条　行为准则

第 17 条要求成员国首先应该鼓励贸易或专业协会在共同体的层面制定有助于知识产权执法的行为准则;其次,成员国应该鼓励向欧共体委员会提交行为准则草案。对此,我们认为,首先,这里没有明确履行这个附随义务的时间;其次,鼓励向欧共体委员会提交行为准则草案的义务仅仅是一项目的在于通知欧共体委员会的措施。因此,我们认为,不履行上述义务,特别是第二项义务,是没有任何法律后果的。③

第 18 条　评估

第 18 条要求成员国,有义务在实施期限届满三年后提交有关执行指令的报告。根据这一条的规定,有关时间期限,即三年,尚未届满。

---

① A. A. S. 朱克曼:《民事立法》,牛津:律商联讯,2003 年,第 303—305 页[A. Zuckerman, *Civil Litigation*(Oxford: Lexis-Nexis, 2003), op. cit., 303 - 305]。
② "刑事制裁指南",http://www.patent.gov.uk/crime/crime-whatis/crime-whatis-offenceguide.htm,"年度执法报告",http://www.patent.gov.uk/enforcereport2005.pdf,展示了英国在假冒和盗版领域执法的细节。
③ 比较赛库里提案(Security),案号 No. C - 194/94 (1996),《欧洲法院公报》第 I 卷,第 2201 页,欧洲法院认为,未能遵守通知义务构成实质上的程序瑕疵,该瑕疵违背了国内技术规则,因而对于争议问题无法适用,无法对个人进行执法。

第19条　信息交换和反馈

专利局(杰夫·沃特森先生[①])已经被任命为执行这个指令的联系人。

第20条　执行

我们认为2006年《知识产权(执行等)条例》(编号 SI 2006/1028),特别是《解释备忘录》,已经符合这一条的第一点。

第21条　生效

应该在2006年4月28日之前实施指令。由于实施日期已过,因此,结果不仅仅是没有充分实施指令,而是没有实施指令。[②]

[①] 专利局:为沃特森先生如此热情地多次对于我有关于英国执行指令问题的回复,本人非常感谢。当然本章所有的错误和疏忽都归于作者。

[②] 迪伦科夫案(Dillenkofer),案号 No. C-178/94(1996),《欧洲法院公报》第I卷,第4845页,第28段,未能及时地执行指令本身就是对国家责任的严重违背。

第五章 欧共体第 2004/48 号指令在德国

第一节 德国对第 48 号指令的接纳

德国学术圈是带着怀疑接纳欧共体第 2004/48 号指令的。对于该指令是否为必要，起初有各种观点，[1]有人批评该指令的起草工作是粗略和不严密的。[2] 还有一个普遍的看法是立法过程的速度太快了，应该通过更长时

---

[1] 该指令受到欢迎，参见哈特—巴文丹："知识产权执法建议"，科勒和普拉斯曼编：《温弗里德·提尔曼纪念文集》，科隆：黑曼出版社，2003 年，第 798 页 [H. Harte-Bavendamm H., Der Richtlinienvorschlag zur Durchsetzung der Rechte des geistigen Eigentums, in *Festschrift für Winfried Tilmann*, eds E. Keller, C. Plassmann & A. v. Falck (Köln: Heymanns, 2003), p. 798]；纳克："知识产权执法指令及其在德国的实施"，《国际工业产权与著作权评论》，2004 年，第 746 页 [R. Knaak, Die EG-Richtlinie zur Durchsetzung der Rechte des geistigen Eigentums und ihr Umsetzungsbedarf im deutschen Recht, (2004) *GRUR Int*, 746]；也受到更多批评，参见德雷克斯尔、希尔蒂和库尔："保护知识产权的措施和程序的指令建议——第一次评论"，《国际工业产权与著作权评论》，2003 年，第 606 页 [J. Drexl, R. Hilty & A. Kur, Vorschlag für eine Richtlinie über die Maßnahmen und Verfahren zum Schutz der Rechte am geistigen Eigentum-eine erste Würdigung (2003) *GRUR Int*, 606]；梅耶和林嫩博姆："没有安全的避风港：在欧盟打击盗版产品"，K&R 杂志，2003 年第 321 页 [H-P. Meyer and O. Linnenborn, Kein sicherer Hafen: Bekämpfung der Produktpiraterie in der Europäischen Union (2003) K&R, 321]；普科特和库尔："马克斯—普朗克知识产权法、竞争法和税法研究所对德国实施欧共体第 2004/48 号关于知识产权执法指令的意见"，《国际工业产权与著作权评论》，2006 年，第 293 页 [A. Peukert and A. Kur, Stellungnahme des Max-Planck-Instituts für Geistiges Eigentum, Wettbewerbs-und Steuerrecht zur Umsetzung der Richtlinie 2004/48/EG zur Durchsetzung der Rechte des geistigen Eigentums in deutsches Recht (2006) *GRUR Int*, 293]。

[2] 梅茨格和乌木内斯特："欧洲对知识产权侵权法律制裁正在途中？"，《著作权和媒体法杂志》，2003 年，第 928 页 [A. Metzger & W. Wurmnest, Auf dem Weg zu einem Europäischen Sanktionenrecht des geistigen Eigentums? (2003) *ZUM*, 928]；霍伦："欧洲知识产权法如日中天"，《多媒体法律》，2003 年，第 300 页 [T. Hoeren, High-noon im europäischen Immaterialgüterrecht (2003) *MMR*, 300]。

间的磋商过程来提高各个条文的质量。① 对《欧共体条约》第 95 条是否给了欧共体采取行动的能力,②对所有类型的知识产权提供相同的执法措施、既涵盖商业行为又涵盖私人行为是否为权宜之计,③一些作者表示了怀疑。最后,有人认为该指令的规定是不清楚、不严密和不一致的,因而是不足以实现该指令协调成员国制裁侵犯知识产权的法律的目的的④——特别是许多分歧点可能会导致成员国在执法力度、证据规则、证据评估和侵权人推延诉讼的机会等方面的差异。⑤

---

① 弗雷和鲁道尔夫:"欧盟知识产权执法指令",《著作权和媒体法杂志》,2004 年,第 522 页[D. Frey and M. Rudolph, EU-Richtlinie zur Durchsetzung der Rechte des geistigen Eigentums(2004)ZUM, 522];赛赫特:"知识产权执法指令的实施",WRP 杂志,2006 年,第 392 页[D. Seichter, Die Umsetzung der Richtlinie zur Durchsetzung der Rechte des geistigen Eigentums(2006) WRP, 392];贾施科:"盗版产品遭受打击",JurPC 杂志,2004 年,第 258 页,注释 3[J. Jaeschke, Produktpiraten sollen Schiffbruch erleiden (2004) JurPC, Web-Dok. 258/2004 n. 3]。

② 梅茨格和乌木内斯特:"欧洲对知识产权侵权法律制裁正在途中?",《著作权和媒体法杂志》,2003 年,第 925 页[A. Metzger & W. Wurmnest, Auf dem Weg zu einem Europäischen Sanktionenrecht des geistigen Eigentums? (2003) ZUM, 925]。

③ 弗雷和鲁道尔夫:"欧盟知识产权执法指令",《著作权和媒体法杂志》,2004 年,第 522 页[D. Frey and M. Rudolph, EU-Richtlinie zur Durchsetzung der Rechte des geistigen Eigentums (2004) ZUM, 522 et seq]。

④ 弗雷和鲁道尔夫:"欧盟知识产权执法指令",《著作权和媒体法杂志》,2004 年,第 529 页[D. Frey and M. Rudolph, EU-Richtlinie zur Durchsetzung der Rechte des geistigen Eigentums (2004) ZUM, 529];赛赫特:"知识产权执法指令的实施",WRP 杂志,2006 年,第 392 页[D. Seichter, Die Umsetzung der Richtlinie zur Durchsetzung der Rechte des geistigen Eigentums (2006)WRP, 392]。

⑤ 弗雷和鲁道尔夫:"欧盟知识产权执法指令",《著作权和媒体法杂志》,2004 年,第 529 页[D. Frey and M. Rudolph, EU-Richtlinie zur Durchsetzung der Rechte des geistigen Eigentums (2004) ZUM, 529];德雷克斯尔、希尔蒂和库尔:"保护知识产权的措施和程序的指令建议——第一次评论",《国际工业产权与著作权评论》,2003 年,第 606 页[J. Drexl, R. Hilty & A. Kur, Vorschlag für eine Richtlinie über die Maβnahmen und Verfahren zum Schutz der Rechte am geistigen Eigentum-eine erste Würdigung (2003) GRUR Int, 606];梅耶和林嫩博姆:"没有安全的避风港:在欧盟打击盗版产品",K&R 杂志,2003 年第 321 页[H-P. Meyer and O. Linnenborn, Kein sicherer Hafen: Bekämpfung der Produktpiraterie in der Europäischen Union (2003) K&R, 321]。

第二节 在德国法中实施第48号指令所采取的步骤

一、未能在期限内实施第2004/48号指令

在该指令在德国学术界遭遇了冷眼的同时,对于该指令的实施政界也是缓步前行。联邦司法部于2006年1月3日提出了一份名为《知识产权执法改进法》的法律草案,这离要求成员国必须实施指令有关规定以符合指令的时间还不到4个月。直到2007年1月24日,联邦内阁才同意把只经过稍许修改的法律草案变为《政府议案》。① 该议案又提交给了法律事务委员会、经济与技术委员会、食品农业和消费者保护委员会以及教育研究和技术评估委员会。德国联邦参议员于2007年3月9日发布了该议案,2007年4月26日德国联邦议院进行了一读。这些机构都不怀疑对现行知识产权立法进行修改的必要性。

同时,因为德国政府没有将该指令转化为国内法,欧共体委员会决定对其违反行为诉诸程序。2006年10月12日,欧共体委员会决定正式要求德国执行该指令。2007年8月23日,欧共体委员会对德意志联邦共和国提起了诉讼,请求欧洲法院宣告德国没有履行其欧共体第2004/48号指令项下的义务。②

在写作本书时,还不清楚该指令什么时候以及如何被实施。很自然,这个不确定状态给任何一个作者对此进行评论提出了一个挑战。下面是按照

---

① 德国联邦政府法律草案:改善知识产权执法的法律草案,德国联邦议院出版物,编号16/5048,2007年4月20日[Gesetzesentwurf der Bundesregierung, Entwurf eines Gesetzes zur Verbesserung der Durchsetzung von Rechten des Geistigen Eigentums, *BT-Drucks.* 16/5048, 20 Apr. 2007]。

② 欧共体委员会诉德国案(EC Commission v. Germany),案号 No. C-395/07,《欧盟官方公报》,No. C 247,2007年10月20日,第19页。

一个双重的策略进行分析:第一步,分析现行德国法在什么样的程度上已经符合该指令设定的要求,进而考虑解释一致的义务;第二步,解释已经提出的《政府议案》草案的改革条款,并讨论其是否适于转化该指令。在本书书稿提交后 10 天,2008 年 7 月 7 日,《知识产权执法改进法》得以通过。这个法案就是这里讨论的《政府议案》的建议稿。在该法案于 2008 年 9 月 1 日实施前,对于任何侵犯知识产权的行为,本文对指令实施前法律状态的描述仍然是有效的。①

二、改进知识产权执法的《政府议案》

尽管第 48 号指令序言第 17 段宣称:"本指令规定的措施、程序和救济在每个案件中应该以这样的方式确定:应该充分考虑案件的具体特性,包括每个知识产权的具体特征",该指令还是按照一个一般的路径对侵犯各种知识产权的行为规定一样的制裁措施。德国《政府议案》并没有遵循这样一个平面的路径,也不能把建议条文只是看作关于民事诉讼程序的规定。相反,该议案基本上是寻求一个双重的策略:如果指令的规定反映了《德国民事诉讼法典》(ZPO)或者《德国民法典》(BGB)提供给所有权利人的一般程序,诸如,临时禁令和防范性扣押(该指令第 9 条)、禁令(该指令第 11 条)和法律费用(该指令第 14 条),那么就宣告《德国民事诉讼法典》(ZPO)或者《德国民法典》(BGB)的规定是充分和足够的;如果不是这样的话,原则上建议用几乎一样的语言把实质性权利纳入每一个不同的知识产权法中。

因此,该议案没有打算对《德国民事诉讼法典》(ZPO)作任何修改,而是希望对下列法律多多少少作相应的修改:

——专利法(PatG)

——实用新型法(GebrMG)

——商标法(MarkenG)

---

① 联邦法律,编号 BGBl.I 2008,第 1191 页。

——著作权法(UrhG)

——外观设计法(GeschmMG)

——植物新品种保护法(SortschG)

——半导体产品拓扑图法(HalblSchG)

三、一致解释的义务

在《政府议案》被通过之前,必须按照欧共体第 2004/48 号指令来审视德国法。根据《欧共体条约》第 249 条第(3)款,对于指令所要实现的结果,成员国受一个指令的约束,但是,成员国可以选择实施的方式和方法。尽管这原则上排除了指令的直接效力,欧洲法院一贯强调,如果满足特定的标准,指令可以具有直接的效力:[1]

(a)实施指令的时间期限已经届满。

(b)该条文必须足够清楚并准确表述。

(c)必须是无条件的或者无依赖性的。

(d)该条文必须赋予公民一项他或者她可以主张的特定权利。

但是,法院同时一贯地指出,"指令自身不能对个人设定义务,因而不能据此来对抗个人。"[2]法院还认为,只有在纵向(当事人对国家)关系而不是横向(当事人对当事人)关系中才有可能具有直接效力。像欧共体第 2004/48 号指令这样具有双重特性的指令,既通过规定程序性权利的设定而对成员国设定了义务并有利于私人主体,同时又实际上在知识产权诉讼中使权利人的对手承受沉重的负担,该指令是否具有直接的效力就更加不清楚了。[3]

---

[1] 拉蒂案(Ratti),案号 No. 148/78 (1979),《欧洲法院公报》第 1629 页。

[2] 马绍尔诉南汉普顿案(Marshall v. Southhampton),案号 No. 152/84 (1986),《欧洲法院公报》第 723 页,第 48 段;宝拉·法契尼·多利诉里克来博股份有限公司案(Paola Faccini Dori v. Recreb Srl),案号 No. C-91/92 (1994),《欧洲法院公报》第 I 卷,第 3325 页,第 20 段。

[3] 对讨论的综述,参见艾森克博:"执法指令及其影响",《国际工业产权与著作权评论》,2007 年,第 388 页[J. Eisenkolb, Die Enforcement-Richtlinie und ihre Wirkung (2007) *GRUR*, 388 et seq]。

清楚的是,该指令本身没有对个人设定义务。尽管如此,我们认为,对于个人而言,程序规则的繁琐性是和一个指令直接对其设定义务的效果是一样的。值得回顾的是,在共同体法律的直接效力方面,欧洲法院的判例法主要是基于"禁止权利人的行为自相矛盾"(venire contra factum proprium)的理念,也叫禁止反悔原则,以阻止成员国"因其自己不遵守共同体法律而受益"。① 如果该指令对于成员国没有不利的后果,而是对另一个私人主体有不利的影响,这个原则就不能运用。就法律确定性原则而言,也有一个不同:鉴于一个违背其转化共同体法律的义务的成员国应该知道一个欧盟指令的内容,因此,在该指令在国内法中得到实施前,受到该指令规定不利影响的私人主体被允许可以无视该指令的存在。

且不谈这些原则性的考虑,可以肯定地说该指令中最主要的条款是不具有足够清晰的特点的,因而对于德国立法者而言,就不得不行使过多的自由裁量权。② 尽管,事实是德国没有按照指令第 20 条规定的时间期限实施该指令,因此该指令的规定不能对一个知识产权纠纷的当事人产生直接的效力。③

尽管如此,但该指令已经影响了德国法院审理的知识产权纠纷。欧洲法院坚定地认为:

  一个指令规定的成员国实现该指令期望的结果的义务以及共同体

---

① 宝拉·法契尼·多利诉里克来博股份有限公司案(Paola Faccini Dori v. Recreb Srl),案号 No. C-91/92 (1994),《欧洲法院公报》第 I 卷,第 3325 页,第 22 段。
② Supra, Ch. 2, I. E. 6;艾森克博:"执法指令及其影响",《国际工业产权与著作权评论》,2007 年,第 390 页[J. Eisenkolb, Die Enforcement-Richtlinie und ihre Wirkung (2007) GRUR, 390 et seq]。科克:"执法指令:欧盟统一的知识产权执法",ITRB 杂志,2006 年,第 42 页[F. Koch, Die Enforcement-Richtlinie: Vereinheitlichung der Durchsetzung der Rechte des geistigen Eigentums in der EU (2006) ITRB, 42]。
③ 艾森克博:"执法指令及其影响",《国际工业产权与著作权评论》,2007 年,第 390 页[J. Eisenkolb, Die Enforcement-Richtlinie und ihre Wirkung (2007) GRUR, 390 et seq];奥尔—莱恩斯多夫:"计算机程序侵权的调查",ITRB 杂志,2006 年,第 85 页[A. Auer-Reinsdorff, Der Besichtigungsanspruch bei Rechtsverletzungen an Computerprogrammen (2006) ITRB, 85]。

条约第 10 条规定的采取全部适当措施的义务,无论是一般的还是特别的,全部成员国当局都要受到约束,包括,对法院管辖的事务,法院……在适用国内法的时候,无论是在该指令实施前还是实施后,不得不对法律进行解释的国内法院必须这样做,即尽可能地根据该指令的文字和目的来解释,以便实现指令目标,并符合共同体条约第 249 条第 3 段的规定。①

对于刑事程序,法院进一步解释道:

国内法院在解释其国内法相关规则时参考指令内容的义务是受一些原则的限制的,这些原则是构成共同体法律一部分的基本法律原则,尤其是法律确定性原则和不溯及既往原则。②

后一判例对于与指令相关的民法或者民事诉讼法而言会造成怎样的重大影响,不是很清楚。成员国的法院似乎宁愿在根据成员国各自的法律方法论来解释民事诉讼法条文方面享有更多的自由,而不是刑法,刑法中的罪刑法定原则无论在《欧洲人权公约》第 7 条第(2)款还是在《欧盟基本权利宪章》第 49 条第(1)款都得到了尊重。据此,我们认为,如果一个成员国的方法论允许根据指令来解释,该解释将在所有情形下都是优先的。因此,德国联邦法院已经在数个场合根据共同体法律撤销了其原先的判例。③

考虑到德国没有按时转化欧共体第 2004/48 号指令,这就特别有意并会在下面被反复地谈论:是否可以根据类推的方法来实现与指令解释一

---

① 进一步参考:宝拉·法契尼·多利诉里克来博股份有限公司案(Paola Faccini Dori v. Recreb Srl),案号 No. C-91/92 (1994),《欧洲法院公报》第 I 卷,第 3325 页,第 26 段。

② 柯宾修斯案(Kolpinghuis Nijmegen BV),No. 80/86(1987),《欧洲法院公报》第 3969 页,第 13 段。

③ 即,联邦最高法院,1998 年,《国际工业产权与著作权评论》第 826 页——测试报告单[BGH 1998 *GRUR*, 824 (826) - Testpreis-Angebot];联邦最高法院,2006 年,《国际工业产权与著作权评论》第 966 页,去除残余污染物案[BGH, 2006 *GRUR*, 962 (966) - Restschadstoffentfernung]。

致。根据德国法原则,类推的适用需要以下条件:

(a)没有法定规则可以涵盖该事实情况。

(b)这个法律漏洞是立法机关无意所致(即,立法机关没有注意到该种情况需要法律规制)。

(c)在这个事实情况和法定规则所涵盖的另一个情况之间存在着共同的事实和法律特征,该法定规则证明把该法律规则从后者适用于前者是正当的。

在力图实现国内法的解释与共同体法律一致时,基于上述标准的类推可能常常失败,因为德国议会一开始并不打算为一个特定的情形规定法定的规则(即,因为它认为只有著作权持有人应该从权利推定中受益,而邻接权人不需要同样的保护,对比参见指令第 5 条)。这样,理论上,就没有满足类推的法律要求。

尽管如此,立法机关没有按时实施指令规定似乎明显改变了情况,并证明了在这样的情形下适用推定是正当的。可商榷的是,成员国有关机构可能有遵守欧共体条约第 10 条项下义务的意愿,即采取一切措施——无论是一般的还是特别的——来确保符合条约规定的义务。这样,一旦实施一个指令的最后期限已经届满,那些可能最初是故意的法律漏洞,在立法机关眼中就变为令人讨厌的和不受欢迎的了。于是出现了这样的结果:如果事实情况没有被德国的制定法规则所涵盖,但是根据尚未被转化的指令却应该被涵盖的话,类推就变得很合适了。

第三节 德国的知识产权执法:实然法和应然法

一、请求指令规定的措施、程序和救济的权利

第 4 条要求成员国允许特定的人或组织请求该指令规定的措施、程序

和救济。如前所述①,第 4 条(a)项与第 4 条(b)至(d)项不同,(a)项是指一项请求权被授予知识产权持有人——"根据所适用法律的规定",而其他被授权使用这些权利的人的请求权,以及权利集体管理组织和专业维权机构的请求权则要受所适用的法律对此作出的额外限制的约束。

《政府草案说明报告》对于这个区分的解释如下:第 4 条(a)项被视为强制性的,而第 4 条(b)至(d)项所称的那些组织的请求权被认为是成员国可以选择的。② 对于第 4 条的这样解读存在一些怀疑,因为该指令的文字一直是区分强制性规范和任意性规范的:前者的文字特点是"成员国应该……",而后者的典型句式是"成员国可以……"[如,第 7 条第(5)款,第 12 条,第 15 条第 2 句,第 16 条]。而第 4 条被设计成了一个强制性规范。也许,这可能可以简单地归因于该条文的历史,因为欧共体委员会的第一个建议试图要求成员国让第 4 条中提到的所有的人和组织享有诉讼主体资格。

一个不同的解释可能是:"所适用法律允许的"这个表述涉及了问题的实质。需要指出的是,第 48 号指令的内容主要是程序性的,一个成员国的管辖权(如《布鲁塞尔第 I 号条例》③所确定的那样)可能与另一个不同成员

---

① *Supra*, Ch. 3, Art. 4.

② 德国政府草案说明,德国联邦议院出版编号 BT-Drucks. 16/5048,第 26 页[Begründung RegE, BT-Drucks. 16/5048, p. 26]。

③ 2000 年 12 月 22 日欧盟理事会第 44/2001 号关于民事和商事案件判决的管辖、承认和执行的条例,《欧盟官方公报》L 12,2001 年 1 月 16 日,第 1—23 页[Council Regulation (EC) No 44/2001 of 22 Dec. 2000 on jurisdiction and the recognition and enforcement of judgments in civil and commercial matters, OJ L 12, 16 Jan. 2001, pp. 1 – 23]。也参阅第 90 条等(Cf. also Art. 90 et seq)。1993 年 12 月 20 日欧共体理事会第 40/94 号关于共同体商标的条例,《欧盟官方公报》L 11,1994 年 1 月 14 日,第 1—36 页;第 79 条等[Council Regulation (EC) No 40/94 of 20 Dec. 1993 on the Community trade mark, OJ L 11, 14.1.1994, pp. 1 – 36 ;Art. 79 et seq]。2001 年 12 月 12 日欧共体理事会第 6/2002 号关于共同体外观设计的条例,《欧盟官方公报》No. L 3,2002 年 1 月 5 日,第 1—24 页[Council Regulation (EC) No 6/2002 of 12 Dec. 2001 on Community designs, OJ No. L 3, 5 Jan. 2002, pp. 1 – 24]。

国的实体法的适用是相符的(如《罗马第 II 号条例》第 8 条①确定的那样)。因此,如果适用的实体法允许他们寻求救济并在这个范围内寻求救济,那么第 4 条可以要求成员国规定其指定的那些人的法律主体地位,即,如果一个专业维权机构对一个在成员国 A 被指控侵权的人寻求一项禁令,而适用的成员国 B 的实体法赋予该专业维权机构请求这样一个禁令的权利,成员国 A 就有义务授予该专业机构诉讼主体资格。

无论怎么解释指令第 4 条,我们认为,没有必要将上述规定转化为德国法。德国民事诉讼法中有关诉讼资格(Prozessführungsbefugnis)的基本原则意味着任何一个向法庭主张其自己权利的人都拥有法律主体资格,无论其主张的权利是基于德国实体法还是基于一个不同国家的法律。②

二、作者或权利的推定

就如指令第 5 条(a)项要求的那样,德国《著作权法》第 10 条第(1)款包含了作者以及著作权归属的推定。③《著作权法》第 69a 条第(4)款将这个推定扩展到了计算机程序,因为欧共体第 91/250 号指令第 1 条第(1)款

---

① 2007 年 7 月 11 日欧洲议会和欧盟理事会第 864/2007 号关于非合同义务法律适用的条例(罗马 II),《欧盟官方公报》No. L 199,2007 年 7 月 31 日,第 40—49 页[Regulation (EC) No 864/2007 of the European Parliament and of the Council of 11 Jul. 2007 on the law applicable to non-contractual obligations (Rome II), OJ No. L 199, 31 Jul. 2007, pp. 40 – 49]。

② 关于被许可人的申请,参见帕罗:"欧共体第 2004/48 号指令下被许可人的侵权索赔",《国际工业产权与著作权评论》,2007 年,第 1001 页[L. Pahlow, Anspruchskonkurrenzen bei Verletzung lizenzierter Schutzrechte unter Berücksichtigung der Richtlinie 2004/48/EG (2007) GRUR, 1001 er seq]。

③ 联邦政府法律草案说明,联邦议院出版物编号 BT-Drucks. 16/5048,第 26 页[Begründung RegE, BT-Drucks. 16/5048, p.26];格伦伯格:"著作权人的推定",《国际工业产权与著作权评论》,2006 年,第 900 页[M. Grünberger, Die Urhebervermutung und die Inhabervermutung für die Leistungsschutzberechtigten (2006) GRUR, 900]。关于《著作权法》第 10 条对作品已经成立的要求是否与指令一致存在一些争论,参见格伦伯格,同上,第 897 页,支持的观点;以及斯宾德勒和韦伯:"为改善知识产权执法而执行知识产权执法指令的官方设计",《著作权与媒体法》,2007 年,第 258 页[G. Spindler and M-P. Weber, Die Umsetzung der Enforcement-Richtlinie nach dem Regierungsentwurf für ein Gestez zur Verbesserung der Durchsetzung von Rechten des geistigen Eigentums (2007) ZUM, 258],反对的观点。

要求成员国将计算机程序作为《伯尔尼公约》下的文字作品给予著作权保护。[①] 而且,以前不受著作权保护的学术性编辑作品的编者以及不构成艺术作品的照片的拍摄者根据《著作权法》第 70 条第(1)款和第 72 条第(1)款,也同样享有相应的推定。比较而言,其他与著作权相关的权利人目前不能从这样的推定中受益。《政府议案》准备弥补这个漏洞,并准备将指令第 5 条忠实地转化为拟议中的《著作权法》第 71 条第(1)款、第 74 条第(3)款、第 85 条第(4)款、第 87 条第(4)款、第 87b 条第(2)款、第 94 条第(4)款,这些是涉及著作权期限届满后首次出版的作品的出版者、表演者、录音制作者、广播组织、数据库制作者和电影制作者。但是,草案忽略了组织表演者表演的公司,他们根据《著作权法》第 81 条获得了自己的相关权。[②]

在德国议会未转化欧共体第 20044/48 号指令前,产生了这样的问题:是否可以通过一致解释的方法来实现第 5 条的目标,即通过对《著作权法》第 10 条第(1)款的推定,适用于上面列举的邻接权人。在 2002 年,联邦法院在录音制作者权(P-Vermerk)案的判决中驳回了将《著作权法》第 10 条第(1)款推定适用于录音制作者的观点[③](该判决也适用于电影制作者和广

[①] 1991 年 5 月 14 日欧共体理事会第(EEC) 91/250 号关于计算机程序的法律保护指令,《欧盟官方公报》No. L 122,1991 年,第 42—46 页[OJ No. L 122, 17 May. 1991, pp. 42 - 46]。

[②] 格伦伯格:"著作权人的推定",《国际工业产权与著作权评论》,2006 年,第 902 页[M. Grünberger, Die Urhebervermutung und die Inhabervermutung für die Leistungsschutzberechtigten (2006) GRUR, 902]。

[③] 联邦最高法院,2003 年,《国际工业产权与著作权评论》第 228 页,P -标识案[BGH (2003) GRUR, 228 - P-Vermark];与之观点一致的是曼海姆,《多媒体法律》,2007 年,第 335 页[Mannheim, (2007) MMR, 335],以及格伦伯格:"著作权人的推定",《国际工业产权与著作权评论》,2006 年,第 902 页[M. Grünberger, Die Urhebervermutung und die Inhabervermutung für die Leistungsschutzberechtigten (2006) GRUR, 902],认为 P -标识案的判决是基于发现"P"标志不足以"通常方式"构成作品的外观,持反对意见的是斯宾德勒和韦伯:"为改善知识产权执法而执行知识产权执法指令的官方设计",《著作权与媒体法》,2007 年,第 257 页[G. Spindler and M - P. Weber, Die Umsetzung der Enforcement - Richtlinie nach dem Regierungsentwurf für ein Gestez zur Verbesserung der Durchsetzung von Rechten des geistigen Eigentums (2007) ZUM, 257]。

播组织①)。根据德国遵守共同体法律的义务,这个判例似乎需要被重新考虑。联邦法院基于两个理由拒绝了推定的适用:(a)一个无意的法律漏洞是否存在是值得怀疑的,以及(b)法院认为文学艺术作品作者的举证显然要比录音制作者的举证要难,因为作者在创作过程中经常是自己一个人,而组织机构以及录制的技术过程可能常常被记录在案,并有目击证人的支持。②

在目前的状况下,由于指令要求为邻接权人提供一个权利的推定,考虑到德国立法机关没有在指令第20条第(1)款规定的时间期限内转化指令,这些观点是缺乏说服力的。共同体条约第19条要求成员国法院采取适当措施使国内法与共同体法律的要求相一致。③ 这样的话,就应该重新考虑在这样的情况下是否可以进行推定。可以商榷的是,一旦转化指令的最后期限届满,联邦法院在录音制作者权(P-Vermerk)案的判决中已经宣布消失的法律漏洞又重新出现了。同样徒劳的是,有观点认为由于推定使邻接权人获得了更好的举证地位,因此这是不恰当的,而这种看法已经不再具有说服力:因为第5条第(2)款给予邻接权人和文学艺术作品的作者一样的推定,共同体法律显然认为他们是应该获得同样的保护的。④

---

① D.苏姆,载于万德特克和布林格编:《著作权法》第2版,慕尼黑:贝克出版社,2006年,《著作权法》第10条,注释49[D. Thum in A-A. Wandtke and W. Bullinger (eds), *Urheberrecht* (2nd edn, München, C. H. Beck, 2006), §10 n. 49]。

② 联邦最高法院,2003年,《国际工业产权与著作权评论》第228页(230页等)[BGH (2003) GRUR, 228 (230 et seq)]。

③ 冯·卡尔森案(v Colson und Kamann v. Land Nordrhein-Westphalen),案号 No. 14/83 (1984),《欧洲法院公报》第1891页;瓦隆尼案(Inter-Environnement Wallonie v. Région wallonne),案号 No. C-129/96 (1998),《欧洲法院公报》第 I 卷,第7411页。

④ 持相反观点的是格伦伯格:"著作权人的推定",《国际工业产权与著作权评论》,2006年,第903页[M. Grünberger, Die Urhebervermutung und die Inhabervermutung für die Leistungsschutz-berechtigten (2006) GRUR, 903],他认为,类推只是对于表演者是足够的,而对于其他相关权的权利人则不是。然而,他对《著作权法》第10(1)条与作者人身权利具有紧密联系的主要观点,没有考虑到这条仅仅是一个证据性质的规定。

三、证据

1. 指令第6条设定的义务

根据指令第6条的要求,成员国应该做出规定,允许有管辖权的法院根据一方当事人的申请,裁定对方当事人提交被其所控制的证据。在德国法中实施这个规定存在着特别的挑战,这是由于三个方面的原因:第一,德国民事诉讼法历来反对任何形式的证据披露和强制要求出示证据。当事人举证(Beibringungsgrundsatz)的诉讼原则意味着法院可以仅仅根据当事人在诉讼中提供的信息来作出判决,这个原则经常被理解成为这个格言:没有人有义务提供不利于其自己的证据。[①] 因此,要获取对方当事人控制范围内的证据只能通过实体性规范的方式来实现。第二,第6条规定的似乎是一定程序性措施,而传统上德国法只允许根据实体性规范来获取对方当事人控制范围内的证据。第三,由于历史上缺少有关出示证据的程序性规范,因此没有特定的规则来保护机密信息。下面,将解释德国"禁止探听证据(Verbot des ausforschungsbeweises)"的诉讼原则,接着,将考察在德国现行程序法和实体法中要求一方当事人出示证据的路径。最后,将介绍《政府议案》中规定的措施。

a 德国民事诉讼法对"职权调查证据(Exploratory Evidence)"的禁止

出示或者获取对方当事人所控制的证据可能违反德国民事诉讼法中所谓的"Verbot des Ausforschungsbeweises"原则,即禁止职权调查证据。[②] 其蕴

[①] 德国联邦最高法院,《新法律周刊》,1990年,第3151页,BGH (1990) NJW, 3151;鲍姆巴赫、劳特巴赫、艾尔布斯和哈特曼:《民事诉讼法典》第66条,慕尼黑:贝克出版社,《民事诉讼法典》第284条,注释29[A. Baumbach, W. Lauterbach, J. Albers, P. Hartmann, *Zivilprozessordnung* (66th edn, C. H. Beck, München, 2008), § 284 ZPO n. 29];A. 斯塔德勒(A. Stadler)对此有批评,他认为这句话应该用樟脑丸封存起来,参见穆兹拉克编:《民事诉讼法典评论》,第5版,慕尼黑:弗朗兹·瓦伦出版社,2007年,《民事诉讼法典》第142条,注释4[Kommentar zur Zivilprozessordnung mit Gerichtsverfassungsgesetz, H-J. Musielak (ed.) (5th edn, München, Franz Vahlen, 2007), § 142 ZPO n. 4]。

[②] 联邦最高法院,《新法律周刊》,1998年,第2100页,BGH, (1998) NJW, 2100 (2101);联邦最高法院,《新法律周刊》,1996年,第3150页,BGH (1996) NJW, 3150。

含的理念是,根据当事人举证(Beibringungsgrundsatz)的诉讼原则,每一方当事人必须陈述或者证明其提出的诉讼请求所依赖的事实。"职权调查证据"这个术语是用来描述获取证据的动机,它并没有打算去证明已经由各方当事人陈述的事实,而是一个不确定的企图,目的在于刺探新的事实或者揭示未知信息来源,以便使该当事人陈述新的事实。①

"职权调查证据"的概念似乎比在普通法中可能被视为"非法调查(fishing expedition)"的做法更为严格一些。同时,对于该概念并没有明确的定义。当负有举证责任的一方当事人以这是另一方当事人控制范围为理由,合法地把一些事实隐藏在暗中时,联邦法院倾向于采用相对宽松的标准。② 在这个情形下,该当事人可以提出假设并提供相应证据——如果他没有充分的依据证明该假设的正确性,而且,这是他的随意所为。③ 这似乎是对第 6 条要求的回应,即,申请人已经提交了可以合理获取的足以支持并充实其诉讼请求的证据,且详细说明了被对方当事人所控制的证据。这样,禁止职权调查证据就不会当然地对指令第 6 条转化为德国法构成一个难以克服的障碍。

b 出示证据的实体权利

如前所述,根据德国法,出示证据传统上是由实体性规范来规定的。根据《民事诉讼法典》(ZPO)第 422 条、第 371 条第(2)款,

---

① 格雷格案,策勒编:《民事诉讼法》第 25 版,科隆:奥托·施密特出版社,2005 年,第 284 条前,第 5 段等[*Greger*, Zivilprozessordnung, Zöller (ed) (25th edn, Otto Schmidt, Köln, 2005), vor § 284 para. 5 et seq]。

② 参见福斯特引用的案件,穆兹拉克编:《民事诉讼法典评论》,第 5 版,慕尼黑:弗朗兹·瓦伦出版社,2007 年,《民事诉讼法典》第 284 条,注释 17[Kommentar zur Zivilprozessordnung mit Gerichtsverfassungsgesetz, H-J. Musielak (ed.) (5th edn, München, Franz Vahlen, 2007), § 284 ZPO n. 17]。和罗森伯格、施瓦布和哥特瓦尔德:《民事诉讼法》第 16 版,慕尼黑:贝克出版社,2004 年,第 115 节,第 15 段等[L. Rosenberg, K. H. Schwab and P. Gottwald, *Zivilprozessrecht* (16th edn, C. H. Beck, München 2004), § 115 para. 15 et seq.]。

③ 联邦最高法院,《新法律周刊》,2001 年,第 2327 页,BGH (2001) NJW, 2327 (2328);联邦最高法院,《新法律周刊》,1996 年,第 3147 页,BGH (1996) NJW, 3147 (3150);联邦最高法院,《新法律周刊——案例报告》,1987 年,第 335 页,BGH (1987) NJW-RR, 335。

对方当事人有义务提交文件(或物),如果举证者可以根据民法的规定要求提供或出示该文件(或物)。

出示证据和物的实体权利来自《民法典》(BGB)第809、810条。①

第809条:物的检查

对物的占有人就该物享有请求权的人,或者希望确证这种请求权是否属于自己的人,如果检查该物对自己有利时,可以要求占有人出示该物以供检查或者允许检查。

第810条:文件的查阅权

对查阅他人占有的文件有合法权益的人,在该文件与自己的利益有关时,或者该文件能证明自己与他人之间成立的法律关系时,或者该文件记载自己与他人之间、双方中的乙方与共同中介人之间所采取的法律行为的谈判内容时,可以要求占有人允许其查阅该文件。

第811条:出示地点、风险和费用

(1)在第809条、第810条规定的情况下,出示应该在出示物所在地进行。如果有重大原因,任何一方当事人均可以要求在另一地点出示。

(2)风险责任和费用由提出出示要求的一方当事人负担。占有人在另一方当事人向其预付费用和为风险责任提供担保之前,可以拒绝出示。

《民法典》第810条涉及了文件的出示,它规定,在该文件是(a)与寻求其公开的一方当事人的利益有关时,(b)能证明一方当事人与另一方之间成立的法律关系时,或者(c)记载这样一种法律关系的谈判内容时,可以享

---

① 以下翻译由郎根沙德翻译服务机构(Langenschei)提供(作者进行了一些修改),并且可以在http://www.gesetze-im-internet.de/englisch_bgb/index.html 上获得。

有出示该文件的权利。因此，在知识产权侵权诉讼中，第810条并没有多大帮助。

《民法典》第809条更有意思一些。从表面来看，该规定似乎对任何一个希望确认他人是否侵犯了他或她的知识产权的权利人都很有价值。但是，第809条让德国联邦法院（BGH）在1985年作出的一个判决变得实际上没有用处了，这个情况只是在最近2002年这个规则才慢慢开始从一个睡美人的状态转变成为有效的措施。

在1985年关于压力棒案①的判决中，联邦法院认为，第809条不能用来规避对探求性证据的程序上的禁止。特别是就专利侵权而言，法院警告存在着第809条可能被用来作为侦查市场竞争对手商业秘密的工具的风险。根据该判决，只有存在着"实质性可能程度"的专利侵权的时候，才存在检查该被控专利侵权产品的权利。对于知识产权权利人来说，情况更为糟糕的是，该法院还把"物的检查"这个术语解释为仅仅包含查看该物品的行为，并规定任何对该物品的实质性干预，比如安置或者去除某个部件，或者将其用于一个机器的运行，都不是属于《民法典》第809条所包含的内容。

压力棒案的判决受到了学界的广泛批评，②但是，直到2002年，联邦法院的另一个合议庭才在传真卡案的判决中区分了专利和著作权，指出有必要按照《与贸易有关的知识产权协议》（TRIPS）来解释《民法典》第809条，并确立了对被控侵犯著作权产品进行检查的不同标准。③ 最后，在2006年作出的去除残余污染物案的判决中，第十合议庭（该庭管辖专利案件）同意第809条必须根据TRIPS协议以及欧共体第2004/48号指令来解释，并适

---

① 联邦最高法院，《国际工业产权与著作权评论》，1985年，第512页等——压力棒案［BGH（1985）GRUR, 512 et seq. - *Druckbalken*］。

② 参见联邦最高法院，《新法律周刊——案例报告》，2002年，第1617页，传真卡案［BGH（2002）NJW-RR, 1617 (1620)- *Faxkarte*］。

③ 联邦最高法院，《新法律周刊——案例报告》，2002年，第1617页，传真卡案［BGH, (2002) NJW-RR, 1617 (1619)- *Faxkarte*］。

用于全部知识产权,包括专利权。①

基于这些发展变化是近来一段时间才发生的事实,很少有判例可以指导我们来分析根据《民法典》第809条的规定来行使出示文件的实体权利的要件是什么。② 但有两点是清楚的:首先,《民法典》第809条规定的检查权利可以包含对被检查物品的实质性干预,③这是有别于1985年压力棒案的判决的。更为清楚的是,检查权利是基于平衡涉案当事人的利益冲突而赋予的。一方面,在证据可能非常难以提高的案件中,给权利人提供了一个证明侵权的工具;另一方面,并不是在权利人指控其权利受到了侵犯的每一个案件中都可以进行检查,因为这里存在的相当大的风险是这种请求可能会被用来——自愿地或不自愿地——获取竞争对手及其产品的高级知识。④ 在试图实现这种利益平衡时,有各种各样的标准需要考虑,比如构成知识产权侵权的可能性,对另一方当事人的机密信息的保护,侵权的严重程度和干涉另一方当事人权利的程度,以及通过其他合理和适当的方式来证明侵权的可能性。⑤

这些标准可能在很大程度上反映了指令第6条规定的准则,即,申请人已经提交了可以合理获取的证据以及对方当事人的机密信息受到了保护。在数量不确定的案件中,如果申请人已经提交了合理的证据,而且对方当事人的秘密权益受到了影响,成员国法院将不得不平衡当事人的利益。然而,考虑到指令第3条第(2)款规定的比例原则,联邦法院在传真卡案和去除

---

① 联邦最高法院,2006年,《国际工业产权与著作权评论》第966页,去除残余污染物案[BGH, 2006 *GRUR*, 962 (966) - *Restschadstoffentfernung*]。

② 2005年之前的判例法综述参见库恩:"专利法中的调查制度",2005年,《国际工业产权与著作权评论》,第185—196页[T. Kühnen, Die Besichtigung im Patentrecht, (2005) GRUR, 185—196]。

③ 联邦最高法院,《新法律周刊——案例报告》,2002年,第1617页,传真卡案[BGH (2002) NJW-RR, 1617 (1620) - *Faxkarte*]。

④ 联邦最高法院,《新法律周刊——案例报告》,2002年,第1617页,传真卡案[BGH (2002) NJW-RR, 1617 (1620) - *Faxkarte*]。

⑤ 联邦最高法院,《新法律周刊——案例报告》,2002年,第1617页,传真卡案[BGH (2002) NJW-RR, 1617 (1620) - *Faxkarte*];联邦最高法院,2006年,《国际工业产权与著作权评论》第966页,去除残余污染物案[BGH, GRUR 2006, 962 (966 et seq.) - *Restschadstoffentfernung*]。

残余污染物案的判决中确定的标准,目的就是为了这样的利益平衡。但是,需要强调的是,《民法典》第 809 条只允许检查那些已经知道是由对方当事人占有的货物。这个规则并不允许检查另一方当事人的房屋以"查出"某个物品是否被其占有。①

《民法典》第 811 条第(2)款要求申请人负担检查的费用,并对涉及的风险提供担保,这似乎是没有问题的。指令第 3 条第(1)款规定成员国提供的措施不应该有不必要的花费,这意味着对权利人提供的措施并不是不需要任何费用的。② 因此,一般认为,就物的检查而言,目前德国法院对第 809 条所做的解释足以执行指令第 6 条。

但是,如前所述,关于查阅文件的姊妹条款即第 810 条,对于权利人来说是没有帮助的。在指令第 6 条要求成员国使其有管辖权的司法机关作出裁定由对方当事人出示文件(无论是第 1 段所说的一般文件,还是第 2 段所说的银行、财务或商业文件)的范围内,实体法的规定不足以使德国充分履行指令第 20 条规定的义务。

c 根据《民事诉讼法典》(ZPO)第 142 条、第 144 条出示证据

就《民事诉讼法典》(ZPO)第 142 条和第 14 条允许法院在没有当事人请求的情况下自己主动取证而言,这两个条文都对当事人出示证据的原则做出了修正。在 2002 年 1 月 1 日开始实施的《民事诉讼法典》全面改革中,这些规定的适用范围被实质性地扩大了。由于根据以前的规定,一个法院只能要求一个当事人出示其占有的文件——如果该当事人自己提到了该文件的话,现在,就有可能要求一方当事人提供另一方当事人所需要的材料。但是,2004 年评估"《民事诉讼法典》改革"的一个报告已经表明,如果法官倾向于赞成《民事诉讼法典》第 142 条、第 144 条所扩大的权力的话,他们

---

① 联邦最高法院,《国际工业产权与著作权评论》,2004 年,第 420 页,访问控制案[BGH (2004) GRUR, 420(421)–*Kontrollbesuch*]。

② 只有在检查显示对方当事人确实侵犯了申请人的知识产权时,检查的费用才构成受损一方当事人因侵权而遭受的损害的一部分,参见指令第 13 条第 1 款。

更愿意行使其自由裁量权,并根据这些条款规定来作出裁定。① 对于上述规定的满意度随着时间的推移可能会不断增长。

《民事诉讼法典》第 142 条②

(1)法院可以要求一方当事人或者第三人出示其占有的证明或者其他文件,只要其中一方当事人提到了该文件。法院可以设定提交的时间期限,并可以要求在一个规定的时间期限内将该文件保存在法院办公室。

(2)如果这种出示不是第三方所合理期待的或者他们有权根据第383—385 条,第 386—389 条拒绝作证,第三方就没有义务出示文件。

《民事诉讼法典》第 144 条

(1)法院可以要求通过侦查取证或者由一个专家来进行检查。为此,法院可以要求一方当事人或第三人出示某个特定物品,并规定一个相应的时间期限。法院也可以要求一方当事人对根据第一句所采取的措施予以容忍,除非涉及一个住宅。

(2)第三方没有义务提交一个物品或容忍上述措施,如果这种提交或措施不是其所合理期待的或者他们有权根据第 383—385 条,第 386—389 条拒绝作证。

暂且不说法院愿意行使《民事诉讼法典》第 142 条、第 144 条所规定的权力,德国法的这些规定是否足以执行指令第 6 条,仍然是个问题。首先,《民事诉讼法典》第 142 条、第 144 条的文字表述给个别法院是否做出出示证据的裁定留下了自由裁量的空间;其次,对于不执行裁定的制裁是相当弱

---

① 霍莫里奇、普鲁厄丁等:"民事诉讼制度改革对司法实践的影响调查——对《民事诉讼法典》修改的评估",第 4 页[C. Hommerich, H. Prütting et. al., *Rechtstatsächliche Untersuchung zu den Auswirkungen der Reform des Zivilprozessrechts auf die gerichtliche Praxis-Evaluation ZPO-Reform* http://www.bmj.bund.de/media/archive/1216.pdf, p. 4]。

② 除另外注明,所有翻译均是作者自己所为。

的;最后,法院很少会根据《民事诉讼法典》第 142 条裁定出示银行、财务和商业文件。

i 法院的自由裁量权

指令第 6 条规定,如果申请人已经提供了可以合理取得的足以支持其请求的证据,并详细说明了被对方当事人所控制的证据,成员国法院有权根据申请人的申请裁定另一方当事人出示其控制的证据,但应保护好机密信息。有人认为《民事诉讼法典》第 142 条、第 144 条不足以转化指令第 6 条,因为它们规定法院有权力裁定要求出示证据或者驳回申请。① 但是,第 6 条的文字表述似乎允许授予成员国法院自由裁量权("有管辖权的司法机关可以裁定"),尤其是由于作出这样一个裁定的标准——即提交了可以合理取得的证据以及对机密信息进行保护——是很不确定的,这给法院留下了一个很大的解释空间。

《民事诉讼法典》第 142 条、第 144 条比指令更为宽泛,表现在几个方面:没有当事人的申请,法院就可以根据其自己的裁量权来要求出示证据,对于文件而言,只要符合这样的条件:一方当事人已经提到了该证据。而且,这种裁定可以不仅仅限于另一方当事人,而是也可以针对第三方。《民事诉讼法典》第 142 条、第 144 条对于作出这样的裁定规定了比指令第 6 条更少的前提条件,而根据指令第 2 条第(1)款的规定,国内立法可以作出更为严厉的规定,因此,这就不是一个重要问题了。第 6 条的额外要求,即申请人已经提交了可以合理取得的证据以及对机密信息进行保护,是受第 3 条第(2)款要求的比例原则的保护的。而德国的法律规则有足够的弹性来适应该比例原则的要求,特别是德国宪法(《基本法》)要求德国法院在任何一个法律纠纷案中都要考虑比例原则。② 在行使其裁量权时,法院要考虑各种因素,比如侵权的严重性,是否有其他合理获取证据的方式以及对另一方当事人合法权益的保护。

---

① 联邦政府法律草案说明,联邦议院出版物编号 BT-Drucks. 16/5048,第 26 页[Begründung RegE, BT-Drucks. 16/5048, p. 26]。

② 德国宪法法院,《多媒体法律》,2006 年,第 375 页[BVerfG MMR 2006, 375 (377)]。

ii 对不履行裁定的制裁

《民事诉讼法典》第142条、第144条之"阿喀琉斯脚踵"(致命弱点)是当对方当事人拒绝出示证据或者拒绝法院或专家的检查时可以实施的制裁是很微弱的。不履行裁定的当事人的唯一不利之处是当法院在判断当事人所陈述的事实是否真实时,会将拒绝出示证据作为一个考量因素(《民事诉讼法典》第286条、第371条第(3)款,第422条可以类推的)。① 《民事诉讼法典》没有为执行法院的裁定提供一个手段。鉴于指令第3条第(2)款要求知识产权执法措施是有效率的,也能起到劝阻作用的,因此,这样一个程序性结果当然是不够的。②

iii 银行、财务或商业文件的出示

最后,权利人会发现根据《民事诉讼法典》第142条请求出示银行、财务或商业文件是很困难的,因为该规定要求其中一方当事人已经提到了该文件。很少有判例来界定"提到"这个词语在这里究竟表示什么意思,但是,唯一可以断言的是这样的文件通常是不会存在的③,法院也是被阻止在对方当事人的领地进行侦查的。④ 因此,在根据《民事诉讼法典》第142条

---

① 格雷格案,参见策勒编:《民事诉讼法》第25版,科隆:奥托·施密特出版社,2005年,第142条前,第4段等[Greger, Zivilprozessordnung, Zöller(ed)(25th edn, Otto Schmidt, Köln, 2005), vor § 142 para. 4 et seq];罗森伯格、施瓦布和哥特瓦尔德:《民事诉讼法》第16版,慕尼黑:贝克出版社,2004年,第118节,第45段等[L. Rosenberg, K. H. Schwab and P. Gottwald, Zivilprozessrecht (16th ed, C. H. Beck, München 2004), § 118 para. 45 et se]。鲍姆巴赫、劳特巴赫、艾尔布斯和哈特曼:《民事诉讼法典》第66版,慕尼黑:贝克出版社,《民事诉讼法典》第142条,注释27[A. Baumbach, W. Lauterbach, J. Albers, P. Hartmann, Zivilprozessordnung (66th edn, C. H. Beck, München, 2008), § 142 ZPO n. 27]。

② 联邦政府法律草案说明,联邦议院出版物编号BT-Drucks. 16/5048,第26页[Begründung RegE, BT-Drucks. 16/5048, p. 26]。

③ A. 斯塔德勒(A. Stadler)的批评,参见穆兹拉克编:《民事诉讼法典评论》,第5版,慕尼黑:弗朗兹·瓦伦出版社,2007年,《民事诉讼法典》第142条,注释4[Kommentar zur Zivilprozessordnung mit Gerichtsverfassungsgesetz, H-J. Musielak (ed.) (5th edn, München, Franz Vahlen, 2007), § 142 ZPO n. 4]。

④ 吕普科和缪勒:"庭前证据开示和《民事诉讼法典》第142条:新民事诉讼制度中的特洛伊木马?",《破产法》,2002年,第589页[T. Lüpke and R. Müller, "Pre-Trial Discover of Documents" und § 142 ZPO-ein trojanisches Pferd im neuen Zivilprozessrecht? (2002) NZI, 589]。

作出裁定要求出示这样的信息时,德国法院可能是犹豫不决的。

d 机密信息的保护

237　　不管出示证据和/或检查物品是基于程序性规则还是基于实体性规则,法院必然要平衡当事人的利益并要保护被控侵权人的敏感数据。由德国法院所创立的或者由学术界所建议的保护机密信息的选项包括所谓的"附条件审计师(wirtschaftsprüfervorbehalt)"和"不公开(in camera)"审讯。

如果所出示的证据或者所检查的物品属于敏感数据,法院创立了所谓的"附条件审计师"。最初这是关于实体的信息权的,进行出示或者检查要接受附带条件的约束:即该文件被移交给由原告指定、由被告支付费用的中立的注册会计师保管。联邦法院在最近才同意:出示或检查是基于《民事诉讼法典》第 142 条、第 144 条的程序性措施时,也可以进行这种保管。① 但是,聘用一个注册会计师只是在所需要回答的问题是比较简单的时候(比如,一个特定的企业是否出现在一个客户名单中)的一个选项。更为复杂的情形,比如根据侵权人所获利润来计算损害赔偿,就需要进行法律评估,这种评估是法院角色的一部分或者只能由法院来做。② 在知识产权纠纷中聘请专家,比如,为了判断某个机械装置是否使用了原告的专利,帮助法院对此进行法律评估的时候,与上面的情况是同样的。因此,向宣誓保密的中立的第三方出示或者由其进行检查,是不太可能保护好被控侵权人的利益的。

"不公开"审讯显然是可以替代的选项,但德国法传统上很少这样做③,

---

① 联邦最高法院,《国际工业产权和著作权法评论》,2006 年,第 962 页,去除残余污染物案[BGH (2006) GRUR, 962 (967)- *Restschadstoffentfernung*]。

② 德国宪法法院,《多媒体法律》,2006 年,第 375 页,BVerfG (2006) MMR, 375 (378);联邦最高法院,《国际工业产权和著作权法评论》,2006 年,第 962 页,去除残余污染物案[BGH (2006) GRUR, 962 (967)- *Restschadstoffentfernung*]。

③ 参见德国宪法法院,《多媒体法律》,2006 年,第 375 页,BVerfG (2006) MMR, 375 et seq,德国宪法法院在这里第一次指出:不公开审理程序(In Camera Proceeding, http://en.wikipedia.org/wiki/In_camera)与基本法第 103(1)条是可以相符的。

这也没有规定在《民事诉讼法典》中。如果讨论的是涉及重要的商业、贸易或者税收的秘密或者是关于一项发明的秘密,《民事诉讼法典》(GVG)第172条第2款允许不让公众或者一方当事人听到。但是,《民事诉讼法典》第357条第(1)款规定,涉案当事人有权目击取证,这是《德国基本法》(GG)第103条第(1)款规定的听证权的一个重要内容,从根本上说这是一个获得公正审判的权利。尽管如此,希望确认知识产权侵权的一方当事人常常会自愿同意限制其根据《民事诉讼法典》第357条第(1)款享有的权利,因为这并不会失去什么:当其对提交给法庭的材料提出挑战的能力受到限制的时候,至少该材料会首先被法院接触到。① 在得到一个公正听证的权利和司法的效率性之间作出一个选择,似乎是比较容易做的。②

然而,另一个问题是向原告的律师披露这样的材料,因为根据《联邦律师职业行为准则》(BRAO)第11条的规定,律师有义务立即告知其客户,而德国法却没有规定防止律师向其客户泄露信息。③ 但是,原告可以决定是

---

① 伯恩凯姆:"知识产权执法中机密信息的保护——民事诉讼中的不公开审理程序",载于阿伦斯、博姆凯姆和昆茨—豪斯坦因编:《艾克·乌尔曼纪念文集》,萨尔布吕肯:法学出版社,2006年,第903页等[J. Bornkamm, Der Schutz vertraulicher Informationen im Gesetz zur Durchsetzung von Rechten des geistigen Eigentums-In-camera-Verfahren im Zivilprozess? in *Festschrift für Eike Ullmann*, H.-J. Ahrens, J. Bornkamm and H-P. Kunz-Hallstein (eds) (Saarbrücken, juris, 2006), p. 903 et seq]。

② 施罗莎:"当事人举证中账户审计和处理的保密问题",载于休伯纳和爱贝克编:《伯恩哈德·格罗斯菲尔德纪念文集》,海德堡:法律与经济出版社,1999年,第1005页等[P. Schlosser, Wirtschaftsprüfervorbehalt und prozessuales Vertraulichkeitsinteresse der nicht primär beweisbelasteten Prozeßpartei in *Festschrift für Bernhard Großfeld*, U. Hübner and W. Ebke (eds) (Recht und Wirtschaft, Heidelberg, 1999), p. 1005 et seq]。罗森伯格、施瓦布和哥特瓦尔德:《民事诉讼法》第16版,慕尼黑:贝克出版社,2004年,第115节,第45段等[L. Rosenberg, K. H. Schwab and P. Gottwald, *Zivilprozessrecht* (16th ed, C. H. Beck, München 2004),§ 115 para. 45 et se]。斯宾德勒和韦伯:"知识产权执法指令第7条对商业秘密的保护",《多媒体法律》,2006年,第713页[G. Spindler and M-P Weber, Der Geheimnisschutz nach Art. 7 der Enforcement-Richtlinie (2006) MMR 713],讨论了宪法的关联性。

③ 施罗莎:"当事人举证中账户审计和处理的保密问题",载于休伯纳和爱贝克编:《伯恩哈德·格罗斯菲尔德纪念文集》,海德堡:法律与经济出版社,1999年,第1010页[P. Schlosser, Wirtschaftsprüfervorbehalt und prozessuales Vertraulichkeitsinteresse der nicht primär beweisbelasteten Prozeßpartei in *Festschrift für Bernhard Großfeld*, U. Hübner and W. Ebke (eds) (Recht und Wirtschaft, Heidelberg, 1999), p. 1010]。

否同意律师宣誓保密或者是否放弃接触对方当事人所控制的材料的权益。① 最后,当法院(或者随后处理侵权诉讼的法院)审查了出示或者检查的材料后,如果最后发现显示的信息其实并不是特别的机密信息,或者如果利益平衡是向原告方倾斜的,法院应该有权选择是否强化对获取这种材料的限制。②

e 获取证据的现状小结

根据权利人的请求要求被控侵权人出示证据的德国实然法规则,并不足以转化欧共体第 2004/48 号指令。这样的申请可以根据程序性规则(《民事诉讼法典》第 142 条、第 144 条规定法院自由裁量出示文件或者物品),但这很少使用,在不履行的时候制裁也很微弱。而且,这些规则不适合于获取银行、财务和/或商业文件。由于联邦法院已经成功地颠覆了压力棒案的判决,作为一个替代,《民法典》第 809 条规定了在知识产权案件中出示和检查物品的实体权利。相反,在知识产权侵权诉讼中却没有出示或者查阅文件的实体权利可以帮忙。最后,在要求获取这样的文件或物品的案件中,对于机密信息的保护并不存在被普遍接受的方法和标准。因此,很清楚,需要全面地执行指令第 6 条。

f 按照《政府议案》出示证据

考虑到《民事诉讼法典》第 142 条、第 144 条规定存在的缺陷,按照关于《民法典》第 809 条目前发生的变化(但还没有审结的判例),《政府议案》

---

① 库恩:"专利法中的调查制度",《国际工业产权与著作权评论》,2005 年,第 191 页[T. Kühnen, Die Besichtigung im Patentrecht, (2005) GRUR, 191];伯恩凯姆:"知识产权执法中机密信息的保护——民事诉讼中的不公开审理程序",载于阿伦斯、博姆凯姆和昆茨—豪斯坦因编:《艾克·乌尔曼纪念文集》,萨尔布吕肯:法学出版社,2006 年,第 911 页[J. Bornkamm, Der Schutz vertraulicher Informationen im Gesetz zur Durchsetzung von Rechten des geistigen Eigentums-In-camera-Verfahren im Zivilprozess? in Festschrift für Eike Ullmann, H-J. Ahrens, J. Bornkamm and H-P. Kunz-Hallstein (eds) (Saarbrücken, juris, 2006), p. 911]。

② 伯恩凯姆:"知识产权执法中机密信息的保护——民事诉讼中的不公开审理程序",载于阿伦斯、博姆凯姆和昆茨—豪斯坦因编:《艾克·乌尔曼纪念文集》,萨尔布吕肯:法学出版社,2006 年,第 910 页等[J. Bornkamm, Der Schutz vertraulicher Informationen im Gesetz zur Durchsetzung von Rechten des geistigen Eigentums-In-camera-Verfahren im Zivilprozess? in Festschrift für Eike Ullmann, H-J. Ahrens, J. Bornkamm and H-P. Kunz-Hallstein (eds) (Saarbrücken, juris, 2006), p. 910 et seq]。

建议用新的规定来明确执行指令第 6 条。尽管《说明报告》承认第 6 条是一个程序性的规定,但该解决办法看来是规定额外的出示和查阅的实体权利。该报告认为,这个转化可以与德国证据制度更为融洽,没有必要规定全新的程序制度。① 根据《政府议案》的建议,《专利法》(PatG)第 140c 条、《实用新型法》(GebrMG)第 24c 条、《商标法》(MarkenG)第 19a、128 和 135 条、《外观设计法》(GeschmMG)第 46a 条、《著作权法》(UrhG)第 101a 条、《植物新品种保护法》(SortschG)第 37c 条、《半导体产品拓扑图法》(HalblSchG)第 9 条第(2)款规定:

出示和查阅权

(1)在一个人有充分可能侵犯了一个知识产权的情况下,权利人可以要求该人出示其控制的文件或者允许检查其控制的物品,只要这个行为对于证明权利人的诉讼请求来说是必要的。如果情况表明有充分的可能存在商业规模的侵权,出示文件的权利扩展到出示银行、财务或商业文件。如果被控侵权人提出该信息是秘密性的,法院应根据特定情形的需要提供适当的保护措施。

(2)如果在特定情形出示或查阅是不适当的,不适用第(1)款规定的权利。

(3)如果被告被要求出示文件或被要求允许检查物品,法院可以根据《民事诉讼法典》第 935—945 条的规定采取临时措施。法院提供适当措施以确保机密信息的保护,尤其是当临时措施是在没有给予被告听证的情况下作出裁定的。

(4)《民法典》第 811 条和《专利法》第 140b(8)条同样适用。

(5)如果后来证明不存在侵权或者不存在即将发生的侵权,申请人应该弥补被控侵权人所遭受的损失。

---

① 联邦政府法律草案说明,联邦议院出版物编号 BT-Drucks. 16/5048,第 27 页[Begründung RegE, BT-Drucks. 16/5048, p. 27]。

240　　确实,欧共体条约第 249 条第(3)款规定指令的约束仅限于其所要实现的结果,但成员国可以选择实现的形式和方法。尽管如此,指令第 6 条是一个程序性的制度,似乎更适合将其转化为一个程序性的规定。① 但是事实上,《政府议案》设立了实体性的权利而不管是否已经提起侵权诉讼,这就产生了一系列的问题:

首先,除非已经提起了侵权诉讼,提供可以获利获取的证据(这是指令第 6 条规定的主要条件)并不是一个合适的标准。相反,《政府议案》的建议要求存在一个足够可能的侵权行为,②《说明报告》认为,联邦法院在传真卡案的判决中确立的原则(关于《民法典》第 809 条)应该作为解释新的出示和查阅权的一个指南。③

其次,在指令第 6 条所面临的侵权诉讼程序中,法院要求出示对于确定诉讼请求的有效性来说是必要的证据,这只是作为一个过程。相反,《政府议案》建议的出示和查阅权可以被用来作为侦查信息的工具,而其真实的目的并不是为了提起一个侵权主张。④ 因此,这个权利的行使要符合这样的要求:出示或者查阅对于证实一个侵权诉讼请求(这个请求可能是在另一个案件中提出的)来说是必要的。第 6 条的程序性解决方案是更精致和

---

① 麦克圭尔:"欧共体第 2004/48 号关于知识产权执法指令后的证据收集和获取信息的权利",《国际工业产权与著作权评论》,2005 年,第 21 页[M-R. McGuire, Beweismittelvorlage und Auskunftsanspruch nach der Richtlinie 2004/48/EG zur Durchsetzung der Rechte des Geistigen Eigentums (2005) *GRUR*, 21],认为成员国有义务将第 6 条转换为一项诉讼措施。

② "合理的可能性"标准受到了批评,参见德国工业产权和著作权协会(GRUR):"专利、实用新型、外观设计和著作权委员会对改善知识产权执法的共同声明",《国际工业产权与著作权评论》,2006 年,第 394 页,第 4.2 点[DeutscheVereinigung für gewerblichen Rechtsschutz und Urheberrecht (GRUR), Gemeinsame Stellungnahme der Ausschüsse für Patent-und Gebrauchsmusterrecht, Geschmacksmusterrecht und Urheberrecht zum Referentenentwurf für ein, Gesetz zur Verbesserung der Durchsetzung von Rechten des geistigen Eigentums (2006) *GRUR* 394 at 4.2]。

③ 联邦政府法律草案说明,联邦议院出版物编号 BT-Drucks. 16/5048,第 40 页[Begründung RegE, BT-Drucks. 16/5048, p. 40]。

④ 联邦政府法律草案说明,联邦议院出版物编号 BT-Drucks. 16/5048,第 40 页[Begründung RegE, BT-Drucks. 16/5048, p. 40]。

便利的,因为法院在侵权诉讼中将处于最有利的地位来判定一个出示或者一个查阅是不是至关紧要的。①

再者,出示及查阅权显然是按照比例原则来设定的,而指令第6条只是规定了管辖法院的自由裁量权。

最后,如所建议的条文那样,对物品的检查和文件的出示可能比在指令中所使用的"证据"这个术语要窄一些。对于在方法专利的情况下保全证据来说,这是一个特殊的考虑。②

总而言之,《政府议案》所选择的路径似乎没有必要这么复杂,而且为新的《专利法》(PatG)第140c条,《实用新型法》(GebrMG)第24c条,《商标法》(MarkenG)第19a、128和135条,《外观设计法》(GeschmMG)第46a条,《著作权法》(UrhG)第101a条,《植物新品种保护法》(SortschG)第37c条,《半导体产品拓扑图法》(HalblSchG)第9条第(2)款所选定的标准是否真的在所有情况下都反映了指令第6条的要求。③《说明报告》正确地指出,

---

① 麦克圭尔:"《民事诉讼法典》第142条的政策解读:关于联邦最高法院去除残余污染物案 BGH 1.8.2006-X ZR 114/03",2007年,GPR 杂志,第36页等[M-R. McGuire, Die richtlinienkonforme Auslegung des § 142 ZPO: Anmerkung zu BGH 1.8. 2006-X ZR 114/03-Restschadstoffverwertung (2007) GPR 36 et seq]。

② 德国工业产权和著作权协会(GRUR):"专利、实用新型、外观设计和著作权委员会对改善知识产权执法的共同声明",《国际工业产权与著作权评论》,2006年,第394页,第4.3点[DeutscheVereinigung für gewerblichen Rechtsschutz und Urheberrecht (GRUR), Gemeinsame Stellungnahme der Ausschüsse für Patent-und Gebrauchsmusterrecht, Geschmacksmusterrecht und Urheberrecht zum Referentenentwurf für ein, Gesetz zur Verbesserung der Durchsetzung von Rechten des geistigen Eigentums (2006) GRUR 394 at 4.3]。斯宾德勒和韦伯:"为改善知识产权执法而执行知识产权执法指令的官方议案",《著作权与媒体法》,2007年,第264页[G. Spindler and M-P. Weber, Die Umsetzung der Enforcement-Richtlinie nach dem Regierungsentwurf für ein Gestez zur Verbesserung der Durchsetzung von Rechten des geistigen Eigentums (2007) ZUM, 264]。

③ 麦克圭尔:"《民事诉讼法典》第142条的政策解读:关于联邦最高法院去除残余污染物案 BGH 1.8.2006-X ZR 114/03",2007年,GPR 杂志,第37页[M-R. McGuire, Die richtlinienkonforme Auslegung des § 142 ZPO: Anmerkung zu BGH 1.8. 2006-X ZR 114/03-Restschadstoffverwertung (2007) GPR 37];提尔曼:"证据的取得:关于知识产权的执法指令第7条",《国际工业产权与著作权评论》,2005年,第739页[W. Tilmann, Beweissicherung nach Art. 7 der Richtlinie zur Durchsetzung der Rechte des geistigen Eigentums (2005) GRUR, 739, i. e]认为"可以合理获得的证据"对应的是"充分的怀疑"而不是"充分的可能性"。

德国的法律制度目前没有必要对其中一方当事人采取程序性的措施。但是,正如《民事诉讼法典》第 142 条第(2)款、第 144 条第(2)款以及第 390 条所表明的那样,采取程序性措施并不是完全与德国民事诉讼制度相悖,而且,朝着这个方向发展对于执行指令第 6 条来说是个更好的路径。①

还有一个进一步的批评是②:《政府议案》将敏感信息的特别保护留给法院,却没有提出解决上述问题(Ⅲ.C.1.d)的意见。《说明报告》只是提到了在宣誓保密的情况下向第三方披露信息的选项,以及《民事诉讼法典》(GVG)第 172 条、第 174 条第(3)款和《违反保密义务的刑事制裁》(StGB)第 353d 条第 2 款。③

---

① 麦克圭尔:"欧共体第 2004/48 号关于知识产权执法指令后的证据收集和获取信息的权利",《国际工业产权与著作权评论》,2005 年,第 17 页[M-R. McGuire, Beweismittelvorlage und Auskunftsanspruch nach der Richtlinie 2004/48/EG zur Durchsetzung der Rechte des Geistigen Eigentums (2005) *GRUR*, 17];也有不同的观点,参见提尔曼:"证据的取得:关于知识产权的执法指令第 7 条",《国际工业产权与著作权评论》,2005 年,第 738 页[W. Tilmann, Beweissicherung nach Art. 7 der Richtlinie zur Durchsetzung der Rechte des geistigen Eigentums (2005) *GRUR*, 738]。

② 非常清晰,普科特和库尔:"马克斯—普朗克知识产权法、竞争法和税法研究所对德国实施欧共体第 2004/48 号关于知识产权执法指令的意见",《国际工业产权与著作权评论》,2006 年,第 302 页[A. Peukert and A. Kur, Stellungnahme des Max-Planck-Instituts für Geistiges Eigentum, Wettbewerbs- und Steuerrecht zur Umsetzung der Richtlinie 2004/48/EG zur Durchsetzung der Rechte des geistigen Eigentums in deutsches Recht (2006) *GRUR Int*, 302],这里观点十分明确。进一步参考,伯恩凯姆:"知识产权执法中机密信息的保护——民事诉讼中的不公开审理程序",载于阿伦斯、博姆凯姆和昆茨—豪斯坦因编:《艾克·乌尔曼纪念文集》,萨尔布吕肯:法学出版社,2006 年,第 912 页[J. Bornkamm, Der Schutz vertraulicher Informationen im Gesetz zur Durchsetzung von Rechten des geistigen Eigentums-In-camera-Verfahren im Zivilprozess? in *Festschrift für Eike Ullmann*, H-J. Ahrens, J. Bornkamm and H-P. Kunz-Hallstein (eds) (Saarbrücken, juris, 2006), p. 912];斯宾德勒和韦伯:"为改善知识产权执法而执行知识产权执法指令的官方设计",《著作权与媒体法》,2007 年,第 263 页[G. Spindler and M-P. Weber, Die Umsetzung der Enforcement-Richtlinie nach dem Regierungsentwurf für ein Gestez zur Verbesserung der Durchsetzung von Rechten des geistigen Eigentums (2007) *ZUM*, 263];弗兰克和威甘德:"拟议中的著作权法关于调查的要求",CR 杂志,2007 年,第 486 页等[C. Frank and N. Wiegand, Der Besichtigungsanspruch im Urheberrecht de lege ferenda, (2007) *CR*, 486 et seq];斯宾德勒和韦伯:"知识产权执法指令第 7 条对商业秘密的保护",《多媒体法律》,2006 年,第 713 页[G. Spindler and M-P Weber, Der Geheimnisschutz nach Art. 7 der Enforcement-Richtlinie (2006) *MMR* 713]。

③ 对违反保密义务的刑事制裁,参见联邦政府法律草案说明,联邦议院出版物编号 BT-Drucks. 16/5048,第 41 页[Begründung RegE, BT-Drucks. 16/5048, p. 41]。

2. 证据保全措施

a 保全证据的实然法

指令第7条补充了第6条,规定了在实体案件起诉前保全证据的措施,包括对侵权物品、用于生产和销售这些物品的材料和工具以及有关文件进行详细记录并实施扣押。

关于德国证据保全的独立诉讼的立案,是由《民事诉讼法》第485条等规定的:

《民事诉讼法典》第485条:

(1)在提起实体案件诉讼期间或者之前,如果另一方当事人同意,或者如果存在证据损毁的风险或存在证据使用的阻碍,根据一方当事人的请求,法院可以裁定通过检查、听证或者专家查看来获取该证据。

(2)在提起实体案件诉讼之前,一方当事人可以申请获取专家查看的书面报告,如果该当事人能证明这在判定以下事项中存在一项法益:

1. 一个人的状况或者一个物的状况或价值;

2. 对一个人或对一个物造成损害的原因,或一个物不合格的原因;

3. 为减少对一个人或一个物所造成损害的花费,或者为减少一个物不合格的花费。

如果上述判定结论有利于阻止法律争议,就存在一项法益。

关于独立的证据诉讼程序的规定(《民事诉讼法典》第485条等)本身是不足以转化指令第7条的,因为它们没有规定获取证据的方法,也没有规定有权获取样品或者有权对侵权产品进行扣押。而《民事诉讼法典》第142条和第144条(上面 III. C. 1. c 已经阐述)只是在实体案件的审理中才可以适用。如前所述(III. C. 1. b),根据《民法》第809条的规定,从被控侵犯知识产权的人那里获取其所控制的材料,只是在最近才被德国联邦法院所允许。因此,目前还没有涉及指令第7条方面的判例。但是,杜塞尔多夫地方法院的实践("杜塞尔多夫实践")已经得到一些宣传,大多数人认为这是一个变通的做法,①即便基于目前的诉讼规则其合法性是有点受到质疑的。②

"杜塞尔多夫实践"包含了一个独立的证据诉讼程序以及一个要求对方当事人允许检查的临时禁令。③

(a)独立的证据诉讼程序适用于获得指令第7条第(1)款中所称的对侵权产品的详细描述④,因为在发生指控的知识产权侵权的时候,第485条第(1)款和第(2)款第1项规定的前提条件必须得到满足。⑤如果存在证据将会被破坏的风险,未经被告听证而任命一个专家的申

---

① 提尔曼:"证据的取得:关于知识产权的执法指令第7条",《国际工业产权与著作权评论》,2005年,第738页[W. Tilmann, Beweissicherung nach Art. 7 der Richtlinie zur Durchsetzung der Rechte des geistigen Eigentums (2005) *GRUR*, 738]。

② 阿伦斯:"关于确定知识产权侵权证据的立法建议",《国际工业产权与著作权评论》,2005年,第838页[H-J. Ahrens. Gesetzgebungsvorschlag zur Beweisermittlung bei Verletzung von Rechten des geistigen Eigentums (2005) GRUR 838]。

③ 详细描述,参见库恩:"专利法中的调查制度",《国际工业产权与著作权评论》,2005年,第185—196页[T. Kühnen, Die Besichtigung im Patentrecht, (2005) GRUR, 185-196]。

④ 显然,检查物品的权利内含着制作一份记录清单的权利;专家检查无论如何会得出一个书面报告,参见斯宾德勒和韦伯:"为改善知识产权执法而执行知识产权执法指令的官方设计",《著作权与媒体法》,2007年,第264页[G. Spindler and M-P. Weber, Die Umsetzung der Enforcement-Richtlinie nach dem Regierungsentwurf für ein Gestez zur Verbesserung der Durchsetzung von Rechten des geistigen Eigentums (2007) *ZUM*, 264]。

⑤ 持反对意见的是阿伦斯:"关于确定知识产权侵权证据的立法建议",《国际工业产权与著作权评论》,2005年,第838页[H-J. Ahrens. Gesetzgebungsvorschlag zur Beweisermittlung bei Verletzung von Rechten des geistigen Eigentums (2005) GRUR 838],他认为《民事诉讼法典》第485(1)条的先决条件常常不能被满足。《民事诉讼法典》第485(2)条仅仅允许对专家报告的委托制作,而不是检查的证据(无论是通过专家或者其他方式)。问题在于指令的第7条是否强制在证据并没有面临损毁的危险时进行证据保全。对"证据可能被损毁的显而易见的危险"的要求,包含在委员会首个提议之中,后来在欧洲议会的建议中被删除。然而,第7(1)条第3句表明成员国法院对是否颁发证据保全的裁定享有自由裁量权,并且仅能在迫切的案件中颁发裁定(特别是在如果没有对证据保全的特殊需要,裁定可能被认为不符合比例原则的情况下)。可以说,因此,《民事诉讼法典》第485(1)条充分覆盖了第7条规定的情形。

请就会得到批准。①

(b)如果被检查的物品是无法公开获取的,独立的证据诉讼程序中作出的裁定会与一个临时措施结合起来,这个临时措施会要求被控侵权人容忍检查或要求其出示证据。这个裁定是基于《民事诉讼法典》第935条等的规定(符合紧急事件的要求),②因为如果存在足够可能的侵权的话,权利人就有一项检查物品的实体权利(《民法典》第809条,参见前面 III. C. 1. b)。为了保护机密信息,避免驳回临时禁令的请求,申请人可以将申请限制(在一个附加的行动中)在其不在场的时候检查或者查看物品,但是他的代理律师经过保密宣誓可以在场。在专家查看的情况下,在专家报告送达给申请人的代理律师和对方当事人之前,法院可以听取当事人(及其各自的代理律师)的意见。根据该诉讼程序或者该报告是否披露了机密信息,该报告也会被送给申请人(有可能部分是被涂黑的),并且代理律师的保密义务将(部分地)得以提高。在敏感信息被涂黑的那些情形下,会导致该报告不够完整全面,因为是否存在侵权由法院来判定的,相应地,也是由法院来判断是同意披露商业秘密还是拒绝向申请人提交报告。③

尽管有了"杜塞尔多夫实践"的制度创新,德国民事诉讼的实然法并没有完全符合指令的要求。指令第7条第(1)款把提取样品作为一个选项,

---

① 库恩:"专利法中的调查制度",《国际工业产权与著作权评论》,2005年,第189页[T. Kühnen, Die Besichtigung im Patentrecht, (2005) GRUR, 189]。

② 如果被控侵权人拒绝接受检查,他/她可能被裁定支付罚款或者监禁(《民事诉讼法典》第890条)或者申请人可以请求司法警察的帮助(《民事诉讼法典》第892条),司法警察转而请求警察的帮助(《民事诉讼法典》第758(3)条)。对个人或商业经营场所的搜查需法官颁发的搜查证,《民事诉讼法典》第758a条。

③ 如前文所述,本条描述的是"杜塞尔多夫实践";其他法院负责不同当事人之间专家报告的交换,该分析和观点参见弗兰克和威甘德:"拟议中的著作权法关于调查的要求",CR杂志,2007年,第483页[C. Frank and N. Wiegand, Der Besichtigungsanspruch im Urheberrecht de lege ferenda, (2007) CR, 483]。

而这在现行德国法中是没有规定的。① 而且，由于目前还没有规定出示证据的权利，不能把出示证据作为一项临时措施而提出这样的请求。

就指令第 7 条第(2)款和第(4)款而言，需要指出的是，如果独立的证据诉讼程序带有临时措施的话，德国法目前只规定了赔偿的权利和为确保得到赔偿而提供担保(《民事诉讼法典》第 936、921、945 条)。而且，根据《民事诉讼法典》第 945 条请求损害赔偿的话，要求这个临时措施的裁定是根本上不公正的或者后来是被撤销的。由于只要存在侵权的足够可能性，就可以根据《民法典》第 809 条要求出示物品的临时措施，因此，如果有足够的可能存在侵权但实际上并不侵权的话，就不能根据《民事诉讼法典》第 945 条主张损害赔偿。这个规则必须被扩展适用，以便与指令第 7 条第(1)款相适应。

最后，保全证据的裁定不会自动失效，相反，被告必须请求法院设定一段时间，在这段时间内申请人要提起实体案件的诉讼(《民事诉讼法典》第 494a 条、第 936 条、第 926 条第(2)款)。可以说，这个差异已被指令第 2 条第(1)款所涵盖(参见下文 III.E.3 对此问题的讨论)。

b 《政府议案》所引起的变化

《政府议案》试图通过规定法院可以颁发临时禁令要求被控侵权人满足申请人要求出示文件和检查物品的实体权利(参见上文 III.C.1.f)来转化指令第 7 条，这些规定分别是《专利法》(PatG)第 140c 条第(3)款，《实用新型法》(GebrMG)第 24c 条，《商标法》(MarkenG)第 19a、128 和 135 条，《外观设计法》(GeschmMG)第 46a 条，《著作权法》(UrhG)第 101a 条，《植

---

① 提尔曼:"欧洲和德国法中的证据保全",载于阿伦斯、博姆凯姆和昆茨—豪斯坦因编:《艾克·乌尔曼纪念文集》，萨尔布吕肯:法学出版社,2006 年,第 1017 页[W. Tilmann, Beweissicherung nach europäischem und deutschem Recht in *Festschrift für Eike Ullmann*, H-J. Ahrens, J. Bornkamm and H-P. Kunz-Hallstein (eds) (Saarbrücken, juris, 2006), p. 1017];斯宾德勒和韦伯:"为改善知识产权执法而执行知识产权执法指令的官方设计",《著作权与媒体法》,2007 年,第 264 页等[G. Spindler and M-P. Weber, Die Umsetzung der Enforcement-Richtlinie nach dem Regierungsentwurf für ein Gestez zur Verbesserung der Durchsetzung von Rechten des geistigen Eigentums (2007) *ZUM*, 264 et seq]。

物新品种保护法》(SortschG)第 37c 条,《半导体产品拓扑图法》(HalblSchG)第 9 条第(2)款。而且,根据上述条文的第(5)款,如果不构成侵权(或者不存在即将发生的侵权)的话,需要对被控侵权人造成的损失予以赔偿。按照《民事诉讼法典》第 935 条的规定,只有在紧急情况下才颁发临时禁令,这样,就可以说与指令之间并不存在什么分歧:指令第 7 条第(1)款的第三句话指出,成员国法院有自由裁量权来决定是否作出保全证据的裁定,而且,在紧急情况下他们可以单方面作出这样的裁定。另外,如果不存在想象的风险,即证据可能被破坏或者获取该证据可能受阻的话,保全证据的裁定似乎就不太适当了。①

《政府议案》提出的对指令第 7 条非常不足的转化,是由于存在很大的争议:一些人认为,根据指令,必须删除紧急情况的要求,②并认为按照常规应该颁发搜查令,③但如果法院随后认定不享有出示或检查权利或者撤销了这种裁定,那么申请人就不准利用获得的信息。④ 另一些人则批评,《专利法》(PatG)第 140c 条第(3)款等规定的方案已经远远超出了指令的

---

① 联邦政府法律草案说明,联邦议院出版物编号 BT-Drucks. 16/5048,第 28 页(Begründung RegE, BT-Drucks. 16/5048, p. 28)。持反对观点的是提尔曼:"证据的取得:关于知识产权的执法指令第 7 条",《国际工业产权与著作权评论》,2005 年,第 738 页[W. Tilmann, Beweissicherung nach Art. 7 der Richtlinie zur Durchsetzung der Rechte des geistigen Eigentums (2005) *GRUR*, 738]。

② 提尔曼:"证据的取得:关于知识产权的执法指令第 7 条",《国际工业产权与著作权评论》,2005 年,第 738 页[W. Tilmann, Beweissicherung nach Art. 7 der Richtlinie zur Durchsetzung der Rechte des geistigen Eigentums (2005) *GRUR*, 738];弗兰克和威甘德:"拟议中的著作权法关于调查的要求",CR 杂志,2007 年,第 483 页[C. Frank and N. Wiegand, Der Besichtigungsanspruch im Urheberrecht de lege ferenda, (2007) *CR*, 483]。

③ 阿伦斯:"关于确定知识产权侵权证据的立法建议",《国际工业产权与著作权评论》,2005 年,第 839 页[H-J. Ahrens. Gesetzgebungsvorschlag zur Beweisermittlung bei Verletzung von Rechten des geistigen Eigentums (2005) GRUR 839]。

④ 提尔曼:证据的取得:"关于知识产权的执法指令第 7 条",《国际工业产权与著作权评论》,2005 年,第 739 页[W. Tilmann, Beweissicherung nach Art. 7 der Richtlinie zur Durchsetzung der Rechte des geistigen Eigentums (2005) *GRUR*, 739];弗兰克和威甘德:"拟议中的著作权法关于调查的要求",CR 杂志,2007 年,第 486 页等[C. Frank and N. Wiegand, Der Besichtigungsanspruch im Urheberrecht de lege ferenda, (2007) *CR*, 486 et seq]。

要求,①因为这些建议的条文不是仅仅为了最后的实体案件诉讼而保全证据。② 相反,权利人所主张的出示和检查的权利将在实体案件诉讼被提起之前就得以实现。因为时钟是不可能被拉回来的,已经进行的出示或者检查也不可能在以后变为没有做过,因此,《政府议案》的建议已经脱离了临时性诉讼程序不可以比案件实体判决抢先一步的原则。

四、信息权利

1. 要求侵权人提供信息

获取信息的权利已经通过 1990 年的《打击假冒产品法》(Produktpirateriegesetz③)规定在各个知识产权法中,比如,《专利法》(PatG)第 140b 条,《实用新型法》(GebrMG)第 24b 条,《著作权法》(UrhG)第 101a 条,《商标法》(MarkenG)第 19 条,《外观设计法》(GeschmMG)第 46 条,《植物新品种保护法》(SortschG)第 37b 条,《半导体产品拓扑图法》(HalblSchG)第 9 条第(2)款。只有对地理标志目前还没有作出规定。这些规定的表述几乎与《著作权法》(UrhG)第 101a 条是相同的:

《著作权法》(UrhG)第 101a 条
(1)在商业活动中,对于因制造或者发行复制件的行为而侵犯著

---

① 斯宾德勒和韦伯:"为改善知识产权执法而执行知识产权执法指令的官方设计",《著作权与媒体法》,2007 年,第 265 页等[G. Spindler and M-P. Weber, Die Umsetzung der Enforcement-Richtlinie nach dem Regierungsentwurf für ein Gestez zur Verbesserung der Durchsetzung von Rechten des geistigen Eigentums (2007) ZUM, 265],主张第 7(1)条规定了对侵权货物的没收不考虑证据的保全,但是却忽略了第 2 句通过举例单独对第 1 句详细说明,而第 1 句指的是"保全相关证据的措施"。

② 普科特和库尔:"马克斯—普朗克知识产权法、竞争法和税法研究所对德国实施欧共体第 2004/48 号关于知识产权执法指令的意见",《国际工业产权与著作权评论》,2006 年,第 301 页[A. Peukert and A. Kur, Stellungnahme des Max-Planck-Instituts für Geistiges Eigentum, Wettbewerbs-und Steuerrecht zur Umsetzung der Richtlinie 2004/48/EG zur Durchsetzung der Rechte des geistigen Eigentums in deutsches Recht (2006) GRUR Int, 301 et seq]。

③ 1990 年 3 月 7 日关于"加强知识产权保护打击假冒产品的法律",联邦法律,编号 BGBl. I S. 422 [Gestez zur Stärkung des Schutzes des geistigen Eigentums zur Bekämpfung der Produktpiraterie of 7 Mar. 1990, BGBl. I S. 422]。

作权或者受本法保护的其他权利的人,被侵害人可以要求其立即就相关复制件的制造和经营渠道的相关情况做出说明,但是个别情况下请求权不适当的除外。

(2)按照第(1)款的规定负有说明义务的人应当对复制件的制造商、供货商和其他的前手占有人的姓名、地址,营业性买家或者订货委托人的姓名、地址以及制造、供应、收到或者订购的复制件数量作出说明。

(3)在显而易见属于侵权行为的情形,作出说明的义务可以适用民事诉讼法典中关于临时措施的相关规定。

(4)只有在说明义务人同意的情况下,才能在对说明义务人或者对《刑事诉讼法典》第52条第(1)款所规定的人在说明行为之前的犯罪行为提起的刑事诉讼或者违法性的诉讼中利用通过说明所获得的相关情况。

(5)其他的说明性请求权不受影响。

《著作权法》(UrhG)第101a条以及其他知识产权法中的类似规定很大程度上已经转化了指令第8条的规定,即该指令要求侵权人必须披露特定的信息。[1] 这并不奇怪,因为第8条本身就是受德国法的启发而制定的,[2] 而且德国法比指令更加对权利人有利,因为德国法并不要求启动侵权诉讼程序。但是,上述信息权目前并未扩展到获取涉案物品或服务的价格信息。由于德国法没有能够在指令第20条规定的时间期限内调整好有关规定,因此,有必要将信息权扩展类推适用于这样的价格信息。

---

[1] 知识产权成文法并不是针对"侵犯知识产权的商品或服务",而是针对于"产品","物品","复制品"或"材料"。这与指令相比并无差别,参见联邦政府法律草案说明,联邦议院出版物编号BT-Drucks. 16/5048,第29页[Begründung RegE, BT-Drucks. 16/5048, p. 29]。

[2] 欧盟委员会:欧洲议会和欧盟理事会关于保证知识产权执法的措施和程序的指令的建议草案,编号COM(2003)46 final,第23页[European Comission, *Proposal for a Directive of the European Parliament and of the Council on measures and procedures to ensure the enforcement of intellectual property rights*, COM(2003)46 final, p. 23]。

这个情况与直接请求第三方公开信息不同。目前规定的信息权是直接针对"侵权人"的,即恶意实施侵权的人或者帮助和教唆该直接侵权人的人。对于根据《专利法》(PatG)第140b条,《实用新型法》(GebrMG)第24b条,《著作权法》(UrhG)第101a条,《商标法》(MarkenG)第19条,《外观设计法》(GeschmMG)第46条,《植物新品种保护法》(SortschG)第37b条,《半导体产品拓扑图法》(HalblSchG)第9条第(2)款是否可以请求无过错的当事人公开信息,是有不同意见的。禁止继续侵犯知识产权的禁令可以针对任何妨害知识产权的人而不管他是否有过错,所谓的"妨害者责任"。联邦法院把下列人视为"妨害者",如果他:

(a)致使引起或者造成一个非法妨害,即,支持直接侵权人的行为但没有帮助后者教唆,如果

(b)这个人拥有一个合法的权利去制止侵权行为,[1]并且

(c)对其有一个合理的期待去判断这是否会导致非法妨害。[2]

在上述条文规定的信息权的语境下,这样一个"妨害者"是否可以被视为"侵权人",以及这个妨害者是否因此负有向权利人提供信息的义务,这是有争议的。[3]

---

[1] 联邦最高法院,《国际工业产权与著作权评论》,1995年,第97页等[BGH (1995) GRUR, 97 et seq]。

[2] 联邦最高法院,《国际工业产权与著作权评论》,2001年,第1038页,大气环境案[BGH (2001) GRUR, 1038 (1039)-ambiente];联邦最高法院,《国际工业产权与著作权评论》,1999年,第418页,古典家具案[BGH, GRUR 1999, 418-Möbelklassiker]。

[3] 联邦最高法院,《多媒体法律》,2004年,第668页,互联网拍卖案[BGH (2004) MMR, 668 (672)-Internetversteigerung]以及法兰克福高等地方法院,《多媒体法律》,2005年,第242页等[OLG Frankfurt (2005) MMR, 241 (242 et seq.)],认为妨碍者不是《商标法》第19条、《著作权法》第191a条规定下的侵权人;持反对观点的是慕尼黑高等地方法院,《多媒体法律》,2006年,第742页[OLG München (2006) MMR, 739 (742)]。可以进一步参考斯宾德勒和多谢尔:"欧盟法律针对互联网服务提供者的信息要求的兼容性",CR杂志,第341页,注释4[G. Spindler, and J. Dorschel, Vereinbarkeit der geplanten Auskunftsansprüche gegen Internet-Provider mit EU-Recht (2006) CR 341, n. 4]。

无论如何，即便因"妨害者责任"而产生了信息权，现行的规定是不足以正确转化指令的，因为指令第8条第(1)款要求第8条第(1)款第(a)—(d)项所规定的各类人应该回复原告，不管是否已经满足根据德国法的"妨害者责任"而提出的谨慎尽职要求和依法制止侵权的要求。

2.《政府议案》的建议

《政府议案》基本上维持了各个知识产权法律现行的信息规则，更准确地讲是改变了一些措辞。而且，所提供的特定信息被扩大到包括涉案物品或服务价格的信息以及用户的姓名和地址。根据指令第8条的规定，还在每一个相应条文的第2款中补充规定了一个直接针对第三方的信息权。《专利法》(PatG)第140b条，《实用新型法》(GebrMG)第24b条，《商标法》(MarkenG)第19、128、135条，《外观设计法》(GeschmMG)第46条，《植物新品种保护法》(SortschG)第37b条，《半导体产品拓扑图法》(HalblSchG)第9条的草案如下(与《著作权法》(UrhG)第101条有些许差异):

(1)对于(侵犯知识产权)的人，被侵害人可以要求其立即就(侵权产品)的制造和经营渠道的相关情况提供信息。

(2)在显而易见属于侵权行为或者(权利人)已经对侵权人提起诉讼的情形，也可以从下列任何人中查找信息，如果他:

1. 被发现占有着侵权产品；
2. 被发现在使用着侵权服务；
3. 被发现在为侵权活动提供服务，或者
4. 被上述第1、2、3项中的人指明其以商业规模参与了该产品的生产、制造或销售或者该服务的提供。但第(1)款中规定的权利不受影响。如果上述的人根据《民事诉讼法典》第383条至第385条有权拒绝在针对侵权人的法律诉讼中作证，就不存在信息权。在根据第(1)款提起行使该权利的诉讼时，法院可以中止针对该侵权人的诉讼，直到关于信息权的争议已经解决。有义务提供信息的人可以请求补偿其花费。

(3)有义务提供信息的人应提供以下信息:

1. 生产商、制造商、供应商和(产品或服务)的其他前手占有人或者服务的使用者以及有意向的批发商和零售商的姓名和地址,和

2. 制造、发送、收到或订购的数量,以及涉案产品或服务的价格。

(4)如果个别情况下请求权不适当的,第(1)款和第(2)款规定的信息权不适用。

(5)如果因故意或者疏忽而提供不正确或不完整的信息,被侵害人有权就其遭受的损失获得赔偿。

(6)提供了正确信息的人如果没有义务根据第(1)款和第(2)款的规定这样做的,如果他或她知道他或她是没有义务提供信息的,只需要向第三人承担责任。

(7)在显而易见属于侵权行为的情形,要求提供信息的裁定可以作为《民事诉讼法典》第935至945条规定的一项临时措施予以颁发。

(8)只有在提供信息者同意的情况下,才能在对信息提供者或者对《刑事诉讼法典》第52条第(1)款所规定的人在信息提供之前的犯罪行为提起的刑事诉讼或者违法性的诉讼中利用该信息。

(9)如果只能用通信流量数据(《电信法》第3n.30条)来提供信息,受损害的人必须事先请求法院就同意使用这种信息作出裁定。

a 侵权人提供的信息

上文详述的该草案规定第(1)款既反映了现行立法,又强化了侵权人向提供受害人一方提供信息的义务。《说明报告》认为,在上文中提到的"妨害者"(Stoerer)的含义在第(1)款中是指"侵权人"。但是,不清楚将来的判例法是否会与这个说明意见一致。尤其需要指出的是,随着时间的推移,"妨害者责任"的概念已经由判例法发展成型并有所变化,这个过程可能尚未完成。迄今为止,在1990年《打击假冒产品法》已经规定信息权的背景下,联邦法院不愿意考虑把已经认为是"妨害者"的当事人,比如,网络

服务提供者(ISPs)作为侵权人。① 而且,根据德国法原则,可以成为典型的"妨害者"实例的当事人,即,那些以商业规模为侵权活动提供服务的人,显而易见并不是属于欧共体第 2004/48 号指令中的"侵权人"[与第 8 条第(1)款(c)项相比较]。为了协调起见,似乎应该把德国法解释为与指令的有关规定一致。

b 非侵权人提供的信息

该草案规定第(2)款转化了指令的有关规定,即权利人也可以要求任何非侵权人提供信息,如果非侵权人以商业规模实施了第 8 条第(1)款(a)至(d)规定的行为之一。从表面来看,对权利人来说《政府议案》比指令的规定还要有利,因为指令只要求在司法程序中提供信息。根据《政府议案》,权利人也可以在存在显而易见的侵权通过临时禁令的方式要求提供信息。② 这个区别的原因是这样的:德国民事诉讼规则不允许针对未知的被告提起诉讼。③ 显然,如果权利人不知道侵权人的身份,他或她是无法提起侵权诉讼程序的,而这又是指令第 8 条规定的信息权能够发挥作用的前提条件。

目前在德国的司法界关于网络服务提供者的提供信息义务有一个很大

---

① 联邦最高法院,《多媒体法律》,2004 年,第 668 页,互联网拍卖案[BGH (2004) MMR, 668 (672)-*Internetversteigerung*]以及法兰克福高等地方法院,《多媒体法律》,2005 年,第 242 页等[OLG Frankfurt (2005) MMR, 241 (242 et seq.)],认为妨碍者不是《商标法》第 19 条、《著作权法》第 191a 条规定下的侵权人;持反对观点的是慕尼黑高等地方法院,《多媒体法律》,2006 年,第 742 页 [OLG München (2006) MMR, 739 (742)]。可以进一步参考斯宾德勒和多谢尔:"欧盟法律针对互联网服务提供者的信息要求的兼容性",CR 杂志,第 341 页,注释 4[G. Spindler, and J. Dorschel, Vereinbarkeit der geplanten Auskunftsansprüche gegen Internet-Provider mit EU-Recht (2006) CR 341, n. 4]。

② 对这一过度实施的批评声音,参见,普科特和库尔:"马克斯—普朗克知识产权法、竞争法和税法研究所对德国实施欧共体第 2004/48 号关于知识产权执法指令的意见",《国际工业产权与著作权评论》,2006 年,第 297 页等[A. Peukert and A. Kur, Stellungnahme des Max-Planck-Instituts für Geistiges Eigentum, Wettbewerbs-und Steuerrecht zur Umsetzung der Richtlinie 2004/48/EG zur Durchsetzung der Rechte des geistigen Eigentums in deutsches Recht (2006) *GRUR Int*, 297 et seq]。

③ 联邦政府法律草案说明,联邦议院出版物编号 BT-Drucks. 16/5048,第 38 页等 [Begründung RegE, BT-Drucks. 16/5048, p.38 et seq],显然,理事会的讨论中强调了指令并不承担引入这一措施的义务,同前,第 39 页。

的争论。权利人试图通过网络服务提供者发现那些实施侵犯著作权或商标权的文档分享软件使用者或电子商务平台成员的身份。网络服务提供者被要求根据 IP 地址或者用户名来披露被控侵权人的身份。指令第 8 条第(1)款也许可以成为要求网络服务提供者提供所要求信息的法律基础,即便这不是如推测的那样明显:第 8 条第(2)款(a)项在规定需要提供的信息的内容时,只是提到了"生产商、制造商、供应商和产品或服务的其他前手占有人或者服务的使用者以及有意向的批发商和零售商的姓名和地址"。这样,第 8 条提到了与各种销售链条有关的个人信息,而没有提到为侵权行为使用服务的个人信息。尽管如此,如果我们去考察该规定的背景,可以肯定地说第 8 条第(2)款(a)项需要做广泛的解读,因为否则就难以解释第 8 条第(2)款(b)项和(c)项了。可以说,当第 8 条第(2)款(c)项根据欧洲议会的建议被纳入时,只不过是第 8 条第(2)款(a)项有一点不足而需要加以完善,以便可以涵盖披露使用商业服务的人的姓名和地址的义务。德国的草案试图通过规定披露有关"服务使用者"的信息的义务来填补这个空白。

即便如此,需要指出的是,第 8 条第(3)款(e)项规定"第 1 款和第 2 款的适用应该不对其他这样的强制性规定造成影响:……对个人信息的处理进行监管。"不言而喻,披露网络服务提供者的客户姓名和地址的义务将总体上与数据保护规则相冲突,特别是与欧共体第 95/46 号指令①和欧共体第 2002/58 号指令②相冲突。欧洲法院在西班牙音乐制作人协会(Promusicae)案的判决中没有解释如何解决欧共体第 2004/48 号指令所保护的基本

---

① 1995 年 10 月 24 日欧洲议会和理事会关于保护在个人信息处理和自由流动中的个体的第 95/46/EC 号指令,《欧盟官方公报》No. L 281,1995 年 11 月 23 日,第 31—50 页[Directive 95/46/EC of the European Parliament and of the Council of 24 Oct. 1995 on the protection of individuals with regard to the processing of personal data and on the free movement of such data, OJ No. L 281, 23 Nov. 1995, pp. 31 - 50]。

② 2002 年 7 月 12 日欧洲议会和理事会关于个人信息处理和在电子交换部门保护私人隐私的第 2002/58/EC 号指令(隐私和电子交换指令),《欧盟官方公报》No. L 201,2002 年 7 月 31 日,第 37—47 页[Directive 2002/58/EC of the European Parliament and of the Council of 12 Jul. 2002 concerning the processing of personal data and the protection of privacy in the electronic communications sector (Directive on privacy and electronic communications), OJ No. L 201. 31 Jul. 2002, pp. 37 - 47]。

权利和数据保护指令之间的冲突,就是说,欧洲法院没有给财产权比隐私权更多的优惠,反之亦然。① 相反,欧洲法院宣布,由成员国自己在财产权和用户的隐私权之间达到一个公正的平衡。

c 财产权与隐私权的平衡

在欧洲法院作出西班牙音乐制作人协会(Promusicae)案的判决之前,德国政府和大多数学者一样,认为第 8 条对成员国规定了一个严格的义务,要求规定网络服务提供者在被控侵权的情况下披露其用户的身份。于是,《〈政府议案〉说明报告》没有对财产权与隐私权之间的平衡作出详细说明。不过,该报告讨论了如何协调信息权与《基本法》第 10 条所保护的通讯秘密权。② 《政府议案》建议,在履行信息义务需要处理通信流量数据的情况下,提供被控侵权人的身份信息是根据司法命令作出的(草案规定第 8 条)。③ 这个建议引起了高度的争议,最明显的是德国联邦参议院,④因为这显然是费时费钱的(议案中的费用规则建议法院诉讼费为 200 欧元),⑤而且会增加法院额外的工作。看看欧洲法院在西班牙音乐制作人协会(Promusicae)案中的判决是否会影响和会怎样影响最后制定的法律规则,这将是很有意思的。无论如何,《电信媒介法》(TMG)第 14 条包含的数据保护

---

① Promusicae v. Telefonica de Espana 案,案号 No. C-275/06,2008 年 1 月 29 日,欧洲法院。

② 关于在 IP 地址基础上披露用户身份是否影响通讯秘密的讨论,进一步参考斯宾德勒和多谢尔:"欧盟法律针对互联网服务提供者的信息要求的兼容性",CR 杂志,第 342 页等[G. Spindler, and J. Dorschel, Vereinbarkeit der geplanten Auskunftsansprüche gegen Internet-Provider mit EU-Recht (2006) CR 342 et seq]。

③ 联邦政府法律草案说明,联邦议院出版物编号 BT-Drucks. 16/5048,第 39 页等[Begründung RegE, BT-Drucks. 16/5048, p. 39 et seq];联邦政府声明,联邦议院出版物编号 BT-Drucks. 16/5048,第 63 页[Gegenäußerung der Bundesregierung, BT-Drucks. 16/5048, p. 63];进一步参见拉贝:"改进知识产权执法的立法草案中的信息权",《著作权和媒体法杂志》,2006 年,第 439 页等[F. Raabe, Der Auskunftsanspruch nach dem Referentenentwurf zur Verbesserung der Durchsetzung von Rechten des geistigen Eigentums (2006) ZUM, 439 et seq]。

④ 联邦参议院的声明,联邦议院出版物编号 BT-Drucks. 16/5048,第 55 页等[Stellumgnahme des Bundesrates, BT-Drucks. 16/5048, p. 55 et seq]。

⑤ KostO(电子书),第 128c,130(2),(5)[§§ 128c, 130(2),(5) KostO-E],可以参见: http://www.amazon.ca/Angelegenheiten-freiwilligen-Gerichtsbarkeit-Kostenordnung-ebook/dp/B00DD0-UHPW。

规定也将不得不最后与对指令第 8 条的转化相一致。① 目前,《电信媒介法》(TMG)第 14 条只允许根据主管当局下达的命令为知识产权执法而传送个人数据。所以,该规定并不允许在上述草案条文第 2 款所规定的"显而易见"构成侵权的情形下披露用户的身份信息,而在这种情形下,权利人可以要求一个网络服务提供者在没有法院裁定的情况下提供信息。

d 补充规则

《专利法》(PatG)第 140b 条第(1)款和第(2)款以及其他知识产权法律的相应草案条文规定的信息权通过一些指令并无要求的法律规则进行了补充,这些规则是:第(2)款第 3 句规定要补偿第三方所花的费用[注意:补偿权利的前提条件是信息权不能基于第(1)款,即第三方既不是帮助者,也不是教唆者]。② 而且,为了促使信息提供者作出正确和全面的回应③,第(5)款授予权利人在没有获得正确信息的时候要求损害赔偿的权利。最后,如果信息提供者错误地相信有义务提供信息,他或者她就有一个责任的限制[第(6)款]。

五、临时和防范措施

指令第 9 条规定的临时措施和防范措施很大程度上已经成为德国民事诉讼制度一般规定的一部分,如《民事诉讼法典》第 935 条等等。《政府议案》的《说明报告》只是建议实施指令第 9 条第(2)款第 2 句,即,在存在商业规模侵权的情况下要求交出或者接触银行、财务和商业文件。

---

① 斯宾德勒和多谢尔:"欧盟法律针对互联网服务提供者的信息要求的兼容性",CR 杂志,第 343 页等[G. Spindler, and J. Dorschel, Vereinbarkeit der geplanten Auskunftsansprüche gegen Internet-Provider mit EU-Recht (2006) CR 343 et seq];赛赫特:"知识产权执法指令的实施",WRP 杂志,2006 年,第 398 页[D. Seichter, Die Umsetzung der Richtlinie zur Durchsetzung der Rechte des geistigen Eigentums (2006) WRP, 398]。

② 联邦政府法律草案说明,联邦议院出版物编号 BT-Drucks. 16/5048,第 39 页[Begründung RegE, BT-Drucks. 16/5048, p.39]。

③ 联邦政府法律草案说明,联邦议院出版物编号 BT-Drucks. 16/5048,第 39 页[Begründung RegE, BT-Drucks. 16/5048, p.39]。

1. 临时禁令和临时扣押

指令第 9 条第(1)款(a)项要求成员国允许权利人申请临时禁令以阻止即发侵权或者禁止被控知识产权侵权行为的继续。《民事诉讼法典》第 940 条规定了这样的禁令：

> 《民事诉讼法典》第 940 条
> 为了对争议中法律关系的中间状态进行规范，特别是对于持续性的法律关系，可以颁发临时禁令，只要这对于避免大量损害、阻止即发侵权或者其他原因来说是必要的。

撇开根据《民事诉讼法典》第 935 条等那些规定临时禁令所禁止行为的条款，这里要求的是申请人证明他用于要求对方当事人避免或者停止侵权（"Verfügungsanspruch"）的实体权利，以及颁发临时禁令的理由（"Verfügungsgrund"），即，存在需要颁发禁令的紧急情况。① 就请求制止继续侵权的实体权利而言，将在讨论指令第 11 条时提及（参见下文，Ⅲ.G）。根据《民事诉讼法典》第 890 条，违反《民事诉讼法典》第 940 条规定的禁令，将会面临高达 250,000 欧元的罚款和监禁的制裁。

《民事诉讼法典》第 938 条第(2)款规定了货物扣押，有效地转化了指令第 9 条第(2)款(b)项。

2. 防范性查封

指令第 9 条第(3)款所要求的防范性查封被控侵权人的财产，在《民事诉讼法典》第 916 条等条文规定的"扣押"中得到了体现。根据这些条文规定，为了保证金钱请求或者让位于金钱请求的诉讼请求的执行，可以颁发查封财产的裁定。

---

① 参见指令序言第 22 段，认为临时禁令"在任何迟延都可能导致对知识产权权利人不可挽回的损失的情形下是尤为合理的"。

《民事诉讼法典》第 917 条第（1）款

如果考虑到不作出查封财产的裁定会使判决的执行无法进行或者受到严重阻碍，就可以作出查封财产的裁定。

《民事诉讼法典》第 917 条第（1）款和指令第 9 条第（2）款的明显区别是，前者要求金钱请求的实现会受到严重阻碍，而后者则在金钱请求的实现有可能存在危险的话就足够了。根据德国联邦法院的看法，《民事诉讼法典》第 917 条第（1）款不允许在被控侵权人的财务状况总体上很差的情况下进行查封，以避免各个债权人在法院的帮助下竞相去查封。① 而且，需要证据证明侵权人正采取特殊的措施来阻碍债权人获得该财产。② 但是，侵权人糟糕的财务状况当然就是可能威胁损害赔偿实现的情形（如指令第 9 条第（2）款规定的那样）。有人认为《民事诉讼法典》第 917 条第（1）款的表述可能过于狭窄，所以不足以转化指令第 9 条第（2）款，《政府议案》的《说明报告》试图缓和这样的看法，它指出，指令的初衷不可能是对知识产权权利人比对其他债权人更为优惠。③ 确实，对知识产权权利人的这样一个优惠待遇看来不符合《欧盟基本权利宪章》第 20 条的规定。④ 由于欧共体并没有规定成员国内查封财产的共同标准的权力，通过知识产权执法措施这一扇后门来设定这样的标准也同样是不可能的。撇开这个考虑，在没有证明对损害赔偿的实现存在严重阻碍的情况下，如果提供了充分的担保，《民事诉讼法典》第 921 条允许法院颁发防范性查封的裁定［如指令第 9 条第（6）款允许的那样］。这样，德国的诉讼制度的实然法是与指令相一

---

① 进一步参考，联邦最高法院，BGHZ 131, 95 (105 et seq.)。
② 同前。
③ 联邦政府法律草案说明，联邦议院出版物编号 BT-Drucks. 16/5048，第 31 页 [Begründung RegE, BT-Drucks. 16/5048, p. 31]。
④ 《里斯本条约》所确立的《欧盟条约》第 6 (1) 条应当理解为"欧盟承认 2007 年 12 月 12 日在斯特拉斯堡修改的 2000 年 12 月 7 日《欧盟基本权利宪章》所列出的权利、自由和原则，应当具有和《欧盟条约》同等的法律价值"。

致的。

但是,德国目前没有相应的条文来呼应指令第 9 条第(2)款第 2 句的规定。

3. 第 9 条第(3)至(7)款的程序要求

指令第 9 条第(3)至(7)款明确了第 9 条第(1)款和第(2)款规定的措施的具体程序。根据《民事诉讼法典》第 920 条第(2)款和第 936 条,申请人应该保证其享有请求禁止被申请人行为的实体权利,还应该证明颁发禁令的紧迫性。根据《民事诉讼法典》第 294 条的规定,任何形式的证据都可以被用来证明上述目的,只要它是可以立即提供的。这说明指令第 9 条第(3)款规定的法院对被控侵权行为的权力得到了实现。

根据《民事诉讼法典》第 922 条第(1)款和第 937 条第(2)款,在适当情形,即使被告没有听证也可以采取"扣押"和"临时处分(Einstweilige Verfügung)"这两个临时措施[如指令第 9 条第(4)款规定的那样]。就临时禁令而言,《民事诉讼法典》第 937 条第(2)款把"适当情形"界定为(a)申请被驳回的情形,和(b)紧急情况,即,当事人利益平衡的结果表明即便一通知就立即进行听证也不足以保护申请人利益的情形。这再一次体现了指令第 9 条第(4)款所表述的利益平衡("特别是在任何延迟都可能导致对权利人无法挽回的损害的情况下")。就裁定防范性查封而言,被告的听证取决于法院的自由裁量,法院会通过衡量被告的听证权利和不事先警告被告就立即给申请人颁发一个裁定的权益来作出一个判定。[①] 根据《民事诉讼法典》第 922 条第(2)款和第 936 条的规定,如果临时禁令或者临时扣押或防范性查封的裁定是在没有给予被申请人听证的情况下作出的,申请人应该把该裁定书送达被申请人,这样,就如指令第 9 条第(4)款第 2 句要求的那样通知了被告。但是,还有一个细微的差异:《民事诉讼法典》第 929

[①] M. 胡博,载于穆兹拉克编:《民事诉讼法典评论》,第 5 版,慕尼黑:弗朗兹·瓦伦出版社,2007 年,《民事诉讼法典》第 921 条,注释 2[M. Huber in *Kommentar zur Zivilprozessordung*, H.-J. Musielak (ed.) (4th edn, Franz Vahlen, München, 2007), § 921 ZPO n. 2]。

条第(3)款规定裁定的送达必须最迟在该措施执行后一周内完成,而指令则要求在执行后没有迟延地发出通知。根据被告的请求,可以对该裁定进行复审(《民事诉讼法典》第924条、第936条,"抗诉(widerspruch)")。

而且,如果申请人没有提起实体案件的诉讼,《民事诉讼法典》第926条、第936条规定可以撤销裁定。与指令第9条第(5)款相反,在德国诉讼制度中,这是由被告来请求法院确定一个时间期限,在这个期限内申请人应该提起案件的实体诉讼。显然,指令第2条第(1)款允许成员国采用或者维持更有利于权利人的方式。① 另一方面,指令第9条第(5)款规定,如果有管辖权的司法机关没有做出决定,给予申请人提起诉讼的法定时间期限不应该超过20个工作日或者30个日历日。但是,由于第9条第(5)款没有规定这个时间期限的起算点,这使得成员国根据被告的请求来确定起诉期限的必要性几乎不存在[参见TRIPS协议第50条第(6)款]。②

如前所述,《德国民法典》(BGB)第921条和第936条允许有管辖权的法院在申请人提供担保的情况下作出裁定,这与指令第9条第(6)款的规定是一致的。最后,如果临时禁令或者防范性查封后来被发现一开始就是不公正的或者如果该裁定随后被撤销,根据《民事诉讼法典》第945条,申请人要承担损害赔偿责任,这样,指令第9条第(7)款就得到了有效执行。

---

① 联邦政府法律草案说明,联邦议院出版物编号 BT-Drucks. 16/5048,第31、28页[Begründung RegE, BT-Drucks. 16/5048, p. 31,28]。

② 提尔曼:"证据的取得:关于知识产权的执法指令第7条",《国际工业产权与著作权评论》,2005年,第739页[W. Tilmann, Beweissicherung nach Art. 7 der Richtlinie zur Durchsetzung der Rechte des geistigen Eigentums (2005) *GRUR*, 739],认为按照欧洲法院在66路案(Route 66)[案号 No. C-89/99, (2001),《欧洲法院公报》第I卷,第5951页注释70]中的规则,这一分歧是合法的。然而,欧洲法院明确提到"在这一点上的共同体规则的缺失",因此,无法保证指令第9(5)条出台后,法院的解释仍保持一致。进一步的解释,参见哈茨:"在德国法中实施指令后著作权证据的保全",《著作权与媒体法杂志》,2005年,第382页等[N. v. Hartz, Beweissicherungsmöglichkeiten im Urheberrecht nach der Enforcement-Richtlinie im deutschen Recht (2005) *ZUM*, 382 et seq.]。

4.《政府议案》的建议

由于德国民事诉讼的一般规定已经符合指令第 9 条的规定,《政府议案》只是建议转化第 9 条第(2)款第 2 句,它规定要设定一项出示银行、财务和商业文件的实体权利,这个"出示"可以作为临时禁令的一部分作出裁定。《专利法》(PatG)第 140d 条,《实用新型法》(GebrMG)第 24d 条,《商标法》(MarkenG)第 19b、128 和 135 条,《著作权法》(UrhG)第 101b 条,《外观设计法》(GeschmMG)第 46b 条,《植物新品种保护法》(SortschG)第 37d 条,《半导体产品拓扑图法》(HalblSchG)第 9 条的草案文本规定:

(1)对于应受惩处的商业规模的侵权行为,如果银行、财务或商业文件是由侵权人控制的,而且它们对于损害赔偿请求的执行来说是必要的,而不出示或者不接触的话会使得损害赔偿请求的实施是不确定的,那么,受害人可以要求侵权人出示这些文件或者可以适当地接触这些文件。如果侵权人提出这些信息是属于秘密性的,法院要采取措施提供在特定情形下所要求的保护。

(2)如果在特定情形下出示或者查阅是不适当的,就不能行使第(1)款规定的权利。

(3)如果损害赔偿请求显然是合法的,法院可以根据《民事诉讼法典》第 935 至 945 条的规定颁布一个临时措施,要求被告得到第(1)款所提到的文件。法院要提供适当的措施以保证机密信息的保护,尤其是该临时措施的颁布未经过被告听证的话。

(4)《德国民法典》第 811 条以及[《专利法》(PatG)第 140b 条第(8)款]得以相应的适用。

《政府议案》再一次选择以实体规定的方式来执行文件出示的要求。不幸的是,该建议的条文既不那么言之有理,也没有满足指令的要求。根据指令第 9 条第(2)款第 2 句,接触银行、财务或商业文件是为了防范性查封被控侵权人的财产("为了该目的")。① 这样,所需要的显然是迅速接触财务信息,即,一个临时措施。像《专利法》(PatG)第 140d 条草案以及其他法律中的类似条文规定的基于实体性信息权的诉讼已经被指令第 6 条第(2)款和《政府议案》所建议的《专利法》(PatG)第 140c 条第(1)款的第 2 句以及其他知识产权法的类似条文所涵盖。

此外,该建议的条文没有正确转化指令第 9 条第(2)款,因为它们规定的要求超越了指令:

(a)这些文件对于损害赔偿请求的执行来说是必要的;

(b)如果不出示这些财务文件损害赔偿请求的实现必然是不确定的;

(c)若法院裁定一个临时措施,该损害赔偿请求必须是明显合法的。

这些标准没有一个可以在指令第 9 条第(2)第 2 句中找到明确的或者暗示的对应部分。

六、纠正措施

指令第 10 条要求成员国在受害人提出请求时提供三个纠正措施,即从商业渠道中召回、清除以及销毁侵权物品和用于制造这些物品的材料和工具。

1. 从商业渠道召回和清除

德国知识产权法没有明确规定从商业渠道召回和/或清除物品的权利。

---

① 普科特和库尔:"马克斯—普朗克知识产权法、竞争法和税法研究所对德国实施欧共体第 2004/48 号关于知识产权执法指令的意见",《国际工业产权与著作权评论》,2006 年,第 302 页[A. Peukert and A. Kur, Stellungnahme des Max-Planck-Instituts für Geistiges Eigentum, Wettbewerbs-und Steuerrecht zur Umsetzung der Richtlinie 2004/48/EG zur Durchsetzung der Rechte des geistigen Eigentums in deutsches Recht (2006) GRUR Int, 302]。

第五章 欧共体第 2004/48 号指令在德国   313

对于这个权利是否可以从《德国民法典》第 1004 条(关于妨害财产的规定)的类推适用中引申出来,是有些争议的。根据长期以来关于《德国民法典》第 1004 条的类推适用所形成的判例法,①绝对权所有人可以要求任何妨害该绝对权的人排除妨碍,不管妨害人一方是否有过错。② 从商业渠道召回或者清除物品当然可以排除因侵权物品的流通而带来的对知识产权的妨碍。③ 但是,很少有判例涉及这个问题。④ 权利人看起来几乎很少对这个法律工具感兴趣。⑤ 而且,根据《德国民法典》第 1004 条的类推适用,权利人原则上只能请求排除妨碍,而没有权利采取一个特定的行动,除非只有这个特殊行动才能排除妨碍。因此,《政府议案》试图采用清楚转化指令第 10 条第(1)款(a)项和(b)项的条文的做法受到了大家的欢迎。同时,法院就不得不考虑根据《德国民法典》第 1004 条的类推适用来颁发一个从商业渠道召回或者清除的裁定。

自然,"给付不能不构成债"(impossibilium nulla est obligatio)原则是适用于任何这样的裁定的。在立法过程中,欧洲议会建议对欧共体委员会关于指令的草案进行一个修改,规定只能对参与交易过程的第三方实施物品

---

① 参见 J. Fritzsche 列出的判例,载于班贝格和罗斯:《贝克德国民法典在线评论》第 7 版,慕尼黑:贝克出版社,2007 年 9 月 1 日,《民法典》第 1004 条,注释 3[Beck'scher Online-Kommentar BGB, G. Bamberger and H. Roth (7th edn, München, C. H. Beck, 1.9.2007), § 1004 BGB n. 3]。

② 妨碍者责任,参见前注,supra III. D. 1。

③ 费泽:《商标法》第 3 版,慕尼黑:贝克出版社,2001 年,《商标法》第 18 条,注释 46[K-H. Fezer, Markenrecht (3rd edn, München, C. H. Beck, 2001), § 18 MarkenG n. 46];斯宾德勒和韦伯:"为改善知识产权执法而执行知识产权执法指令的官方设计",《著作权与媒体法》,2007 年,第 258 页[G. Spindler and M-P. Weber, Die Umsetzung der Enforcement-Richtlinie nach dem Regierungsentwurf für ein Gestez zur Verbesserung der Durchsetzung von Rechten des geistigen Eigentums (2007) ZUM, 258]。

④ 通过类推适用《民法典》第 1004 条,拒绝所请求的召回裁定:斯图加特地方法院,LG Stuttgart (1994) CR, 162 (163 et seq.);汉堡高等地方法院,辣妹案,OLG Hamburg (2000) NJWE-WettbR, 15(16)-Spice Girls。

⑤ 《政府议案的解释报告》表明:召回/清除权的实际应用是"存在问题的",参见联邦政府法律草案说明,联邦议院出版物编号 BT-Drucks. 16/5048,第 38 页[Begründung RegE, BT-Drucks. 16/5048, p. 38];持相同观点的是,赛赫特:"知识产权执法指令的实施",WRP 杂志,2006 年,第 399 页[D. Seichter, Die Umsetzung der Richtlinie zur Durchsetzung der Rechte des geistigen Eigentums (2006) WRP, 399]。

召回,并且只有在该物品是诚信购买的时候才构成例外。① 在德国法中,一旦物的转移已经发生,是根本无法对第三人实施召回或者清除的。② 这样,这种裁定可能只要求侵权人将这个情况通知其客户,并努力收回货物。

2. 销毁侵权产品、材料和工具

德国知识产权的实然法规定了对被发现侵犯知识产权的物品予以销毁(《专利法》(PatG)第 140a 条,《实用新型法》(GebrMG)第 24a 条,《商标法》(MarkenG)第 18 条,《半导体产品拓扑图法》(HalblSchG)第 9 条,《著作权法》(UrhG)第 98、99 条,《外观设计法》(GeschmMG)第 43 条,《植物新品种保护法》(SortschG)第 37a 条,但地理标志没有类似规定)。这些规定的表述多多少少参照了《商标法》第 18 条的文字:

> 第 18 条 请求销毁
> (1)(在侵权案件中)商标或商业外观的所有人可以要求将侵权人所有或占有的非法标记的物品,予以销毁,除非该物品的侵权状况可以用其他方式纠正或其销毁对侵权人或物品所有人是不适当的。
> (2)前款规定适用于侵权人拥有的器具,如果该器具是专用或几乎专用于非法标示或意图用于非法标示的。
> (3)其他恢复原状的请求权不受影响。

上述规定与指令规定的纠正性销毁措施在某些方面有所不同。首先,

---

① 欧洲议会:"欧洲议会和理事会关于保证知识产权执法的措施和程序的指令建议报告",报告起草人 J. 福尔图,编号 A5-0468/2003,第 34 修改,第 25 页[European Parliament, *Report on the proposal for a directive of the European Parliament and of the Council on Measures and procedures to ensure the enforcement of intellectual property rights*, Rapporteur J. Fourtou, A5-0468/2003, Amendment 34, p. 25]。

② 斯宾德勒和韦伯:"为改善知识产权执法而执行知识产权执法指令的官方设计",《著作权与媒体法》,2007 年,第 259 页[G. Spindler and M-P. Weber, Die Umsetzung der Enforcement-Richtlinie nach dem Regierungsentwurf für ein Gestez zur Verbesserung der Durchsetzung von Rechten des geistigen Eigentums (2007) *ZUM*, 259]。

如果可以证明存在有目的的非法使用器具的行为,销毁也可以作为一个选项,这样,从权利人的角度来看,就包含了比指令更为有利的制裁措施。其次,指令坚持要求器具已经被主要用于侵权物品的生产,而德国的规定则只需要是几乎专用。由于"几乎专用"和"主要用于"之间存在实质性的区别,德国法需要加以修改。但同时,法院对"几乎专用"这个含糊的术语应该做广义的解释,以便使这种解释尽可能地与指令的规定相一致。① 第三,德国法没有规定用于生产侵权物品的材料。但这个缺陷在实践中的影响几乎是微不足道的,因为主要用于生产侵权物品的材料将基本上会在加工中被消耗掉或者转化掉。第四,尽管德国法没有清楚地规定费用问题,但很清楚,由于是侵权人有义务来安排进行销毁,因此这个费用是由他或者她来承担的。②

最后,根据德国法进行销毁是假定要销毁的物品是侵权人所占有的或者属于其财产的一部分。因此,无论是德国联邦参议院③还是学术界④都宣称目前的法律规定可能无法正确执行指令第 10 条第(1)款(c)项。指令对于要被销毁物品的所有权保持了沉默,只有第 10 条第(3)款——该条规定了第三人的权益——可能做了一些指示,即指令要求销毁属于第三人财产的物品。但是,第 10 条第(3)款的渊源似乎可以被追溯到欧洲议会的一个

---

① M. 博纳,载于万德特克和布林格编:《著作权法》第 2 版,慕尼黑:贝克出版社,2006 年,《著作权法》第 99 条,注释 6[M. Bohne in A-A. Wandtke and W. Bullinger (eds), *Urheberrecht* (2nd edn, München, C. H. Beck, 2006), §99 UrhG n. 6];同时参见费泽:《商标法》第 3 版,慕尼黑:贝克出版社,2001 年,《商标法》第 18 条,注释 18[K-H. Fezer, *Markenrecht* (3rd edn, München, C. H. Beck, 2001), §18 MarkenG n. 18],认为几乎专用的标准应根据 TRIPS 第 46 条解释为"主要的"使用。

② 联邦政府法律草案说明,联邦议院出版物编号 BT-Drucks. 16/5048,第 32 页[Begründung RegE, BT-Drucks. 16/5048, p. 32]。

③ 联邦参议院的声明,联邦议院出版物编号 BT-Drucks. 16/5048,第 54 页[Stellumgnahme des Bundesrates, BT-Drucks. 16/5048, p. 54]。

④ 德莱尔:"侵犯著作权的损害赔偿和其他救济措施:对欧盟保护知识产权的执法措施和程序的第一次思考",《国际工业产权与著作权评论》,2004 年,第 712 页[T. Dreier, Ausgleich, Abschreckung und andere Rechtsfolgen von Urheberrechtsverletzungen: Erste Gedanken zur EU-Richtlinie über die Maβnahmen und Verfahren zum Schutze der Recht an geistigem Eigentum, (2004) GRUR Int., 712]。

修改建议,即"货物的召回只能对参与交易过程的第三方实施"。① 在指令中或者在其立法过程中,没有任何事实可以表明指令对此保持沉默意味着第三方的财物需要被销毁;相反:如果指令要规定对第三方作出裁定,它总是会做出非常清晰的规定的(比较:指令第8、9、11条)。②

3.《政府议案》建议的改变

《政府议案》试图建议对《商标法》第18条及类似规定进行修改,以使其与指令的规定相一致,这些建议是:

(a)规定可以销毁主要用于生产或制造物品的材料和器具。
(b)规定从商业渠道召回和清除的权利。
(c)在不做实质性改变的情况下重述比例原则,并单独规定一款。③

现行《商标法》第128和135条对地理标志规定了相应的条款。

明确规定从商业渠道召回和清除的权利是否会导致大的变化,这还是有疑问的。如果侵权产品仍然在侵权人的控制范围内,禁止该产品流通的

---

① 欧洲议会:"欧洲议会和理事会关于保证知识产权执法的措施和程序的指令建议报告",报告起草人 J. 福尔图,编号 A5-0468/2003,第34修改,第25页[European Parliament, *Report on the proposal for a directive of the European Parliament and of the Council on Measures and procedures to ensure the enforcement of intellectual property rights*, Rapporteur J. Fourtou, A5-0468/2003, Amendment 34, p. 25]。

② 联邦政府法律草案说明,联邦议院出版物编号 BT-Drucks. 16/5048,第31页等[Begründung RegE, BT-Drucks. 16/5048, p. 31 et seq],进一步参见联邦政府法律草案说明,联邦议院出版物编号 BT-Drucks. 16/5048,第62页[Begründung RegE, BT-Drucks. 16/5048, p. 62]。重点提出了宪法上的考虑(财产权的保障);与之持一致观点的是斯宾德勒和韦伯:"为改善知识产权执法而执行知识产权执法指令的官方设计",《著作权与媒体法》,2007年,第260页[G. Spindler and M-P. Weber, Die Umsetzung der Enforcement-Richtlinie nach dem Regierungsentwurf für ein Gestez zur Verbesserung der Durchsetzung von Rechten des geistigen Eigentums (2007) *ZUM*, 260]。

③ 联邦政府法律草案说明,联邦议院出版物编号 BT-Drucks. 16/5048,第32页[Begründung RegE, BT-Drucks. 16/5048, p. 32]。

禁令或者要求销毁的裁定足以达到期望的结果。但如果该财产已经转移的话，召回和/或清除就无法执行，[1]只能要求侵权人尽力收回该产品。[2]

七、侵权的禁止

德国知识产权法授予每一个知识产权权利人请求侵权人停止侵权的权利。所以，《专利法》(PatG) 第 139 条，《实用新型法》(GebrMG) 第 24 条，《商标法》(MarkenG) 第 14、128、135 条，《著作权法》(UrhG) 第 97 条，《外观设计法》(GeschmMG) 第 42 条，《植物新品种保护法》(SortschG) 第 37 条，《半导体产品拓扑图法》(HalblSchG) 第 9 条第 (1) 款已经有效地转化了指令第 11 条。法院禁止继续侵权的裁定应该可以得到遵守，因为根据《民事诉讼法典》第 890 条，法院可以根据受害一方的请求对每一次违反裁定的行为处以罚款和监禁。

指令第 11 条第 3 句进一步要求成员国法院能针对为第三方侵犯知识产权提供服务的中间人颁发禁令。德国判例法根据"妨害者责任"的原理对这样的中间人发出禁令。如已经解释的那样（前面 III. D. 1），根据德国

---

[1] 德国工业产权和著作权协会(GRUR)："专利、实用新型、外观设计和著作权委员会对改善知识产权执法的共同声明"，《国际工业产权与著作权评论》，2006 年，第 393 页[Deutsche Vereinigung für gewerblichen Rechtsschutz und Urheberrecht (GRUR), Gemeinsame Stellungnahme der Ausschüsse für Patent-und Gebrauchsmusterrecht, Geschmacksmusterrecht und Urheberrecht zum Referentenentwurf für ein, Gesetz zur Verbesserung der Durchsetzung von Rechten des geistigen Eigentums (2006) *GRUR* 393]。斯宾德勒和韦伯："为改善知识产权执法而执行知识产权执法指令的官方设计"，《著作权与媒体法》，2007 年，第 259 页[G. Spindler and M-P. Weber, Die Umsetzung der Enforcement-Richtlinie nach dem Regierungsentwurf für ein Gestez zur Verbesserung der Durchsetzung von Rechten des geistigen Eigentums (2007) *ZUM*, 259]。

[2] 与之持一致观点的是斯宾德勒和韦伯："为改善知识产权执法而执行知识产权执法指令的官方设计"，《著作权与媒体法》，2007 年，第 259 页[G. Spindler and M-P. Weber, Die Umsetzung der Enforcement-Richtlinie nach dem Regierungsentwurf für ein Gestez zur Verbesserung der Durchsetzung von Rechten des geistigen Eigentums (2007) *ZUM*, 259]；普科特和库尔："马克斯—普朗克知识产权法、竞争法和税法研究所对德国实施欧共体第 2004/48 号关于知识产权执法指令的意见"，《国际工业产权与著作权评论》，2006 年，第 295 页等[A. Peukert and A. Kur, Stellungnahme des Max-Planck-Instituts für Geistiges Eigentum, Wettbewerbs-und Steuerrecht zur Umsetzung der Richtlinie 2004/48/EG zur Durchsetzung der Rechte des geistigen Eigentums in deutsches Recht (2006) *GRUR Int*, 295 et seq]。

法，禁止继续侵权的禁令可以针对任何故意对不法行为提供帮助的人，比如为主要侵权人提供服务，但要满足这样的条件：帮助者有制止该侵权行为的合法途径并且有合理理由认为他能够判断是否在对不法行为提供帮助。这两个条件在指令中没有明确对应的规定，但是，这显然是指令第3条第（2）款所规定的比例原则的应有之义。

八、替代召回、清除、销毁或禁令的赔偿

指令第12条给成员国规定了一个开放式的条款，根据该规定，侵权人可以向有管辖权的司法机关请求支付金钱补偿以替代指令第10条规定的救济措施或者指令第11条规定的禁令。这个选择权要符合以下条件：(a)被采取措施的对象所实施的行为是没有过错的，(b)救济措施会导致不正当的损害；(c)金钱补偿是合理的令人满意的。指令第12条令人联想到了《著作权法》(UrhG) 第101条和《外观设计法》(GeschmMG) 第45条：

> 《著作权法》(UrhG) 第101条第（1）款：
> 受本法保护的某项权利在受到侵犯的情况下，若被侵权人向既非出于故意又非出于过失而侵权的人请求排除妨碍或者禁止妨碍的继续（第97条）或者销毁或交出复制件（第98条）或设备（第99条），若执行上述措施会引起不适当的损害并且对受害人的金钱补偿是合理的话，侵权人可以不适用上述请求权而向被侵权人作金钱补偿。补偿的金额应当以协议许可使用该作品的合同中应支付的报酬或使用费作为适当的报酬标准来计算。一旦支付了补偿金，侵权人就视为已经被许可在正常的范围内对作品进行使用。

《外观设计法》(GeschmMG) 第45条规定了几乎相同的文字，但是，除了侵犯著作权和侵犯设计权外，德国法没有规定其他的金钱补偿制度。指令第12条留给成员国自己去裁量是否在适当的情况允许金钱补偿来替代。

德国《政府议案》公开宣称不打算在工业产权法中规定相应的条款。[1] 但实践中,这并不会有太大的区别,因为适用金钱补偿的标准非常严格,即便在著作权和设计权的案件中也很少能得到满足,[2]而将此适用于工业产权案件(这种案件要求是在商业活动中实施的侵权行为)的话就更难以想象了。

《著作权法》(UrhG)第101条和《外观设计法》(GeschmMG)第45条与指令第12条相比有一个细微的不同:指令要求侵权人向法院提出申请,而德国的规定授予侵权人避开受害人请求权的权利。指令的该规定更多是程序性的,而德国法再一次把替代措施作为一个实体法问题,侵权人要证明《著作权法》(UrhG)第101条和《外观设计法》(GeschmMG)第45条规定的前提条件已经得到了满足。[3] 有很多标准可以用来确定金钱补偿是否是合理的、令人满意的:比如,侵权的严重程度,涉案的有关客体是否经常被许可使用,[4]对

---

[1] 联邦政府法律草案说明,联邦议院出版物编号 BT-Drucks. 16/5048,第32页[Begründung RegE, BT-Drucks. 16/5048, p. 32];持批判意见的是普科特和库尔:"马克斯—普朗克知识产权法、竞争法和税法研究所对德国实施欧共体第2004/48号关于知识产权执法指令的意见",《国际工业产权与著作权评论》,2006年,第296页[A. Peukert and A. Kur, Stellungnahme des Max-Planck-Instituts für Geistiges Eigentum, Wettbewerbs- und Steuerrecht zur Umsetzung der Richtlinie 2004/48/EG zur Durchsetzung der Rechte des geistigen Eigentums in deutsches Recht (2006) *GRUR Int*, 296]。

[2] 参见吕特耶(S. Lütje),载于尼科利尼、阿尔伯格编:《莫林和尼科利尼的著作权法》第2版,慕尼黑:弗兰兹·瓦伦出版社,2000年,《著作权法》第101条,注释1[K. Nicolini and H. Ahlberg (eds), *Möhring/Nicolini, Urheberrechtsgesetz* (2nd edn, München, Franz Vahlen, 2000), § 101 UrhG n. 1]。M. 博纳,载于万德特克和布林格编:《著作权法》第2版,慕尼黑:贝克出版社,2006年,《著作权法》第101条,注释1[M. Bohne in A-A. Wandtke and W. Bullinger (eds), *Urheberrecht* (2nd edn, München, C. H. Beck, 2006), § 101 UrhG n. 1]。

[3] M. 博纳,载于万德特克和布林格编:《著作权法》第2版,慕尼黑:贝克出版社,2006年,《著作权法》第101条,注释2[M. Bohne in A-A. Wandtke and W. Bullinger (eds), *Urheberrecht* (2nd edn, München, C. H. Beck, 2006), § 101 UrhG n. 2]。

[4] 吕特耶(S. Lütje),载于尼科利尼、阿尔伯格编:《莫林和尼科利尼的著作权法》第2版,慕尼黑:弗兰兹·瓦伦出版社,2000年,《著作权法》第101条,注释14[K. Nicolini and H. Ahlberg (eds), *Möhring/Nicolini, Urheberrechtsgesetz* (2nd edn, München, Franz Vahlen, 2000), § 101 UrhG n. 14]。M. 博纳,载于万德特克和布林格编:《著作权法》第2版,慕尼黑:贝克出版社,2006年,《著作权法》第101条,注释7[M. Bohne in A-A. Wandtke and W. Bullinger (eds), *Urheberrecht* (2nd edn, München, C. H. Beck, 2006), § 101 UrhG n. 7]。

作者的精神权利造成的损害,①最后补偿的金额②以及侵权人实际支付补偿款的能力。③

九、损害赔偿

指令第 13 条要求成员国在故意或过失侵犯知识产权的情况下规定损害赔偿的权利,并规定两个选择以便法院确定损害赔偿额:一个是考虑"所有合理的因素"[这些因素一部分是第 13 条第(1)款所明确的];一个是以至少为充分的报酬或使用费金额为基础确定的一个总金额。自然,德国知识产权法已经规定了损害赔偿请求权[《专利法》(PatG)第 139 条,《实用新型法》(GebrMG)第 24 条,《商标法》(MarkenG)第 14、128、135 条,《著作权法》(UrhG)第 97 条,《外观设计法》(GeschmMG)第 42 条,《植物新品种保护法》(SortschG)第 37 条,《半导体产品拓扑图法》(HalblSchG)第 9 条第(1)款]。损害赔偿额原则上是按照遭受的实际损失来计算的(《民法典》第 249 条等);但是,由于在知识产权案件中确定损害赔偿额是尤其困难的,知识产权案件生效的判例中明确受害一方可以选择以下三种方法之一来计算:④

---

① M. 博纳,载于万德特克和布林格编:《著作权法》第 2 版,慕尼黑:贝克出版社,2006 年,《著作权法》第 101 条,注释 7[M. Bohne in A-A. Wandtke and W. Bullinger (eds), *Urheberrecht* (2nd edn, München, C. H. Beck, 2006), § 101 UrhG n. 7]。

② M. 博纳,载于万德特克和布林格编:《著作权法》第 2 版,慕尼黑:贝克出版社,2006 年,《著作权法》第 101 条,注释 7[M. Bohne in A-A. Wandtke and W. Bullinger (eds), *Urheberrecht* (2nd edn, München, C. H. Beck, 2006), § 101 UrhG n. 7]。

③ 吕特耶(S. Lütje),载于尼科利尼、阿尔伯格编:《莫林和尼科利尼的著作权法》第 2 版,慕尼黑:弗兰兹·瓦伦出版社,2000 年,《著作权法》第 101 条,注释 10[K. Nicolini and H. Ahlberg (eds), *Möhring/Nicolini, Urheberrechtsgesetz* (2nd edn, München, Franz Vahlen, 2000), § 101 UrhG n. 10]。

④ 联邦最高法院,《国际工业产权与著作权法评论》,1972 年,第 190 页,壁装电源插座 II 案[BGH (1972) GRUR, 189 (190)-*Wandsteckdose II*];联邦最高法院,《国际工业产权与著作权法评论》,2001 年,第 330 页等,间接费用案[BGH (2001) GRUR, 329 (330 et seq.)-*Gemeinkostenanteil*]。在损害赔偿完成之前或者法院最终判决之前,由受害方决定三种计算方法的选择,联邦最高法院,《国际工业产权与著作权法评论》,1993 年,第 57 页等,沏宝/劳力士 II 案[BGH (1993) GRUR, 55 (57)-*Tchibo/Rolex II*]。

——所遭受的实际损失,包括利润损失(这是根据《民法典》第249、252条提出的任何民事损害赔偿请求的计算方法);

——以前发生过的充分的许可费或使用费;

——侵权人的获利。

在涉及表演权组织的特殊情形,联邦法院允许按照充分的许可使用费的双倍金额来确定损害赔偿额。① 另一方面,《专利法》(PatG)第139条第(2)款,《实用新型法》(GebrMG)第24条第(2)款,《外观设计法》(GeschmMG)第42条第(2)款,《植物新品种保护法》(SortschG)第37条,《半导体产品拓扑图法》(HalblSchG)第9条第(1)款规定在轻微过失的案件中有管辖权的法院可以在所遭受的损害和侵权人的获利之间幅度内确定一个赔偿额。最后,非物质损失的赔偿只能在侵犯著作权案件中根据《著作权法》第97条第(2)款的规定提出请求,除非对知识产权的侵犯同时侵犯了其他权利,比如,人身权。②

因此,德国法院已经考虑了指令所确定的各项标准,即对受害人造成的消极经济后果,侵权人的不当获利,精神损害和充分的许可使用费。受害方可以选择不同的方式来确定损害赔偿额,这是背离指令第2条第(1)款的规定的。但是,可以探讨的是,根据《专利法》第139条第(2)款及其他类似条款的规定,对轻微过失侵权的优惠待遇是与指令相抵触的,因为指令第13条没有明确把过失的程度作为在确定损害赔偿额时的一个考虑因素。③

---

① 联邦最高法院,《国际工业产权与著作权法评论》,1973年,第379页,双倍费率案[BGH (1973) GRUR, 379 (380)-Doppelte Tarifgebühr],认为对于在餐厅或者其他地点播放的音乐的实际损失和侵权人获利都难以证明;另一方面,在单一费用的基础上计算损失起不到威慑作用,因为这使得侵权人的处境不会比一个遵守著作权法的人更糟。

② 参见联邦最高法院,《新法律周刊》,2000年,第2195页等,玛琳·迪特里希案[BGH (2000) NJW, 2195et seq.-Marlene Dietrich]。

③ 联邦政府法律草案说明,联邦议院出版物编号BT-Drucks. 16/5048,第33页[Begründung RegE, BT-Drucks. 16/5048, p. 33]。

另一方面，指令第13条（a）项要求考虑"全部适当的因素"，而所规定的标准都只是一些举例。在任何案件中，德国的规定使得法院有权力来决定在轻微过失的情况下是否减少损害赔偿的金额，直到《政府议案》通过之前，法院不得不运用其裁量权来考虑指令第13条第(1)款的适用。

《政府议案》准备将已有的判例法规则通过规定下列条文纳入《专利法》（PatG）第139条，《实用新型法》（GebrMG）第24条，《商标法》（MarkenG）第14、128、135条，《著作权法》（UrhG）第97条，《外观设计法》（GeschmMG）第42条，《植物新品种保护法》（SortschG）第37条，《半导体产品拓扑图法》（HalblSchG）第9条第(1)款中：

> 在确定损害赔偿额时，侵权人的获利也可以作为侵权后果加以考虑。损害赔偿请求可以进一步按照侵权人在请求授权使用该知识产权的情况下本来应该支付的充分报酬来计算。

该草案条文没有提到法院有权考虑受害人遭受的损失，因为这个选择在《民法典》第249条和第252条中是不言而喻的。《政府议案》的立场与指令相比，只有在原告是一个作者、以前不受著作权保护的学术性汇编作品的编辑、不构成艺术作品的图片的制作者或者表演艺术家（《著作权法》第97条第(1)款E）的时候，才允许法院考虑其遭受的精神损害。这个差异似乎是合理的，因为难以想象其他的知识产权还有什么非物质损失。[①]《说明报告》认为联邦法院关于表演权组织的判例法应该不予理睬，[②]而是允许在

---

① 联邦政府法律草案说明，联邦议院出版物编号 BT-Drucks. 16/5048，第33页[Begründung RegE, BT-Drucks. 16/5048, p. 33]；与之观点一致的是普科特和库尔："马克斯—普朗克知识产权法、竞争法和税法研究所对德国实施欧共体2004/48号关于知识产权执法指令的意见"，《国际工业产权与著作权评论》，2006年，第293页[A. Peukert and A. Kur, Stellungnahme des Max-Planck-Instituts für Geistiges Eigentum, Wettbewerbs-und Steuerrecht zur Umsetzung der Richtlinie 2004/48/EG zur Durchsetzung der Rechte des geistigen Eigentums in deutsches Recht (2006) *GRUR Int*, 293]。

② 联邦政府法律草案说明，联邦议院出版物编号 BT-Drucks. 16/5048，第37页[Begründung RegE, BT-Drucks. 16/5048, p. 37]。

所有其他情形都可以按照许可使用费的倍数来计算损害赔偿额。这个拒绝是由于有一些批评,特别是德国联邦参议院建议推定侵权人的利润金额是标准的许可使用费的两倍,当然这个推定是可以推翻的。① 尽管如此,政府坚信(也是正确地)按照许可费倍数的金额来支付损害赔偿会造成某种形式的惩罚性赔偿,与德国民法原则是不相符的。② 而且,《政府议案》试图减少对轻微疏忽的优惠待遇。最后,该草案明确规定:其他请求权,比如基于不当得利的请求,是不受影响的。

十、法律费用

第 14 条要求成员国保证胜诉方合理和适当的法律费用和其他开支一般要由败诉方负担。德国政府阐述了其观点:《民事诉讼法典》中的成本规则所确立的赔偿原则权全面地与指令所规定的要求是相符的,这个观点是正确的。③

根据《民事诉讼法典》第 91 条的规定,败诉方原则上要负担诉讼费用,即法院的收费和法院外的收费。在部分胜诉的情形,《民事诉讼法典》第 92 条规定:应该对费用进行合理地分配。《民事诉讼法典》第 95 条和第 96 条明确规定了为公平起见,不应该由败诉方负担费用(如指令第 12 条所规定的)的情形:如果胜诉方不能参加庭审或者不能按时参加庭审,或者因过错而导致一个额外的庭审或者导致了庭审期限的拖延,他就要承担相应的费用(《民事诉讼法典》第 95 条)。如果"指控或者抗辩的方式被证明是不成功的",即任何事实的陈述、辩论或举证方式如果导致了额外的费用却没有对该当事人最后的胜诉带来帮助的话,也同样如此(《民事诉讼法典》第 96

---

① 联邦参议院的声明,联邦议院出版物编号 BT-Drucks. 16/5048,第 54 页[Stellumgnahme des Bundesrates, BT-Drucks. 16/5048, p. 54]。与之观点一致的是弗雷和鲁道夫:"欧盟知识产权执法指令",《著作权和媒体法杂志》,2004 年,第 528 页[D. Frey and M. Rudolph, EU-Richtlinie zur Durchsetzung der Rechte des geistigen Eigentums (2004) ZUM, 528]。

② 联邦最高法院,《新法律周刊》,1992 年,第 3103 页,BGH (1992) NJW, 3096 (3103)。

③ 联邦政府法律草案说明,联邦议院出版物编号 BT-Drucks. 16/5048,第 33 页[Begründung RegE, BT-Drucks. 16/5048, p. 33]。

条)。

法律费用的合理性和适当性问题在《法院收费准则》(GKG)和《律师收费方案》(RVG)中做了规定。无论是法院还是法定的律师费的确定总体上与争议标的额没有关系,而所采取的程序性措施也是算在里面的。赔偿对方律师费限于《律师收费方案》(RVG)第13条等规定的法定费率,并只限于一个代理律师的费用[《民事诉讼法典》第91条第(2)款]。根据《律师收费方案》(RVG)第4条的规定,客户和律师之间可能达成一个更高的收费方案,但这样的费用是无法从对方获得赔偿的。根据《联邦律师条例》(BRAO)第49b条第(1)和(2)款规定,意外开支和争议份额分成(quota litis)也是不能得到承认的。①

十一、司法判决的公布

根据指令第15条,成员国应该保证受害方可以申请裁定侵权人承担费用来公布司法判决,比如,通过展示或者出版的方式。根据德国法,目前这只有在著作权和设计权的情形下才有可能。

《著作权法》第103条,《实用新型法》第47条:②
判决的公布
(1)按照本法起诉的案件,被判决胜诉一方为表明合法利益有权要求公布判决,相关费用由败诉一方承担。只有判决生效后才可公布,除非法庭作出不同决定的。
(2)公布的方式与范围应该在判决中作出规定。判决生效后6个月内没有公布的,公布权归于消灭。

这些规定反映了指令第15条的规定,该规定授权法院可以裁定由侵权

---

① 参见最高院关于"例外情形"的决定,BVerfGE 杂志第117、163页等。
② 《实用新型法》第47条的措辞是一致的。

人承担费用公布判决。因为指令使用的表述是"适当措施",德国法把公布的方式与范围留给法院去做决定。但是,根据《著作权法》第103条、《实用新型法》第47条,受害方要表明其有合法利益才可以作出这样的裁定,而这个标准在指令第15条中是没有的。尽管如此,正如《政府议案》的《说明报告》所正确指出的那样,指令第15条规定国内司法当局有权决定是否作出公布判决的裁定,并规定这个权力要根据指令第3条第(2)款规定的比例原则来行使。① 《著作权法》第103条,《实用新型法》第47条只是简单说明当法院根据原告的请求作出决定时,必须衡量当事人的各自利益,这样才能遵守比例原则。

而看来需要更多关注的是,根据德国法,在判决生效后6个月内没有公布的,由侵权人承担费用公布判决的权利归于消灭,而指令并没有包含这样的时间限制。欧洲法院已经对国内法在其他情形中所设的时间限制进行了批评,特别是在海宁格(Heininger)案中,欧洲法院认为在合同缔结后一年时间内行使欧共体理事会第85/577号指令(上门推销)规定的撤销权的规定,没有履行成员国执行该指令规定的义务。② 很清楚,海宁格(Heininger)案与这里讨论的指令义务是有区别的:《上门推销指令》无条件地授予消费者一个撤销权,并明确规定了这个权利可以行使的时间期限,而这里的指令第15条将要求公布判决的裁定留给有管辖权的司法机关作出,而没有规定任何时间限制。而且,我们认为比例原则允许由德国法作出限制,因为受害人公布判决的合法利益将会随着时间的流逝而逐渐消失,而这种公布只被用来去损害竞争对手的声誉和财产的风险则可能会相应地提高。

无论如何,《著作权法》第103条、《实用新型法》第47条与实践的关联并不大,因为总的来说没有什么可以阻止受害人自己通过更快从而更为有

---

① 联邦政府法律草案说明,联邦议院出版物编号 BT-Drucks. 16/5048,第42页(Begründung RegE, BT-Drucks. 16/5048, p. 42)。

② 海宁格诉巴伐利亚海泼联合银行股份公司案(Heininger v. Bayerische Hypo-und Vereinsbank AG),案号 No. C-481/99 (2001),《欧洲法院公报》第I卷,第9945页,注释44等;同参见科菲蒂斯股份公司诉弗雷德奥特案(Cofidis SA v. Fredout),案号 No. C-473/00 (2002),《欧洲法院公报》第I卷,第10875页。

效的途径来公布判决。① 这个规定的主要目的是在于由侵权人来承担公布的费用。

其他德国知识产权法没有这样类似的规定。由于德国立法机关没有在规定的时间期限内转化欧共体第 2004/48 号指令，德国法院目前有义务根据欧共体条约第 10 条将《著作权法》第 103 条，《实用新型法》第 47 条类推适用于其他知识产权侵权案件。

《政府议案》建议为所有其他知识产权规定相应的条款，即《专利法》(PatG) 第 140e 条，《实用新型法》(GebrMG) 第 24e 条，《商标法》(MarkenG) 第 19c、128、135 条，《植物新品种保护法》(SortschG) 第 37e 条，《半导体产品拓扑图法》(HalblSchG) 第 9 条。但是，只有在著作权侵权案件中，法院才有权力在判决不是由终审法院下达的时候命令立即执行公布判决的裁定。② 对所有其他知识产权而言，为对方当事人的声誉考虑，权利人必须等到最终判决才能公布。③ 而且，根据《政府议案》的建议，公布判决的权利将在 3 个月内归于消灭。

第四节　附录　德国联邦议会法律事务和审议委员会报告

在法律事务委员会于 2008 年 4 月 8 日提出其报告和建议后，德国联邦议院 (Bundestag) 于 2008 年 4 月 11 日经过一读和二读，审议并通过了《政

---

① M. 博纳，载于万德特克和布林格编：《著作权法》第 2 版，慕尼黑：贝克出版社，2006 年，《著作权法》第 101 条，注释 2 [M. Bohne in A-A. Wandtke and W. Bullinger (eds), *Urheberrecht* (2nd edn, München, C. H. Beck, 2006), § 101 UrhG n. 2]。

② 《政府议案》的解释报告认为，作者可以有一个额外的好处，即在最终判决之前提交决定，参见联邦政府法律草案说明，联邦议院出版物编号 BT-Drucks. 16/5048，第 49 页等 (Begründung RegE, BT-Drucks. 16/5048, p. 49 et seq)。参见策勒高等地方法院，《国际工业产权与著作权评论——司法报告》，2001 年，第 126 页 [OLG Celle, GRUR-RR 2001, 126]。

③ 联邦政府法律草案说明，联邦议院出版物编号 BT-Drucks. 16/5048，第 42 页 [Begründung RegE, BT-Drucks. 16/5048, p. 42]。

府议案》。接下来,德国联邦参议院(Bundesrat)将审议该议案。如果联邦参议院表示反对,这个事情就会被提交给调停委员会(vermittlungsausschuss),从而就会被进一步拖延。

法律事务委员会和联邦议院的审议主要围绕着两个问题:第一,指令第8条规定的信息权,第二,警告函律师费的上限。

一、信息权利

在关于《政府议案》的评论中,联邦参议院对于转化指令第8条表述了三个关切(正如《政府议案》建议的《专利法》(PatG)第140b条,《实用新型法》(GebrMG)第24b条,《商标法》(MarkenG)第19、128、135条,《外观设计法》(GeschmMG)第46条,《植物新品种保护法》(SortschG)第37b条,《半导体产品拓扑图法》(HalblSchG)第9条,《著作权法》(UrhG)第101条)

(1)统一使用"在商业活动中"和"以商业规模"的术语。

(2)建议规定当所查询信息涉及通信流量数据时由法院作出裁定。

(3)在数据保护法案中缺少授权传输个人信息的规定。

1."在商业活动中"v"以商业规模"

如《政府议案》所建议的那样,《著作权法》(UrhG)第101条规定,如果侵权人"在商业活动中"实施了侵权行为,允许著作权人从任何侵权人处查找信息,或者根据情况,从第三人处查找信息。但是,总的来说,《政府议案》是按照指令文字来表述的,并使用"以商业规模"的术语。联邦参议院的意见认为有必要在整个议案中前后一贯地使用者两个术语。

法律事务委员会在其报告中建议要始终如一地使用"以商业规模"这个术语,并澄清商业规模可以根据侵权的数量和严重性来得出结论。德国联邦议会曾经对这个术语的适当性进行过一些讨论。尤其是绿党和自由民主党批评"商业规模"这个概念过于含糊不清,他们提出了相反的意见:自由民主党建议取消商业规模侵权的要求,绿党则提出如果侵权人所为是基于诚信(无论是涉及商业规模,还是涉及使用知识产权的权利),就不适用信息权。[①] 但这些动议没有一个得到联邦议员的认可。于是《著作权法》第101条第(1)款现在是这样规定的:

(1)在商业活动中,对于因制造或者发行复制件的行为而侵犯著作权或者受(著作权法)保护的其他权利的人,被侵害人可以要求其立即就相关复制件的制造和经营渠道的相关情况做出说明。商业规模可以根据侵权的数量以及侵权的严重性来判断。

2. 一个司法令状的要求

如果信息流量数据已经事先被处理,该查询的信息只能被公开的情况下,《政府议案》规定:被侵权人必须首先请求法院裁定允许使用这样的数据。这尤其是指请求网络服务提供者按照权利人锁定的 IP 地址公开其客户身份信息(即,权利人请求公开网络服务提供者的客户身份,如果客户的计算机被分配了一个动态 IP 地址,而该 IP 地址在某个特定的时间点在连接对等网络时被锁定)。目前,权利人寻求发现因特网用户身份信息的最可靠——但有点繁琐——的路径是提起一个刑事指控,根据这个指控,在初步刑事程序中,接入服务提供者会透露其客户信息(需要记住的是,这个客户不一定是侵权人)。然后,权利人就可以请求接触这些刑事档案,接着就可以对其中指明的人提起侵权诉讼程序。

德国联邦参议院同意政府的评估意见,即目前的处理方式既是没有必要的时间浪费,又过于错综复杂。但是,按照联邦参议院的看法,《政府议案》规定的法院的这种裁定也同样是不够的。联邦参议院认为,这样一个法院的裁定与现行德国民事诉讼法规则是无关的,这无非是给法院增加了

[①] 法律委员会的建议和报告,联邦议院出版物编号 BT-Drucks. 16/8783,第58页[Beschlussempfehlung und Bericht des Rechtsausschusses, BT-Drucks. 16/8783, p. 58]。

一个麻烦,给权利人带来了沉重的费用负担。根据《政府议案》作出的解释,规定一个司法令状的目的是排除网络服务提供者和电信公司判断一个侵权行为是否存在的障碍,这个解释被联邦参议院所否定,联邦参议院认为第三方(即接入服务提供者)只是在存在显而易见的侵权时才有义务披露信息。联邦参议院的想法有一点自相矛盾:一方面,德国联邦参议院认为,因为可以预料到关于信息请求权案件的数量将是很大的,法院会不堪重负,从经济角度看每一请求 200 欧元的法院诉讼费可能会使得请求于事无补;另一方面,对于被请求提供信息的第三方来说,对信息请求进行审查恐怕并不是那么难以处理的。联邦参议院没有认识到的是,如果不颁发法院裁定,将不得不由网络服务提供者来查明在每一个特定的案件中是否存在"显而易见"的侵权,以及谁来承担额外的工作。由于根据《政府议案》建议的条款,公开信息的第三方有权因此获得补偿,那么,200 欧元的法院诉讼费是否不能证明对权利人更为有利(至少根据假设,网络服务提供者实际上对侵权的存在进行了彻底调查),这是值得怀疑的。

对于根据通信流量数据披露注册用户信息是否与《民法典》第 10 条所保护的通信秘密权相冲突,也还有不同意见。《政府议案》是按照这样的假设来操作的:这种公开对于通信秘密来说是不公正的,因为网络服务提供者根据其规章不得不从某个特定地点使用的动态 IP 地址中及时推导出用户的身份信息。① 另一个方面,联邦参议院认为,权利人只是请求公开网络服务提供者的合同当事人的姓名和地址以及本身和通信无关的数据。

在法律事务委员会讨论这个问题时,欧洲法院已经对西班牙音乐制作人协会(Promusicae)案作出了判决,该判决宣称:受指令第 8 条保护的信息权和受数据保护法规保护的隐私权之间的平衡由成员国自己去解决。② 于

---

① 大部分学者似乎同意这一评价,参见斯宾德勒和多谢尔:"欧盟法律针对互联网服务提供者的信息要求的兼容性",CR 杂志,第 342 页等[G. Spindler, and J. Dorschel, Vereinbarkeit der geplanten Auskunftsansprüche gegen Internet-Provider mit EU-Recht (2006) CR 342 et seq]提供的参考文献。

② Promusicae 诉 Telefónica de Espan 案,案号 No. C-275/06,2008 年 1 月 29 日,注释 59,欧洲法院。

是,议会党团中的绿党和左翼党建议修改草案关于信息权的规定:绿党(集中在网络服务提供者是否可以成为信息提供者)建议所提供的信息不应该包括其服务用户身份的披露,①而左翼党则建议,不管通信流量数据是否不得不被进行处理,要求法院作出的裁定可以延伸至所有情形,以实现信息请求权。② 基督教民主党和社会民主党则宣称:《政府议案》中的草案条文是权宜之计,欧洲法院对西班牙音乐制作人协会(Promusicae)案的判决已经明确成员国可以自己任意规定这个规则。③ 因此,联邦议院就按照《政府议案》的建议通过了有关信息权的条文。

尽管如此,在议会党团中似乎有一个一致意见,就是进一步研究建立一个信息交流中心,并采用黑箱程序的可能性,④就像法国的"奥利弗内协议(Accord Olivenne)"一样。⑤

3. 授权数据传输的规定

最后,联邦参议院已经建议补充有关信息权的草案规定,增加一款授权传输个人数据的规定,以防止要求披露信息的人在这个过程中不得不违反数据保护规则。目前,《联邦数据保护法》(BDSG)第 28 条第(3)款第 1 项允许传输个人数据,如果这种传输对于保护第三方合法利益来说是必要的话。但是,《电信媒介法》(TMG)第 14 条包含了特定和更限制性的规定,该规定在涉及信息服务用户的个人信息方面排除了《联邦数据保护法》

---

① 法律委员会的建议和报告,联邦议院出版物编号 BT-Drucks. 16/8783,第 57 页等[Beschlussempfehlung und Bericht des Rechtsausschusses, BT-Drucks. 16/8783, p.57 et seq]。
② 法律委员会的建议和报告,联邦议院出版物编号 BT-Drucks. 16/8783,第 61 页[Beschlussempfehlung und Bericht des Rechtsausschusses, BT-Drucks. 16/8783, p.61]。
③ 法律委员会的建议和报告,联邦议院出版物编号 BT-Drucks. 16/8783,第 57、59 页[Beschlussempfehlung und Bericht des Rechtsausschusses, BT-Drucks. 16/8783, p.57,59 et seq]。
④ 法律委员会的建议和报告,联邦议院出版物编号 BT-Drucks. 16/8783,第 57 页等[Beschlussempfehlung und Bericht des Rechtsausschusses, BT-Drucks. 16/8783, p.57 et seq]。
⑤ 开发和保护新的网络工程和文化节目的协议(Accord pour le développement et la protection des oeuvres et programmes culturels sur les nouveaux réseaux), http://www.sacd.fr/actus/dossiers/av/docs/accord_mission_olivennes_v2.pdf。

(BDSG)第28条第(3)款①的适用。目前,《电信媒介法》(TMG)第14条允许为了知识产权执法根据"有关当局"的裁定交流个人信息。根据《政府议案》确定的方案,《电信媒介法》(TMG)第14条将允许服务提供者履行信息提供义务,包括通信流量数据的处理,因为草案要求权利人在那些情形下取得法院的裁定。相反,如果该信息请求是没有必要处理通信流量数据的,②《电信媒介法》(TMG)第14条就不会授权网络服务提供者传输个人信息(没有获得有关当局作出的裁定)。

联邦参议院也已经建议补充有关信息权的草案规定,增加一款允许传输为了缔结和履行服务合同而收集的个人数据(如用户的名字和地址)的规定。因为没有公布的原因,法律事务委员会以及联邦议员很不幸没有采用这个建议。这样,信息服务提供者的数据披露可能在特定情况下违反《电信媒介法》(TMG)第14条关于数据保护的规定,结果可能使他们自己承担损害赔偿责任。考虑到立法者没有对信息服务提供者所负法律义务的冲突作出解释,就将由法院去找出一个适当的解决方案。一个可选择的方案是根据"后法优于前法"原则,以新的信息义务来否定老的《电信媒介法》(TMG)第14条。而且,《政府议案》所建议的《专利法》(PatG)第140b条,《实用新型法》(GebrMG)第24b条,《商标法》(MarkenG)第19、128、135条,《著作权法》(UrhG)第101条,《外观设计法》(GeschmMG)第46条,《植物新品种保护法》(SortschG)第37b条,《半导体产品拓扑图法》(HalblSchG)第9条的第6款也应有帮助作用:

"(6)提供了正确信息的人如果没有义务这样做的……,如果他或她知道他或她是没有义务提供信息的,只需要向第三人承担责任。"

二、警告函律师费的上限

按照德国判例法,向侵权嫌疑人发送警告函的权利人扮演了一个紧急

---

① 参见《电信媒介法》第12条第2款[§12(2) TMG]。
② 比如,如果权利人请求在用户姓名的基础上披露消费者的身份。

代理人的角色,因为权利人是在通知收件人违反了其所应履行的法律义务。收件人,如果他本来想遵纪守法的,就可以停止侵权并避免诉讼。结果是,如果受害人可以考虑聘用一个必要的律师,侵权人就要负责支付受害人的律师费。欧共体第2004/48号指令没有涉及警告函的问题,第14条只规定了作出司法判决后的费用和开支。尽管如此,德国立法机关在执行欧共体第2004/48号指令时,给自己提供了一个把判例法转化为成文法的机会,在《著作权法》第97a条的草案规定中加入了警告函制度。根据《政府议案》,权利人可以在提起法律诉讼前向侵权人发送警告函,以给对方当事人宣告其将来停止进一步实施侵权行为的机会。而且,如果警告函是合法的,收件人有责任支付必要的花费(尤其是律师费)。

但是,随着近几年的发展,《著作权法》第97a条的政府草案也规定了在"简单明了的案件"中只可赔付50欧元花费的上限。理由如下:随着互联网的兴起,权利人和律师已经把警告函作为一项额外收入的方式。有大量的报告说律师发出了大量的警告函,这些警告函对那些相对轻微的侵犯知识产权或者违反竞争法的行为要求赔付夸大的费用。[①] 法院已经在试图把这些警告函界定为"警告函洪流":根据2006年联邦法院作出的两个判决,在简单明了的案件中,违法责任是显而易见的,因此聘用律师是没有"必要的"(那么,律师费就是不能赔付的)。[②] 相反,这时受害人要自己制作发送警告函,且不能请求赔偿其花费。

《政府议案》试图通过规定赔付50欧元律师费的上限来强化这个判例法。法律事务委员会经过一些争论后,特别是自由民主党对费用上限进行了批评,最后法律事务委员会和联邦议院达成一致,保留费用上限,但把它提高至100欧元。《著作权法》第97a条第(2)款现在是这样的:

---

① 参见 www.abmahnwelle.de 上的文件。以及国务秘书阿尔弗雷德·哈滕巴赫(Staatssekretär Alfred Hartenbach)在议会上的报告,联邦司法部也收到了大量的投诉。

② 更多参见联邦最高法院,《国际工业产权与著作权评论》,2007年,第620等[BGH, GRUR 2007, 620 et seq];联邦最高法院,《国际工业产权与著作权评论》,2007年,第621等[BGH, GRUR 2007, 621 et seq]。

在简单明了的案件中,如果侵权是非实质性的,侵权人不是在商业活动中实施侵权,那么,对于第一份警告函提供律师服务的必要花费的补偿不超过 100 欧元。

法律事务委员会在其报告中列举了以下例子:①
——未经权利人同意在其私人网站刊登了一小幅城市地图。
——未经权利人同意在其私人网站刊登了一首歌词。
——未经权利人同意在一个拍卖网站的清单上刊登了一幅照片。

三、下一步进展

现在,该由联邦参议院来考虑联邦议院通过的《政府议案》文本了,但难以预料审议的结果会是怎样。一方面,联邦议院没有遵循联邦参议院的一些建议,最明显的是关于对通信流量数据处理的法院裁定降低要求,以及关于增加规定授权披露请求的数据。另一方面,德国已经严重违反其实施有关法律以遵守欧共体第 2004/48 号指令的义务,因此联邦参议院可能决定不再拖延这个过程。无论如何,联邦参议院没有权力对该议案投票,这意味着即便联邦参议院确实表达了其反对意见,该问题被提交给调停委员会,这样就会进一步地拖延,但是,该法案最终可能仍会以上述形式成为法律。该议案在联邦议院三读之后,联邦参议院再一次对此进行了审议。虽然联邦参议院重申了其对转化指令第 8 条的关注(前文,IV. A.),但它最终决定不提出正式的反对。于是,《知识产权执法促进法》在 2008 年 7 月 7 日得以通过,2008 年 9 月 1 日起实施。②

---

① 法律委员会的建议和报告,联邦议院出版物编号 BT-Drucks. 16/8783,第 63 页[Beschlussempfehlung und Bericht des Rechtsausschusses, BT-Drucks. 16/8783, p.63]。
② 2008 年 7 月 7 日改进知识产权执法的法律,联邦法律编号 BGBl. I,第 1191 页[Gesetz zur Verbesserung der Durchsetzung von Rechten des Geistigen Eigentums of 7 July 2008, BGBl. I, p. 1191]。

第六章 结论

第一节 概述

本书对欧共体第 2004/48 号指令已经作了以下两个方面的分析：首先，从作为欧共体立法的一个法律工具，并对成员国设定了一些特殊的义务的角度考察了该指令；其次，从欧共体法律原则产生的影响，尤其是该指令本身实质性内容产生的影响的角度，考察了各国对该指令的实施。就像所说的那样，为了有效协调国内的诉讼规则，有必要把该指令置于共同体法律所利用的两个方法的背景之下：

一方面，通过欧洲法院的判例法进行协调，这些判决是在个案的基础上根据某些原则作出的，这些原则对国内法院使用其自身诉讼规则的权力作了限定，主要包括效率原则、衡平原则和有效司法保护原则以及《欧共体条约》的各项规定。我们认为，这种欧洲法院导向的协调带来了一些麻烦，这种协调很大程度上是在固有的不协调的方式下进行的，在这样的方式下，这些判决显然是在参考国内法院的基础上作出的：不仅总体上不存在协调的目的，而且干预的范围和性质在总体上缺乏清晰度，而为了保证与上述原则相一致，就如同这些原则适用于国内诉讼规则一样，这种清晰度是必须的。

相应地，通过共同体立法来协调就能原则上解决上述这些麻烦，尤其是在协调的范围和性质方面。这就是为什么在这里所选择的法律工具是一个指令的特殊背景。在这个指令中，根据欧共体条约第 249 条确定的基本义务，是针对成员国的义务，同时，成员国在有效司法保护等原则以及欧共体条约规定的范围内享有自由裁量权。但是，我们认为这些目标明显没有通过这个指令得到全部实现,首先,我们认为,通过对用于保护国内知识产权的国内诉讼制度所存在的执法缺陷的深入调查,已经彻底表明了干预的必要性;但紧接着的是,对国内诉讼制度协调所进行的共同体干预的范围,需要给出一个明确的界定。可以说,由于没能清楚界定和表明需要什么样程度的协调,指令中某些条款所规定的实体义务至少有一部分没有能达到应有的明确,因此,正是由于欧共体委员会最初没能清楚地确定为了实现国内诉讼制度有效保护知识产权的目标而所需要的协调的程度,所以,该指令第4、10、11和13条所规定的实体义务的性质和范围就看起来不是那么明确。因此,可以根据欧共体条约第234条在欧洲法院找到对这些不确定性的基本的救济——如果不是明确的救济的话——以确定那些条款中规定的实体义务的范围。所以,由于那些实体义务的实际范围和性质的不确定性,与欧洲法院的判例法所进行的协调相比,该指令作为一个立法性协调形式的根本有效性已经大为削弱。

一、从欧盟立法的一个工具来看,我们认为该指令的实质内容涉及用于在欧盟和国内进行知识产权执法的国内民事诉讼规则。因为其规范的对象实际上是或者至少部分是对国内诉讼制度的协调,可以说,该指令是有点特殊的,因为大多数指令的规范对象是针对实体法而不是程序法。如前所述,该指令的目的只是为了在最小程度上协调国内的诉讼规则。因此,该指令的每一个条款连同相关的序言(这些序言是为了尽可能清楚地明确指令规定的那些实质义务的性质)在前面各章中都做了考察,指令所规定的那些所谓的附随义务,也是如此。

该指令通过每一条款的实际文字以及各有关序言所确立的特定实体义务和附随义务已经得到明确,接下来就考虑其实施了。无论基本或者核心义务的内容是实体法,还是像在这个指令中那样是程序法,实施过程都是根据同样的欧盟原则,即不管实体法或者程序法是否构成了实体义务,实施指令的国内措施必须是清楚的、有效的,并确保其有效实施。特别是当涉及权利的时候,国内的实施措施必须是清楚的。而且,在这个指令的情况下,我们认为:实体义务为知识产权的权利人设定了程序权利,可以说,这些权利的存在是取决于在该指令条文连同序言中所界定的权利的实际性质和受益人的类别的清晰度。尤其是，我们认为，第4条为其（a）—（d）项所规定的四类受益人确立了诉讼主体资格，包括权利人、独占被许可人、知识产权集体权利管理组织和职业维权机构。但是，就特定诉讼内容的形式而言，权利的实际性质是由用来实施指令的国内规则界定的，就是说，成员国就实施指令条款而言享有自由裁量权，以确保这些权利可以真正得到清楚、有效地执行，并且其执行的方式可以保证对所有权利进行有效的法律保护，同时符合指令和欧共体条约的实际内容。存在指令第4条所确立的权利的重要性在于，指令的正确实施要求这些规定需要特别明确地加以实施以便保证这些权利的受益人清楚地知道其在保护范围方面享有利益的法律权利。如前所述，这个条款，特别是其中第（c）和（d）项的范围最后无疑是要欧洲法院来解释，以便明确如果国内法律制度中不存在这样的诉讼主体，那么其正确实施是否需要在国内法律制度中重新规定该条所规定的诉讼主体类型。如前所述，对于未正确实施或者未实施该指令规定，本书中所考虑的救济方式包括解释一致原则和成员国承担损害赔偿责任，可以全部适用，也可以单个适用。此外，我们认为，指令的条款并没有提供直接效力原则的救济，这是因为其法律清晰度不足，也由于对蕴含着直接效力观念的相关条文和序言的可援引性的限制。

如前所述，就英国国内诉讼制度的实施而言，指令第10、11和13条连同第3条的适用范围似乎潜在地造成了一个麻烦。为了有效运用解释一致原则来执行这些条款，似乎很有必要根据欧共体条约第234条请求欧洲法院作出解释。就是说，要清楚地确定这样的条款是否已经被充分实施或者看起来确实还没有被充分实施，需要通过适用解释一致原则来进行权衡，而这只有请求欧洲法院进行解释才能够做到。

二、还是如前所述，这本书中并没有试图从比较法的角度去分析国内法对指令的实施。如在本书的简介中所述，我们认为为了理解本指令所要达到的协调程度或应该达到的协调程度，这样的比较方法本身是不存在的。可以说，最有效的方法是分析与指令中所确立的每一个实体义务和附随义务如何在有关国家得到实施,至少是要分别单独地分析荷兰、英国和德国的实施。只有这样的方法,才能明确该指令是否已经得到充分实施,不仅符合指令的实体义务,也符合欧共体法律原则,比如效率、清晰和有效法律保护。每个国家的实施是单独进行的,因此最好是与其他国家的实施分开来考虑。可以说,只有分别和单独地考虑每一个国家的实施,才能不仅对指令的实体义务和附随义务问题加以鉴别,而且对每一个国内法律制度所包含的基本原则问题加以鉴别。简而言之,我们认为,至少一开始就对实施进行比较会导致很多问题含糊不清,不利于单个国家实施。

第二节　在荷兰的实施及其存在的问题

指令起草期间,在荷兰,对于有效打击盗版和保护知识产权是否需要在荷兰法中规定比已有的国内执法工具更多的诉讼措施和制裁,提出了怀疑。对于纳入普通法证据审前开示原则的条文,也有一些关注,因为审前开示会使得司法程序,特别是涉及知识产权的程序变得过于昂贵和过于冗长。

由于指令的迟延实施,荷兰法院已经提前适用了第14条关于法律费用的规定。第14条与国内民事案件的一般做法有实质性区别,国内存在着费用赔偿最高额的限制。而根据第14条,有时甚至会全面赔偿全部费用。指令第14条在《民事诉讼法典》第1019h条中得到了执行。直到现在,荷兰法院还没有在费用赔偿方面与此相一致。不一致的原因是两方面,一方面是对费用的合理性和适当性的考量,另一方面是对那些费用的公平性的考量。这给法院留下了很多空间来决定费用,但导致的结果是法律确定性岌岌可危。

荷兰立法机关通过在《民事诉讼法典》第3册规定新的一章第15章第1019—1019i条来实施指令,该章名称是"有关知识产权的程序"。规定新的一章可以使《民事诉讼法典》中关于知识产权执法的一般规定不受干扰。

《民事诉讼法典》中新的第15章对于涉及知识产权的所有民事侵权诉讼来说具有补充性。只要第15章没有不同的规定,《民事诉讼法典》中的一般规定就是可以适用的。通过只对知识产权规定了新的一章,荷兰立法机关找到了对批评指令建议的那些言论进行反驳的一个答案,即,知识产权侵权比其他财产权的侵权更为严重。

第14条之外,指令条文的内在含义唯一导致实践问题的是荷兰实施指令第7条的条款。指令第7条是关于保全证据的临时措施,该条被转化为《民事诉讼法典》第1019b—1019d条。这个关于"查封证据"的规定在荷兰民事诉讼中是前所未有的。这也已经带来了一些不确定性。在目前的法律实践中,对为了保全证据而查封的性质进行了讨论,特别是关于下面的问题:这种查封是否仅仅意味着保全证据,还是也是一种侦查的权利,而这个权利被认为是影响太大了(参见第3.4.4.5款)。

除了这些少数的评论,实践中似乎对于指令发挥的作用及其在荷兰实施的方式是满意的。

第三节 在英国的实施及其存在的问题

总体上可以说,英国实施指令的方法一方面是制定特殊的法律,另一方面是利用已有的法律,尤其是《民事诉讼规则》(CPR)和1981年《最高法院法》(SCA)。原则上,特殊制定的法律似乎可以更为有效地实施指令的各项规定,因为其指明的意思更为清楚,尤其是就权利人享有的某些权利而言,但事实上这个情况并非那么明显。确实,正确和充分实施指令看起来是取决于指令的每一个条款和已有法律的情况。而且,我们必须考虑到解释一致原则的运用,特别是就适用于每一个个案中的司法实践而言。因而,这个问题就变得和特殊制定的法律一样,就是说,当国内法院把已有法律解释为和指令一致的话,已有法律是否能保证有效实施,即是否能做到法律清楚、高效和有效司法保护。①

如前所述,指令第4条的(c)和(d)项可能带来一个问题,因为请求欧洲法院作出最后的解释后,欧洲法院判定这里包含的义务要求各国规定这里明确列举的各类受益人可以享有诉讼主体资格。如在上述第五章中已经阐述的那样,对于该条款有两种可能的解释:一个是,这并不要求成员国为指令第4条的(c)和(d)项描述的那些机构规定一种代表性诉讼;另一个可能的解释是,指令第4条的(c)和(d)项已经足够清楚地为这两款所描述的各类受益人规定了诉讼主体权利的大致形式。但是,由于这是一个大致的形式,这个权利只能通过国内法的实施才能够实现。除此之外,还要求成员国在指令文本的范围内,特别是根据指令第4条的(c)和(d)项以及有效司法保护等原则和欧共体条约的最终条款等,来行使其自由裁量权。而且,如果欧洲法院判定成员国有义务保证其国内诉讼制度规定这样的诉讼主体,那么,在此,解释一致的救济性做法似乎就因为没有相应的国内立法而难以实现了。因此,可能有必要考虑在下列情况下最后提起损害赔偿的诉讼:即,如果欧洲法院判定这些条款要求国内法规定这样的诉讼主体,但在要求的时间内没有这样做的话,就要适用这些必须遵守的原则。即,这是一个严重的违反。在特定的案件中,还需要查明是否导致了任何损害。

与第4条(c)和(d)项相反,解释一致原则似乎适用于第9条第(1)款,该条要求在颁发临时禁令时国内法院要把案件的实体问题作为部分考虑因素。解释一致原则似乎可以适用于这个情形,至少是通过一致性原则进行所谓的司法实施(这与通过一致性原则的方式进行救济性解释是不同的)的一部分,即,由于考虑案件实体问题的可能性已经在英国判例法中是存在的,因此,对该原则的适用只是要求国内法院对已有的判例法提供一个与指令相一致的解释,以保证有效和充分地实施指令第9条第(3)款。

在英国法中实施指令时遇到的最后一个问题涉及指令第3条和第14

---

① S. 普雷考:《欧共体法中的指令》,牛津:牛津大学出版社,2005年,第77页[S. Prechal, *Directives in EC Law* (Oxford: Oxford University Press, 2005), op. cit., 77]。

条关于诉讼费用的权利,即就费用问题可以得到公平的审判。在英国,额外表现收费协议规定了 100% 的附加收费,这些收费可以转移给败诉方负担而不管整个费用金额是否因此变得比例不当,对此,我们认为,诸如额外表现收费协议这些涉及费用案件的规定需要适用解释一致原则加以救济。因此,这个原则的适用似乎要求国内法院根据 1981 年《最高法院法》来行使其自由裁量权,以保证与指令第 3 条和第 14 条的规定相符。所以,与指令相一致的这样一个解释可能会引导国内法院根据赔偿规则不把 100% 的额外费用转移给败诉方。如果这样,法院就不会适用《民事诉讼规则》第 44 条的《实施指南》第 9.1 条和第 11.9 条,即法院将根据 1981 年的《最高法院法》第 51 条和 1999 年的《获取正义法》第 27A 条第(6)款来行使其自由裁量权,不转移包括胜诉费在内的费用,以避免第 9.1 条后果的产生,并避免包含胜诉费(这个费用根据第 11.9 条的规定是不需要符合比例原则的)。总之,我们认为,为了正确实施指令第 3 条和第 14 条,根据冯·科尔森案以及马立森案①所确立的一致解释原则,要求国内法院在解释国内法的时候尽可能地根据指令的文字和目的去解释。为了保证与对权利的有效司法保护原则相一致,也为了保证《欧洲人权公约(ECHR)》所规定的获得法院救济权利(以埃雷案②为例)的实现,作出这样的解释是将被证明必要的。

我们认为,司法机关把其所引用的已有相关法律解释成与指令相一致,将会导致下列情况:即,该解释与指令第 3 条和第 14 条相一致,特别是与《欧洲人权公约(ECHR)》第 6 条所体现的有效司法保护原则相一致(如在前面提到的埃雷案一样),将导致法院根据 1981 年的《最高法院法》第 51 条和《民事诉讼规则》第 3 条第(2)款第(m)项行使其自由裁量权,给费用

---

① 马立森案(Marleasing),案号 No. C-106/89 (1990),《欧洲法院公报》第 I 卷,第 4135 页,同前引。

② 艾雷诉爱尔兰应用公司案(Airey v. Ireland applic),案号 6289/73 (1979),《欧洲人权法院报告(ECHRR)》第 32 期,第 305 页,同前引。

设定一个上限,但其方式不受盖奇法官在斯玛特(Smart)案[1]中所确立原则的限制,就是说,将不要求该司法管辖权只有在存在一个实际风险的情况下才可以行使,这个实际风险是指诉讼当事人所产生的费用可能会失去控制。

最后,在固定费用的形式方面,可能需要立法机关对《民事诉讼规则》作一些修改,以实施指令第3条和第14条,不仅仅是在效率方面,也是在法律确定性、清晰度以及其他方面,确保与尤尼贝特案[2]和埃雷案等这样的案件中所确立的有效法律保护原则相一致。如前所述,与法定最高费用和最低费用不同,固定费用是那种可以被称为潜在最限制性的控制费用的方法。但是,固定费用的好处似乎是这样的:在埃雷案中,欧洲人权法院(ECtHR)认为,成员国有责任保证能有效地获得法律保护。为了履行这个义务,在某些情况下可能涉及法律援助的规定。但是,在另一些情况下,这个义务可能涉及民事诉讼规则的简化。如前所述,《民事诉讼规则》是努力简化英格兰和威尔士民事诉讼规则的结果。因此,假如预算和费用上限制度本身已经被霍夫曼勋爵认为不够的,在程序上仍然可以用来控制费用的唯一方法是运用某种形式的固定费用或者固定的最高费用,这将有效地符合埃雷案中所阐述的权利的司法保护原则。如果说其他诸如改革《民事诉讼规则》和案件管理等控制费用的方法已经明显失败的话,在埃雷案和最近的尤尼贝特案中所阐明的有效司法保护原则不仅已经证明某种形式的固定最高费用的合理性,而且可能确实要求这样的费用形式。因此,似乎需要一些更为直接的控制费用的方法,这样才能不仅确保在实施指令第3条和第14条有关费用的规定方面是清楚和有效的,最重要的是还能确保对诉讼当事人(尤其是被告)在费用方面的权利的有效司法保护。所以,为了保证在转化指令第3条和第14条上的清晰度,可能至少需要某些形式的固定最高费用,

---

[1] 斯马特诉东柴郡国民医疗服务信托公司案(Smart v. East Cheshire NHS Trust),2003年,英格兰和威尔士高等法院(EWHC AB),案号 No. SK 1700 41。

[2] 尤尼贝特案(Unibet),案号 No. C-432/05 (2007),《欧洲法院公报》第Ⅰ卷,第2271页,判决日期2007年3月13日,www.curia.europa.eu。

这样的费用不仅可以保证是清楚的,而且保证与比例原则以及有效司法保护原则适用于费用的时候是相一致的。

《民事诉讼规则》第 44.4(2)条规定:
如果费用的数额是根据标准基数估定的,法院将
(a)只会同意那些和所涉事务相当的费用;并且,
(b)解决任何可能的怀疑,如发生的费用是否合理,或者费用的数额是否合理和适当,这些问题的解决应有利于支付的一方。

如前所述,指令第 3 条第(2)款对成员国设定了一个实质性义务,要求保证"那些措施、程序和救济是……适当的",如果对这个规则的解释要与指令规定一致的话,也要求有效地适用《民事诉讼规则》第 44.4(2)条。但这似乎意味着:总的来说,用来计算诉讼费用的方法对于最终追求的目标即促进公正的实现来说是适当的。① 这样,有效适用《民事诉讼规则》第 44.4(2)条似乎要求专利法院有效执行费用分配阶段所规定的费用上限和费用预算,就像国内法院那样,以保证与指令第 3 条第(2)款关于比例原则的文字表述相符合。如前所述,司法机关通过解释一致来实施这个条款还将要求有效司法保护原则得到尊重,以保证在费用方面实现公正。

最后,需要考虑对成员国提起损害赔偿诉讼的救济。这个救济似乎只能在解释一致原则无论是从解释的角度还是从救济的角度来看都被证明是

---

① 参见休德—荷兰人案(Suid-Hollandse),案号 No. C-174/05 (2006),《欧洲法院公报》第 I 卷,第 2443 页,第 28 页,以及阿尔罗萨案(Alrosa),案号 No. T-170/06,2007 年 7 月 11 日,未公开的判决,第 98 段,关于比例适当的定义;德·伯卡(G. De Burca)研究了"欧洲共同体法律中的比例原则",载《欧洲法律年刊》,1993 年,第 13 期,第 105 页[Proportionality in EC Law, in *Yearbook of European Law* 13(1993): 105]。在第 146 页,有关于欧洲法院关于比例原则的判例法:"……在比例适当调查过程中似乎存在三个阶段:……第一,是否该措施是实现该法定目标的恰当的和有效的方法;第二,是否由于不存在限制更小的选择,才使得该措施是实现该目的的必要方法;第三,是否即使在前两个条件满足的情况下,当与该措施的目的相比时,对于受影响的利益和权利产生的副作用是不均衡或者过度的"。

无效的时候,才可以进行。① 相反,似乎只要目前存在国内立法,解释一致原则就可以使指令第 3 条和第 14 条的规定得以有效实施。但是,只有当解释一致原则无论是在司法实施过程中还是在救济性的适用中都难以保证对上述第 3 条和第 14 条的有效执行的时候,再考虑提起损害赔偿诉讼的可能性才是适当的。而且,对于第 3 条以及能对于第 14 条来说,并不清楚国家赔偿责任制度是否会有效。确实,在这个情形下,我们认为指令的文字表述没有把权利的类型界定得足够清楚,即,虽然该文字表述确实为受益人规定了一项权利——诉讼程序"不应该有不必要的开支",但成员国在实施该权利的方法和形式上有相当大的自由裁量权。所以,我们认为,指令没有足够清楚地界定允许提起损害赔偿诉讼的权利类型。最后,假如因果关系成为成员国承担责任的一个前提条件的话,该因果关系只能根据案件事实来分析,虽然其性质似乎是由欧洲法院来判定的。②

一、根据案件实体判决采取的措施

如前所述,把第 48 号指令第 10、11 和 13 条规定的措施组合起来称作这个标题,这是很自然的,因为这些措施都是在具有实体诉由的案件中裁定侵犯知识产权的事实后采取的。我们认为,第 10 条规定:"……当发现侵权货物时,可以对其采取适当的措施……"显然,必须已经实施了侵犯实体权利的行为。

第 11 条宣称:"……如果法院认定存在侵犯知识产权的行为……"

第 13 条明确:"……成员国应确保司法当局……应该命令知道或者有

---

① S. 普雷考:《欧共体法中的指令》第二版,牛津:牛津大学出版社,2006 年,第 301 页[S. Prechal, *Directives in EC Law*, 2nd edn (Oxford: Oxford University Press, 2006), op cit., 301]。参见米雷特(Miret),案号 No. C-334/92 (1993),《欧洲法院公报》第 I 卷,第 6911 页;法契尼·多利案(Faccini Dori),案号 No. C-91/92 (1994),《欧洲法院公报》第 I 卷,第 3325 页;卡博耐尔案(Carbonair),案号 No. C-131/97 (1999),《欧洲法院公报》第 I 卷,第 1103 页;多尔西案(Dorsch),案号 No. C-54/96 (1997),《欧洲法院公报》第 I 卷,第 4961 页,好像只有当直接效力或者一致解释不太可能时,才会考虑国家责任。

② 布拉瑟里·杜·佩奇案(Brasserie du Pecheur),案号 No. C-46/93 和 C-48/93 (1996),《欧洲法院公报》第 I 卷,第 1029 页。

合理依据知道自己实施了侵权行为的侵权人……"很清楚,前提是作出了侵权的判定。

尤其是,我们认为,为了确保上述条款中规定的程序性权利可以根据指令第3条第(1)、(2)款得到有效执行,法院有必要保证其有足够的能力来评判专家证据:就是说,侵权的判定是有赖于法院评估专家证据的能力的,特别是在理解知识产权中所包含的科学术语的时候。在一些法官不具有科学背景——而这有助于理解和评估那些提交给法院的专家证据——的案件中,这尤为明显。因此,我们认为,按照第48号指令的序言第3段和17段连同指令第3条,在这样的案件中,法院很有必要考虑行使其裁量权,依据《民事诉讼规则》第35.15条来任命一个法庭顾问。[①]

如前所述,所以,通过适用解释一致的原则以及第48号指令第3条,并遵循欧共体的有关原则,比如法律确定性原则、全面有效原则[②]和对权利的有效司法保护原则,似乎应该消除《民事诉讼规则》第35.15条(3)和(4)项的适用,以确保法庭顾问的运用恰好落入《最高法院法》和《郡法院法》的范围。据此分析,将《民事诉讼规则》第35.15条限制在授权法的范围,就可以确保法庭顾问的角色限定在协助法官就技术术语的含义作出司法认定方面。我们认为,对法庭顾问角色的这个限制可以确保其在法庭中发挥其作用。因此,法庭顾问按照这种方式行事似乎有助于保证第48号指令第3、10、11和13条的实施和执行,也可以和上述欧共体原则(如有效司法保护、全面有效和法律确定性)相符。同样,随着《民事诉讼规则》第35.15条(3)和(4)项的去除,为了保证更充分地减少法庭顾问的适用范围,根据解释一

---

① L. 布洛姆—库伯编:《民事法庭中的专家,专家证人制度》,牛津:牛津大学出版社,2006年,第8章,第113—117页[Sir L. Blom-Cooper (ed.), *Experts in the Civil Courts*, Expert Witness Institute (Oxford: OUP, 2006), Ch. 8, 113 - 117]。

② 欧共体委员会诉德国案,案号 No. 29/84 (1985),《欧洲法院公报》第1661页,第18段;欧共体委员会诉英国案,案号 No. 340/96 (1999),《欧洲法院公报》第I卷,第2023页。

致的原则,要求对《实施细则(PD)》第7.4条作出修改。① 特别是,"法庭顾问报告的复制件应送达每一方当事人"的表述会被删除,这是为了更有效地防止法庭顾问提供证据。当法官感觉到其判决可能受法庭顾问就特定词汇的含义所提出的建议的影响时,他应该在判决前向各方当事人说明这个建议的性质。这就可以更容易地让当事人按照以下方式行使其抗辩权利:首先,他们直接可以对法庭顾问的建议进行反馈,在判决作出前向法官提出自己的观点,尽管不能对法庭顾问按照《实施指南》第7.4条的规定进行口头质询。其次,当事人可以利用法官提供的这个信息,使其成为对判决提起上诉的最终理由。因此,将上述两个规定结合在一起,当事人的抗辩权利应该是可以得到充分保护的:即,在作出判决前当事人可以直接反馈,尽管不是对法庭顾问在其书面报告中包含的信息进行口头质询;另外,如果法官依赖于法庭顾问提供的信息做出了判决,当事人就可以利用法官的书面评判来对该判决提起上诉。但是,最后必须指出的是,为了明确指令第10、11和13条所包含的实体权利的确切范围,有必要根据《欧共体条约》第234条向欧洲法院提出咨询,以保证这些权利的范围确实要求把这里所阐明的东西作为实施这些权利的有效形式。

二、法律职业特权、专家证人豁免权、辩护权和法官对专家证据的评估等问题

如前所述,为了确保符合第48号指令第3条第(1)款和第(2)款,对第10、11和13条的执行——这些条款涉及根据案件的实体裁决而采取措施——在某些时候需要利用法庭顾问,以便协助法院理解专家证据。但是,由于存在法庭顾问的协助,这就将法律职业特权与专家证人的豁免权相结

---

① L. 布洛姆—库伯:"专家和法庭顾问:过去现在和将来",载《民事司法季刊》,2002年,第341期,第352页,前11段[L. Blom-Cooper, Experts and Assessors: Past Present and Future, *CJQ* 341 (2002):352 (n. 11 supra)],认为事实上法庭顾问依据《民事诉讼规则》第35.15条提供给法官的"建议"是一项证据:"依据规则第35.15条,'建议'有资格成为证据和实践指导,并且审判前的法庭顾问报告由法院管理,当事人有机会和条件来利用其内容"。

合在一起,也许,法官评估证据的能力连同抗辩的权利就可能会受到损害,这就违背了指令第 3 条第(1)款和第(2)款。这个问题的最终解决办法应该是根据《欧共体条约》第 234 条,让欧洲法院尽可能优先考虑适用解释一致原则,结合该指令第 3 条第(1)款和第(2)款,以明确该指令第 10、11 和 13 条中所包含的实体义务的确切范围。

1. 专家报告的开示

如前所述,《民事诉讼规则》试图消除伍尔夫勋爵在其《中期报告》[1]和《最终报告》[2]中所发现的各种麻烦,特别是那些因在对抗方式中对于提交专家证据的偏好而产生的麻烦。事实上,存在两个方面的麻烦。[3] 第一个是,对抗式专家的使用会导致其提供的专家意见会偏袒指定该专家并向其支付报酬的一方,而不是提供法院在评估争议的事实时所需要的客观意见;第二个是,优先于《民事诉讼规则》(pre-CPR)的对抗式专家所涉及的费用是高昂的,这个费用明显不能得到有效的控制。[4] 尽管第二个问题已经通过《民事诉讼规则》所规定的措施在某种程度上得到了控制,专家证据的使

---

[1] 伍尔夫勋爵:《接近正义的中期报告 1995》,载《专家证据》,1995 年,第 33 段[Lord Woolf, Access to Justice, Interim Report (1995), Expert Evidence para. 33]。

[2] 伍尔夫勋爵:《接近正义的期终报告 1996》,载《专家证据》,1996 年,第 37 段[Lord Woolf, Access to Justice, Final Report (1996), Expert Evidence para. 37, ibid]。

[3] A. 朱克曼:"编辑的笔记:专家报告的披露",载《民事司法季刊》,2005 年,第 24 期,第 293 页[A. Zuckerman, Editor's Note: Disclosure of Expert Reports, CJQ 24 (2005): 293]。D. 戴维斯:"当前问题:专家证据:法庭委任专家",载《民事司法季刊》,2004 年,第 23 期,第 367 页[D. Davies, Current Issues: Expert Evidence: Court Appointed Experts, CJQ 23 (2004): 367]。A. 埃蒂斯 QC:"特权和豁免:专家证据的问题",载《民事司法季刊》,2007 年,第 26 期,第 40 页[A. Edis QC, Privilege and Immunity: Problems of Expert Evidence, CJQ 26 (2007): 40]。D. 德怀尔:"民事专家证据中偏见的有效管理",载《民事司法季刊》,2007 年,第 26 期,第 57 页[D. Dwyer, The effective Management of Bias in Civil Expert Evidence, CJQ 26 (2007): 57]。

[4] A. 埃蒂斯 QC:"特权和豁免:专家证据的问题",载《民事司法季刊》,2007 年,第 26 期,第 40 页[A. Edis QC, Privilege and Immunity: Problems of Expert Evidence, CJQ 26 (2007): 40],在 42 页指出:在公正地处理案件过程中,专家证据是主要的困难来源。当其被获取和披露时,成本高并导致诉讼程序中的拖延。这些问题是可以避免的,新的控制专家证据被接受性的权力以及规定一些情况使其可以得到引证,这两者是解决这些问题的全部可能。

用范围及其形式是由法官来控制的,但是,以对抗方式所提供的专家证据依然带有偏袒性。为了对在对抗方式中提交的专家证据的明显偏袒性内容进行控制,规定了《民事诉讼规则》第35.10(3)条,这个规则规定:

(1)专家报告必须根据该书面报告陈述全部实质性指导的内容,不管是书面的还是口头的。

值得一提的是,上诉法院在杰克逊[①]一案中狭义地解释了"全部实质性指导"的含义,同时又为"法律职业特权(LPP)"保留了一个宽泛的空间。

另外,《民事诉讼规则》第35.10(4)条规定:

第(3)段中提到的指导不应享有保密的特权,但是对于那些有关的指导,法院将不会:
a. 要求公开任何特定的文件;或者
b. 允许在法庭上质问,除非由指定专家的一方当事人,

除非有合理的理由认为对第(3)段中所提供的指导的叙述是不准确或者不完整的。

上诉法院法官朗莫尔接着对《民事诉讼规则》第35.10(4)条做了如下解释:就是说,专家和他所指导的律师之间的交流是受"法律职业特权"保护而不被公开的。对"全部实质性指导"所作的狭义解释以及如上诉法院法官朗莫尔所作的对所谓的"法律职业特权"的宽泛解释,关键的麻烦是:专家与当事人及其法律顾问之间的各种交流显然很有可能全部成为证据而提交给法官,最后提交给法庭顾问,也提交给另一方当事人。很清楚,这里有两个目标必须得到平衡:一方面,"法律职业特权"的存在是为了保证一

---

① 杰克逊诉马莉·达文波特有限公司案(Jackson v. Marley Davenport Ltd),(2004)EXCA Div. 1225。

方当事人能够自由地与专家讨论他的案件,纠正错误,改变或修正理由,以便于尽可能有效地准备其案件;但是,另一方面,按照"法律职业特权"所进行的保护可能还得适度,以确保法庭在必要的时候能够和法庭顾问一起对提供的专家意见进行有效的评估,类似地,也要确保另一方可以行使其抗辩的权利。简而言之,我们认为,有必要使法庭能够按照专家所给予的整个指导以及在准备那个作为专家证据提交给法官的报告的过程中所进行的交流,来评估专家证据。就是说,这不仅仅包括那些有助于形成专家意见的初始指导,也包括在起草最终报告前由当事人和其法律顾问在专家的各个草案稿中所做的各个点评。总之,需要充分理解这个材料的全部内容,以便于法庭评估证据,也有利于另一方当事人行使其抗辩权利。因此,上诉法院在杰克逊一案中的狭义解释,特别是上诉法院法官朗莫尔的意见也没有强化《民事诉讼规则》第35.10(3)和(4)条的作用而减少专家证据潜在的不公正和偏袒性,这可能违反第48号指令第3条第(1)和(2)款。所以,我们认为,对《民事诉讼规则》第35.10(3)条的限制性解释,来排除那些用来形成专家证据的全部交流沟通,可能会像斯蒂芬森案①一样违反有效司法保护的原则。在该案中,欧洲法院认为,证据规则必须遵循如《欧洲人权公约》(ECHR)》第6条第(1)款规定的基本权利的要求。总而言之,我们认为,限制法院和另一方当事人获取在专家证据的形成过程中涉及的相关交流和谈话,扩大"法律职业特权"的范围来保护其中一方当事人是不适当的。就是说,在杰克逊案中通过对"法律职业特权"的扩大适用而拓展了保护范围,这是不公正的,其后果是过度限制了法庭和另一方当事人评估专家证据的能力,尤其是在专家存在不公正的时候。

但是,即便上诉法院在杰克逊案中对《民事诉讼规则》第35.10(3)条的解释并没有违反第48号指令第3条第(1)和(2)款,尤其是有效司法保护原则,我们认为,在下列条件下最终可能会导致违法:这就是,当目前对

---

① 斯蒂芬森案(Steffensen),案号 No. C-276/01 (2003),《欧洲法院公报》第Ⅰ卷,第3735页,特别是第80段,参见埃文斯案(Evans),案号 No. C-63/01 (2003),《欧洲法院公报》第Ⅰ卷,第14447页,关于公平的听证。

《民事诉讼规则》第 35.10(3)条的解释和其他虽然不是《民事诉讼规则》的正式组成部分却构成专家证据特征的因素(即专家豁免权)结合起来考虑时。从实践来讲,豁免会导致实施《民事诉讼规则》所要实现的公正义务的任何正式方法的缺失,这就是因为专家豁免权。我们重申,豁免权的目的显然是:如果任何一方当事人会因为专家的意见而遭受损失时,确保不妨碍专家证人因为担心可能产生的后果而去协助法庭。我们认为,专家豁免权如果和对《民事诉讼规则》第 35.10(3)条的限制性解释结合起来,就会产生一个专家证据制度,在这个制度中,专家证据结合其他不公正的和有偏袒的证据,就会不适当地削弱法庭的能力以及另一方当事人进行抗辩的权利。因此,专家豁免权和对《民事诉讼规则》第 35.10(3)条的限制性解释结合可能会被认为违反第 48 号指令第 3 条(a)和(b)项,尤其是有效司法保护的原则和比例原则。

为了保证对指令第 3 条(a)和(b)项和指令第 10、11、13 条以及有效司法保护原则的充分执行,我们认为,根据解释一致原则,英国法院有必要对《民事诉讼规则》第 35.10(3)条尤其是"全部实质性指导"的表述作宽泛的解释,以便于最终可以涵盖专家、客户和法律顾问之间的全部口头和书面的沟通,这些沟通的内容已经成为了或影响了所提交的专家证据,即至少有必要确保法院在必要的时候和法庭顾问以及另一方当事人一起可以对证据的准确性进行评估,以符合指令第 3 条(a)和(b)项,特别是有效司法保护原则和比例原则。[1] 但是很清楚,对于通过相关国内诉讼制度实施这些条款

---

[1] 如何解决专家公正性的问题仍然是最初由伍尔夫勋爵在其"中期报告"第 20—23 段提出的问题,即通过法院任命专家,然而,该方法的使用已经延伸至多轨的商业诉讼领域。A. 克拉克在其对 L. 布罗姆—库珀:《民事法庭中的专家,专家证人制度》,牛津:牛津大学出版社,2006 年[Sir L Blom - Cooper QC, *Experts in Civil Courts*, (Oxford: OUP, 2006)]一书的"前言"(第八页)指出,"第二点是,有时候,我有点困惑:在法庭辩论程序中,在法庭上举出专家证据是否是一个明智的方法"。A. 乔洛维奇:"关于专家的记录",载《民事司法季刊》,2004 年,第 23 期,第 408 页[A. Jolowicz, A Note on Experts, *CJQ* 23 (2004): 408],在第 409 页,谈论了法庭任命专家顾问制度,认为:"另一方面,我们认为,目前英国关于专家证据的规则不能期待一直存在下去,虽然其试图在不触犯传统体制顽固拥护者的利益的情况下摆脱对抗性制度。当尝试一种新制度的时机来临时,解决方案也到手了。"

的适当性以及适用解释一致原则来实现这里所阐述的可能变化的程度，在还没有形成任何明确的观点之前，似乎还是有必要根据欧共体条约第234条向欧洲法院咨询，以核实指令第3条(a)和(b)项、第10、11和13条的确切范围。

第四节 在德国的实施及其存在的问题

截至2008年7月7日，德国实施欧共体第2004/48号指令的最大问题是还没有制定任何法律来使德国法适应共同体法律的要求。尽管事实上所有指令的规定通过这样那样的方式已经在德国程序法或者实体法中得到了反映，但无可争议的是已有法律还是不够的。9月1日期开始生效的《知识产权执法改进法》是在本书的书稿提交后通过的，但是，本书第五章讨论的《政府议案》（及其修改，在第Ⅳ节做了解释）全面反映了最后的法案。

在该法案生效前，德国法院不得不根据欧共体第2004/48号指令来解释已有的法律。就第4条、第5条（关于著作权），第8条（涉及要求侵权人提供信息），第9条、第11条、第12条（这是一个选择性规定）、第13条、第14条、第15条（涉及著作权和外观设计权）而言，并不需要采取什么行动。与著作权相关权利的所有人的权利归属假设（第5条）和公布知识产权（而不只是著作权和外观设计权）案件的司法判决，通过对已有法律的类推适用就可以轻易实现。至于出示或者保全证据的裁定（第6条和第7条），德国判例法居于这个意义深远转变的中心地位，这个改变既是TRIPS协议引发的，也是欧共体第2004/48号指令促进的。正如联邦法院在"去除残余污染物"案的判决和所谓的"杜塞尔多夫实践"所记录的，法院很清楚地知道自己要通过解释一致的方法履行使德国法和共同体法律并行不悖的职责。尽管如此，受害人是否有权利要求侵权人以外的其他人（特别是网络服务提供者这样的中间人）提供信息，是非常有争议的。最后，根据已有法律，是很难解释出从商业渠道召回和清除的权利的。值得商榷的是，对于这样一个法律工具的实际需求是相对较小的。

　　《知识产权执法改进法》试图使该指令带来的改变维持在最低限度。在民法和民事诉讼法的一般规则已经符合指令要求的范围内,该法律就变成了现在这个样子。在一些情形下,《政府议案》的《说明报告》费了很多笔墨来解释为什么已有的法律或者只有轻微修改的法律已经能适应指令的规定——尽管表述不同,标准不一。如果说过去的法律显然是不充分的,那么,新法案则对各个知识产权法带来了很相似的变化。立法机关小心翼翼地不进行系统地改变:即便在指令清楚地规定了一个诉讼措施的情况下,如果类似措施以前在德国法中该法案是被视为一个实体问题的话,该法案也仍然把它规定为实体的工具[如,第6条,第9条第(2)款第2句]。这个方法的明显缺点是实体规定比起程序规则来更需要运用不同的标准。这样,关于这种实施是否真正忠实地对指令进行了转化,就会有相当大的争论空间。最后,该法案没有对以前不合法的地方制定新规则提出挑战,这一方面涉及指令第7条规定的保全证据,另一方面涉及机密信息的保护——该法案对此没有表态是很遗憾的,因为这种"不公开审讯"程序严重影响了德国宪法第103条第(1)款所保护的公正听证的基本权利。从积极的方面来看,规定出示文件的权利和检查物品的权利(《专利法》第140c条以及其他知识产权法的相应规定)可以对"压力棒"案的失败判决所导致的暧昧的法律状态作个澄清。最后,转化信息权(指令第8条)的规定时,对于从侵权人之外的当事人那里搜寻证据,也特别有争议。在联邦议院和联邦参议院之间,对于在通信流量数据被处理的情况下要求法院作出裁定是否是一个适当的前提,一直有不同的看法。而且,联邦议院没有考虑与数据保护规定之间的持续冲突。

附录 欧共体(EC)第2004/48号指令文本[①]

2004年4月29日欧洲议会及欧盟理事会关于知识产权执法的第2004/48号指令的勘误

欧共体第2004/48号指令主要内容如下:

2004年4月29日欧洲议会及欧盟理事会关于知识产权执法的第2004/48号指令(Text with EEA relevance)

欧洲议会和欧盟理事会
考虑到建立欧共体的条约,尤其是第95条
考虑到委员会的建议
考虑到欧洲经济和社会委员会[②]的意见
经过咨询各地区的委员会
根据欧共体条约第251条[③]规定的程序

鉴于:

1. 内部市场成功消除了自由流通的限制和竞争的扭曲,创造了有利于创新和投资的环境。在这一背景下,对知识产权的保护是内部市场成功的主要因素。对于知识产权的保护不仅对于促进创新和创造,而且对发展就业和提升竞争力具有重要意义。

[①] 《欧盟官方公报》L157,2004年4月30日。
[②] 《欧盟官方公报》C 32,2004年2月5日,第15页。
[③] 《欧盟官方公报》L 336,1994年12月23日,第1页。

2. 对于知识产权的保护应该允许发明者或者创造者通过他/她的发明或创造获得一个合法利润。这一保护也应该允许这些作品、想法和新的诀窍尽可能广泛地传播。同时,这一保护不应妨碍包括互联网在内的表达自由、信息自由流通或者对个人信息的保护。

3. 然而,缺乏有效的知识产权执法手段,创新和创造无法受到鼓励,投资也会减少。因此,有必要确保现已成为共同体法律(acquis communautaire)一大组成部分的知识产权实体法能在共同体内有效地运用。在这方面,知识产权执法手段对内部市场的成功具有最重要的意义。

4. 在国际范围内,所有的成员国以及共同体本身在其管辖范围内均受《与贸易有关的知识产权协议(TRIPS 协议)》所约束,因为该协定作为乌拉圭回合谈判的一部分,已经被欧盟理事会第94/800EC 号决定所同意,并成为世界贸易组织的框架。

5. TRIPS 协议特别规定了知识产权执法手段必须符合国际范围内所能接受的普遍标准,并为成员国所施行。这一指令不能影响成员国应负的国际义务,包括 TRIPS 协议规定的义务。

6. 还有全部成员国作为缔约方的一些国际条约,也含有知识产权执法手段的规定。这些国际条约尤其包括,《保护工业产权巴黎公约》、《保护文学艺术作品伯尔尼公约》、《保护表演者、唱片制作者和广播组织罗马公约》。

7. 委员会关于此问题的咨询指出,在成员国之间,尽管有 TRIPS 协议的规定,知识产权执法手段仍然存在大量的不一致。比如,申请尤其用于保全证据的临时措施的安排、计算损害赔偿以及申请禁令的安排,成员国之间的差别巨大。某些成员国没有诸如信息权和由侵权人负担费用召回投放于市场的侵权产品的措施、程序和救济。

8. 成员国之间涉及知识产权执法手段的制度的差异不利于实现内部市场的正常功能,也不可能保证知识产权在共同体范围内可以享有同等水平的保护。这一状况不能促进统一市场内部的自由流通,或不能创造有益于健康竞争的环境。

9. 现存的不一致也导致了知识产权实体法的削弱和内部市场在这一领域的分裂。这造成了商家对内部市场的信心的丧失,其后果就是对发明创造投资减少。知识产权侵权似乎越来越多地与集团犯罪挂钩。对网络使用的增加使得盗版产品能被立马发行到全球各地。对知识产权实体法的有效执行应由共同体层面的特殊行动来确保。成员国在这一领域相接近的立法是内部市场正常运行的必要前提。

10. 本指令的目标是促进法律制度的接近,以确保在内部市场中有较高的、均匀的、同等的保护水平。

11. 本指令并不意在建立民商领域司法合作、司法管辖、判决承认与执行的统一规则,或者是建立有关适用法律的规则。共同体中存在规范这些问题的法律工具,这些工具原则上同样适用于知识产权。

12. 本指令应该不影响竞争规则尤其是共同体条约第81条和第82条的适用。本指令规定的手段不得以与条约相悖的方式用来过度地限制竞争。

13. 为了涵盖共同体规范在这个领域规定的和/或有关成员国国内法规定的全部知识产权,指令的适用范围应该尽量广泛。不过,这一要求并不影响成员国出于内部目的,将本指令的规定延伸至包括盲从模仿(Parasitic Copy)或类似行为等在内的不正当竞争的行为的可能性。

14. 第6条第2款、第8条第1款和第9条第2款规定的措施仅适用于以商业规模实施的行为。这应该不影响成员国将这些措施适用到其他行为的可能性。以商业规模实施的行为是那些为直接或间接的经济或商业利益而实施的行为;终端消费者的善意行为通常被排除在外。

15. 本指令不得影响知识产权实体法、1995年10月24日欧洲议会和欧盟理事会关于涉及保护个人有关私人信息处理及其自由流通的第95/46/EC号指令①、1999年12月13日欧洲议会和欧盟理事会关于共同体电

---

① 《欧盟官方公报》L 281,1995年11月23日,第31页。该指令已被修改,参见欧共体条例第1882/2003号(《欧盟官方公报》L 284,2003年10月31日,第1页)。

子签名统一框架的第 1999/93/EC 号指令①和 2000 年 6 月 8 日欧洲议会和欧盟理事会关于共同体内部市场信息社会服务尤其是电子商务的若干法律问题的第 2000/31/EC 号指令②。

16. 本指令的规定应该不影响权利执行的特别规定以及在共同体法律工具中规定的著作权和相关权领域的例外,特别是 1999 年 5 月 14 日欧盟理事会关于计算机程序法律保护的第 91/250/EEC 号指令③或 2001 年 5 月 22 日欧洲议会和欧盟理事会关于协调信息社会中著作权和相关权若干问题的第 2001/29/EC 号指令④。

17. 本指令规定的措施、程序和救济在每个案件中应该以这样的方式确定:应该充分考虑案件的具体特性,包括每个知识产权的具体特征,并且在适当的情况下考虑侵权的故意和无意的性质。

18. 有权请求适用这些措施、程序和救济的人应该不仅包括权利人,也包括所适用法律允许和与所适用法律一致的有直接利益和法律主体资格的人,可以包括负责管理这些权利的或者保护其所负责的集体或个人利益的专门组织。

19. 著作权自作品诞生即产生且并不要求正式登记,所以,应当采用《伯尔尼公约》第 15 条所规定的规则,这条确立了这样的推定:文学或艺术作品的作者只要其名字出现在该作品上即视为该作品的作者。相似的推定也应该适用于相关权人,因为通常是相关权的所有人,如录音制品制作者,会寻求保护权利并参与打击盗版行为。

20. 确认侵犯知识产权的最重要的因素是证据,因此,要确保提供出示、获得和保全证据的有效手段。程序应该考虑到辩护的权利和提供必要的保证,包括对机密信息的保护。对于以商业规模实施的侵权,法院在适当

---

① 《欧盟官方公报》L 13,2000 年 1 月 19 日,第 12 页。
② 《欧盟官方公报》L 178,2000 年 7 月 17 日,第 1 页。
③ 《欧盟官方公报》L 122,1991 年 5 月 17 日,第 42 页。该指令已被修改,参见欧共体指令第 93/98 号(《欧盟官方公报》L 290,1993 年 11 月 24 日,第 9 页)。
④ 《欧盟官方公报》L167,2001 年 6 月 22 日,第 10 页。

的情况下可裁定获取被控侵权人控制的银行、金融或商业文件也是很重要的。

21. 在某些成员国存在其他确保高保护水平的措施,这些措施应该在所有成员国提供。这是关于信息权的情形,这一权利允许获得涉及侵权的原始商品或服务、销售渠道以及第三方身份的精确信息。

22. 无需等待根据案件实质性内容所做的判决,为立即终止侵权行为提供临时措施也是必要的,但也要尊重抗辩权、确保临时措施是比例适当的以适合争议的案件特性以及提供涵盖所支出费用以及弥补因不正当请求给被告造成的损害所需的担保。这一措施在任何延误都会造成对知识产权权利人不可挽回的损害时是特别合理的。

23. 在不损害其他可用的措施、程序和救济的情况下,权利人应该有申请针对第三方利用其服务去侵犯知识产权的中间人的禁令的可能。这一禁令的条件和程序应该由成员国国内法决定。就侵犯著作权和相关权而言,欧共体第2001/29/EC号指令已经规定了一个综合水平的协调。因此欧共体第2001/29/EC号指令第8(3)条不应受本指令的影响。

24. 根据具体的案件,以及如果根据具体情形判断,所提供的措施、程序和救济应该包括防止进一步侵犯知识产权的禁止性措施。此外还需有纠正措施,在适当的情况下由侵权人承担,如召回和从商业渠道明确清除或者销毁侵权商品,以及在适当的情形下销毁主要被用于生产和制造这些商品的材料和工具。这些纠正措施应该考虑第三方的利益,尤其包括消费者和善意的相对人。

25. 当实施侵权行为不是故意和没有过错,而本指令所规定的纠正措施或禁令比例不当时,成员国应有在适当的情形下规定向受害的一方进行金钱补偿作为可以选择的措施的可能性。但是,在假冒商品的商业使用或服务的提供会构成除了知识产权法以外的法律上的侵权,或者可能损害消费者权益的情况下,这样的使用或提供仍然应该禁止。

26. 至于向知道其实施的是侵权行为的侵权人或者应该有理由知道其实施的是侵权行为的侵权人所主张的损害赔偿,损失赔偿金额应该考虑各方面适当的因素,如权利人所遭受的利润损失,或者侵权人获得的不合理利润,以及在合适的情形下权利人的精神损失。作为替代选择,例如在确定实际遭受的损失难以确定的情况下,损失赔偿金额可根据侵权人如果请求授权使用争议的知识产权所应该支付的许可使用费等因素为基础确定。这一目标不是为了引进提供惩罚性赔偿的义务,但是允许在客观标准基础上的赔偿可以考虑权利人承担的费用,如鉴定和调查的费用。

27. 在知识产权侵权案件中公开裁决是非常有用的,这可以起到对未来的侵权人增加威胁的作用,以及最大程度上提高公众意识。

28. 除本指令规定的民事和行政措施、程序和救济之外,刑事处分在适当的情形下也构成确保知识产权执法的一种手段。

29. 产业应该担当反盗版和反假冒的积极角色。建立直接受影响群体的行为准则是支持规章制度的补充手段。成员国与委员会合作,应该从总体上鼓励行为准则的建立。监管光盘的制作,尤其是通过在共同体内生产的光盘中嵌入标识码的手段,有助于减少这一遭受大规模盗版部门的知识产权侵权。但是,这些技术保护手段不应该被滥用于保护市场以及禁止平行进口。

30. 为了促进本指令的统一适用,一方面,应当规定成员国之间合作和交换信息的制度;另一方面,在成员国和委员会之间,尤其要创立由成员国指定的代表网络,以及提供评估国内当局对本指令的适用和采取措施的效率的常规报告。

31. 由于上述的原因,最好要在共同体层面实现本指令的目标,共同体可根据共同体条约第 5 条提出的辅助性原则采取措施。根据该条提出的辅助性原则,本指令以不超越为达到该目标所必须的措施为限。

32. 本指令尊重基本权利以及遵守欧盟基本权利宪章所承认的原则。根据该宪章第 17(2)条,本指令尤其力图确保对知识产权的完全尊重。

兹通过本指令:

第一章 目的和范围

第1条 客体

本指令是涉及为确保知识产权的执法所必要的措施、程序和救济的,"知识产权"包括工业产权。

第2条 范围

1. 根据第3条,本指令规定的措施、程序和救济应该适用于对共同体和/或有关成员国国内法所规定的知识产权的任何侵犯,这些手段不影响共同体或国内立法所规定的或将规定的手段,即使这些措施、程序和救济对权利人来说更为有利。

2. 本指令应该不影响共同体关于著作权和相关权立法中关于权利执行和例外的具体规定,尤其是欧洲经济共同体第91/250号指令,特别是其中第7条,或欧共体第2001/29号指令,特别是其中第2—6条和第8条。

3. 本指令应该不影响:

(a)共同体有关知识产权实体法的法律规定,比如,总体上的,欧共体第95/46号指令、欧共体第1993/93号指令或欧共体第2000/31号指令,特别是,欧共体第2000/31号指令第12—15条;

(b)成员国的国际义务,特别是来自TRIPS的国际义务,包括那些与刑事程序和处罚有关的义务。

(c)任何国内的处理侵犯知识产权的刑事程序或处罚的规定。

第二章 措施、程序和救济

第一部分 一般规定

第3条 基本义务

1. 成员国应该提供必要的措施、程序和救济以保证指令所涵盖的知识产权的执法。这些措施、程序和救济应该是公正和公平的,且不应该有不必要的复杂、花费或不应该有不合理的时间限制或无根据的延迟。

2. 这些措施、程序和救济应该有效的、比例适当的和劝阻性的,且这些措施、程序和救济的适用应该避免对贸易产生阻碍、有保护措施防止对这些措施的滥用。

第 4 条 有权申请措施、程序和救济的人

成员国应该承认下列人员有权请求适用本章规定的措施、程序和救济:

(a) 根据所适用法律规定的知识产权权利人;

(b) 所适用法律允许的或根据所适用法律规定的所有其他被授予行使尤其是通过许可授予行使这些权利的人;

(c) 所适用法律允许的或根据所适用法律规定的通常被认为是有权代表知识产权权利人的知识产权集体管理组织;

(d) 所适用法律允许的或根据所适用法律规定的通常被认为是有权代表知识产权权利人的专门保护组织。

第 5 条 作者或所有权的假设

为了本指令规定的适用措施、程序和救济的目的,

(a) 对于一个文学或艺术作品的作者来说,在没有相反证据的情况下,他/她的名字以通常的方式出现在作品上就足以被认为因而有权提起侵权诉讼;

(b) (a)项的规定应该适用(mutatis mutandis)于与著作权相关权利所保护客体的权利人。

第二部分 证据

第 6 条 证据

1. 根据一方当事人的请求,该当事人已经提交了可以合理获取的足以支持其诉讼请求的证据,且这些请求正在被证实,详细说明了被对方当事人所控制的证据,成员国应该确保有管辖权的司法机关可以裁定对方当事人提交这些证据,但要保护那些保密的信息。在本段中,成员国可以规定:有管辖权的司法机关可以认为作品或其他保护客体的

相当数量复制件的一个合理样本可以构成合理证据。

2. 在同样的条件下,成员国应该采取必要的措施,以保证有管辖权的司法机关在实施商业规模侵权的案件中,根据一方当事人的申请,在适当的情况下能够裁定对方当事人提供其控制下的银行、财务和商务文件,前提是要保护机密信息。

第7条 保全证据的措施

1. 即使在关于案件是非曲直的诉讼开始前,一方当事人诉称他/她的知识产权已经遭受侵犯或者即将遭到侵犯,并已提交可以合理获取的证据来支持他/她的诉讼请求,成员国应该确保有管辖权的司法机关可根据的该当事人的申请采取迅速有效的临时措施以保全与被控侵权相关的证据,前提是要保护机密信息。这一措施可能包括对侵权产品的详细描述,并同时采取或不采取对侵权产品取样或者没收侵权产品,以及在适当的情形下,没收用于制造或销售侵权产品的材料和工具、查封相关文件的措施。必要时可以在不告知对方的情况下采取该措施,尤其是在任何延迟可能导致对权利人不可弥补的损害或者存在证据被破坏的明显风险的情况下。

在不告知对方的情况下采取保全证据的措施时,执行该措施后必须随后立即通知对方。根据受影响一方提出的请求,在发出采取措施通知后的一个合理时间期限内,应该进行包括听证权在内的复审,复审将决定该措施是否改变、撤销或者维持。

2. 成员国应该保证,采取保全证据措施前可以要求申请人提供足够的保证或者相应的担保,以保证对被告造成第4款规定的损害时进行赔偿。

3. 如果申请人没有在合理期限内向有管辖权的司法机关提起诉讼以便法院作出实体判决,那么成员国应该保证在不影响可能的损害赔偿主张的情况下,根据被告提出的请求,撤销保全证据措施或停止该措施的生效,有待采取措施的司法机关决定的合理期限,由一成员国国内法所确定,或者是在没有决定的情况下,这一期限不得超过20个工作日或者31个日历日,取其中较长者。

4. 在保全证据措施被撤销,或因为申请人的任何作为或不作为而失效,或最终发现不存在侵权行为或知识产权侵权风险的情况下,司法机关应该有权根据被告的请求,裁定申请人对因采取证据保全措施而给被告人带来的任何损害进行合理的赔偿。

5. 成员国可以采取措施来保护证人的身份。

第三部分 信息权

第8条 信息权

1. 成员国应该保证,在有关知识产权侵权的诉讼中,为响应原告的一个正当和适当的请求,司法机关可裁定侵权人和/或第三人提供有关侵犯知识产权的商品或服务的来源和销售网络的信息,第三人包括:

(a) 被发现占有着商业规模的侵权产品的人;

(b) 被发现正使用商业规模的侵权服务的人;

(c) 被发现正提供一个商业规模的服务,而该服务被用于侵权行为;或者

(d) 被(a)、(b)、(c)中涉及的人指认其参与生产、制造或销售产品或提供服务的人。

2. 第1款中涉及的信息应当包含:

(a) 产品或者服务的生产商、制造商、销售商、供应商和其他在先的拥有者,也包括目标批发商和零售商;

(b) 生产、制造、发送、接收或预定的数量信息,以及得到的所涉产品或服务的价格信息。

3. 第1款和第2款的适用应该不对其他这样的强制性规定造成影响:

(a) 授予权利人获取更全面信息的权利;

(b) 根据这一条控制所提供的信息在民事和刑事诉讼中的使用;

(c) 追究滥用信息披露权的责任;

或者

（d）给第1款所涉及的人拒绝披露信息的机会，如果这种披露会导致其被迫承认他/她自己或者他/她的亲属参与侵犯知识产权；

或者

（e）对机密信息的保护和个人信息的处理进行监管。

第四部分 临时措施和预防措施

第9条 临时措施和预防措施

1. 成员国应该保证司法机关根据申请人的请求，可以：

（a）针对被控侵权人颁发阻止一个即将发生的对知识产权侵权的临时禁令，或者在临时性的基础上且必要时根据国内法规定可以处以连续的罚款，颁发禁止该被控的持续侵权的禁令，或者国内法院可以允许该被控的侵权继续，条件是提供担保以保证对权利人的赔偿；在同等条件下，禁令也可以针对其服务被第三人用于侵犯知识产权的中间人颁发；针对其服务被第三人用于侵犯著作权或相关权的中间人颁发的禁令，适用欧共体第2001/29号指令；

（b）裁定没收或交付涉嫌侵犯知识产权的货物以阻止货物进入商业渠道或者在商业渠道流通。

2. 在以商业规模实施的侵权案件中，如果受损害的当事人证明可能存在无法获得损害赔偿的危险情形，成员国应该确保国内司法机关能作出裁定，临时没收被控侵权人的动产和不动产，包括冻结侵权人的账户和其他财产。为了实现这一目标，有关当局可以作出裁定要求提供银行、财务或者商业文件，或者适当获取相关的信息。

3. 对于根据第1款和第2款采取措施，国内司法机关应该有权要求申请人提供可以合理获取的证据，目的是以足够程度的确定性使司法机关满意，即提供的证据需证明申请人是权利人，且申请人的权利正在遭受侵犯或者这种侵权即将发生。

4. 成员国应该确保根据第1款和第2款所采取的临时措施，在适当的情形下,可以在没有被告参与的情况下采取,特别是在任何延迟都可能导致对权利人无法挽回的损害的情况下。如果这样的情况发生,应该在执行措施后立即通知当事人。根据被告在裁定送达后的一段合理时间里提出的请求,应该进行一次包括听证权利在内的审查,目的在于决定是否应该改变、取消或者维持这些措施。

5. 成员国应该确保,如果申请人没有在一个合理期限内提起诉讼以便法院作出判决,根据被告的请求,可以撤销或停止生效根据第 1 款和第 2 款所采取的临时措施,有待采取措施的司法机关决定的这一合理期限,由一成员国国内法所确定,或者是在没有决定的情况下,这一期限不得超过 20 个工作日或者 31 个日历日,取其中较长者。

6. 有管辖权的司法机关可以根据第 7 款的规定,在申请人提供充分抵押或相等担保以保证赔偿被告承担人任何损失的条件下,采取第 1 款和第 2 款规定的临时措施。

7. 在临时措施被撤销或者由于申请人的任何行为或疏忽导致终止的情况下,或者在后来发现不存在对知识产权的侵权或者不存在知识产权的侵权威胁的情况下,司法机关应该有权根据被告人的请求,裁定申请人对被告人因这些措施遭受的损失进行适当的赔偿。

第五部分　根据判决结果而采取的措施

第 10 条　纠正性措施

1. 在不影响对权利人的侵权损害赔偿,以及没有任何形式的补偿的情况下,成员国应该确保有管辖权的司法机关可以根据申请人的要求裁定,对所发现的侵犯知识产权的货物采取合适的措施,以及在合适的情形下,对主要被用于生产和制造这些商品的材料和工具采取适合的措施。这些措施应该包括:

(a) 从商业渠道召回这种货物;

(b) 将这种货物从商业渠道清除;

或

（c）销毁这种货物。

2. 司法机关应该裁定由侵权人承担采取这些措施的费用，除非提出特殊的理由而不去这样做。

3. 在考虑一项纠正措施的请求时，应该考虑到侵权行为的严重程度和裁定的措施之间的比例原则以及第三方的利益。

第11条　禁令

成员国应该确保，当已经做出司法判决认定构成侵犯知识产权时，司法机关可以对侵权人颁发一个禁令阻止侵权的继续。如果成员国国内法有规定，那么在合适的时候，不遵守禁令应该支付连续的罚金以确保其遵守禁令。成员国也应该确保权利人有权申请一个针对中间人的禁令，该中间人的服务被第三人用于侵犯一个知识产权，这不影响欧共体第2009/29号指令第8(3)条的规定。

第12条　替代性措施

成员国可以规定，在适当的情形下，以及在直接承担本部分所规定的禁令责任的人提出请求的情况下，如果此人的行为不是故意的或者没有过错，如果执行禁令会对他造成不成比例的损害，以及如果对于被侵权损害一方的金钱补偿看起来是令人满意的，有管辖权的司法机关可以裁定，向受害的当事人支付金钱补偿，代替采取本部分规定的措施。

第六部分　损害赔偿和法律费用

第13条　损害赔偿

1. 成员国应该确保，有管辖权的司法机关根据受损害的当事人提出的申请，裁定知道或者有合理依据应当知道其进行的是侵权行为的侵权人，向权利人支付与因侵权行为所遭受的实际损失相适应的损害赔偿。

在司法机关计算损害赔偿时：

（a）他们应该考虑所有相关因素，比如遭受的经济损失，包括权利人遭受的利润损失，侵权人得到的不正当利润，以及在合适的情形下，

非经济因素,如权利人因侵权行为所遭受的精神损害;
或

(b)作为(a)的替代,在适当的情形下,他们可以在如果侵权人请求授权使用涉案的知识产权所应支付的使用费或许可费的基础上,计算不少于此的损害赔偿总额。

2. 如果侵权人并非故意侵权,或者没有合理依据知道其进行的是侵权行为,成员国可以规定司法机关可以裁定返回利润或者赔偿损失,该损失可以事先确定。

第 14 条　法律费用

作为一个基本原则,成员国应该确保败诉方要承担合理和适当的诉讼费用以及胜诉方的其他开支,除非公平原则不允许。

第七部分　公开措施

第 15 条　司法判决的公布

在针对知识产权侵权提起的法定程序中,成员国应该确保司法机关可以根据申请人的请求,由侵权人承担费用,裁定适当的措施来发布有关判决的信息,包括公示判决书以及将判决书的一部分或者全部进行发表。成员国可以规定在特定情形下合适的其他额外的公开措施,包括公告。

第三章　成员国的制裁措施

第 16 条　成员国的制裁措施

成员国可以在不影响本指令规定的民事和行政措施、程序和救济的情况下,对侵犯知识产权的行为采取其他适当的制裁措施。

第四章　行为准则和行政合作

第 17 条　行为准则

成员国应该鼓励:

（a）贸易或专业协会或组织在共同体层面上制定行为准则的发展,目的是有助于知识产权的执法,特别是建议在光盘上使用一个代码以便识别其制造来源；

（b）向欧共体委员会提交国内层面或者欧共体层面的行为准则草案,以及适用这些行为准则的评估报告。

第18条　评估

1. 成员国有义务在第20条第(1)款规定的期限届满三年后提交有关执行指令的报告。

在这些报告的基础上,委员会应该汇编一个有关适用本指令的报告,包括对所采取措施的有效性的评估,以及其对创新和信息社会发展的影响的评估。这一报告应该提交给欧洲议会、欧洲理事会和欧洲经济和社会委员会。如有必要,根据欧共体法律措施发展的情况,还应该同时提交修改该指令的建议。

2. 成员国应该向委员会提供第1款第二段所涉及的汇编报告所需要的一切帮助和支持。

第19条　信息交换和反馈

为了促进成员国之间以及成员国和委员会之间包括信息交换在内的合作,每个成员国应该指定一个或多个国内代表来回应与执行本指令所规定措施有关的任何问题。成员国应该将该国内代表的具体情况告知其他成员国和欧共体委员会。

第20条　执行

1. 成员国应该在2006年4月29日之前实施为履行本指令所必须的法律、条例和行政规定。上述事项应当通知欧共体委员会。

成员国采取这些措施时,应该有一个指令的说明或者在这些文件进行官方公布时同时附有一个指令的说明。制作说明的方法应该由成员国决定。

2. 成员国应该将其制定的涵盖本指令领域的国内法律规定提交给欧共体委员会。

第 21 条　生效

本指令应该在《欧盟公报》上公布后第 20 天生效。

第 22 条　送达对象

本指令送达各成员国。

2004 年 4 月 29 日于斯特拉斯堡

欧洲议会主席
P. 考克斯
理事会主席
M. 迈克唐维尔

参 考 文 献

Ahrens, H. -J.,'Gesetzgebungsvorschlag zur Beweisermittlung bei Verletzung von Rechten des geistigen Eigentums', [2005] *Gewerblicher Rechtsschutz und Urheberrecht*, 837-840.

The Annual Enforcement Report < http://www.patent.gov.uk/enforcereport 2005. pdf >.

Arnull, A. & Dashwood, A., (eds) *Wyatt and Dashwood's European Union Law*, (Oxford: Oxford University Press, 2004).

Ashurst Report, Waelbroeck, D., Slater, D, & Even-Shoshan, G., *Study on the Conditions of Claims for Damages: Comparative Report*, prepared for the European Commission, August 2004.

Auer-Reinsdorff, A.,'Der Besichtigungsanspruch bei Rechtsverletzungen an Computerprogrammen', [2006] *Der IT-Rechts-Berater*, 82-86.

Baumbach, A., W. Lauterbach, J. Albers & P. Hartmann, *Zivilprozessordnung* (66th edn, C. H. Beck, München, 2008).

Berlit, W.,'Auswirkungen des Gesetzes zur Verbesserung der Durchsetzung von Rechten des geistigen Eigentums im Patentrecht', [2007] *Wettbewerb in Recht und Praxis*, 732-738.

Beyerlein, T.,'Ergänzender Leistungsschutz gemäß § 4 Nr 9 UWG als "geistiges Eigentum" nach der Enforcement-Richtlinie (2004/48/EG), [2005] *Wettbewerbin Recht und Praxis*, 1354-1358.

Blom-Cooper, L. QC (ed), *Experts in the Civil Courts*, Expert Witness Institute (Oxford: OUP, 2006).

Bornkamm, J.,'Der Schutz vertaulicher Informationen im Gesetz zur Durchsetzung von Rechten des geistigen Eigentums-In-camera-Verfahren im Zivilprozess ?' in *Festschrift für Eike Ullmann*, H-J. Ahrens, J. Bornkamm and H-P. Kunz-Hallstein (eds) (Saarbrücken, juris, 2006), pp. 893-912.

Boulouis, J., *Le droit institutionnel des Communautés européennes*, 2nd edn (Paris: Montchrestien, 1990).

Bowman, Sir J. , *Review of the Court of Appeal (Civil Division)* September 1997 < www. dca. gov. uk/civil/report >

CCBE Economic Submission to the Commission Profess Report on Competition in Professional Services (2006) p. 1: < www. ccbe. org/doc/En/ccbe_economic_submission_310306_en. pdf > 1 September 2007.

Civil Justice Court, Improving Access to Justice Through Collective Actions: A Series of Recommendations to the Lord Chancellor 05. 08. 2008 < www. civiljusticecouncil. gov. uk > , 10 August 2008.

Copenhagen Economics, 'The Legal Profession: Competition and Liberalisation' (Copenhagen, January 2006).

Cornish, W. & D. Llewelyn, *Intellectual Property: Patents, Copyright, TradeMarks and Allied Rights*, 5th edn (London: Sweet & Maxwell, 2003).

Czychowski, C. , ' Auskunftsansprüche gegenüber Internetzugangsprovidern "vor" dem 2. Korb und "nach" der Enforcement-Richtlinie der EU ' , [2004] *Multimedia und Recht*, 514 –519.

Deutsche Vereinigung für gewerblichen Rechtsschutz und Urheberrecht (GRUR) , ' Gemeinsame Stellungnahme der Ausschüsse füh Patent-und Gebrauchsmusterrecht, Geschmacksmusterrecht und Urheberrecht zum Referentenentwurf für ein "Gesetz zur Verbesserung der Durchsetzung vonRechten des geistigen Eigentums"' , [2006] *Gewerblicher Rechtsschutz und Urheberrecht*, 393 –395.

Deutsche Vereinigung für gewerblichen Rechtsschutz und Urheberrecht (GRUR) , ' Stellungnahme zum Vorschlag der Kommission für eine Richtlinie über die Maβnahmen und Verfahren zum Schutz der Rechte am geistigen Eigentum' , [2003] *Gewerblicher Rechtsschutz und Urheberrecht*, 682 –685.

Dougan, M. , *National remedies before the Court of Justice: Issues of harmnonisation*, (Oxford: Hart Publishing, 2004).

Dreier, T. , ' Ausgleich, Abschreckung und andere Rechtsfolgen von Urheberrechtsverletzungen: Erste Gedanken zur EU-Richtlinie über die Maβnahmen und Verfahren zum Schutze der Recht an geistigem Eigentum' , [2004] *Gewerblicher Rechtsschutz und Urheberrecht, Internationaler Teil*, 706 –712.

Drexl, J. ,R. Hilty and A. Kur, 'Vorschlag für eine Richtlinie über die Maβnahmen und Verfahren zum Schutz der Rechte am geistigen Eigentum-eine erste` würdigung', [2003] *Gewerblicher Rechtsschutz und Urheberrecht, Internationaler Teil*, 605 – 608.

European Commission, Green Paper, *Combatting Counterfeiting and Piracy in The Single Market*, COM (98) 0596 FINAL, 22.10.1998, < www.ec.europa.eu >, 13 April 2008.

European Commission, *Final Report on the Responses to the European Commission Green Paper on Counterfeiting and Piracy*, 7.6.1999, < www.ec.europa.eu >, 13 April 2008.

European Commission, *Communication from the Commission to the Council, the European Parliament and Economic and Social Committee: Follow-up to the Green paper on combatting counterfeiting and Piracy in the Single Market* COM 2000/0789 Final, 17 April 2000 < www.ohim.eu.int >

European Commission: *Proposal for a Directive of the European Parliament and of the Council on Measures and Procedures to Ensure the Enforcement of Intellectual Property Rights*: COM (2003)46 FINAL, 30 January 2003 < www.ec.europa.eu >, 1 April 2008.

European Commission: Directive General Single Market, Centre for Economics and Business Research, *Final Report: Counting Counterfeits: Report Presenting a Method to Collect, Analyse and Compare Date on Couterfeiting and Piracy in the Single Market* 15 July 2002, < www.ec.europa.eu > ,13 April 2008.

Eisenkolb,J. , 'Die Enforcement-Richtlinie und ihre Wirkung', [2007] *Gewerblicher Rechtsschutz und Urheberrecht*, 387 – 393.

European Commission, Commission Report on Competition in Professional Services COM (2004) 83 9 February 2004. < www.ec.europa.eu > 13 April 2008.

European Commission, *Commission Staff Working Paper on Damages Actions for Breach of > EC Anti – Tust Rules* SEC (2008) 4040, < www.ec.europa.eu > 13 April 2008.

European Commission, Commission Staff Working Paper: *Annex to the Green Paper,Damages Actions for Breach of the EU Anti-Trust Rules*, SEC (2005)1732 < eur – lex.europa.eu > 1 September 2007.

European Commission,*External Impact Study: Making Anti – Trust Damages Actions More Effective in the EU:Welfare Impact and Potential Scenarios:*Final Report, CEPS, EUR and LUISS: Contract DG COMP (2006) A3/012 < www.ec.europa.eu > 13 April 2008.

European Commission, *Green Paper: Damages Actions for Breach of the EC Anti-Trust Rules* COM (2005) 672, Final, < eur-lex. europe. eu > 1 September 2007.

European Commission, *Impact Assessment Report, Staff Working Document*, SEC(2008) 405, < www. ec. europa. eu > 13 April 2008.

European Commission, *Proposal for measures and procedures to ensure the enforcement of intellectual property rights*, COM (2003) 46 final < eur-lex. Europa. eu > 1 March 2008.

European Commission, *White Paper: Damages Actions for Breach of the EC Anti-Trust Rules* COM (2008) 125, < www. ec. europa. eu > 13 April 2008.

European Economic and Social Committee: Document on the 'Proposal *for a Directive of the European Parliament and of the Council on* Measures and Procedures to Ensure the Enforcement of Intellectual Property Rights' (COM(2003) 46 Final 203/0024 (COD)) < www. ec. europa. eu > 13 April 2008.

European Parliament, *Report on the proposal for a directive of the European Parliament and of the Council on measures and procedures to ensure the enforcement of intellectual property rights* (Rapporteur J. Fourtou), A5 -0468/2003, < www. europarl. europa. eu >, 1 March 2008.

Frank, C. and N. Wiegand, 'Der Besichtigungsanspruch im Urheberrecht de lege ferenda', [2007] *Computer und Recht*, 481 - 487.

Freudenthal, M. in: *La Armonización del Derecho de Obligaciones en Europe*, ed. F. Badosa Coll and E. Arroyo I Amayuelas, (Valencia, Tirant Lo Blanch, 2006).

Fezer K-H. , *Markenrecht* (3rd edn, München, C. H. Beck, 2001).

Frey, D. and M. Rudolph, 'EU-Richtlinie zur Durchsetzung der Rechte des geistigen Eigentums', [2004] *Zeitschrift für Urheber-und Medienrecht*, 522 - 529.

Geimer, R. , R. Greger et al. , *Zöler, Zivilprozessordnung* (26th edn, Köln, Otto Schmidt, 2007).

Grünberger, M. , 'Die Urhebervermutung und die Inhabervermutung für die Leistungsschutzberechtigten', [2006] *Gewerblicher Rechtsschutz und Urheberrecht*, 894 - 903.

Harte-Bavendamm, H. , 'Die Richtlinienvorschlag zur Durchsetzung der Rechte des geistigen Eigentums', in *Festschrift für Winfried Tilmann*, E. Keller, C. Plassmann and A. v. Flack (eds) (Köln, Heymanns, 2003), pp. 793 - 805.

Hartley, T. , *The Foundations of European Community Law* 5th edn, (Oxford: Oxford University Press, 2003).

Hodges, C., *Multi-Party Actions* (OUP, Oxford 2001).

H. M. Treasury, *Gowers Review of Intellectual Property* (Dec 2006) < www. hmtreasury. gov. uk/medi/583/91/pbr06_gowers_report_755. pdf > ,1 October 2007.

Hoeren, T., 'High – noon im europäisch. en Immaterialgüterrecht', [2003] *Multimedia und Recht*, 299 – 303.

Hommerich, C., H. Prütting et. al., *Rechtstatsächliche Untersuchung zu den Auswirkungen der Reform des Zivilprozessrechts auf die gerichtliche Praxis-Evaluation ZPO-Reform*, < www. bmj. bund. de/media/archive/1216. pdf > , 1 March 2008.

House of Commons Library, *The Treaty of Lisbon*: *Amendments to the Treay Establishing the European Union*, Research Paper 07/86 6. 12. 07, < www. parliament. uk/commons/lib/research/rpintro. htm >

House of Commons, *Trade and Industry Committee Publications*:8th Report, Session 1998 – 99 12. 6. 1999 < www. parliament. the-sationery-office. co. uk >

House of Lords Select Committee on European Union, *The Future Status of the Charter of Fundamental Rights*, HL Paper 48, Session 2002 – 03, < www. publications. parliament. uk >

Institut für Höhere Studien, 'Economic Impact of Regulation in the field of Liberal Profession in different Member State for the European Commission DG Competition' (Wien, January 2003).

Jaeschke, J., 'Produktpiraten sollen Schiffbruch erleiden', [2004] *JurPC*, Web – Dok. 258/2004.

Jans, J. R. de Lange, S. Prechal and R. Widdershoven, *Eurpeanisation of Public Law* (Groningen, Europa Publishing, 2007).

Jolowicz, A., *On Civil Litigation* (Cambridge University Press, Cambridge,2000)

Knaak, R., 'Die EG – Richtlinie zur Durchsetzung der Rechte des geistigen Eigentums und ihr Umsetzungsbedarf im deutschen Recht', [2004] *Gewerblicher Rechtsschutz und Urheberrecht, Internationaler Teil*,745 – 750.

Koch,F., 'Die Enforcement-Richtlinie: Vereinheitlichung der Durchseyzung der Rechte des geistigen Eigentums in der EU, [2006] *Der IT-Rechts-Berater*, 42.

Kühnen, T., 'Die Besichtigung im Patentrecht' [2005] *Gewerblicher Rechtsschutz und*

Urheberrecht, 185 – 196.

LECG, *Competition in the Professions: a Report prepared for the Director General of Fair Trading*: Office of Fair Trading (238) March 2001, < www. oft. gov. uk/shared_oft/reports/professional_bodies/oft 238 >, 30 September 2007.

Leible, S., 'Zu den Problemen der Geltendmachung von Rechtsverletzung des geistigen Eigentums', [2007] *Kommentierte BGH – Rechtsprechung Lindenmaier-Möhring*, 208363.

Lenaerts, K., I. Maselis & R. Bray (eds) *Procedural Law of the Euroepan Union* (2nd edn. London, Sweet & Maxwell, 2006)

Lenaerts, K. P. van Nuffel & R. Bray (eds) *Constitutional Law of the Euroepan Union* (2nd edn. London, Sweet & Maxwell, 2006)

Lonbay, J. and A. Biondi, (eds) *Remedies for Breach of EC Law* (Chichester, John Wiley & Sons, 1997).

Lüpke, T. and R. Müller, ' "Pre-Trial Discover of Documents" und § 142 ZPO – ein trojanisches Pferd im neuen Zivilprozessrecht?' [2002] *Neue Zeitschrift für Insolvenzrecht*, 588 – 589.

Matthews, P., and H. M. Malek, QC, *Disclosure* (London, Sweet & Maxwell, 2001).

McGuire, M-R., 'Beweismittelvorlage und Auskunftsanspruch nach der Richtlinie 2004/48/EG zur Durchsetzung der Rechte des Geistigen Eigentums', [2005] *Gewerblicher Rechtsschutz und Urheberrecht, Internationaler Teil*, 15 – 22.

McGuire, M-R., 'Die richetlinienkonforme Auslegung des § 142 ZPO: Anmerkung zu BGH 1. 8. 2006 – X ZR 114/03 – Restschadstoffverwertung', [2007] *Zeitschrift für Gemeinschaftsprivatrecht*, 34 – 38.

Mes, P., *Patentgesetz, Gebrauchsmustergesetz* (2nd den, München, C. H. Beck, 2005).

Metzger, A. and W. Wurmnest, 'Auf dem Weg zu einem Europäischen Sanktionenrecht des geistigen Eigentums?', [2003] *Zeitschrift für Urheber – und Medienrecht*, 922 – 933.

Meyer, H – P. and O. Linnenborn, 'Kein sicherer Hanfen: Bekämpfung der Produktpiraterie in der Europäischen Union', [2003] *Kommunikation & Recht*, 313 – 322.

Middleteon, Sir P., *Report on Civil Justice an Legal Aid Reforms September* 1997 < www. dca. gov. uk. civil. report >

Musielak, H-J. (e. d), *Kommentar zur Zivilprozessordnung mit Gerichtsverfassungsgesetz* (5th edm, München, Franz Vahlen, 2007).

Nägele, T. and C. Nitsche, 'Gesetzentwurf der Bundesregierung zur Verbesserung der Durchsetzung von Rechten des geistigen Eigentums' [2007] *Wettbewerb in Recht und Praxis*, 1047 – 1058.

Nicolini, K. and H. Ahlberg (eds), *Möhring/Nicolini*, *Urheberrechtsgesetz* (2nd edn, München, Franz Vahlen, 2000).

Office of Fair Trading, *Private Actions in Competition Law: Effective Redress for Consumers and Business – Recommendations*, 26 November 2005 < www.oft.gov.uk > 15 April 2008.

Office of Fair Trading, *The Deterrent Effect of Competition Enforcement by the OFT: a Report Prepared for the OFT by Deloitte:* OFT 962, November 2007 < www.oft.gov.uk > 15 April 2008.

Pahlow, L., 'Anspruchskonkurrenzen bei Verletzung lizenzierter Schutzrechte unter Berücksichtigung der Richtlinie 2004/48/EG', [2007] *Gewerblicher Rechtsschutz und Urheberrecht*, 1001 – 1007.

Patnaik, D., 'Enthält das deutsche Recht effektive Mittel zur Bekämpfung von Nachahmungen und Produktpiraterie?' [2004] *Gewerblicher Rechtsschutz und Urheberrecht*, 191 – 198.

Peukert A. and A. Kur, 'Stellungnahme des Max-Planck-Instituts für Geistiges Eigentum, Wettbewerbs- und Steuerrecht zur Umsetzung der Richtlinie 2004/48/EG zur Durchsetzung der Rechte des geistigen Eigentums in deutsches Recht' [2006] *Gewerblicher Rechtsschutz und Urheberrecht*, Internationaler Teil, 292 – 303.

Peysner, J. and M. Seneviratne, 'The Management of Civil Cases': DCA Research Series 9/05 (London, Nov. 2005) < www.dca.gov.uk/research/2005/9_2005.htm >, 15 September 2007.

Peysner, J. and M. Seneviratne, 'The Management of Civil Cases: the Courts and the Post-Woolf Landscape' (London, Dec 2005) < www.dca.gov.uk/research/2005/9_2005.htm >, 15 September 2007.

Prechal, S., *Directives in EC Law* (2nd edn, Oxford, Oxford University Press, 2005).

Raabe, F., 'Der Auskunftsanspruch nach dem Referentenentwurf zur Verbesserung der Durchsetzung von Rechten des geistigen Eigentums', [2006] *Zeitschrift für Urheber-und Medienrecht*, 439 – 433.

Rand Corporation, Institute for Civil Justice, *Just, Speedy and Inexpensive*: *An Evaluation of Judicial Case Management Under the Civil Justice Reform Act* (1996) < www. rand. org/pubs/monograph_report/MR800 > , 15 September 2007.

RBB Economics, *Economic Impact of Regulation in Liberal Professions*, *A critique of the IHS report*. (9 September 2003) < www. ccbe. org/doc/En/rbb _ ihs _ critique _ en > , 1 October 2007.

Robert, P. and A. A. S. Zuckerman, *Criminal Evidence* (Oxford University Press, Oxford, 2004).

Rose, R. , S. Sime, and D. French, *Blackstone's Civil Practise* (Oxford University Press, Oxford, 2004).

Rosenberg, L. , K. H. Schwab and P. Gottwald, *Zivilprozessrecht* (16th ed, C. H. Beck, München 2004).

Santos Gil, A. B. E. dos, in: Molengrafica 1996, *Europees Privaatrecht, Opstellen over Internationale transacties in Intellectuele eigendom*, (Lelystad, Koninklijke Vermande, 1996).

Schermers, H. and D. Waelbroeck, *Judicial Protection in the European Union* (The Hague, Kluwer Law International, 2002).

Schlosser, P. , ' Wirtschaftsprüfervorbehalt und prozessuales Vertraulichkeitsinteresse der nicht primär beweisbelasteten Prozeβpartei ' in *Festschrift für Bernhard Groβfled*, U. Hübner and W. Ebke (eds) (Recht und Wirtschaft, Heidelberg, 1999), pp. 997 – 1016.

Seichter D. , ' Der Auskunftsanspruch nach Artikel 8 der Richtlinie zur Durchsetzung der Rechte des geistigen Eigentums ' in *Festschrift für Eike Ullmann*, H-J. Ahrens, J. Bornkamm and H-P. Kunz-Hallstein (eds) (Saarbrücken, juris, 2006), pp. 983 – 998.

Seichter, D. , ' Die Umsetzung der Richtlinie zur Durchsetzung der Rechte desgeistigen Eigentums ', [2006] *Wettbewerb in Recht und Praxis*, 391-400.

Seichter, D. , ' Die Verfolgung von Verletzungen geistiger Eigentumsrechte durch Verbraucher im Internet ', [2007] *Verbraucher und Recht*, 291 – 297.

Sime, S. , *A Practical Approach to Civil Procedure* (5th edn, Oxford, OUP, 2002).

Simon, D. , *La Directive européenne* (Paris, Dalloz, 1997).

Spoor, J. H. , D. W. F Verkade and D. J. G Visser, Auteursrecht, third ed. , (Deventer, Kluwer, 2005).

Storme, M. (ed) Rapprochement du Droit Judiciaire de l'Union Européenne-Approximation of Judicary Law in the European Union, (Amseterdam, Martinus Nijhoff, 1994).

Spindler, G. and J. Dorschel, 'Vereinbarkeit der geplanten Auskunftsansprüche gegen Internet-Provider mit EU-Recht', [2006] *Computer und Recht*, 341-347.

Spindler, G. and M-P Weber, 'Der Geheimnisschutz nach Art. 7 der Enforcement-Richtlinie' [2006] *Multimedia und Recht*, 711 – 714.

Spindler, G., and M-P Weber, 'Die Umsetzung der Enforcement-Richtline nach dem Regierungsentwurf für ein Gesetz zur Verbesserung der Durchsetzung von Rechten des geistigen Eigentums', [2007] *Zeitschrift für Urheber- und Medienrecht*, 257 – 266.

Tilmann, W., 'Beweissicherung nach Art. 7 der Richtlinie zur Durchsetzung der Rechte des geistigen Eigentums', [2005] *Gewerblicher Rechtsschutz und Urheberrecht*, 737 – 740.

Tilmann, W., 'Beweissicherung nach europäischem und deutschem Recht' in *Festschrift für Eike Ullmann*, H-J Ahrens, J. Bornkamm and H-P. Kunz-Hallstein (eds) (Saarbrücken, juris, 2006), pp. 1013 – 1023.

Tilmann, W. and M. Schreibauer, 'Die neueste BGH-Rechtsprechung zum Besichtigungsanspruch nach § 809 BGB', [2002] *Gewerblicher Rechtsschutz und Urheberrecht*, 1015 – 1022.

Van der Bergh, R. and Y. Motagnie, *Theory and Evidence in the Regulation of the Latin Notary Profession*, ECRI Report 0604, June 2006; < www.mediaseor.neon.estrate.nl/publications/theory-and-evidence-regulation-latin-profes.pdf >, 1 October 2007.

v. Hartz, N., 'Beweissicherungsmöglichkeiten im Urheberrecht nach der Enforcement-Richtlinie im deutschen Recht', [2005] *Zeitschrift für Urheber-und Medienrecht*, 376 – 383.

Van Mierlo, A. I. M and F. M. Bart, *Parlementaire Geschiedenis, Herziening van het burgerlijk procesrecht*, (Deventer, Kluwer, 2002).

Waller, L. J. (ed.) White Book Service (2007) Vol 1: (London, Sweet & Maxwell, 2007).

Wandtke, A – A. and W. Bullinger (eds), *Urheberrecht* (2nd edn, München, C. H. Beck, 2006).

Wesseling-van Gent, E. M., in: *Het verzamelen van feiten en bweijs: begrenzing versus verruiming, een kruisbestuiving tussen civiel procesrecht en ondernem-ingsprocesrecht*, (Den Haag, Boom Juridische Uitgevers, 2006).

Wichers Hoeth, L., *Kort begrip van het intellectuele eigendomsrecht*, eds. Ch. Gielen and N.

Hagemans, A. O. (Zwolle, W. EJ. Tjeenk Willink, 8th ed. , 2000).

Woolf Lord Interim Report Access to Justice (1995) < www. dca. gov. uk/civil/interim/chap25. htm >.

Woolf Lord *Final Report on Access to Civil Justice* (1996) < www. dca. gov. uk/civil/report >.

Yearbook of European Law (Oxford, Clarendon Press, 2006).

Zonlyski, C. , *Méthode de transposition des directives communautaires : étude à partir de l'example du droit d'auteur et des voisins.* Doctoral Thesis in Private Law, Universitéon – Assas, Paris,. (Date of thesis defence: 9 December 2005).

Zuckerman, A. A. S. , *Civil Procedure* (2nd edn, Lexis Nexis, London, 2003).

Zuckerman, A. A. S. , S. Chiarlori & P. Gottwald, *Civil Justice in Crisis: Comparative Perpectives of Civil Procedure* (Oxford, OUP, 1999).

Zuckerman, A. A. S. , *Principles of Criminal Evidence* (Oxford University Press, Oxford, 1989).

参 考 网 站

Bundesgerichtshif (Germany): < www. bundesgerichtshof. de > for case law of the Fedral Court of Justice

Bundesjustizministerium (Germany): < www. bmj. bund. de >

Case law: < www. rechtspraak. nl > : site for Dutch caselaw

Civil Justice Council (UK) < www. cattribunal. gov. uk > , 1 October 2007

Court Services-High Court and Court of Appeal Judgements-England < www. courtservice. gov. uk > , 1 October 2007

Deutsches Patent- und Markenamt (Germany): < www. dpma. de >

Department of Constitutional Affairs (UK) < www. dca. gov. uk > , 1 October 2007

Dokumentations-und Informationssystem für Parlamentarische Vorgänge (DIP, Germany): < dip21. bundestag. de >

Electronic Journal of Comparative Law < www. ejcl. com > , 1 October 2007

European Commission < www. eu. int > , 1 October 2007

European Court of Justice < www. curia. europa. eu > , 1 October 2007

House of Commons: Hansard Daily Debates < www. publications. parliament. uk >

House of Lords, Select Committee on European Union < www. publications. parliament. uk >

Intellectual Property Office (UK) < www. ipo. gov. uk > , 1 October 2007

Office of Fair Trading (UK) < www. oft. gov. uk > , 16 April 2008

Patents County Court (UK) < www. hmcourts-service. gov. uk > , 1 October 2007

Parliamentary Publications (UK) House of Lords Judgments < www. publications. parliament. uk > , 1 October 2007

Rand Corporation < www. rand. org > , 1 October 2007

World Intellectual Property Organization (WIPO) < www. wipo. int > , 1 April 2008

索 引

A

Access to Justice 实现正义　28，41，143，184，190，192－8，203，207，209，211－2，311　14－5，278－81，284

Access to Justice Act　接近正义法，参见 AJA

Advice　建议　93，144，175，178－9，181－2，185，204，282－3

Airey　埃雷案　190，197，209，213－4，279－80

AJA（Access to Justice Act）　接近正义法　195，206－7，212，279

Alleged infringement　被控侵权行为　77－8，118，134，161－2，251－2，254，295，297

Alleged infringer　被控侵权人　76－8，117－21，162，227，237－9，242－4，250－1，253，256，271，292，297

American Cyanamid　美国氨基氰案　163－5

AMI　急性心肌梗死　91－3，99，115－6

Ancillary obligations　附属义务　23，31，34－6，66，86－7，188，218，274，276

Appeal, the court of　上诉法院　108，130，164，175，185－7，199，200，206，284－6

Appendix　附录　289－300

Applicable law　适用的法律/准据法　32，44－5，66－7，136，138，227，291－2，295

Applicant　申请人　45，71，73－5，77，79，107－8，121－3，152－4，157－8，160－3，166－7，217－8，233－6，243－5，254－5，296－9

Assessor　法庭顾问　176－83，186，188，282－3，285－6

Attachments　附件　98，101，110，119，121

Attorneys　律师　105，238，243，265，271

Authority　权力　10，46，60，70，77，79，80，99，156－7，163－4，167，191，225，254－5，263，265－7，296－8

Award　授予　96，127－8，161－2，170－1，173－5

B

Bailiff 执行官 93, 99, 108 – 9, 111 – 3, 119, 121, 243

BGB(bürgerliches Gesetzbuch) 德国民法典 223, 231 – 4, 238 – 40, 242 – 4, 246, 255 – 7, 262 – 3, 272

BGH(Bundesgerichtshof) 德国联邦法院 226, 229 – 34, 237, 240 – 1, 247, 249, 253, 262 – 4, 272

Bill 法案 38, 89, 93 – 4, 156, 199, 215, 222 – 4, 239 – 41, 244 – 5, 247, 249, 251 – 3, 255 – 7, 259, 263 – 72, 287

Brussels Convention 布鲁塞尔公约 96 – 7

Brussels I Regulation 布鲁塞尔 1 号规定 96, 102, 227

Bundesrat 联邦参议院 222, 251, 259, 264, 267 – 70, 272, 288

Bundestag 联邦议院 222, 267 – 8, 270, 272, 288

C

CA 上诉法院 143 – 4, 164, 170, 175

CAT(Competition Appeal Tribunal) 竞争上诉法庭 4, 26, 33, 43 – 4, 66 – 7, 75 – 7, 86, 136 – 46, 148, 156 – 7, 168, 175, 179, 189, 216 – 7, 281

Categories 类别 26, 33, 66 – 7, 75 – 7, 86, 136 – 42, 144 – 6, 157, 168, 179, 189, 216, 275, 281

of persons 人的种类 66 – 7, 75, 77, 136 – 9, 146

CC 民事法典 94, 100, 119, 123 – 5, 127 – 8, 131, 187

CCP(Code of Civil Procedure) 民事诉讼法典 89, 90, 94 – 121, 123, 125 – 31, 134, 223, 231, 234, 237, 239, 246, 256, 264, 76 – 7

CFA(Conditional Fee Arrangements) 附条件收费安排 195 – 7

Chalmers 查莫斯 16 – 7, 19, 38

Civil Courts 民事法庭 176, 182, 185, 188, 282, 286

Civil Procedure Rules 民事诉讼程序规则,参见 CPR

Civil procedure, rules of 民事诉讼程序规则 12, 47, 134, 198, 213, 250, 274, 277, 279

CJQ 41, 143, 178 – 9, 181 – 4, 187 – 8, 195, 197 – 9, 205, 208, 215, 282, 284, 286

索引 381

Claim damages 要求损害赔偿 124-5

Claimant 索赔人 26,66,72,74-6,80-1,94,100,115-7,128-9,151,156,158,166-7,172,192,237-8

Code of Civil Procedure 民事诉讼法典,参见 CCP

Commencement 协议生效 70-1,74,76,90,106,151,153,155,157,166,241-2,295

Commercial documents 商业文件 70-1,79,103,119,149,234-6,238-9,252,255-6,292,295,297

Commercial scale 商业规模 70,75,78,115-6,155,239,248-9,252,255,267-8,291-2,295-7

Commission 委员会 11-2,15,17-22,32-43,45,60,63,86-8,133,137-8,165,202-5,213-5,218-9,223,300

Commission Staff 委员会委员 21,203-5

Committee on Legal Affairs 法律事务委员会 222,267-70,272

Community law, application 适用共同体法律 3-6,60,203

Community law principles 共同体法律原则 28,41-2,44,276

Community provisions 共同体规定 62,101,291,294

Community rights 共同体权利 1-6,8-11,22,135

Competence

    Commission 委员会管辖权 15

    subject-matter 按标的确定的管辖权 97

    territorial 地域管辖权 97

Competition 竞争 15-7,57,61,101,143-4,148,175,193,201-5,214-5,271,289-91

Competition Appeal Tribunal 竞争上诉法庭,参见 CAT

Conditional fee 附条件收费

    Agreements 附条件收费协议 195-7,207,209,278

    Arrangements 附条件收费安排,参见 CFA

Conditional fees 195,197,200,205-6,209,211-2

    system of 附条件收费制度 196-8,209,211-2

Confidential information 机密信息 70-1, 73, 105, 109, 149, 230, 233, 235-7, 239, 243, 256, 288, 292, 295
  protection of 保护机密信息 70-1, 105, 149, 230, 235-7, 239, 243, 256, 288, 292, 295
Consistent interpretation 解释一致 12-3, 24-6, 46, 48-51, 65, 143-4, 157, 165, 170-1, 181, 183, 207-8, 210-2, 216, 223-4
  doctrine of 解释一致原则 12-3, 24-5, 51, 65, 143, 170, 181, 183, 275, 282-3
Consumers 消费者 15, 143-4, 147, 175, 193, 201, 204-5, 213, 266, 291, 293
Contempt 藐视 154, 161-2
  of court 藐视法庭 154, 161-2
Continuation 持续 77-8, 83, 118, 123-4, 131, 158, 161-2, 247, 252-3, 260-1, 297-8
Control costs 控制成本 197, 200, 213, 279
Copyright Designs and Patents Act 版权、设计和专利法案 140, 148, 159-60
Cornish 科尼什 21, 59, 60, 91, 173-4
Corrective measures 纠正措施 81-2, 122-3, 168, 256, 258, 261, 293, 298
Correspondents, national 国内通讯员 35, 87-8, 300
Cost capping 费用限制 195, 197, 199, 200, 211-3, 279-80
Costs 28, 84-5, 90, 123-9, 150, 172-3, 177-8, 187-200, 202-16, 232, 234, 264-6, 276, 278-81, 299
  amount of 费用总额 195, 198, 208, 210-1, 278, 280
  base 费用基础 196, 210
  compensation of 补偿费用 90, 93, 95, 107, 126-8
  disproportionate level of 比例不当的费用 196-8
  estimates 估计费用 199, 210
  fixed maximum 固定最大费用 214-5, 280
  high 高昂费用 190, 192-3, 195, 197, 200
  judges 审判费用 194, 197, 212, 215
Council 理事会 7, 19-21, 40-1, 57-9, 61, 76, 86-7, 92-3, 214-5, 227-8, 250-1, 259, 266-7, 269-70, 289-91, 300

索引 **383**

County Court 地方法院 135, 151, 154, 158, 169, 181, 190-1, 206

County Courts Act 地方法院法 150-1, 155, 158, 161, 169-70, 176, 218, 282

Court

    costs 诉讼成本 85, 127

    discretion 法院自由裁量权 265

    expert 法庭专家 181-2

    fees 诉讼费 90, 127, 251, 264-5, 269

    orders 法院裁定 121, 152-4, 166-7, 249, 251, 260, 267-70, 272, 288

    rules 法庭规则 135, 180, 195, 207

Courts and Legal Services Act 法院和法律服务法案 195, 207-8   313

CPR

    interpretation of 民事诉讼规则解释 144, 157, 187, 285-6

    restrictive interpretation of 民事诉讼规则严格解释 187, 285-6

CPR(Civil Procedure Rules) 民事诉讼规则 134-6, 141-4, 149-55, 157-8, 161-3, 166-7, 169, 176-7, 179-88, 190, 194-6, 198-200, 206-16, 277-80, 282, 284-6

Cross-examination 交互讯问 177-80, 182-3, 191, 283

D

Damages 损害

    award 损害赔偿 161-2, 170-1, 175

    claim 要求损害赔偿 244, 253, 255-6, 263

Defence 答辩 43, 97-100, 109-13, 119, 126

Difficulties 困难 10-2, 14, 24, 26-7, 175, 184, 193, 126, 273, 284

Direct effect 直接影响 6, 25, 43, 48, 52-3, 55, 57-8, 60, 65, 134, 143, 145, 206, 216-7, 224-5, 275

Directions 方向 13, 152-3, 166, 177, 200, 210, 241

Directive 2001/29/EC 欧共体2001/29/EC号指令 62, 77, 82, 118, 291-2, 294, 297-8

Directive, implemented 指令,执行 36, 47, 147

Directives in EC Law 欧共体法律中的指令 4,6,8,9,12-4,23,25-6,32,39-44,47-52,57-9,61-8,86-8,138-9,144-6,206-8,216

Disclosure
 of evidence 证据开示 95,100,103,106,231

Disclosure of Expert Reports 披露专家报告 184,284

Disparities 不一致 9,59,60,65,137-8,290

District Courts 地方法院 97,100,120

Documents 文件 11,19-22,70-2,100,103-5,111,113,119,149-51,155-6,191,204-5,231-40,244,255-6,295-7
 presentation of 提交文件 231-3,237-40,244

Dutch courts 荷兰法院 47,90,95-6,126,276

E

EC Article 《欧共体条约》条款 3,11-2,23,34-7,39,49,57-61,68,137,145-8,183,188,215-6,273-4,283,286

ECHR (European Convention on Human Rights) 欧洲人权公约 7,27,41,62,65,67,105,145,149,178,182,187,190,197-8,208-10,279

ECR 欧洲法院报告 2-4,6-8,25-6,32-4,36-43,45-50,32-5,65,67-8,133-4,137-9,142-6,165,213-7,224-5,279-82

ECtHR (Europe Court of Human Rights) 欧洲人权法院 68,146,209,213,279

Effect, full 全面效力 23,32-3,38-9,42,137,140,181,189,282

Effective legal protection 有效法律保护 7,23,41,67,139-41,145-6,150,157,190,209-10,213,275-6,279-82

EHRR 欧洲人权报告 68,146,182

Employee representatives, designation of 员工代表,选派员工代表 32-3,137-8

Enforcement deficits 执行障碍 15,17-20,22,60,274

Enforcement Directive 执法指令 59-62,82,136,174

Enforcement of intellectual property rights 知识产权执法 12,17-8,20-1,49,57,86-7,89,90,92,94-5,101-2,128-30,136,161,223,289,293-4

Enforcing Community Rights and Obligations in National Courts 在国内法院执行共同体权

利和义务 2, 4-6, 8

ER 153, 158, 164, 199, 200

EU principles 欧盟原则 144, 181, 208, 274, 282

European Commission 欧共体委员会 11, 18-21, 60, 91, 193, 203, 223, 246

European Court of Human Rights 欧洲人权法院,参见 ECtHR

European Parliament 欧洲议会 7, 20-1, 40, 57-9, 76, 82, 86-8, 192, 203, 227, 250, 257, 259, 289, 291, 300

Evaluation 评估 16, 35, 87, 176, 183, 198, 222, 234, 283, 300

Evidence

 available 可获取的证据 69-71, 79, 103-4, 106, 108, 119, 163, 231, 233, 235-6, 240-1, 295, 297

 independent 独立证据 242-4

 preservation of 证据保全 71, 73, 240-1, 243-5, 287-8

 reasonably available 可以正当获取的证据 69-71, 79, 103-4, 106, 108, 119, 163, 231, 233, 235-6, 240-1, 298, 297

 relevant 相关证据 72-3, 245, 295

Exclusive licensees 独占许可 67, 136, 140-1, 146, 168, 275

Expert

 evidence 专家证据 176, 178, 182-8, 282-6

 immunity 专家豁免 187, 286

 report 专家报告 184, 243-4

Expert Reports 专家报告 184-5, 284

Experts 专家 90, 92, 108, 112, 128, 176-8, 181-8, 191, 235-7, 242-3, 282-6

 appointed 任命专家

 and assessors 专家和法庭顾问 178, 181-3, 282

Explanatory evidence 解释性证据 93-4, 115, 125, 227, 239-41, 249, 251-3, 257, 264-6, 287

Exploratory evidence 职权调查证据 230-2

Extrajudicial costs 法院以外的费用 90, 125, 127-8

F

Federal Court of Justice 联邦最高法院,参见 BGH

Fees 费用 41, 85, 90, 125, 127 – 8, 172 – 3, 192 – 8, 200, 202 – 3, 205 – 7, 209 – 13, 215, 261 – 5, 267, 271 – 2, 279 – 80

Fixed costs 固定成本 198, 212 – 6, 279 – 80

G

German

 Courts 德国法院 225, 234, 236 – 7, 263, 266, 287

 Law 德国法 222 – 4, 228, 230 – 1, 235, 237 – 8, 244, 258 – 62, 265, 287 – 8

 Provisions 德国法规 240, 254, 258 – 9, 261, 263, 266

GeschmMG 外观设计法 224, 239, 241, 244, 246 – 8, 255, 260 – 3, 265 – 7, 271

Goods, seized 扣押的货物 110 – 2

H

Hague court 海牙国际仲裁法庭 109 – 10, 121, 129

Hard core obligation 核心义务 31, 34, 64 – 6, 68 – 9, 71, 74, 82, 88, 146, 274

Harmonization 协调 2, 3, 8 – 17, 19 – 24, 27 – 9, 33 – 4, 37 – 8, 44, 47, 57 – 8, 60 – 1, 76, 86, 92 – 3, 118, 127, 273 – 5

 degree of 协调的程度 13 – 7, 19, 22, 61, 275

Heylens 海伦斯 7, 41, 67, 145

High Court 高等法院 134 – 5, 151, 158 – 9, 169, 176, 180, 190 – 2, 206

Holders 持有人 44 – 5, 62, 66 – 9, 75 – 6, 82 – 3, 120, 131, 136, 138 – 40, 145 – 6, 158, 226 – 9, 248 – 50, 252 – 3, 292, 295 – 6

 of intellectual property rights 知识产权持有人 44 – 5, 66, 131, 274, 295

I

Identity 身份 28, 43, 74 – 5, 107, 117, 155 – 6, 250 – 1, 268 – 70, 292, 296

Immunity 豁免 178, 183 – 4, 187, 283 – 4, 286

Impact Assessment Report 影响评估报告 11, 20, 22

索引 387

Implementation

    effective 有效执行 33, 36, 46, 48, 137 – 8, 140 – 2, 145, 153, 155, 160 – 4, 190, 208, 218, 277

    incorrect 错误执行 25 – 6, 48, 52, 54, 93, 142 – 4, 275

Implementation of Articles 条款的执行 93, 113, 141, 183, 188, 190, 205, 208, 210 – 2, 216, 275, 281, 283, 286

Implementation Bill 执行法案 89, 93 – 4

Implementation, context of 执行的背景 51 – 4, 150

Implementation of Directive 指令的执行 36, 38, 41 – 2, 46 – 7, 89, 91, 93, 95, 97, 99, 101, 103, 105, 107, 145, 183

Implementation in Intellectual Property Acts 知识产权法案的执行 122, 124 – 5, 129

Implementation measures 执行措施 23, 34 – 5, 37 – 9, 41 – 3, 45 – 6, 52, 64, 68, 86, 88, 133, 138, 140 – 1, 146, 189, 274

Information

    asymmetry 信息不对称 200 – 5, 209, 212

    exchange of 信息交换 35, 88, 219, 293, 300

    obligations 信息义务 250 – 1, 271

    protection of confidentiality of 信息机密性的保护 76, 297

    requests 信息请求 247, 269 – 70

Informationen 信息 238, 241

Infringement

    claim 侵权主张 71, 192, 240

    commercial 商业侵权 92, 103 – 4, 106, 128

    of intellectual property rights 知识产权侵权 62 – 3, 70, 86, 92, 95, 172, 277, 292, 294

    proceedings 侵权诉讼 36, 58, 68, 97, 173, 238 – 40, 246, 250, 268, 295

Infringer 侵权人 75 – 9, 83, 85, 116 – 25, 159 – 60, 169 – 71, 173 – 4, 237 – 9, 242 – 4, 246 – 51, 253, 255 – 6, 258 – 68, 271 – 2, 292 – 3, 296 – 9

Infringing 侵权 72, 75, 78, 81, 108, 110 – 7, 122 – 5, 168, 171 – 3, 176, 232 – 3, 242, 247 – 50, 257 – 8, 260, 295 – 9 activities 侵权活动 113, 115, 124-5, 171-3, 179, 248-50, 282, 296, 299

goods 侵权货物 72, 75, 99, 108, 110-3, 115-6, 122-3, 129, 168, 242, 245, 248, 257-8, 260, 292-3, 295-6

items 侵权物品 257-8

party 侵权方 110, 113-4, 122

Injunction 禁令 51, 73, 77-80, 82-4, 113, 118, 120-1, 123-4, 157-62, 164-70, 217-8, 242-4, 252-5, 260-1, 292-3, 297-8

final 永久禁令 169-70

interlocutory 临时禁令 48, 51, 73, 77-8, 83, 95, 101, 118, 120, 157-8, 160, 164, 223, 242-5, 252-5, 297

mandatory 强制性禁令 164-5, 217-8, 214

Injuries, personal 个人损害 197, 207-8, 214

Inspection 检查 72, 100, 113-4, 149-51, 231-40, 242-5, 256, 277, 288

Instructions 说明 108, 111-2, 185-6, 188, 284-6

Intellectual property

acts 知识产权法案 101, 122-5, 129, 288

cases 知识产权案例 94-100, 106, 108, 111, 117-8, 125-6, 128, 130-1

protection of 知识产权保护 17, 61, 83, 289-90

rights 知识产权 17-8, 20-1, 44-5, 57, 60-8, 70-1, 75, 78, 81-7, 89, 90, 92-5, 101-2, 128-131, 274, 267-7, 289-95

Intellectual property 知识产权,参见 IP

Interests

direct 直接利益 33, 44, 138-40, 146, 292

legitimate 合法权益 103-4, 147, 236, 265-6, 270

Interferer 干涉 247, 249, 257, 260

Interim injunctions 临时禁令 95, 99, 153-4, 158, 166-7, 255

Interim orders 临时裁定 72, 150-1, 154, 161-2, 167

Interim remedy 临时救济 151-2, 162, 166

Intermediaries 中间人 76-8, 82-4, 93, 113, 116, 118, 124, 157-60, 169, 260, 287, 292, 297-8

Internal market 内部市场 13,16,33,57,59,60,65,91,137-8,289-91

Internet Service Providers 网络服务提供者,参见 ISPs

Interpretation, narrow 狭义解释 141-2,148,186,199,285

IP(Intellectual Property) 知识产权 17-8,44-5,60-8,73-8,81-7,89-102,105-8,111-5,117-20,122-6,128-31,134-6,157-9,169-74,274-7,287-99

ISPs(Internet Service Providers) 网络服务提供者 76,93,116-7,119,249-51,268-70,287

Items 物品 231-5,237-9,242-4,246,257-9,288

J

Jackson 杰克逊 185-7,284-6

Johnston 约翰斯顿 6,7,10,40-1,67,145,190

Judge 法官 10,71,97,107,127-8,134-5,151,165,176-83,185-6,190-1,194,197,200-2,204,282-5

Judgment debtor 判定债务人 98,100,109-13,119

Judicial authorities 司法机关 45,70-4,78-85,104,107,129,149,157,167,171,173,176,234-5,261,266,295-9

Judicial implementation, context of 司法解释的背景 47,168,170-1,206

Judicial protection, principle of effective 有效司法保护原则 6,7,10,23-6,33-4,41,67-8,145-6,153,187-8,190,197-8,206,208-14,279-81,285-6

Judiciary 法官 45,61,127-8

Jurisdiction 管辖权 3,6,95-6,102,134-5,149-51,157-8,161-3,169,199,200,210-1,218,225,227,279,291

Justice, the Court of 欧洲法院 1,3,6,10,13-5,17,22,34,57,59,60,62,65,67,120,145

K

Kamerstukken 下议院文件 89,90,93-4,101,104,106,109,111-7,121,123-6,128,131

Kort geding 临时措施 94，96－100，107－8，110，113－4，117－21，128，130
　procedure 临时措施程序 94，97－100，107－8，117－8，120－1，128，130

L

Legal
　costs 法律成本 84－5，95，123－6，128，188，193－8，200－1，203，205，208－9，214－5，223，264－5，276，299
　high 法律至上 193－5，200
　obligation 法律义务 57，61，63，271
　protection，principle of effective 有效保护的原则 7，23，41，67，145，190，209－10，213，279
　services 法律服务 85，193，195，200－2，205，207－9，215
Legal Professional Privilege 法律职业特权，参见 LPP
Licence 许可 141，168，172
Literary 书面的 68－9，228－9，290，292，295
Losing party 败诉方 188，195－8，207，209－12，264，278
Loss 亏损 26，32，54－5，58，80，84，109，145－7，161，171，174－5，216－7，239，244，248，262－3
LPP（Legal Professional Privilege） 法律职业特权 183，185－7，283－5

M

MarkenG 商标法 224，239，241，246－9，255，257－60，262－3，266－7，271
Market, single 单一市场 13，18－21
Marleasing 马立森案 25，49－51，90，160，207－8，210，279
Minimum harmonization 最低限度的协调 13－5，22，33－4
Moral hazard 道德危机 201－2，212

N

National implementation 国内实施 23－4，27－9，45，53，58，64，67，82－3，87，145，273，276

National law

    provision of 国内法的规定 6, 51

    provisions 国内法规定 67-8, 133, 139, 146, 300

National provisions 国内规定 27, 208, 204

Non-implementation 不履行 12-3, 23-4, 26, 48, 58, 101, 142-5, 148, 170, 205, 219, 275

Non-party 非当事人 150-1, 155-7, 162, 187

O

Obligations, general 一般义务 34, 63-4, 71, 93, 135-6, 188, 294

Obligations and Structure 义务和结构 31, 33, 35, 37, 39, 41, 43, 45, 47, 49, 51, 53, 55

Opposing party 反对方 69, 70, 72, 103-5, 149, 187-8, 230-1, 233-6, 242-3, 252, 254, 265, 271, 285-6, 295

P

Partiality 偏袒 184, 186-7, 284-6

Particulars 细节 241, 247-8

Parties, unsuccessful 败诉方 85, 104, 125, 127, 129, 200, 206, 264, 299

Patent and Community trademarks 专利和共同体商标 97, 109, 121

Patents 专利 96-7, 101, 109, 121, 134-5, 140, 148, 159-60, 168, 172-4, 179-80, 189-92, 206, 232-3, 240, 260

Patents Act 专利法 101, 134, 140, 148, 159-60, 168, 172, 174, 180

Patents Country Court 郡专利法院,参见 PCC

Patents Court 专利法院 134-5, 180, 189, 206

PCC(Patents Country Court) 郡专利法院 134-5, 150-1, 189-92

PD(Practice Direction) 实施指南 134-5, 153-4, 166-7, 179, 181-2, 196, 199, 207-8, 210, 218, 278, 282-3

Pecuniary compensation 金钱补偿 84, 131, 261-2, 293, 298-9

Personal data

processing of 个人数据的处理 76, 250, 291, 297

transmission of 个人数据的传输 267, 270

Persons, legal 法人 66-7

Practice Direction 实施指南,参见 PD

Practise Direction 实施指南 154, 166-7, 177, 183, 196

Pre-judgment seizure 诉前扣押 97-9, 106, 110, 112, 119-20

Precautionary measures 预防措施 77, 118, 120, 157, 252, 297

Presentation 提交 61, 178, 228, 230-5, 237-40, 244-5, 256, 287

Preserving evidence 证据保全 71-2, 90, 106, 114, 150, 277, 292, 295

Presumption 推定 68-9, 91, 102, 148, 226, 228-9, 264, 269, 287, 292, 295

Privacy 隐私 76, 149-50, 250-1, 269

Private parties 私人主体 3, 119, 209, 212, 224-5, 293

Procedures, national rules of 国内程序规则 1-3, 8, 9, 11, 17, 22, 25, 32, 69, 273-4

Professional services 专业服务 201-5, 213

Property 财产 17-8, 60-8, 71-8, 80-7, 90-2, 94-102, 105-8, 113-20, 122-6, 128-31, 150-1, 170-4, 253-4, 256-9, 274-7, 288-300

Proportionality, principle of 比例原则 76-7, 82-3, 131, 162, 169, 198, 207, 209, 233, 236, 240, 259-60, 266, 279, 294

Proportionate 比例适当的 64, 75, 84-5, 104, 116, 125, 127, 130, 157, 188-9, 195-8, 200, 207, 211-2, 215, 280

costs 适当的费用 104, 200, 207

Provisional measures 临时措施 71, 73, 80, 90, 94-7, 99-101, 106-10, 113, 118, 120, 130, 239, 244, 256, 292, 297-8

Provisional and Precautionary Measures 临时和预防措施 77, 118, 120, 157, 252, 297

Provisions

administrative 行政规定 34, 300

draft 规定草案 249, 251-2, 263, 267-71

general 一般规定 63, 94-5, 98, 102, 112, 120, 130-1, 134, 223, 252, 255, 276, 294

substantive 实质性规定 230-1, 256, 288

索引 393

R

Registered Designs Act 注册外观设计法 134,140-1,168

Regulations 规则 6,11,34,58-9,92,96,135-6,140-1,148,159,168,171-2,192,201-5,213,227

Relationship, legal 法律关系 65,103-4,232,252

Reparation 赔偿 52,54-5

Report 报告 18-20,35,87,106,108,111-3,177-8,181-6,192-3,201-5,213-4,239-44,251-3,264-8,283-7,300

Request information 请求信息 114,116

Rightholder 权利持有人 93,118-9,122-4,131,160,292-4,296-9

Rights owner 权利所有人 238-9,243,245-52,258,261,268-72

RSC(Rules of the Supreme Court) 最高法院规则 154,181,209

Rules

    indemnity 补偿规则 85,188-9,195-7,205,209-10,278

    statutory 成文法规则 98,127,131,226

Rules of the Supreme Court 最高法院规则,参见 RSC

S

Samples 样品 70,72,95,104,106,108,111-3,242,244,295

Sanctions 处罚 6,83,86,92,95-6,161-2,218,222-3,235-6,238,241,258,276,293,299

SCA(Supreme Court Act) 最高法院法 134,150-1,155-8,162,168-70,176,179-81,187,206-8,210,212,218,277-9,282

Schedule 时间表 134,140-1,148,154,168,171-2

Secrecy, obligation of 保密义务 105,241

Secretary of State 国务卿 38,143,147-8,167,175

Sectors 部门 14-7,20,293

Seizor 扣押者 98,110-1,113-4

Seizure 扣押 19,72,78,80,94-5,97-100,102,106-14,119-20,130,162,

223, 242, 253-6, 277, 297
 of evidence 证据扣押 95, 98, 100, 106-8, 110, 113, 130, 277
 precautionary 预防扣押 78, 119, 223, 253-6, 297
Sequestration 扣押 98, 107, 111-2, 162, 252-4
Sequestrator 扣押人 110-3
Service providers 服务提供者 116-7, 119, 159, 203-4, 270-1
Services, infringing 服务,侵权 75, 78, 115-6, 248, 296
Shift 转移 197, 207, 278-9
Standing 主体资格 33, 40, 44, 66-7, 136-40, 145-6, 149, 168, 227-8, 253, 275, 277-8, 292
State liability 国家责任 10, 17, 25-6, 48, 51-3, 55, 57, 68, 134, 143, 145-6, 205, 216-7, 219, 275, 281
Structure of Directive 指令的结构 57, 59, 61, 63, 65, 67, 69, 71, 73, 75, 77, 79, 81, 83, 85, 87
Substantive obligations 实质性义务 23-4, 27-8, 31-4, 42, 44-5, 60, 64, 136-7, 139, 149, 152, 155, 183, 188-9, 207, 274
Success fees 胜诉费 195-8, 200, 207-10, 212, 279
Successful party 胜诉的一方 85, 104, 125, 127-9, 200, 206, 264-5, 299
Supreme Court 最高法院 97, 114, 117, 122, 128, 134, 151, 169, 176, 179, 181, 265, 277, 282
Supreme Court Act 最高法院法,参见 SCA

T

Third parties, interests of 第三方利益 81-2, 122-3, 259, 293, 298
Third persons 第三人 110, 112, 114-6, 234-5
TMG (Telemediengesetz) 德国广播媒体法 251, 270-1
Treaty of Amsterdam 阿姆斯特丹条约 91
TRIPS 与贸易有关的知识产权协定 17-8, 21-2, 24, 60-1, 63, 65, 90, 92, 94-5, 100, 107, 120-1, 130, 233, 255, 290

U

UK 英国 24, 32 – 3, 38, 49, 50, 54, 59, 67 – 8, 135 – 8, 140 – 2, 146 – 8, 164, 181, 191, 193, 213, 217 – 8

UKHL 英国上议院报告 156 – 7, 194 – 6

Unibet 尤尼贝特案 156 – 7, 194 – 6

Unibet London 伦敦尤尼贝特博彩公司案 62, 65, 67, 145

Uniformity 一致性 1, 14 – 6, 60

Uplift 举起 195 – 7, 207, 211 – 2, 278

UfhG(Urhebergesetz) 德国著作权法 224, 228 – 9, 239, 241, 244, 246 – 8, 255, 258, 260 – 8, 271 – 2

V

Verholen （荷兰语）秘密 40, 139, 146

Voorzieningenrechter （荷兰）程序法官 97, 100, 102, 107 – 8, 120 – 2, 129 – 30

W

Witness hearings, provisional 临时的证人听证 116 – 7

Z

ZPO(zivilprozessordnung) 德国民事诉讼法 223 – 4, 230 – 1, 234 – 45, 248, 252 – 6, 260, 264 – 5

图书在版编目(CIP)数据

荷兰、英国、德国民事诉讼中的知识产权执法/
(法)卡明,(荷)弗罗伊登塔尔,(德)贾纳尔著;
张伟君译.—北京:商务印书馆,2014
(威科法律译丛)
ISBN 978 – 7 – 100 – 10781 – 5

Ⅰ.①荷… Ⅱ.①卡…②弗…③贾…④张… Ⅲ.
①知识产权法—研究—荷兰②知识产权法—研究—
英国③知识产权法—研究—德国 Ⅳ.①D956.33
②D956.13③D951.63

中国版本图书馆 CIP 数据核字(2014)第 234728 号

所有权利保留。
未经许可,不得以任何方式使用。

威科法律译丛
荷兰、英国、德国民事诉讼中的知识产权执法

〔法〕乔治·卡明
〔荷〕米亚·弗罗伊登塔尔 著
〔德〕路德·贾纳尔

张伟君 译

商 务 印 书 馆 出 版
(北京王府井大街36号 邮政编码 100710)
商 务 印 书 馆 发 行
北 京 冠 中 印 刷 厂 印 刷
ISBN 978 – 7 – 100 – 10781 – 5

2014 年 12 月第 1 版　　开本 787×960　1/16
2014 年 12 月北京第 1 次印刷　印张 26¾
定价:69.00 元